"考古中国"重大项目 甲编第 001 号

金沙遗址

——祭祀区发掘报告

成都文物考古研究院
成都金沙遗址博物馆   编著

文物出版社

Excavation Report on the Sacrifice Zone of the Jinsha Site

(II)

By

Chengdu Institute of Cultural Relics and Archaeology

Chengdu Jinsha Museum

Cultural Relics Press

（二五）第 18a 层下遗迹及出土遗物

开口于第 18a 层下遗迹有 H2307、H2310、H2311、H2312、H2337（图三〇四；见附表一），分述如下。

1. H2307

位于ⅠT7208 北部。开口于第 18a 层下，打破第 19 层。平面形状近长方形，斜壁，弧底。南北长 1.4、东西宽 0.52、深 0.68 米。坑内填土为褐色砂黏土，湿度重，带黏性，结构紧密。包含物有少量陶片及 1 件红砂石。遗物中未见，为填土包含物（图三〇五）。

陶器

3 件。

瓮形器　1 件。Ca 型。

标本 H2307：6，夹砂灰黄陶。圆唇。口径 24、残高 2.9 厘米（图三〇六，1）。

束颈罐　2 件。Ab 型Ⅰ式。

标本 H2307：3，夹砂灰黑陶。方唇，肩部饰交错细绳纹和一周凹弦纹。口径 31、残高 5 厘米（图三〇六，2）。

2. H2311

位于ⅠT7108 东北角，延伸至北隔梁下。开口于第 18a 层下，打破第 19 层。平面形状呈不规则形，弧壁，不规则弧底。南北长 2.54、东西宽 1.3、深 0.14～0.46 米。坑内填土为灰黑色砂黏土，含灰烬、红砂石碎片及零星石块，湿度重，结构疏松。出土遗物有陶器及 6 件玉器、31 件石器（图三〇七）。

（1）陶器

45 件。

小平底罐　4 件。

Ba 型Ⅰ式　3 件。

标本 H2311：11，夹砂灰黑陶。尖唇。口径 12.2、肩径 13.5、底径 3、高 7.8 厘米（图三〇六，3；彩版一〇〇，3）。

标本 H2311：5，夹砂灰黑陶。尖唇。口径 12.4、肩径 13.9、底径 3.9、高 8.1 厘米（图三〇六，4）。

Bc 型Ⅰ式　1 件。

标本 H2311：12，夹砂灰黑陶。尖唇。口径 12、肩径 12.6、残高 6.1 厘米（图三〇六，5）。

瓮形器　5 件。

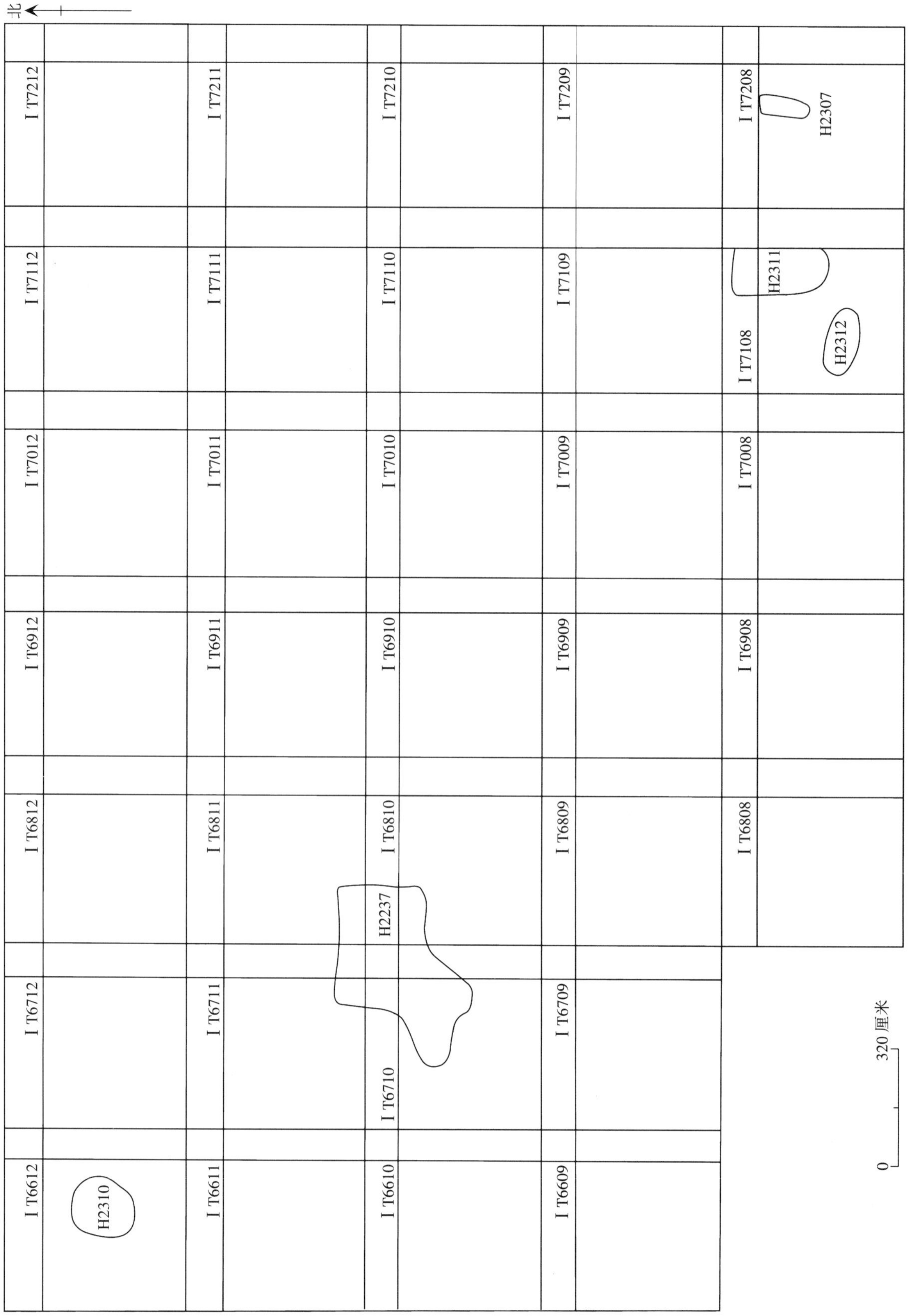

北

I T7212	I T7112	I T7012	I T6912	I T6812	I T6712	I T6612
I T7211	I T7111	I T7011	I T6911	I T6811	I T6711	I T6611
I T7210	I T7110	I T7010	I T6910	I T6810	I T6710	I T6610
I T7209	I T7109	I T7009	I T6909	I T6809	I T6709	I T6609
I T7208	I T7108	I T7008	I T6908	I T6808		

H2307

H2311

H2312

H2237

H2310

320 厘米

0

图三〇四　西区第 18a 层下遗迹平面分布图

B 型　1 件。

标本 H2311:62，夹砂灰黑陶。沿面凹，方唇。口径 20.6、残高 3.9 厘米（图三〇六，7）。

Cb 型　1 件。

标本 H2311:59，夹砂灰黑陶。沿面压印绳纹。口径 20、残高 2.8 厘米（图三〇六，6）。

Db 型　3 件。

标本 H2311:58，夹砂灰黑陶。圆唇。口径 27、残高 6.7 厘米（图三〇六，8）。

标本 H2311:61，夹砂灰黄陶。圆唇。口径 27、残高 3.6 厘米（图三〇六，9）。

高领罐　3 件。

Aa 型 I 式　2 件。

标本 H2311:69，夹砂灰褐陶。斜折沿，圆唇。口径 15、残高 4.5 厘米（图三〇六，10）。

标本 H2311:70，夹砂灰黑陶。斜折沿，尖唇。口径 17.4、残高 8.3 厘米（图三〇六，11）。

Fa 型 I 式　1 件。

标本 H2311:71，夹砂灰黄陶。平卷沿，圆唇。领部饰一周凹弦纹。口径 16.6、残高 11.8 厘米（图三〇六，12）。

束颈罐　8 件。

Ac 型 I 式　4 件。

标本 H2311:9，夹砂灰黑陶。方唇。肩部饰交错粗绳纹和一周凹弦纹。口径 30.6、残高 9 厘米（图三〇八，1）。

标本 H2311:55，夹砂灰黄陶。方唇。肩部饰斜向绳纹。口径 24、残高 4.2 厘米（图三〇八，2）。

Ac 型 II 式　1 件。

H2311:53，夹砂灰黑陶。方唇。肩部饰交错粗绳纹和两周凹弦纹。口径 14.4、残高 4.4 厘米（图三〇八，3）。

Ad 型 II 式　1 件。

标本 H2311:52，夹砂灰黑陶。肩部饰绳纹。口径 17、残高 7.6 厘米（图三〇八，4）。

Af 型　1 件。

标本 H2311:51，夹砂灰黑陶。方唇。肩部饰斜向粗绳纹。口径 15、残高 4.2 厘米（图三〇八，5）。

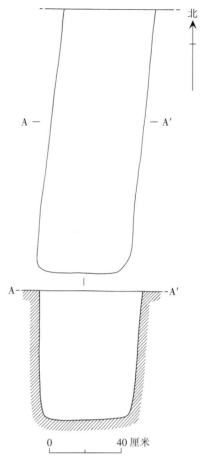

图三〇五　西区 H2307 平、剖面图

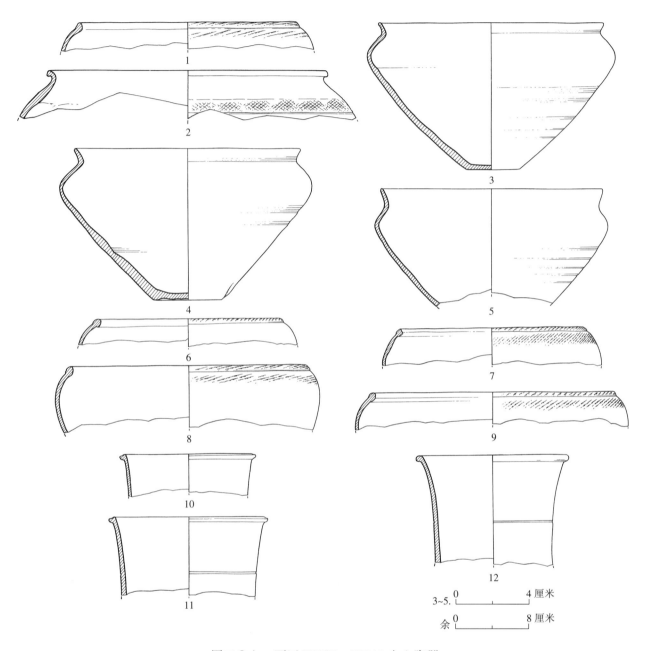

图三〇六　西区 H2307、H2311 出土陶器

1. Ca 型瓮形器（H2307：6）　2. Ab 型 I 式束颈罐（H2307：3）　3、4. Ba 型 I 式小平底罐（H2311：11、H2311：5）
5. Bc 型 I 式小平底罐（H2311：12）　6. Cb 型瓮形器（H2311：59）　7. B 型瓮形器（H2311：62）　8、9. Db 型瓮形器
（H2311：58、H2311：61）　10、11. Aa 型 I 式高领罐（H2311：69、H2311：70）　12. Fa 型 I 式高领罐（H2311：71）

Bb 型　1 件。

标本 H2311：96，夹砂灰黄陶。方唇。口径 20、残高 4.8 厘米（图三〇八，6）。

壶　2 件。Af 型。

标本 H2311：6，夹砂灰黑陶。圆唇，近口处饰两个器耳。中部饰三周凹弦纹，下腹部饰一周凸棱。口径 15、底径 6.6、残高 45.2 厘米（图三〇八，7；彩版一〇〇，4）。

瓶　1件。Aa 型 I 式。

标本 H2311：198，夹砂灰黄陶。上领部饰三周凹弦纹。腹径 17.2、残高 24 厘米（图三〇八，8）。

盆　4件。Ac 型。

标本 H2311：80，夹砂灰黄陶。方唇。唇部压印绳纹。口径 36、残高 12.4 厘米（图三〇八，10）。

标本 H2311：102，夹砂灰黑陶。方唇。唇部压印绳纹。口径 28、残高 6.4 厘米（图三〇八，9）。

瓮　4件。

Ba 型　1件。

标本 H2311：72，夹砂灰黑陶。圆唇。口径 32、残高 6.2 厘米（图三〇八，11）。

Cb 型 I 式　3件。

标本 H2311：76，夹砂灰黑陶。方唇。口径 48、残高 11.6 厘米（图三〇八，12）。

豆盘　1件。Ba 型。

标本 H2311：90，泥质灰黑陶。口径 4.3、残高 5.7 厘米（图三〇九，11）。

豆柄　2件。

Aa 型　1件。

标本 H2311：7，夹砂灰黑陶。残高 17 厘米（图三〇九，7）。

Ac 型　1件。

标本 H2311：88，泥质灰黑陶。残高 13.9 厘米（图三〇九，8）。

器纽　2件。

A 型　1件。

标本 H2311：81，夹砂灰黑陶。圆唇。纽径 3.7、残高 2.1 厘米（图三〇九，1）。

C 型　1件。

标本 H2311：85，夹砂灰黑陶。圆唇。残高 4.9 厘米（图三〇九，2）。

器底　5件。

Aa 型　1件。

标本 H2311：190，夹砂灰黄陶。底径 10.7、残高 9.8 厘米（图三〇九，3）。

Ac 型　1件。

标本 H2311：186，夹砂灰黑陶。底径 5.7、残高 3.6 厘米（图三〇九，4）。

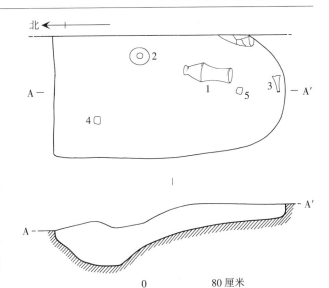

图三〇七　西区 H2311 平、剖面图

1. 陶壶　2. 陶高领罐　3. 陶豆柄　4、5. 石璧坯料

图三〇八　西区 H2311 出土陶器

1、2. Ac 型 I 式束颈罐（H2311：9、H2311：55）　3. Ac 型 II 式束颈罐（H2311：53）　4. Ad 型 II 式束颈罐（H2311：52）
5. Af 型束颈罐（H2311：51）　6. Bb 型束颈罐（H2311：96）　7. Af 型壶（H2311：6）　8. Aa 型 I 式瓶（H2311：198）
9、10. Ac 型盆（H2311：102、H2311：80）　11. Ba 型瓮（H2311：72）　12. Cb 型 I 式瓮（H2311：76）

Ea 型　3 件。

标本 H2311：163，夹砂灰黑陶。底径 2.9、残高 4.3 厘米（图三〇九，5）。

圈足　4 件。

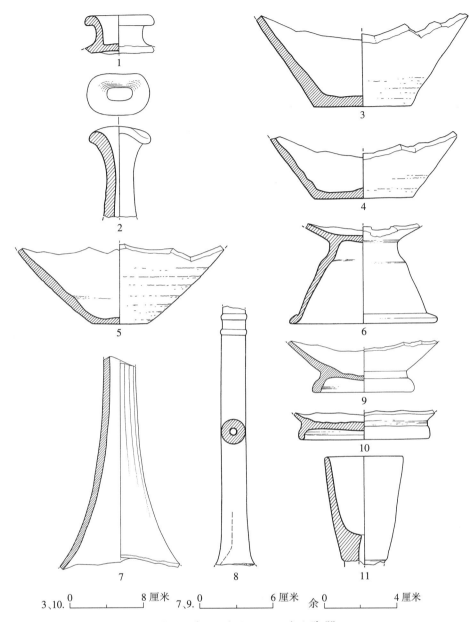

图三〇九　西区 H2311 出土陶器

1. A 型器纽（H2311:81）　　2. C 型器纽（H2311:85）　　3. Aa 型器底（H2311:190）　　4. Ac 型器底（H2311:186）　　5. Ea 型器底（H2311:163）　　6. Bb 型圈足（H2311:197）　　7. Aa 型豆柄（H2311:7）　　8. Ac 型豆柄（H2311:88）　　9. Cc 型Ⅰ式圈足（H2311:195）　　10. Cc 型Ⅱ式圈足（H2311:194）　　11. Ba 型豆盘（H2311:90）

Bb 型　1 件。

标本 H2311:197，泥质褐陶，黑衣。圈足径 8.2、残高 5.3 厘米（图三〇九，6）。

Cc 型Ⅰ式　2 件。

标本 H2311:195，夹砂灰黑陶。圈足径 8.5、残高 4 厘米（图三〇九，9）。

Cc 型Ⅱ式　1 件。

标本 H2311:194，夹砂灰黑陶。圈足径 14.4、残高 2.9 厘米（图三〇九，10）。

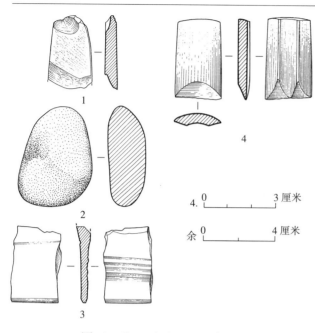

图三一〇　西区 H2311 出土玉器

1. 玉锛残片（H2311：2）　　2. 美石（H2311：199）

3. 玉箍残片（H2311：3）　　4. E 型玉凿（H2311：1）

（2）玉器

6 件。

玉锛残片　1 件。

标本 H2311：2，深褐色，器表有条状黄色沁斑。残长 3.9、宽 2.4、厚 0.7 厘米（图三一〇，1）。

凿　1 件。E 型。

标本 H2311：1，器表杂淡黄色、褐色、墨色沁斑，色彩斑斓。平面形状呈长方形，近平顶，凹弧刃。整器打磨极为光滑。长 3.1、宽 1.8、厚 0.3 厘米（图三一〇，4）。

玉箍残片　1 件。

标本 H2311：3，褐色，杂黄色沁斑。残长 4.1、残宽 2.4、厚 0.8 厘米（图三一〇，3）。

美石　3 件。

标本 H2311：199，黄色，器表打磨光滑。长 5.2、宽 3.9、厚 2 厘米（图三一〇，2）。

（3）石器

31 件。

石璋半成品　2 件。Ba 型。

标本 H2311：10，灰色，杂大量锈斑。底端残，器表、两侧、刃部均打磨平整。残长 11.5、宽 5、厚 1 厘米（图三一一，1）。

标本 H2311：219，灰色。底端残，器表、两侧、刃部均打磨平整。残长 13.5、宽 6.9、厚 1 厘米（图三一一，2）。

石璧坯料　29 件。A 型。

标本 H2311：4-1，灰黑色。破裂面及轮边未经打磨。周缘较薄，中部略厚。直径 16.5、厚 2 厘米（图三一一，3）。

标本 H2311：4-2，灰黑色。破裂面及轮边未经打磨。周缘较薄，中部略厚。直径 9.2、厚 1 厘米（图三一一，4）。

3. H2312

位于 I T7108 中部偏西。开口于第 18a 层下，打破第 19 层。平面形状大致呈椭圆形，直壁，平底。长径 1.9、短径 0.9、深 0.26 米。坑内填灰褐色土，含较多灰烬，土质较硬。出土有陶器等（图三一二）。

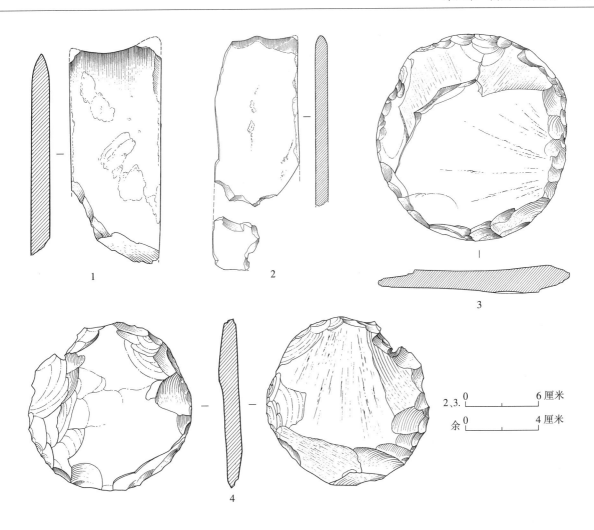

图三——　西区 H2311 出土石器

1、2. Ba 型石璋半成品（H2311：10、H2311：219）　3、4. A 型石璧坯料（H2311：4 - 1、H2311：4 - 2）

陶器

5 件。

小平底罐　3 件。

Bb 型　2 件。

标本 H2312：17，夹砂灰黑陶。尖唇。口径 14、残高 4.7 厘米（图三一三，1）。

Bc 型 II 式　1 件。

标本 H2312：26，夹砂灰黑陶。尖唇。口径 14、残高 3 厘米（图三一三，2）。

豆柄　1 件。Aa 型。

标本 H2312：4，夹砂灰黑陶。残高 11.1 厘米（图三一三，10）。

器底　1 件。Ac 型。

标本 H2312：1，夹砂灰黑陶。底径 4、残高 2.7 厘米（图三一三，6）。

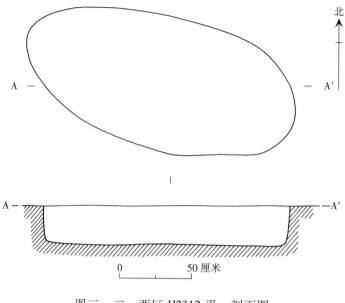

图三一二　西区 H2312 平、剖面图

4. H2337

位于ⅠT6710 东北，延伸至ⅠT6711 东南、ⅠT6811 西南及ⅠT6810 西北。开口于第 18a 层下，打破生土。呈西高东低斜坡向堆积，平面形状呈不规则形，弧壁，弧底。东西长 5.7、南北宽 3.6、深 0.12～0.2 米。坑内填灰黄色土，含零星灰烬、卵石，土质坚硬。出土有陶器及 3 件石璧坯料（图三一四 A）。

陶器

7 件。

敛口罐　1 件。Ae 型。

标本 H2337：11，夹砂灰黑陶。器形较小。方唇。口径 11.3、残高 2.7 厘米（图三一三，3）。

桶形器　1 件。Ba 型。

标本 H2337：9，夹砂灰黄陶。圆唇。口径 28、残高 6 厘米（图三一三，4）。

豆柄　2 件。Aa 型。

标本 H2337：1，夹砂灰黑陶。近圈足处饰两周凹弦纹。残高 12.9 厘米（图三一三，11）。

器底　2 件。

Ac 型　1 件。

标本 H2337：5，夹砂灰黑陶。底径 4.9、残高 3.2 厘米（图三一三，5）。

Eb 型　1 件。

标本 H2337：7，泥质灰黑陶。底径 2.9、残高 1.1 厘米（图三一三，7）。

圈足　1 件。Ba 型。

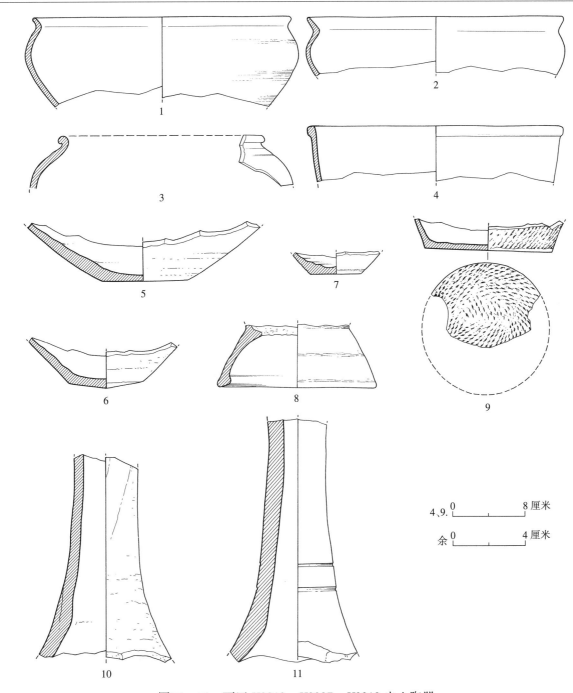

图三一三　西区 H2312、H2337、H2310 出土陶器

1. Bb 型小平底罐（H2312∶17）　2. Bc 型 Ⅱ 式小平底罐（H2312∶26）　3. Ae 型敛口罐（H2337∶11）　4. Ba 型桶形器（H2337∶9）　5. Ac 型器底（H2337∶5）　6. Ac 型器底（H2312∶1）　7. Eb 型器底（H2337∶7）　8. Ba 型圈足（H2337∶8）　9. Aa 型器底（H2310∶6）　10、11. Aa 型豆柄（H2312∶4、H2337∶1）

标本 H2337∶8，夹砂灰褐陶。圈足径 8.6、残高 3.3 厘米（图三一三，8）。

5. H2310

位于 ⅠT6612 中部略偏东，开口于第 18a 层下，打破第 19 层。平面形状呈不规则形，直壁，

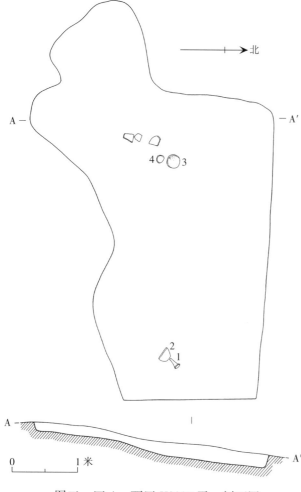

图三一四 A　西区 H2337 平、剖面图
1. 陶豆柄　2～4. 石璧坯料

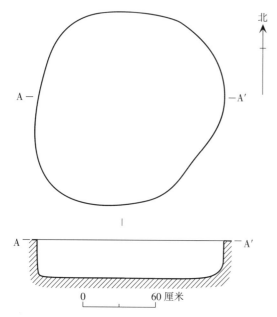

图三一四 B　西区 H2310 平、剖面图

弧底。长 1.58、宽 1.55、深 0.3 米。坑内填土为黑褐色土，含少许红烧土及灰烬颗粒，土质略疏松。出土遗物仅少许残碎陶片（图三一四 B）。

陶器

1 件。

器底　1 件。Aa 型。

标本 H2310：6，夹砂灰黑陶，底部饰绳纹。底径 14、残高 3.5 厘米（图三一三，9）。该器底当为宝墩文化的器底。

（二六）第 18a 层出土遗物

该层出土遗物种类较多，数量丰富。包括陶器、玉器、石器和铜器，其中陶片 12913 片、玉器 4 件、石器 97 件、铜器 2 件。陶片以夹砂陶为主，占 87.79%。夹砂陶中灰黑陶占 68.14%，灰黄陶占 15.93%，灰褐陶占 7.89%，灰陶占 4.78%，黄褐陶占 2.36%，红褐陶占 0.90%；泥质陶中灰黑陶占 34.94%，灰黄陶占 22.95%，灰褐陶占 22.64%，灰陶占 15.41%，黄褐陶占 2.85%，青灰陶占 0.89%，红陶占 0.32%。纹饰较发达，夹砂陶中纹饰陶片占 26.98%，其中细线纹占 58.32%，粗绳纹占 20.07%，凹弦纹占 14.94%，戳印纹占 2.32%，细绳纹占 1.80%。少量凸棱纹、网格纹、重菱纹、乳丁纹等；泥质陶中纹饰陶片占 38.17%，其中细线纹占 73.92%，凹弦纹占 12.96%，凸棱纹占 4.32%，少量圆圈纹、粗绳纹、网格纹和附加堆纹等（表二六）。陶器可辨器形有尖底杯、尖底盏、小平底罐、瓮形器、敛口罐、高领罐、矮领罐、束颈罐、壶、瓶、盆、瓮、瓿形器、豆柄、器盖、器纽、纺轮等。玉器种类有

表二六 西区第18a层陶片统计表

纹饰	夹砂陶 灰黑	灰	红褐	灰褐	黄褐	灰黄	小计	百分比（%）	泥质陶 灰黑	灰	灰黄	灰褐	青灰	红	黄褐	小计	百分比（%）
素面	5102	495	93	755	235	1597	8277	73.01	327	126	282	188	11	5	36	975	61.83
细绳纹	34			12	4	5	55	0.48		6						6	0.38
粗绳纹	415	22	5	56	8	108	614	5.42		11	2	1	1			15	0.95
重菱纹	10					2	12	0.11									
凹弦纹	289	21	2	44	19	82	457	4.03	31	15	13	18	1			78	4.94
凸棱纹	19			4		2	25	0.22	8	2	6	10				26	1.65
刻划纹									2			1				3	0.19
镂孔												4	1			5	0.32
细线纹	1755	3	2	17	2	5	1784	15.74	183	81	44	134			3	445	28.22
压印纹	6						6	0.05									
网格纹	17			1			18	0.16							6	6	0.38
戳印纹	69					2	71	0.63									
瓦棱纹				4			4	0.03		1	11					12	0.76
乳丁纹	7	1				3	11	0.10		1						1	0.06
附加堆纹				1			1	0.01				4	1			5	0.32
圆圈纹	1						1	0.01									
小计	7724	542	102	894	268	1806	11336		551	243	362	357	14	5	45	1577	
百分比（%）	68.14	4.78	0.90	7.89	2.36	15.93		100.00	34.94	15.41	22.95	22.64	0.89	0.32	2.85		100.00
合计	12913																

斧、锛、凿。石器种类有石璋半成品、石璧半成品、石璧坯料、长条形器等。铜器种类有镞和锥形器。

（1）陶器

363件。

尖底杯 3件。

Aa型Ⅰ式 1件。

标本ⅠT7209-7210⑱a:354，泥质灰黑陶。尖圆唇。口径12、残高3.2厘米（图三一五，1）。

Aa型Ⅱ式 1件。

标本ⅠT6809-6910⑱a:90，泥质灰黑陶。尖唇。口径10、残高2.4厘米（图三一五，2）。

Ba型Ⅰ式 1件。

标本ⅠT7209-7210⑱a:339，泥质灰黑陶。尖圆唇。口径9.1、残高3.3厘米（图三一五，3）。

尖底盏 6件。

Aa型Ⅰ式 2件。

标本ⅠT7007-7108⑱a:326，夹砂灰黑陶。圆唇。口径13.4、残高3.9厘米（图三一五，4）。

标本ⅠT7009-7110⑱a:381，泥质灰黑陶。尖圆唇。口径13.2、残高4厘米（图三一五，5）。

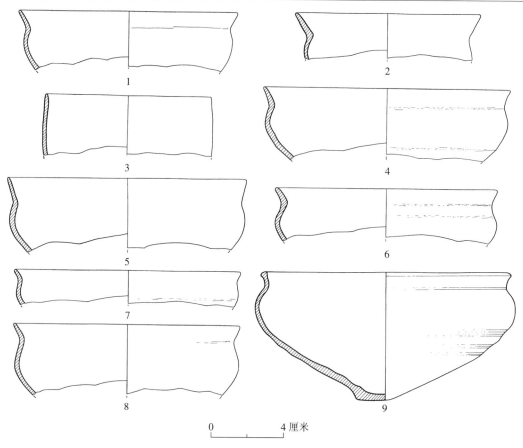

0   4厘米

图三一五　西区第18a层出土陶器

1. Aa 型 I 式尖底杯（I T7209－7210⑱a：354）　　2. Aa 型 II 式尖底杯（I T6809－6910⑱a：90）　　3. Ba 型 I 式尖底杯（I T7209－7210⑱a：339）　　4、5. Aa 型 I 式尖底盏（I T7007－7108⑱a：326、I T7009－7110⑱a：381）　　6～8. Aa 型 II 式尖底盏（I T7009－7110⑱a：565、I T7209－7210⑱a：104、I T7209－7210⑱a：111）　　9. Ab 型 I 式尖底盏（I T7007－7108⑱a：6）

　　Aa 型 II 式　3 件。

　　标本 I T7009－7110⑱a：565，夹砂灰黑陶。圆唇。口径 12、残高 2.8 厘米（图三一五，6）。

　　标本 I T7209－7210⑱a：104，夹砂灰黑陶。尖圆唇。口径 12.6、残高 2 厘米（图三一五，7）。

　　标本 I T7209－7210⑱a：111，夹砂灰黑陶。尖圆唇。口径 12.6、残高 3.9 厘米（图三一五，8）。

　　Ab 型 I 式　1 件。

　　标本 I T7007－7108⑱a：6，夹砂灰黑陶。方唇。口径 13.8、肩径 14.2、底径 1.8、高 6.8 厘米（图三一五，9）。

　　小平底罐　30 件。

　　Ab 型 I 式　2 件。

　　标本 I T7007－7108⑱a：9，夹砂灰黑陶，外壁附着烟炱。方唇。口径 15.4、肩径 19.2、残高 11 厘米（图三一六，1）。

　　Ab 型 II 式　1 件。

标本ⅠT6511-6512⑱a：7，夹砂灰黑陶。方唇。口径11.6、肩径14.2、残高3.7厘米（图三一六，2）。

Ad型Ⅰ式　1件。

标本ⅠT7007-7108⑱a：290，夹砂灰黑陶。圆唇。口径14.6、肩径16、残高2.7厘米（图三一六，3）。

Bb型　7件。

标本ⅠT7207-7208⑱a：3，夹砂灰黑陶。尖唇。口径13、肩径14、残高5.7厘米（图三一六，4）。

标本ⅠT7009-7110⑱a：708，夹砂灰黑陶。尖圆唇。口径13、肩径13.6、残高3.4厘米（图三一六，5）。

标本ⅠT7009-7110⑱a：3，夹砂灰黑陶。圆唇，平底不规则。腹部饰有绳纹和一圈凹弦纹，下腹部遗留有明显的轮制痕迹。口径12.6、肩径13.6、底径2.8、高8.8厘米（图三一六，7）。

标本ⅠT6609-6710⑱a：17，夹砂灰黄陶。圆唇。口径8.3、残高2.5厘米（图三一六，6）。

Bc型Ⅰ式　5件。

标本ⅠT7007-7108⑱a：5，泥质灰黄陶。尖唇。口径12.6、肩径13、底径2.8、高7.9厘米（图三一六，8）。

标本ⅠT7007-7108⑱a：4，夹砂灰黑陶。尖唇。口径13.7、肩径14、底径2.8、高8.4厘米（图三一六，9）。

Bc型Ⅱ式　3件。

标本ⅠT7009-7110⑱a：14，泥质灰黄陶。尖唇。口径11.9、肩径12.2、底径2.6、高7.5厘米（图三一六，10）。

标本ⅠT7007-7108⑱a：319，泥质灰黑陶。圆唇。口径13.1、残高5.8厘米（图三一六，11）。

标本ⅠT7007-7108⑱a：148，泥质灰黑陶。尖圆唇。口径11.6、残高4.1厘米（图三一六，12）。

Bd型　4件。

标本ⅠT7007-7108⑱a：1，夹砂灰黑陶。尖唇。口径11.5、肩径12、底径3.1、高7.8厘米（图三一六，13）。

Be型Ⅰ式　6件。

标本ⅠT7009-7110⑱a：380，泥质灰黑陶。尖圆唇。下腹饰一周凹弦纹。口径12.2、残高4.9厘米（图三一六，15）。

Cb型Ⅰ式　1件。

标本ⅠT7009-7110⑱a：12，泥质灰黄陶。尖唇。口径13.6、底径3.2、高9厘米（图三一六，14）。

瓮形器　19件。

Ac型　2件。

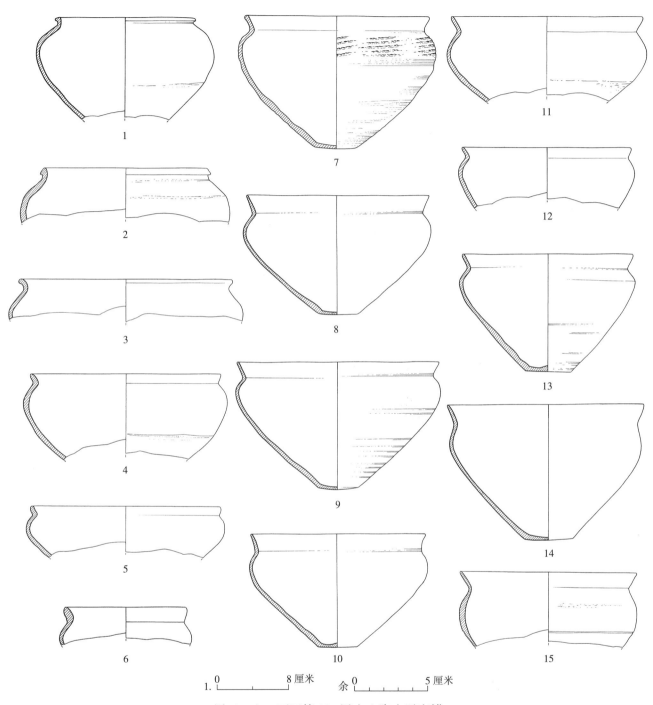

1. ├──┼──┼──┤ 8厘米　余 ├──┼──┼──┤ 5厘米

图三一六　西区第18a层出土陶小平底罐

1. Ab 型 I 式（Ⅰ T7007－7108⑱a：9）　2. Ab 型 II 式（Ⅰ T6511－6512⑱a：7）　3. Ad 型 I 式（Ⅰ T7007－7108⑱a：290）　4～7. Bb 型（Ⅰ T7207－7208⑱a：3、Ⅰ T7009－7110⑱a：708、Ⅰ T6609－6710⑱a：17、Ⅰ T7009－7110⑱a：3）　8、9. Bc 型 I 式（Ⅰ T7007－7108⑱a：5、Ⅰ T7007－7108⑱a：4）　10～12. Bc 型 II 式（Ⅰ T7009－7110⑱a：14、Ⅰ T7007－7108⑱a：319、Ⅰ T7007－7108⑱a：148）　13. Bd 型（Ⅰ T7007－7108⑱a：1）　14. Cb 型 I 式（Ⅰ T7009－7110⑱a：12）　15. Be 型 I 式（Ⅰ T7009－7110⑱a：380）

标本ⅠT6809-6910⑱a：324，夹砂灰黑陶。方唇。唇部及肩部饰绳纹及一周凹弦纹。口径32、残高6.2厘米（图三一七，1）。

B型 1件。

标本ⅠT6809-6910⑱a：151，夹砂灰黑陶。圆唇。唇部和肩部饰绳纹。口径23、残高3厘米（图三一七，2）。

Ca型 7件。

标本ⅠT6809-6910⑱a：318，夹砂灰黑陶。方唇。唇部及肩部饰绳纹。口径36、残高9厘米（图三一七，3）。

标本ⅠT7007-7108⑱a：226，夹砂灰黑陶。尖圆唇。唇部及肩部饰绳纹。口径38、残高4.2厘米（图三一七，4）。

Cb型 2件。

标本ⅠT7007-7108⑱a：165，夹砂灰黄陶。圆唇。通体饰绳纹。口径39、残高3.5厘米（图三一七，5）。

标本ⅠT7007-7108⑱a：136，夹砂灰黑陶。方唇。唇部及肩部饰绳纹。口径24.2、残高6.6厘米（图三一七，12）。

Da型 4件。

标本ⅠT6809-6910⑱a：56，夹砂灰黑陶。方唇。通体饰绳纹。口径31、残高2.7厘米（图三一七，6）。

标本ⅠT7007-7108⑱a：142，夹砂灰陶。圆唇。唇部饰绳纹。口径26、残高7.2厘米（图三一七，7）。

标本ⅠT7007-7108⑱a：346，夹砂灰黑陶。圆唇。唇部及肩部饰绳纹。口径24、残高6厘米（图三一七，8）。

Db型 1件。

标本ⅠT7007-7108⑱a：117，夹砂灰黑陶。圆唇。通体饰绳纹。残高4.8厘米（图三一七，9）。

Ea型 1件。

标本ⅠT7007-7108⑱a：23，夹砂灰黑陶。方唇。唇部及肩部饰绳纹。口径28、残高8.9厘米（图三一七，10）。

Eb型 1件。

标本ⅠT7007-7108⑱a：361，夹砂灰黑陶。方唇。通体饰绳纹。口径24、残高2.8厘米（图三一七，11）。

敛口罐 5件。

Aa型Ⅰ式 1件。

标本ⅠT6609-6710⑱a：118，夹砂灰黑陶。方唇。口径30.4、残高5.4厘米（图三一八，1）。

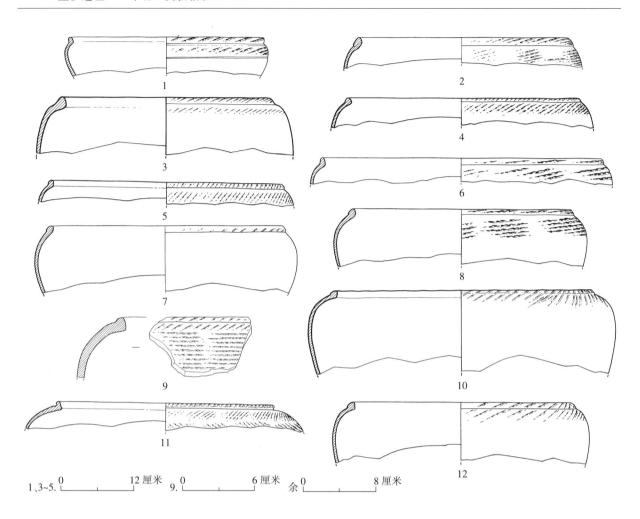

图三一七　西区第18a层出土陶瓮形器

1. Ac 型（ⅠT6809 – 6910⑱a：324）　2. B 型（ⅠT6809 – 6910⑱a：151）　3、4. Ca 型（ⅠT6809 – 6910⑱a：318、
ⅠT7007 – 7108⑱a：226）　5、12. Cb 型（ⅠT7007 – 7108⑱a：165、ⅠT7007 – 7108⑱a：136）　6 ~ 8. Da 型（ⅠT6809 –
6910⑱a：56、ⅠT7007 – 7108⑱a：142、ⅠT7007 – 7108⑱a：346）　9. Db 型（ⅠT7007 – 7108⑱a：117）　10. Ea 型
（ⅠT7007 – 7108⑱a：23）　11. Eb 型（ⅠT7007 – 7108⑱a：361）

Ac 型　1 件。

标本ⅠT6811 – 6912⑱a：18，夹砂灰黑陶。圆唇。口径 37、残高 4.6 厘米（图三一八，2）。

Bb 型　1 件。

标本ⅠT7209 – 7210⑱a：131，夹砂灰黑陶。圆唇。口径 24、残高 6.4 厘米（图三一八，3）。

Bc 型　1 件。

标本ⅠT6809 – 6910⑱a：54，夹砂灰黑陶。卷沿，尖圆唇。口径 24、残高 5.1 厘米（图三一八，4）。

Ca 型Ⅰ式　1 件。

标本ⅠT6809 – 6910⑱a：297，夹砂灰褐陶。方唇，沿面有凹槽。口径 24、残高 4.8 厘米（图
三一八，5）。

高领罐　50 件。

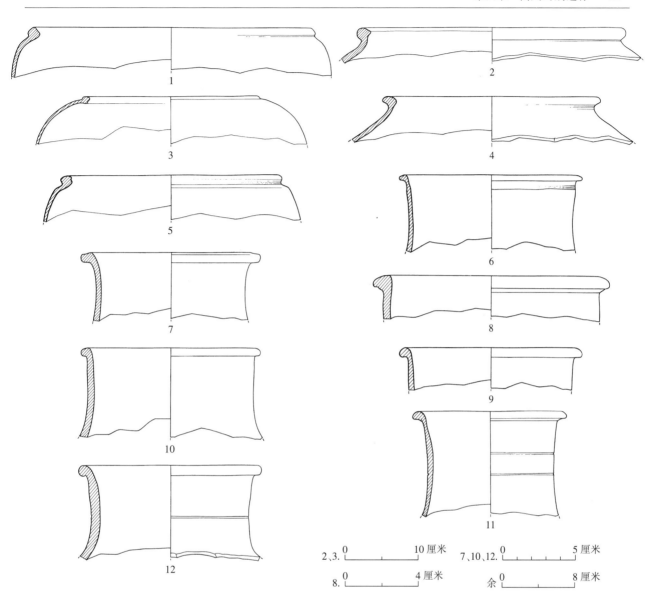

图三一八　西区第 18a 层出土陶器

1. Aa 型 I 式敛口罐（I T6609 – 6710⑱a：118）　2. Ac 型敛口罐（I T6811 – 6912⑱a：18）　3. Bb 型敛口罐
（I T7209 – 7210⑱a：131）　4. Bc 型敛口罐（I T6809 – 6910⑱a：54）　5. Ca 型 I 式敛口罐（I T6809 – 6910⑱a：297）
6. Aa 型 I 式高领罐（I T7007 – 7108⑱a：331）　7. Ab 型 I 式高领罐（I T7007 – 7108⑱a：89）　8 ~ 10. D 型高领罐
（I T6809 – 6910⑱a：142、I T7009 – 7110⑱a：322、I T7009 – 7110⑱a：577）　11. Fa 型 I 式高领罐（I T7009 – 7110⑱a：
610）　12. Fa 型 II 式高领罐（I T6809 – 6910⑱a：515）

Aa 型 I 式　1 件。

标本 I T7007 – 7108⑱a：331，夹砂灰黑陶。圆唇。口径 20.2、残高 8.4 厘米（图三一八，6）。

Ab 型 I 式　1 件。

标本 I T7007 – 7108⑱a：89，夹砂灰黑陶。圆唇。口径 12.3、残高 4.6 厘米（图三一八，7）。

D 型　3 件。

标本ⅠT6809 - 6910⑱a：142，夹砂灰黄陶。斜折沿，圆唇。口径13、残高2.4厘米（图三一八，8）。

标本ⅠT7009 - 7110⑱a：322，夹砂灰黄陶。翻沿，圆唇。口径20、残高4.5厘米（图三一八，9）。

标本ⅠT7009 - 7110⑱a：577，夹砂灰黑陶。圆唇。口径12.4、残高6厘米（图三一八，10）。

Fa型Ⅰ式　1件。

标本ⅠT7009 - 7110⑱a：610，夹砂灰黑陶。圆唇。领部饰两周凹弦纹。口径17.2、残高11.2厘米（图三一八，11）。

Fa型Ⅱ式　3件。

标本ⅠT6809 - 6910⑱a：515，夹砂灰黑陶。平卷沿，圆唇。领部饰一周凹弦纹。口径12.4、残高6.3厘米（图三一八，12）。

Fb型Ⅰ式　12件。

标本ⅠT7009 - 7110⑱a：600，夹砂灰黑陶。平卷沿，圆唇。领部饰两周凹弦纹。口径18.6、残高12.7厘米（图三一九，1）。

标本ⅠT7209 - 7210⑱a：427，夹砂灰褐陶。平折沿，圆唇。领部饰一周凹弦纹。口径14.4、残高9.7厘米（图三一九，2）。

标本ⅠT7009 - 7110⑱a：517，夹砂灰黑陶。圆唇。领部饰一周凹弦纹。口径11.5、残高6厘米（图三一九，3）。

Fb型Ⅱ式　7件。

标本ⅠT7007 - 7108⑱a：236，夹砂灰黑陶。平折沿，圆唇。口径14.7、残高8厘米（图三一九，4）。

标本ⅠT6809 - 6910⑱a：312，夹砂灰黑陶。平卷沿，圆唇。领部饰一周凹弦纹。口径18、残高11厘米（图三一九，5）。

Fc型　22件。

标本ⅠT7009 - 7110⑱a：144，夹砂灰黄陶。平卷沿，圆唇。领部饰两周凹弦纹。口径17.4、残高9.8厘米（图三一九，6）。

标本ⅠT7009 - 7110⑱a：317，夹砂灰黄陶。平卷沿，圆唇。口径22、残高6.3厘米（图三一九，7）。

标本ⅠT7209 - 7210⑱a：173，夹砂灰黑陶。翻沿，圆唇。口径16、残高5厘米（图三一九，8）。

标本ⅠT6809 - 6910⑱a：153，夹砂灰黄陶。平卷沿，圆唇。领部饰两周凸弦纹。口径13.2、残高4.8厘米（图三一九，9）。

标本ⅠT7209 - 7210⑱a：291，泥质灰褐陶。平折沿，圆唇。领部饰一周凹弦纹。口径16、残高4.9厘米（图三一九，10）。

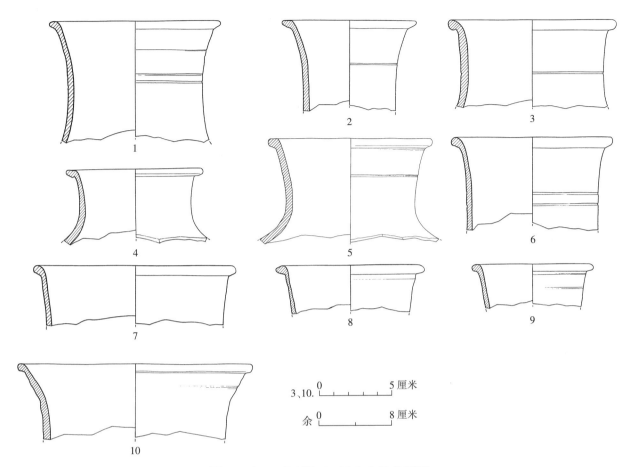

图三一九　西区第 18a 层出土陶高领罐

1～3. Fb 型 I 式（I T7009－7110⑱a：600、I T7209－7210⑱a：427、I T7009－7110⑱a：517）　4、5. Fb 型 II 式
（I T7007－7108⑱a：236、I T6809－6910⑱a：312）　6～10. Fc 型（I T7009－7110⑱a：144、I T7009－7110⑱a：
317、I T7209－7210⑱a：173、I T6809－6910⑱a：153、I T7209－7210⑱a：291）

矮领罐　4 件。

A 型 I 式　1 件。

标本 I T6809－6910⑱a：323，夹砂灰陶。平卷沿，圆唇。口径 12.5、残高 7.5 厘米（图
三二〇，1）。

B 型 I 式　2 件。

标本 I T6809－6910⑱a：311，夹砂灰陶。平卷沿，圆唇。领部饰两周凹弦纹。口径 26、残高
5 厘米（图三二〇，2）。

D 型 I 式　1 件。

标本 I T7211－7212⑱a：243，夹砂灰黑陶。平折沿，圆唇。口径 16.4、残高 1.9 厘米
（图三二〇，3）。

束颈罐　39 件。

Aa 型　16 件。

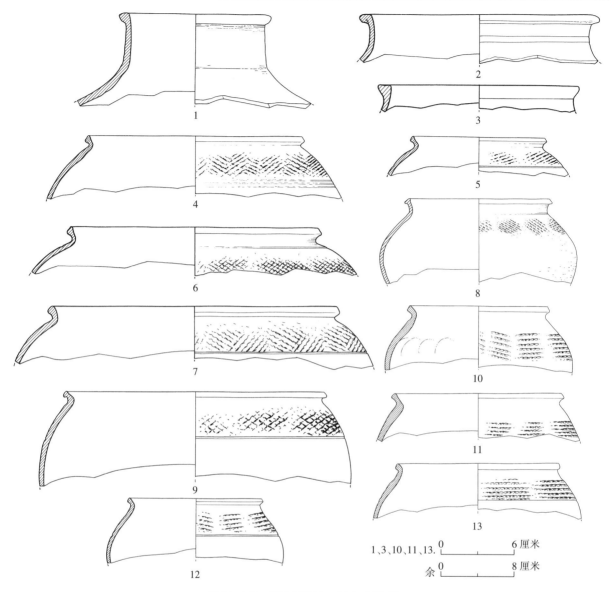

图三二〇 西区第18a层出土陶器

1. A 型 I 式矮领罐（I T6809－6910⑱a：323） 2. B 型 I 式矮领罐（I T6809－6910⑱a：311） 3. D 型 I 式矮领罐
（I T7211－7212⑱a：243） 4~6. Aa 型束颈罐（I T7007－7108⑱a：124、I T7209－7210⑱a：392、I T7009－7110
⑱a：99） 7. Ab 型 I 式束颈罐（I T7009－7110⑱a：102） 8. Ab 型 II 式束颈罐（I T6809－6910⑱a：296）
9. Ac 型 I 式束颈罐（I T7007－7108⑱a：169） 10. Ac 型 II 式束颈罐（I T7009－7110⑱a：605） 11~13. Ad 型
II 式束颈罐（I T6809－6910⑱a：128、I T7007－7108⑱a：330、I T6809－6910⑱a：127）

标本 I T7007－7108⑱a：124，夹砂灰黑陶。方唇。肩部饰交错粗绳纹和三周凹弦纹。口径 24、残高6.5厘米（图三二〇，4）。

标本 I T7209－7210⑱a：392，夹砂灰黑陶。方唇。肩部饰成组斜向绳纹和一周凹弦纹。口径 14.8、残高4厘米（图三二〇，5）。

标本 I T7009－7110⑱a：99，夹砂灰黑陶。方唇。肩部饰交错粗绳纹。口径28、残高4.7厘米（图三二〇，6）。

Ab 型 Ⅰ 式 1 件。

标本 ⅠT7009 – 7110⑱a：102，夹砂灰黑陶。方唇。肩部饰绳纹和一周凹弦纹。口径 32.2、残高 6.2 厘米（图三二〇，7）。

Ab 型 Ⅱ 式 1 件。

标本 ⅠT6809 – 6910⑱a：296，夹砂灰黑陶。方唇。肩部饰成组粗绳纹。口径 16、肩径 21.2、残高 8.9 厘米（图三二〇，8）。

Ac 型 Ⅰ 式 1 件。

标本 ⅠT7007 – 7108⑱a：169，夹砂灰黄陶。方唇。肩部饰交错粗绳纹。口径 29、残高 10 厘米（图三二〇，9）。

Ac 型 Ⅱ 式 1 件。

标本 ⅠT7009 – 7110⑱a：605，夹砂灰黑陶。方唇。肩部饰绳纹。口径 11.7、残高 5.2 厘米（图三二〇，10）。

Ad 型 Ⅱ 式 8 件。

标本 ⅠT6809 – 6910⑱a：128，夹砂灰黑陶。方唇。肩部饰横向粗绳纹。口径 14、残高 3.8 厘米（图三二〇，11）。

标本 ⅠT7007 – 7108⑱a：330，夹砂灰黑陶。方唇。肩部饰成组粗绳纹和一周凹弦纹。口径 14.8、肩径 19.4、残高 6.7 厘米（图三二〇，12）。

标本 ⅠT6809 – 6910⑱a：127，夹砂灰黑陶。方唇。肩部饰横向粗绳纹和一周凹弦纹。口径 13.4、残高 4.3 厘米（图三二〇，13）。

Ba 型 8 件。

标本 ⅠT7007 – 7108⑱a：345，夹砂灰黑陶。方唇。口径 15、残高 6 厘米（图三二一，1）。

标本 ⅠT7009 – 7110⑱a：653，夹砂灰黑陶。方唇。口径 12.6、残高 2.8 厘米（图三二一，2）。

Bb 型 1 件。

标本 ⅠT7209 – 7210⑱a：382，夹砂灰褐陶。方唇。口径 20.2、残高 4.9 厘米（图三二一，3）。

Bd 型 Ⅰ 式 1 件。

标本 ⅠT7209 – 7210⑱a：362，夹砂灰褐陶。方唇。口径 16、残高 4 厘米（图三二一，4）。

Da 型 1 件。

标本 ⅠT7209 – 7210⑱a：459，夹砂灰黑陶。仰卷沿，沿面微凹。圆唇。口径 35、残高 5.2 厘米（图三二一，7）。

壶 5 件。

Ab 型 4 件。

标本 ⅠT6809 – 6910⑱a：302，泥质灰黑陶。圆唇。领部饰有一道凸棱纹和三道平行凹弦纹。口径 12、残高 6 厘米（图三二一，5）。

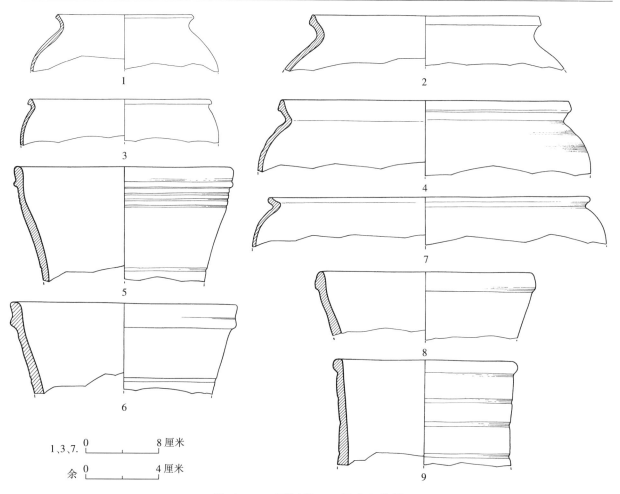

1、3、7. ├─────┤ 8厘米
余   ├─────┤ 4厘米

图三二一   西区第18a层出土陶器

1、2. Ba 型束颈罐（ⅠT7007－7108⑱a：345、ⅠT7009－7110⑱a：653）   3. Bb 型束颈罐（ⅠT7209－7210⑱a：382）
4. Bd 型Ⅰ式束颈罐（ⅠT7209－7210⑱a：362）   5、6、8. Ab 型壶（ⅠT6809－6910⑱a：302、ⅠT7009－7110⑱a：282、ⅠT7209－7210⑱a：308）   7. Da 型束颈罐（ⅠT7209－7210⑱a：459）   9. Bc 型壶（ⅠT6809－6910⑱a：79）

标本ⅠT7009－7110⑱a：282，夹砂灰黑陶。方唇。领部饰一道凸棱纹。口径12.4、残高4.8厘米（图三二一，6）。

标本ⅠT7209－7210⑱a：308，夹砂灰黑陶。圆唇。口径11.5、残高3.7厘米（图三二一，8）。

Bc 型   1 件。

标本ⅠT6809－6910⑱a：79，夹砂灰黑陶。圆唇。领部饰三周凹弦纹。口径10、残高5.5厘米（图三二一，9）。

瓶   1 件。C 型。

标本ⅠT6807－6908⑱a：18，夹砂灰黑陶。腹径5.9、底径5、残高7厘米（图三二二，14）。

盆   32 件。

Ac 型   10 件。

标本ⅠT6809－6910⑱a：119，夹砂灰黑陶。方唇。唇部压印绳纹。口径46、残高5.3厘米

（图三二二，1）。

标本ⅠT7009－7110⑱a：331，夹砂灰黑陶。方唇。唇部压印绳纹。残高4.2厘米（图三二二，2）。

标本ⅠT6809－6910⑱a：118，夹砂灰黑陶。方唇。沿外侧饰绳纹。口径52、残高6.4厘米（图三二二，3）。

标本ⅠT7211－7212⑱a：9，夹砂灰黑陶。方唇。沿外侧饰绳纹。口径64、残高4.4厘米（图三二二，4）。

Ab型　1件。

标本ⅠT6809－6910⑱a：306，夹砂灰黑陶。折沿。唇部压印绳纹。口径52、残高8厘米（图三二二，5）。

Ae型　1件。

标本ⅠT6809－6910⑱a：319，夹砂灰黑陶。沿面凹，方唇。唇部饰有绳纹。口径30、残高6.6厘米（图三二二，6）。

Ca型　3件。

标本ⅠT6611－6712⑱a：54，夹砂灰黑陶。平卷沿，圆唇。腹部饰一周凹弦纹。口径29、残高6.5厘米（图三二二，7）。

Cb型　1件。

标本ⅠT7009－7110⑱a：706，夹砂灰黑陶。卷沿。口径50、残高4.8厘米（图三二二，8）。

Cc型　9件。

标本ⅠT7007－7108⑱a：80，泥质灰黄陶。仰卷沿，方唇。腹部饰圆圈纹。口径30、残高9.2厘米（图三二二，9）。

标本ⅠT7007－7108⑱a：57，泥质灰黑陶。仰卷沿，方唇。口径26.4、残高9.5厘米（图三二二，10）。

Cd型　3件。

标本ⅠT7009－7110⑱a：196，夹砂灰褐陶。仰卷沿，圆唇。腹部饰有两周凹弦纹。口径29、残高6.5厘米（图三二二，11）。

Ea型Ⅰ式　4件。

标本ⅠT6807－6908⑱a：9，夹砂灰黑陶。平折沿，沿面微凹，圆唇。口径32、残高4.6厘米（图三二二，12）。

标本ⅠT7211－7212⑱a：4，夹砂灰黑陶。平卷沿，圆唇。腹部饰两周凹弦纹。口径48、残高4.4厘米（图三二二，13）。

瓮　21件。

Aa型　4件。

标本ⅠT7009－7110⑱a：224，夹砂灰黄陶。圆唇。口径72、残高7.4厘米（图三二三，1）。

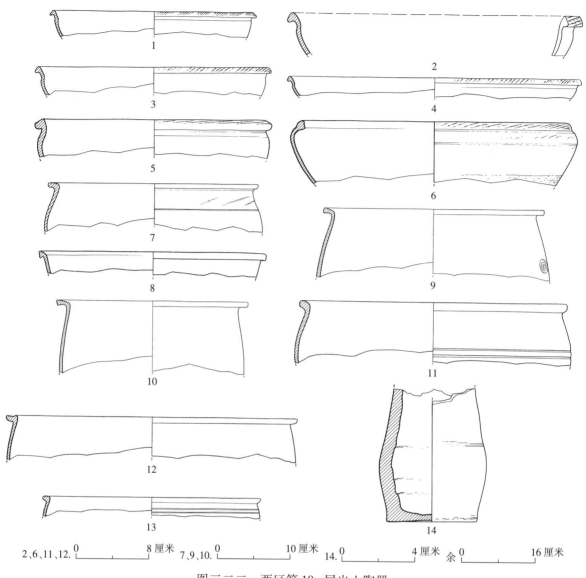

图三二二　西区第18a层出土陶器

1~4. Ac型盆（ⅠT6809－6910⑱a：119、ⅠT7009－7110⑱a：331、ⅠT6809－6910⑱a：118、ⅠT7211－7212⑱a：9）
5. Ab型盆（ⅠT6809－6910⑱a：306）　6. Ae型盆（ⅠT6809－6910⑱a：319）　7. Ca型盆（ⅠT6611－6712⑱a：54）
8. Cb型盆（ⅠT7009－7110⑱a：706）　9、10. Cc型盆（ⅠT7007－7108⑱a：80、ⅠT7007－7108⑱a：57）　11. Cd型
盆（ⅠT7009－7110⑱a：196）　12、13. Ea型Ⅰ式盆（ⅠT6807－6908⑱a：9、ⅠT7211－7212⑱a：4）　14. C型瓶
（ⅠT6807－6908⑱a：18）

　　标本ⅠT6809－6910⑱a：146，夹砂灰陶。圆唇。口径46、残高6厘米（图三二三，2）。

　　标本ⅠT6809－6910⑱a：308，夹砂灰黑陶。圆唇。口径56.8、残高8.4厘米（图三二三，12）。

　　Ab型　1件。

　　标本ⅠT7009－7110⑱a：735，夹砂灰黑陶。方唇。残高3厘米（图三二三，3）。

　　Ba型　12件。

　　标本ⅠT7209－7210⑱a：132，夹砂灰黑陶。圆唇。口径40、残高7.9厘米（图三二三，4）。

　　标本ⅠT6511－6512⑱a：22，夹砂灰黄陶。圆唇。口径34、残高4.8厘米（图三二三，5）。

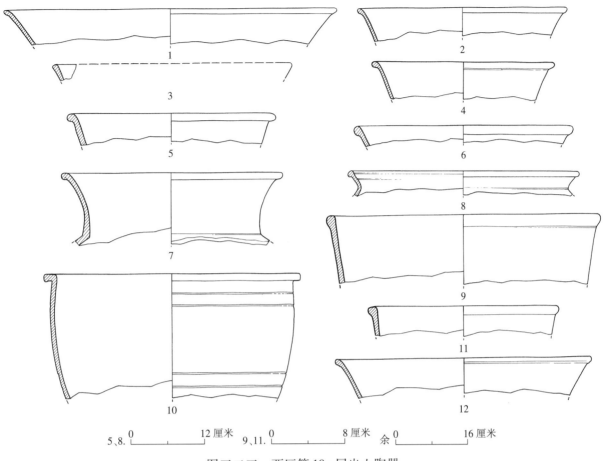

图三二三　西区第18a层出土陶器

1、2、12. Aa 型瓮（ⅠT7009－7110⑱a：224、ⅠT6809－6910⑱a：146、ⅠT6809－6910⑱a：308）　3. Ab 型瓮（ⅠT7009－7110⑱a：735）　4~6. Ba 型瓮（ⅠT7209－7210⑱a：132、ⅠT6511－6512⑱a：22、ⅠT6809－6910⑱a：145）　7. Bb 型瓮（ⅠT7009－7110⑱a：128）　8. Cb 型Ⅰ式瓮（ⅠT7009－7110⑱a：712）　9、11. Ba 型桶形器（ⅠT6809－6910⑱a：71、ⅠT7009－7110⑱a：274）　10. Ca 型缸（ⅠT6809－6910⑱a：310）

标本ⅠT6809－6910⑱a：145，夹砂灰黄陶。圆唇。口径48、残高3.7厘米（图三二三，6）。

Bb 型　2件。

标本ⅠT7009－7110⑱a：128，夹砂灰黄陶。平卷沿，圆唇。口径48、残高15.2厘米（图三二三，7）。

Cb 型Ⅰ式　2件。

标本ⅠT7009－7110⑱a：712，夹砂灰黑陶。圆唇。领部饰一周凹弦纹。口径38、残高4.1厘米（图三二三，8）。

缸　1件。Ca 型。

标本ⅠT6809－6910⑱a：310，夹砂灰黑陶。折沿。腹部饰四周凹弦纹。口径56、残高26.1厘米（图三二三，10）。

桶形器　4件。Ba 型。

标本ⅠT6809－6910⑱a：71，夹砂灰黄陶。圆唇。口径30、残高7.4厘米（图三二三，9）。

标本ⅠT7009 - 7110⑱a：274，夹砂灰黄陶。圆唇。口径21、残高3厘米（图三二三，11）。

瓱形器　2件。

A型　1件。

标本ⅠT6809 - 6910⑱a：60，夹砂灰黑陶。底径5.4、残高7.2厘米（图三二四，1）。

B型　1件。

标本ⅠT6611 - 6712⑱a：59，夹砂灰黑陶。底径6.3、残高9.2厘米（图三二四，2）。

盆形器　1件。B型。

标本ⅠT6611 - 6712⑱a：73，夹砂灰黑陶。圆唇。口径19、残高10.5厘米（图三二四，3）。

豆盘　29件。

Ba型　4件。

标本ⅠT6809 - 6910⑱a：144，夹砂灰黄陶。残高12厘米（图三二四，4）。

标本ⅠT7007 - 7108⑱a：84，夹砂灰黑陶。残高7.9厘米（图三二四，5）。

Cc型　1件。

标本ⅠT7009 - 7110⑱a：678，夹砂灰黑陶。方唇。残高3.4厘米（图三二四，6）。

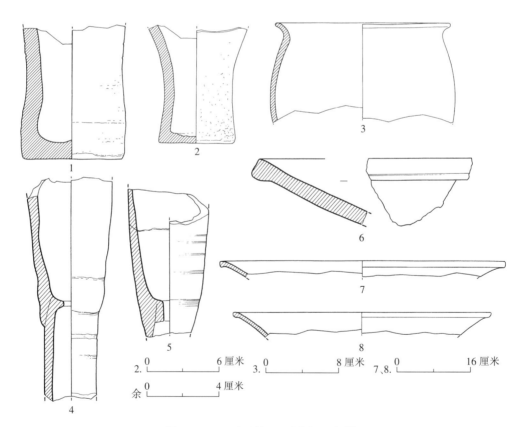

图三二四　西区第18a层出土陶器

1. A型瓱形器（ⅠT6809 - 6910⑱a：60）　2. B型瓱形器（ⅠT6611 - 6712⑱a：59）　3. B型盆形器（ⅠT6611 - 6712⑱a：73）　4、5. Ba型豆盘（ⅠT6809 - 6910⑱a：144、ⅠT7007 - 7108⑱a：84）　6. Cc型豆盘（ⅠT7009 - 7110⑱a：678）　7. Da型豆盘（ⅠT6809 - 6910⑱a：176）　8. Db型豆盘（ⅠT6809 - 6910⑱a：149）

Da 型　19 件。

标本ⅠT6809－6910⑱a：176，夹砂灰黑陶。方唇。口径 62、残高 3.2 厘米（图三二四，7）。

Db 型　5 件。

标本ⅠT6809－6910⑱a：149，夹砂灰黑陶。方唇。口径 56、残高 4.8 厘米（图三二四，8）。

豆柄　34 件。

Aa 型　27 件。

标本ⅠT7207－7208⑱a：28，泥质灰黑陶。残高 11.2 厘米（图三二五，1）。

标本ⅠT7209－7210⑱a：296，夹砂灰黑陶。柄部饰重菱纹。残高 13.7 厘米（图三二五，2）。

Ab 型　1 件。

标本ⅠT6809－6910⑱a：316，泥质灰黑陶。残高 18 厘米（图三二五，3）。

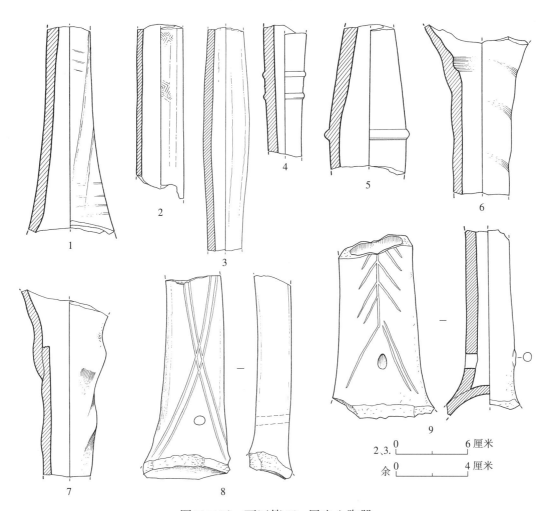

图三二五　西区第 18a 层出土陶器

1、2. Aa 型豆柄（ⅠT7207－7208⑱a：28、ⅠT7209－7210⑱a：296）　3. Ab 型豆柄（ⅠT6809－6910⑱a：316）
4、5. Ac 型豆柄（ⅠT7007－7108⑱a：64、ⅠT6809－6910⑱a：154）　6、7. Ad 型豆柄（ⅠT7009－7110⑱a：127、
ⅠT7009－7110⑱a：18）　8、9. 鋬手（ⅠT6809－6910⑱a：320、ⅠT6809－6910⑱a：321）

Ac 型　4 件。

标本 ⅠT7007－7108⑱a：64，泥质灰黑陶。柄部饰两道凸棱纹。残高 7 厘米（图三二五，4）。

标本 ⅠT6809－6910⑱a：154，泥质灰黑陶。柄部饰一道凸棱纹。残高 8 厘米（图三二五，5）。

Ad 型　2 件。

标本 ⅠT7009－7110⑱a：127，夹砂灰黑陶。残高 9 厘米（图三二五，6）。

标本 ⅠT7009－7110⑱a：18，夹砂灰黑陶。残高 10 厘米（图三二五，7）。

器盖　2 件。

Ba 型　1 件。

标本 ⅠT7209－7210⑱a：455，夹砂灰黑陶。圆唇。口径 9.5、高 1.9 厘米（图三二六，1）。

E 型　1 件。

标本 ⅠT7007－7108⑱a：7，夹砂灰褐陶。沿面凹，方唇。口径 13.5、高 5.9 厘米（图三二六，3）。

器纽　2 件。Ba 型。

标本 ⅠT6807－6908⑱a：78，夹砂灰黑陶。圆唇。纽径 3.5、残高 4 厘米（图三二六，2）。

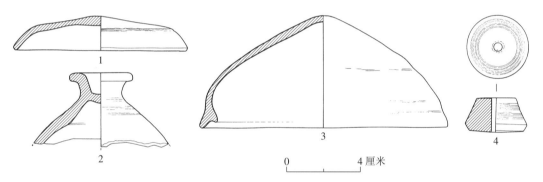

图三二六　西区第 18a 层出土陶器

1. Ba 型器盖（ⅠT7209－7210⑱a：455）　2. Ba 型器纽（ⅠT6807－6908⑱a：78）　3. E 型器盖（ⅠT7007－7108⑱a：7）　4. A 型纺轮（ⅠT7009－7110⑱a：5）

器底　39 件。

Aa 型　11 件。

标本 ⅠT7007－7108⑱a：350，夹砂灰黑陶。底径 16.6、残高 21.5 厘米（图三二七，1）。

标本 ⅠT7007－7108⑱a：363，夹砂灰黑陶。底径 11.2、残高 9.4 厘米（图三二七，2）。

Ab 型　5 件。

标本 ⅠT6809－6910⑱a：291，夹砂灰黑陶。底径 7.9、残高 4.2 厘米（图三二七，3）。

标本 ⅠT6809－6910⑱a：309，夹砂灰黑陶。底径 5.5、残高 6.9 厘米（图三二七，4）。

Ac 型　9 件。

标本 ⅠT7209－7210⑱a：20，夹砂灰黑陶。底径 5、残高 2.9 厘米（图三二七，5）。

标本 ⅠT7009－7110⑱a：537，夹砂灰黑陶。底径 3.7、残高 2.2 厘米（图三二七，6）。

B 型　1件。

标本ⅠT7007－7108⑱a：172，夹砂灰黄陶。底径11、残高8.9厘米（图三二七，7）。

Db 型　3件。

标本ⅠT6809－6910⑱a：92，泥质灰黑陶。底径1.7、残高3厘米（图三二七，8）。

Ea 型　2件。

标本ⅠT6611－6712⑱a：1，泥质灰黑陶。底径2.5、残高3.7厘米（图三二七，9）。

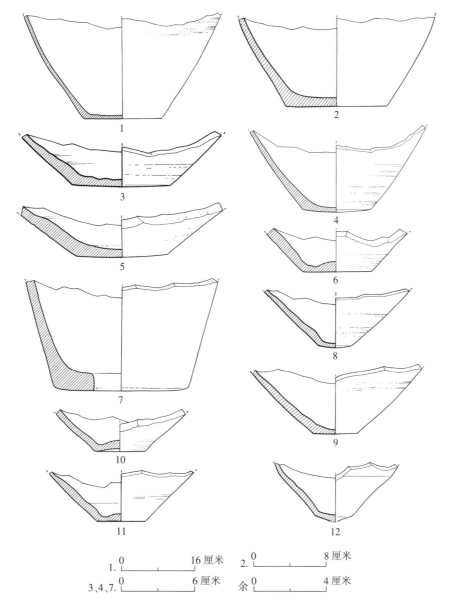

图三二七　西区第18a层出土陶器底

1、2. Aa 型（ⅠT7007－7108⑱a：350、ⅠT7007－7108⑱a：363）　　3、4. Ab 型（ⅠT6809－6910⑱a：291、ⅠT6809－6910⑱a：309）　　5、6. Ac 型（ⅠT7209－7210⑱a：20、ⅠT7009－7110⑱a：537）　　7. B 型（ⅠT7007－7108⑱a：172）
8. Db 型（ⅠT6809－6910⑱a：92）　　9. Ea 型（ⅠT6611－6712⑱a：1）　　10、11. Eb 型（ⅠT7007－7108⑱a：94、ⅠT7009－7110⑱a：474）　　12. Ed 型Ⅰ式（ⅠT7209－7210⑱a：319）

Eb 型　6 件。

标本ⅠT7007 - 7108⑱a：94，泥质灰黑陶。底径 2. 9、残高 2. 3 厘米（图三二七，10）。

标本ⅠT7009 - 7110⑱a：474，泥质灰黑陶。底径 2. 6、残高 2. 7 厘米（图三二七，11）。

Ed 型Ⅰ式　2 件。

标本ⅠT7209 - 7210⑱a：319，泥质灰黑陶。平底略外凸。下腹部有细旋痕。底径 2、残高 3. 1 厘米（图三二七，12）。

圈足　30 件。

Aa 型　3 件。

标本ⅠT7209 - 7210⑱a：108，夹砂灰黑陶。底部饰一镂孔。圈足径 6、残高 5 厘米（图三二八，1）。

标本ⅠT7009 - 7110⑱a：302，夹砂灰黄陶。圈足径 10、残高 6. 2 厘米（图三二八，2）。

Cb 型　13 件。

标本ⅠT7007 - 7108⑱a：135，夹砂灰褐陶。饰一圆形镂孔。圈足径 8. 7、残高 3. 8 厘米（图三二八，3）。

标本ⅠT7009 - 7110⑱a：149，夹砂灰黑陶。饰圆形镂孔。圈足径 9、残高 4. 8 厘米（图三二八，7）。

标本ⅠT6809 - 6910⑱a：77，夹砂灰黑陶。圈足径 7. 5、残高 2. 8 厘米（图三二八，4）。

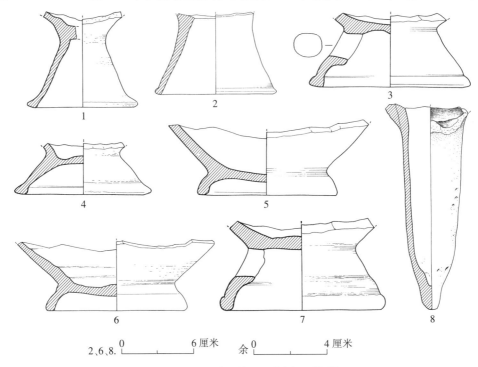

图三二八　西区第18a层出土陶器

1、2. Aa 型圈足（ⅠT7209 - 7210⑱a：108、ⅠT7009 - 7110⑱a：302）　3、4、7. Cb 型圈足（ⅠT7007 - 7108⑱a：135、ⅠT6809 - 6910⑱a：77、ⅠT7009 - 7110⑱a：149）　5. Cc 型Ⅰ式圈足（ⅠT7007 - 7108⑱a：234）

6. Cc 型Ⅱ式圈足（ⅠT7009 - 7110⑱a：759）　8. Aa 型袋足（ⅠT7009 - 7110⑱a：802）

Cc 型 I 式　6 件。

标本 I T7007 - 7108⑱a：234，夹砂灰黑陶。圈足径 7.6、残高 4 厘米（图三二八，5）。

Cc 型 II 式　8 件。

标本 I T7009 - 7110⑱a：759，夹砂灰黑陶。圈足径 11.7、残高 5.5 厘米（图三二八，6）。

袋足　1 件。Aa 型。

标本 I T7009 - 7110⑱a：802，夹砂灰黑陶。残高 16.4 厘米（图三二八，8）。

鋬手　2 件。

标本 I T6809 - 6910⑱a：321，夹砂灰黑陶。柄部有一圆形穿孔，表面饰刻"人"字形划纹。宽约 5.5、残高 9.8 厘米（图三二五，9）。

标本 I T6809 - 6910⑱a：320，夹砂灰黑陶。柄部有一圆形穿孔，表面饰刻"X"形划纹。宽约 4.8、残高 10.6 厘米（图三二五，8）。

纺轮　1 件。A 型。

标本 I T7009 - 7110⑱a：5，泥质灰黑陶。腰部饰四周凹弦纹。直径 3.3、孔径 0.4、厚 1.8 厘米（图三二六，4）。

（2）玉器

4 件。

斧　2 件。B 型。

标本 I T6613 - 6714⑱a：1，青色，不透明，杂有褐色沁斑。器体较小。器身较薄。两面微凸、两侧平直。整器制作较为精细，顶部经打磨，刃部有缺损。长 10.2、宽 2.7～3.1、厚 0.9 厘米（图三二九，1）。

标本 I T6809 - 6910⑱a：16，青色，不透明，杂有褐色沁斑。器体较小。身较厚。两面、两侧平直。刃部外弧，偏锋。整器制作较为精细，顶部保留自然断面。长 7.2、宽 1.5～3.8、厚 1.8 厘米（图三二九，2；彩版一〇〇，5）。

锛　1 件。D 型。

标本 I T7009 - 7110⑱a：2，青色，不透明，一面杂有褐色沁斑。器体极小。顶部保留自然断面，器表、两侧制作相对精细。长 4.2、宽 3.8、厚 1.2 厘米（图三二九，3）。

凿　1 件。Ab 型。

标本 I T6809 - 6910⑱a：22，淡黄色，器上部有黑色、褐色沁斑。横剖面呈长方形，器顶打磨光滑。刃部较钝，无使用痕迹。长 10、宽 1.2、厚 1.2 厘米（图三二九，4）。

（3）石器

97 件。

石璋半成品　11 件。

Ba 型　9 件。

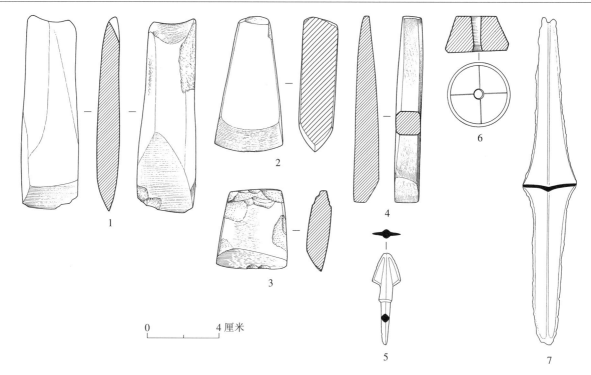

图三二九　西区第18a层出土器物

1、2. B 型玉斧（ⅠT6613－6714⑱a：1、ⅠT6809－6910⑱a：16）　　3. D 型玉锛（ⅠT7009－7110⑱a：2）　　4. Ab 型玉凿（ⅠT6809－6910⑱a：22）　　5. Aa 型铜镞（ⅠT7007－7108⑱a：2）　　6. 石纺轮（ⅠT7009－7110⑱a：839）　　7. Aa 型铜锥形器（ⅠT6809－6910⑱a：235）

标本ⅠT6809－6910⑱a：182，青色。器体较宽大。阑部有凸出器身的齿状饰，阑上刻划有平行直线纹。柄部呈倒三角状。器表、两侧均保留自然断面，凹凸不平，刃部打磨粗糙。长20、宽6.3、厚1.2厘米（图三三〇，1）。

标本ⅠT6809－6910⑱a：183，青色。器体宽大，无阑。器表、两侧均保留自然断面，凹凸不平，刃部打磨粗糙。长27.3、宽8、厚1.5厘米（图三三〇，4）。

C 型　2 件。

标本ⅠT6807－6908⑱a：20，青色。器体宽大，无阑。两侧均保留自然断面，器表打磨较为光滑。刃部残。残长21、宽6.6、厚1.2厘米（图三三〇，2）。

石琮半成品　1 件。B 型Ⅰ式。

标本ⅠT6809－6910⑱a：1，灰色。整体仅刻划出琮体轮廓。长方柱体，上小下大，分三节。每节的上、下部均阴刻一组平行直线纹，每组两条线。每节中间有一组对称"半月"形崩疤，每组两个。上宽4.2、下宽5.4、通高12、孔径1.3厘米（图三三〇，5）。

长条形器　1 件。

标本ⅠT7209－7210⑱a：31，黑色。器表经打磨，较为光滑。长9、宽1.8、厚1.2厘米（图三三〇，3）。

特殊石器　1 件。

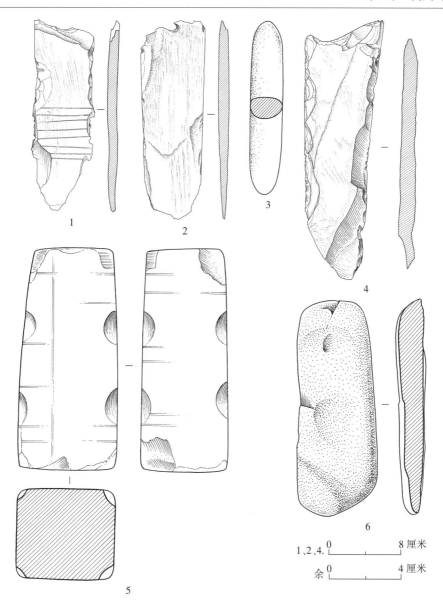

图三三○　西区第18a层出土石器

1、4.Ba型石璋半成品（ⅠT6809－6910⑱a：182、ⅠT6809－6910⑱a：183）　2.C型石璋半成品（ⅠT6807－6908⑱a：20）　3.长条形器（ⅠT7209－7210⑱a：31）　5.B型Ⅰ式石琮半成品（ⅠT6809－6910⑱a：1）　6.特殊石器（ⅠT7009－7110⑱a：11）

标本ⅠT7009－7110⑱a：11，平面呈长方形。利用自然卵石切割成形，并经打磨抛光处理，制作较为规整。长11.3、宽4.5、厚1.4厘米（图三三○，6）。

石璧坯料　73件。

A型　71件。

标本ⅠT6809－6910⑱a：189，灰黑色。破裂面及轮边未经打磨。周缘较薄，中部略厚。直径11.6、厚1.9厘米（图三三一，1）。

标本ⅠT7007－7108⑱a：351，灰黑色。从卵石上打下的一块。破裂面未经打磨，另一面保持自然光面。周缘较薄，中部略厚。直径12.2、厚2.3厘米（图三三一，2）。

标本ⅠT7009－7110⑱a：804，灰黑色。破裂面及轮边未经打磨。直径6、厚1.3厘米（图三三一，3）。

标本ⅠT7207－7208⑱a：32，灰黑色。破裂面及轮边未经打磨。周缘较薄，中部略厚。直径19.7、厚1.8厘米（图三三一，7）。

B型　2件。

标本ⅠT6611－6712⑱a：91，灰黑色。破裂面及轮边粗磨。周缘较薄，中部略厚。直径7.3、孔径4.2、厚1厘米（图三三一，5）。

石璧半成品　9件。

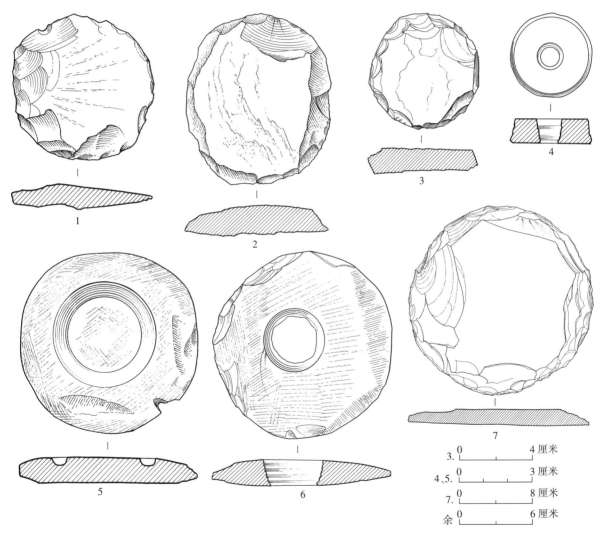

图三三一　西区第18a层出土石器

1～3、7. A型石璧坯料（ⅠT6809－6910⑱a：189、ⅠT7007－7108⑱a：351、ⅠT7009－7110⑱a：804、ⅠT7207－7208⑱a：32）　4. C型石璧半成品（ⅠT7207－7208⑱a：41）　5. B型石璧坯料（ⅠT6611－6712⑱a：91）　6. A型石璧半成品（ⅠT7207－7208⑱a：43）

A 型　8 件。

标本Ⅰ T7207 – 7208⑱a：43，灰黑色。孔壁留有管钻痕迹，环面及轮边粗磨。直径 15、孔径 5、厚 2.1 厘米（图三三一，6）。

C 型　1 件。

标本Ⅰ T7207 – 7208⑱a：41，黑色。边缘留有管钻痕迹，环面及轮边打磨精细。直径 3 ~ 3.3、孔径 1、厚 1 厘米（图三三一，4）。

纺轮　1 件。

标本Ⅰ T7009 – 7110⑱a：839，黑色。制作极为精细，底部有四等分细线纹。直径 2.2 ~ 3.5、孔径 0.5、厚 1.9 厘米（图三二九，6）。

（4）铜器

2 件。

镞　1 件。Aa 型。

标本Ⅰ T7007 – 7108⑱a：2，双翼不突出，长铤，脊部背部为菱形。长 5、厚 0.4 厘米（图三二九，5）。

锥形器　1 件。Aa 型。

标本Ⅰ T6809 – 6910⑱a：235，平面形状呈尖条形。长 17.4、宽 1.4 厘米（图三二九，7）。

（二七）第 17 层出土遗物

该层出土遗物种类较多，数量丰富。包括陶器、玉器、石器和铜器。其中陶片 19367 片、玉器 8 件、石器 69 件、铜器 3 件。陶片以夹砂陶为主，占 79.93%。夹砂陶中灰黑陶占 69.56%，灰黄陶占 17.48%，灰褐陶占 7.23%，灰陶占 4.10%，红褐陶占 0.86%，黄褐陶占 0.77%；泥质陶中灰黑陶占 55.81%，灰黄陶占 30.03%，灰褐陶占 11.37%，灰陶占 2.01%，黄褐陶占 0.39%，青灰陶占 0.26%，红陶占 0.13%。纹饰较少，夹砂陶中纹饰陶片仅占 14.31%，其中细线纹占 39.03%，粗绳纹占 24.59%，凹弦纹占 29.69%，压印纹占 1.76%，方格纹占 1.22%。另有少量的细绳纹、凸棱纹、网格纹、附加堆纹和极少量的瓦棱纹、乳丁纹、云雷纹、刻划纹等。泥质陶中纹饰陶片仅占 11.91%，其中细线纹占 59.40%，凹弦纹占 34.13%，云雷纹占 2.59%，还有极少量凸棱纹、圆圈纹、镂孔等（表二七）。陶器可辨器形有尖底杯、尖底盏、尖底罐、小平底罐、瓮形器、敛口罐、高领罐、矮领罐、束颈罐、壶、瓶、盆、瓮、觚形器、豆柄、器纽、纺轮等。石器种类有石璋半成品、斧、璧等。玉器种类有璧、锛、绿松石珠等。铜器种类有镞和残件。

（1）陶器

554 件。

尖底杯　11 件。

Aa 型Ⅰ式　1 件。

表二七　西区第 17 层陶片统计表

纹饰	夹砂陶 灰黑	灰	红褐	灰褐	黄褐	灰黄	小计	百分比（%）	泥质陶 灰黑	灰	灰黄	灰褐	青灰	红	黄褐	小计	百分比（%）
素面	8883	617	124	1008	108	2525	13265	85.69	1869	60	1108	359	10	4	13	3423	88.09
细绳纹	11			6			17	0.11									
粗绳纹	467	8	2	33		35	545	3.52				1				1	0.02
云雷纹	4		1	1		1	7	0.04	1	11						12	0.31
凹弦纹	507	6	1	39	10	95	658	4.25	99	2	25	30		2		158	4.07
凸棱纹	9			3		2	14	0.09	3		1	1				5	0.13
刻划纹	7					1	8	0.05	1		1					2	0.05
镂孔	8					1	9	0.06	1		1	1				3	0.08
细线纹	798		4	22		41	865	5.59	192	2	30	50		1		275	7.08
压印纹	32			4	2	1	39	0.25									
网格纹	9						9	0.06									
戳印纹	1			1			2	0.01	2							2	0.05
瓦棱纹	2		1				3	0.02			1					1	0.02
乳丁纹	3						3	0.02									
方格纹	25					2	27	0.17									
附加堆纹	3	3		2		1	9	0.06	1	1						2	0.05
圆圈纹						1	1	0.01			2					2	0.05
小计	10769	634	133	1119	120	2706	15481		2169	78	1167	442	10	5	15	3886	
百分比（%）	69.56	4.10	0.86	7.23	0.77	17.48		100.00	55.81	2.01	30.03	11.37	0.26	0.13	0.39		100.00
合计					19367												

标本ⅠT6813－6914⑰：96，泥质灰黑陶。尖唇。口径 13.4、残高 3.5 厘米（图三三二，1）。

Aa 型Ⅱ式　2 件。

标本ⅠT7213－7214⑰：53，泥质灰黑陶。尖唇。口径 10.4、残高 3 厘米（图三三二，2）。

标本ⅠT7209－7210⑰：260，泥质灰黑陶。尖圆唇。口径 9.5、残高 3.5 厘米（图三三二，3）。

Ab 型　3 件。

标本ⅠT7209－7210⑰：711，泥质灰黑陶。尖唇。口径 9、残高 4.4 厘米（图三三二，4）。

标本ⅠT7215－7216⑰：39，泥质灰黑陶。尖唇。口径 12、残高 3.4 厘米（图三三二，5）。

Ad 型　5 件。

标本ⅠT7209－7210⑰：710，泥质灰黑陶。尖唇。口径 10、残高 5.3 厘米（图三三二，6）。

标本ⅠT7211－7212⑰：201，泥质灰黑陶。尖唇。口径 10、残高 4.4 厘米（图三三二，7）。

尖底盏　6 件。

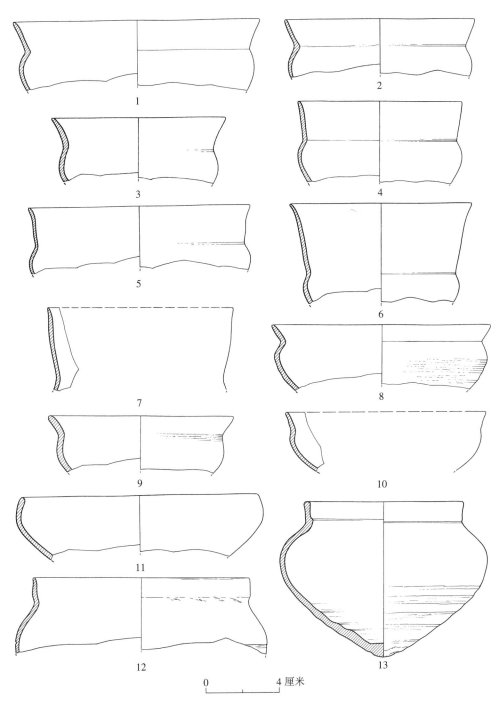

图三三二 西区第 17 层出土陶器

1. Aa 型 I 式尖底杯（Ⅰ T6813 – 6914⑰：96） 2、3. Aa 型 II 式尖底杯（Ⅰ T7213 – 7214⑰：53、Ⅰ T7209 – 7210⑰：
260） 4、5. Ab 型尖底杯（Ⅰ T7209 – 7210⑰：711、Ⅰ T7215 – 7216⑰：39） 6、7. Ad 型尖底杯（Ⅰ T7209 – 7210⑰：
710、Ⅰ T7211 – 7212⑰：201） 8. Aa 型 I 式尖底盏（Ⅰ T7009 – 7110⑰：373） 9、10. Aa 型 II 式尖底盏
（Ⅰ T6511 – 6512⑰：30、Ⅰ T7213 – 7214⑰：55） 11. Ba 型 I 式尖底盏（Ⅰ T6511 – 6512⑰：72） 12. B 型 I 式尖
底罐（Ⅰ T7009 – 7110⑰：383） 13. Aa 型尖底罐（Ⅰ T6811 – 6912⑰：131）

Aa 型 I 式　1 件。

标本 I T7009 – 7110⑰：373，夹砂灰黑陶。尖唇。口径 12、肩径 11.8、残高 3.3 厘米（图三三二，8）。

Aa 型 II 式　4 件。

标本 I T6511 – 6512⑰：30，夹砂灰黑陶。圆唇。口径 10、残高 3 厘米（图三三二，9）。

标本 I T7213 – 7214⑰：55，夹砂灰黑陶。尖圆唇。残高 3.1 厘米（图三三二，10）。

Ba 型 I 式　1 件。

标本 I T6511 – 6512⑰：72，夹砂灰黑陶。圆唇。口径 12.8、肩径 13.4、残高 3.2 厘米（图三三二，11）。

尖底罐　2 件。

Aa 型　1 件。

标本 I T6811 – 6912⑰：131，夹砂灰黑陶。方唇。口径 8.9、肩径 11.4、高 8.2 厘米（图三三二，13）。

B 型 I 式　1 件。

标本 I T7009 – 7110⑰：383，夹砂灰黑陶。尖圆唇。口径 11.8、残高 4 厘米（图三三二，12）。

小平底罐　28 件。

Ad 型 II 式　1 件。

标本 I T6809 – 6910⑰：132，夹砂灰黑陶。方唇。口径 12.4、肩径 13.8、残高 3.7 厘米（图三三三，1）。

Ba 型 II 式　1 件。

标本 I T7209 – 7210⑰：444，夹砂灰黑陶。尖圆唇。口径 11.2、肩径 12、残高 4.3 厘米（图三三三，2）。

Bb 型　3 件。

标本 I T7209 – 7210⑰：750，夹砂灰黑陶。尖圆唇。口径 12、肩径 12.6、残高 4 厘米（图三三三，3）。

标本 I T6513⑰：71，夹砂灰黑陶。尖唇。口径 12.2、肩径 12.8、残高 1.9 厘米（图三三三，4）。

Bc 型 I 式　2 件。

标本 I T7209 – 7210⑰：759，夹砂灰黑陶。尖圆唇。口径 13、肩径 13.4、残高 4.4 厘米（图三三三，5）。

标本 I T7211 – 7212⑰：271，夹砂灰黑陶。尖唇。口径 13、肩径 13.6、底径 3.2、高 9.4 厘米（图三三三，6）。

Bc 型 II 式　8 件。

标本 I T6809 – 6910⑰：211，泥质灰黑陶。尖唇。口径 12、肩径 12.2、残高 2.5 厘米

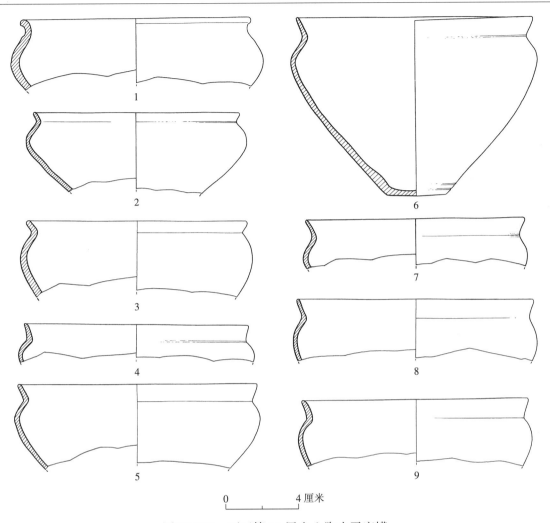

图三三三　西区第 17 层出土陶小平底罐

1. Ad 型 Ⅱ 式（ⅠT6809－6910⑰：132）　2. Ba 型 Ⅱ 式（ⅠT7209－7210⑰：444）　3、4. Bb 型（ⅠT7209－7210⑰：750、ⅠT6513⑰：71）　5、6. Bc 型 Ⅰ 式（ⅠT7209－7210⑰：759、ⅠT7211－7212⑰：271）　7～9. Bc 型 Ⅱ 式（ⅠT6809－6910⑰：211、ⅠT7209－7210⑰：103、ⅠT7209－7210⑰：95）

（图三三三，7）。

标本 ⅠT7209－7210⑰：103，夹砂灰黑陶。尖唇。口径 13、肩径 13.4、残高 3.3 厘米（图三三三，8）。

标本 ⅠT7209－7210⑰：95，夹砂灰黑陶。尖唇。口径 12.4、肩径 12.8、残高 3.5 厘米（图三三三，9）。

标本 ⅠT6609－6710⑰：27，夹砂灰黑陶。尖圆唇。口径 11、肩径 11.2、残高 6.2 厘米（图三三四，1）。

Bd 型　2 件。

标本 ⅠT7209－7210⑰：125，夹砂灰黑陶。尖圆唇。口径 12.2、肩径 12.6、残高 4.4 厘米（图三三四，2）。

标本ⅠT6815－6916⑰：396，泥质灰黑陶。尖唇。口径10.2、肩径10.8、残高2.6厘米（图三三四，3）。

Be型Ⅰ式 3件。

标本ⅠT7009－7110⑰：223，泥质灰黑陶。尖唇。口径13、肩径12.8、残高2.6厘米（图三三四，4）。

Cb型Ⅱ式 4件。

标本ⅠT6811－6912⑰：28，泥质灰黑陶。尖唇。下腹饰竖向划纹。口径11、肩径10.8、残高5.2厘米（图三三四，5）。

Da型 2件。

标本ⅠT7209－7210⑰：721，泥质灰黑陶。尖唇。下腹饰一圈凹弦纹。口径9、肩径9.3、残高3.5厘米（图三三四，6）。

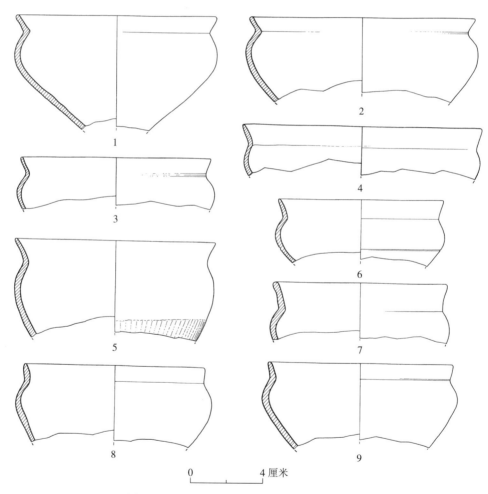

图三三四 西区第17层出土陶小平底罐

1. Bc型Ⅱ式（ⅠT6609－6710⑰：27） 2、3. Bd型（ⅠT7209－7210⑰：125、ⅠT6815－6916⑰：396） 4. Be型Ⅰ式（ⅠT7009－7110⑰：223） 5. Cb型Ⅱ式（ⅠT6811－6912⑰：28） 6、7. Da型（ⅠT7209－7210⑰：721、ⅠT7209－7210⑰：273） 8、9. Db型（ⅠT7011－7112⑰：58、ⅠT7209－7210⑰：686）

标本 I T7209 - 7210⑰：273，夹砂灰黑陶。圆唇。口径 9.4、肩径 9.7、残高 3 厘米（图三三四，7）。

Db 型　2 件。

标本 I T7011 - 7112⑰：58，夹砂灰黑陶。尖唇。口径 10、肩径 10.8、残高 4.3 厘米（图三三四，8）。

标本 I T7209 - 7210⑰：686，夹砂灰黑陶。尖圆唇。口径 10、肩径 10.6、残高 4.3 厘米（图三三四，9）。

瓮形器　39 件。

Ac 型　4 件。

标本 I T7015 - 7116⑰：39，夹砂灰黑陶。圆唇。唇部及上腹部饰绳纹。口径 22、肩径 23.2、残高 5.7 厘米（图三三五，1）。

标本 I T6611 - 6712⑰：40，夹砂灰黑陶。方唇。唇部饰绳纹。口径 28、残高 2.4 厘米（图三三五，2）。

Ca 型　3 件。

标本 I T6511 - 6512⑰：71，夹砂灰黑陶。圆唇。唇部及肩部饰绳纹。口径 23、残高 6.3 厘米（图三三五，3）。

标本 I T6511 - 6512⑰：70，夹砂灰黄陶。圆唇。唇部及肩部饰绳纹。口径 20、残高 3.7 厘米（图三三五，4）。

标本 I T7015 - 7116⑰：26，夹砂灰黑陶。圆唇。唇部及肩部饰绳纹。口径 22、残高 1.9 厘米（图三三五，5）。

Da 型　8 件。

标本 I T6815 - 6916⑰：155，夹砂灰黑陶。方唇。唇部及肩部饰绳纹。口径 24、残高 2.6 厘米（图三三五，6）。

标本 I T6815 - 6916⑰：299，夹砂灰黑陶。方唇。唇部及肩部饰绳纹。口径 27、残高 4 厘米（图三三五，7）。

标本 I T7013 - 7114⑰：9，夹砂灰黑陶。方唇。唇部及肩部饰绳纹，腹部饰一周凹弦纹。口径 30、残高 4.5 厘米（图三三五，8）。

标本 I T7013 - 7114⑰：5，夹砂灰黑陶。方唇。唇部及肩部饰绳纹。口径 30、残高 2.8 厘米（图三三五，9）。

Db 型　15 件。

标本 I T6815 - 6916⑰：84，夹砂灰黑陶。方唇。唇部饰绳纹。口径 24、肩径 27.6、残高 10.4 厘米（图三三五，10）。

标本 I T6815 - 6916⑰：321，夹砂灰黑陶。平折沿，方唇。沿面有一凹槽，通体饰绳纹。口径

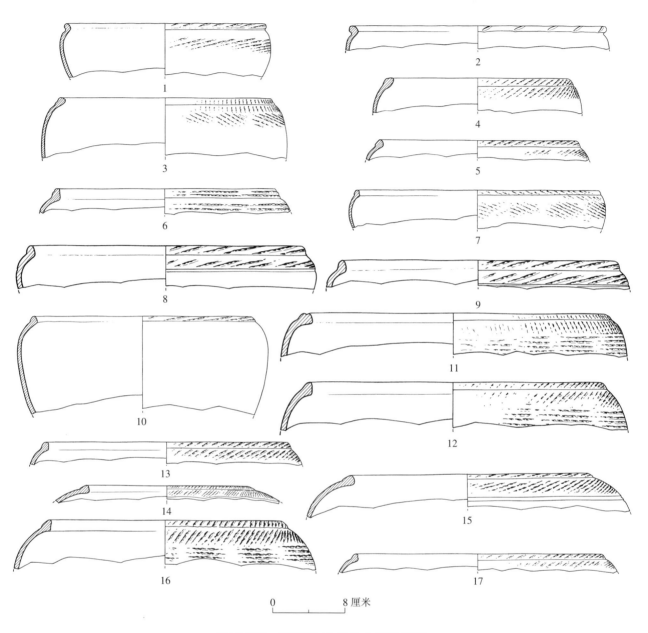

0   8 厘米

图三三五 西区第 17 层出土陶瓮形器

1、2. Ac 型（ⅠT7015 – 7116⑰：39、ⅠT6611 – 6712⑰：40）   3 ~ 5. Ca 型（ⅠT6511 – 6512⑰：71、ⅠT6511 – 6512⑰：70、ⅠT7015 – 7116⑰：26）   6 ~ 9. Da 型（ⅠT6815 – 6916⑰：155、ⅠT6815 – 6916⑰：299、ⅠT7013 – 7114⑰：9、ⅠT7013 – 7114⑰：5）   10 ~ 13. Db 型（ⅠT6815 – 6916⑰：84、ⅠT6815 – 6916⑰：321、ⅠT6809 – 6910⑰：142、ⅠT6815 – 6916⑰：238）   14、15. Ea 型（ⅠT6809 – 6910⑰：123、ⅠT6809 – 6910⑰：158）   16、17. Eb 型（ⅠT6809 – 6910⑰：140、ⅠT6809 – 6910⑰：36）

33、残高 4.5 厘米（图三三五，11）。

标本ⅠT6815 – 6916⑰：238，夹砂灰黑陶。圆唇。通体饰绳纹。口径 27、残高 2.3 厘米（图三三五，13）。

标本ⅠT6809 – 6910⑰：142，夹砂灰黑陶。方唇。通体饰绳纹。口径 32、残高 5.2 厘米（图三三五，12）。

Ea 型　3 件。

标本ⅠT6809 - 6910⑰：123，夹砂灰褐陶。方唇。通体饰斜向绳纹。口径 18、残高 1.8 厘米（图三三五，14）。

标本ⅠT6809 - 6910⑰：158，夹砂灰黑陶。圆唇。肩部饰绳纹及一周凹弦纹。口径 26、残高 4.2 厘米（图三三五，15）。

Eb 型　6 件。

标本ⅠT6809 - 6910⑰：140，夹砂灰黑陶。方唇。通体饰绳纹。口径 26、残高 5.2 厘米（图三三五，16）。

标本ⅠT6809 - 6910⑰：36，夹砂灰黄陶。方唇。通体饰绳纹。口径 27、残高 1.7 厘米（图三三五，17）。

敛口罐　21 件。

Aa 型Ⅰ式　8 件。

标本ⅠT6611 - 6712⑰：79，夹砂灰黄陶。斜折沿，方唇。口径 32、残高 5.1 厘米（图三三六，1）。

标本ⅠT7211 - 7212⑰：253，夹砂灰黑陶。沿面凹，方唇。口径 24、残高 2.7 厘米（图三三六，2）。

标本ⅠT7215 - 7216⑰：44，夹砂灰黄陶。方唇。残高 3.8 厘米（图三三六，3）。

Ab 型　4 件。

标本ⅠT7209 - 7210⑰：117，夹砂灰黑陶。方唇。口径 26、残高 6 厘米（图三三六，4）。

标本ⅠT7213 - 7214⑰：108，夹砂灰黑陶。方唇。腹部饰一圈凹弦纹。口径 24、残高 6 厘米（图三三六，5）。

标本ⅠT7015 - 7116⑰：45，夹砂灰褐陶。圆唇。口径 29、残高 9 厘米（图三三六，6）。

标本ⅠT7013 - 7114⑰：13，夹砂灰黑陶。方唇。口径 26、残高 3 厘米（图三三六，7）。

Ac 型　1 件。

标本ⅠT6813 - 6914⑰：69，夹砂灰黄陶。圆唇。口径 32、残高 4.6 厘米（图三三六，8）。

Ad 型　2 件。

标本ⅠT6815 - 6916⑰：115，夹砂灰黑陶。方唇，沿面有凹槽。残高 4.8 厘米（图三三六，9）。

标本ⅠT6513⑰：41，夹砂灰黑陶。口径 11.6、肩径 13.4、残高 5.9 厘米（图三三六，10）。

Bb 型　1 件。

标本ⅠT7211 - 7212⑰：135，夹砂灰黑陶。圆唇。口径 26、残高 3 厘米（图三三六，11）。

Bd 型　2 件。

标本ⅠT6811 - 6912⑰：41，夹砂灰黑陶。尖圆唇。口径 34、残高 5.2 厘米（图三三六，12）。

标本ⅠT6811 - 6912⑰：15，夹砂灰褐陶。圆唇。口径 34、残高 4.5 厘米（图三三六，13）。

Ca 型Ⅰ式　1 件。

图三三六　西区第 17 层出土陶敛口罐

1~3. Aa 型Ⅰ式（ⅠT6611－6712⑰：79、ⅠT7211－7212⑰：253、ⅠT7215－7216⑰：44）　4~7. Ab 型（ⅠT7209－7210⑰：117、ⅠT7213－7214⑰：108、ⅠT7015－7116⑰：45、ⅠT7013－7114⑰：13）　8. Ac 型（ⅠT6813－6914⑰：69）　9、10. Ad 型（ⅠT6815－6916⑰：115、ⅠT6513⑰：41）　11. Bb 型（ⅠT7211－7212⑰：135）　12、13. Bd 型（ⅠT6811－6912⑰：41、ⅠT6811－6912⑰：15）　14. Ca 型Ⅰ式（ⅠT6513⑰：58）　15. Cb 型Ⅰ式（ⅠT6815－6916⑰：132）　16. Db 型（ⅠT7211－7212⑰：263）

标本ⅠT6513⑰：58，夹砂灰黑陶。方唇。口径 23、残高 2.6 厘米（图三三六，14）。

Cb 型Ⅰ式　1 件。

标本ⅠT6815－6916⑰：132，夹砂灰黑陶。方唇。口径 31、残高 2.4 厘米（图三三六，15）。

Db 型　1 件。

标本ⅠT7211 – 7212⑰：263，夹砂灰黑陶。圆唇。口径 31.8、残高 7.2 厘米（图三三六，16）。

高领罐　89 件。

Aa 型Ⅰ式　16 件。

标本ⅠT7211 – 7212⑰：270，夹砂灰褐陶。斜折沿，圆唇。领部饰两周凹弦纹。口径 16.8、残高 12 厘米（图三三七，1）。

标本ⅠT7211 – 7212⑰：165，夹砂灰黑陶。斜折沿，圆唇。口径 17.4、残高 4 厘米（图三三七，4）。

标本ⅠT7015 – 7116⑰：108，夹砂灰黑陶。平折沿，圆唇。口径 17.6、残高 9.5 厘米（图三三七，2）。

标本ⅠT6813 – 6914⑰：136，夹砂灰黑陶。圆唇。领部饰两周凹弦纹。口径 19.6、残高 6 厘米（图三三七，3）。

Aa 型Ⅱ式　3 件。

标本ⅠT6611 – 6712⑰：45，夹砂灰褐陶。斜折沿，圆唇。口径 13.2、残高 5.2 厘米（图三三七，5）。

Aa 型Ⅲ式　1 件。

标本ⅠT7011 – 7112⑰：36，夹砂灰黑陶。斜折沿，圆唇。领部饰一周凹弦纹。口径 26、残高 7.2 厘米（图三三七，6）。

Ab 型Ⅰ式　1 件。

标本ⅠT7211 – 7212⑰：192，夹砂灰黄陶。斜折沿，圆唇。领部饰一周凹弦纹。口径 24.5、残高 8.5 厘米（图三三七，7）。

B 型　2 件。

标本ⅠT7209 – 7210⑰：901，夹砂灰黑陶。平卷沿，圆唇。领部饰一周凹弦纹。口径 20、残高 5.7 厘米（图三三七，8）。

C 型Ⅱ式　8 件。

标本ⅠT6613 – 6714⑰：21，夹砂灰黑陶。折沿，圆唇。口径 19、残高 3.5 厘米（图三三七，9）。

标本ⅠT7209 – 7210⑰：564，夹砂灰黑陶。折沿，圆唇。口径 16.8、残高 5.2 厘米（图三三七，10）。

标本ⅠT6809 – 6910⑰：54，夹砂灰黄陶。宽折沿，圆唇。口径 16、残高 5 厘米（图三三七，11）。

D 型　13 件。

标本ⅠT7009 – 7110⑰：214，夹砂灰黄陶。平折沿，圆唇。领部饰三周凹弦纹。口径 19.2、残高 10.4 厘米（图三三七，12）。

标本ⅠT7209 – 7210⑰：373，夹砂灰黑陶。平卷沿，圆唇。领部饰一周凹弦纹。口径 18.4、残高 5.5 厘米（图三三七，13）。

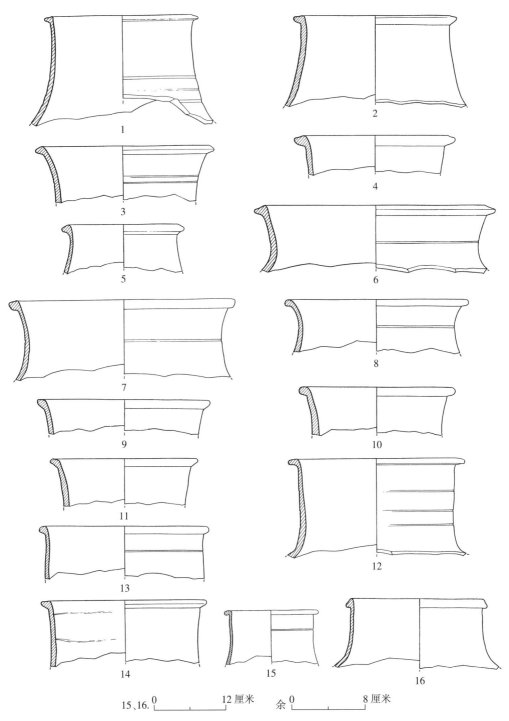

图三三七　西区第 17 层出土陶高领罐

1~4. Aa 型 Ⅰ 式 （ⅠT7211－7212⑰：270、ⅠT7015－7116⑰：108、ⅠT6813－6914⑰：136、ⅠT7211－7212⑰：165）

5. Aa 型 Ⅱ 式 （ⅠT6611－6712⑰：45）　　6. Aa 型 Ⅲ 式 （ⅠT7011－7112⑰：36）　　7. Ab 型 Ⅰ 式 （ⅠT7211－7212⑰：192）

8. B 型 （ⅠT7209－7210⑰：901）　　9~11. C 型 Ⅱ 式 （ⅠT6613－6714⑰：21、ⅠT7209－7210⑰：564、ⅠT6809－6910⑰：54）

12~16. D 型 （ⅠT7009－7110⑰：214、ⅠT7209－7210⑰：373、ⅠT7015－7116⑰：93、ⅠT7009－7110⑰：219、ⅠT7209－7210⑰：360）

标本ⅠT7015 - 7116⑰：93，夹砂灰黑陶。平折沿，圆唇。口径 18、残高 6.7 厘米（图三三七，14）。

标本ⅠT7009 - 7110⑰：219，夹砂灰陶。平折沿，圆唇。领部饰一周凹弦纹。口径 15.2、残高 8.4 厘米（图三三七，15）。

标本ⅠT7209 - 7210⑰：360，夹砂灰黑陶。圆唇。口径 23.2、残高 11 厘米（图三三七，16）。

Fa 型Ⅰ式　20 件。

标本ⅠT6809 - 6910⑰：160，夹砂灰黑陶。平卷沿，圆唇。口径 17.6、残高 11 厘米（图三三八，1）。

标本ⅠT7213 - 7214⑰：102，夹砂灰黑陶。斜折沿，圆唇。领部饰一周凹弦纹。口径 23.2、残高 8.8 厘米（图三三八，2）。

Fa 型Ⅱ式　9 件。

标本ⅠT6511 - 6512⑰：68，夹砂灰黄陶。平卷沿，圆唇。口径 11.6、残高 4.8 厘米（图三三八，3）。

标本ⅠT7209 - 7210⑰：552，夹砂灰黑陶。平卷沿，圆唇。口径 12.8、残高 6.6 厘米（图三三八，4）。

标本ⅠT7015 - 7116⑰：91，夹砂灰黄陶。平卷沿，圆唇。口径 17、残高 6 厘米（图三三八，5）。

标本ⅠT6815 - 6916⑰：252，夹砂灰黄陶。外翻卷沿，圆唇。领部饰两周凹弦纹。口径 14.4、残高 5.4 厘米（图三三八，6）。

Fb 型Ⅰ式　11 件。

标本ⅠT6815 - 6916⑰：409，泥质灰黑陶。平卷沿，圆唇。领部饰四周凸弦纹。口径 14、残高 7.5 厘米（图三三八，7）。

标本ⅠT7215 - 7216⑰：69，夹砂灰黑陶。平折沿，圆唇。口径 19、残高 5 厘米（图三三八，8）。

Fb 型Ⅱ式　4 件。

标本ⅠT6611 - 6712⑰：29，夹砂灰黄陶。平卷沿，圆唇。领部饰一周凹弦纹。口径 20、残高 5.7 厘米（图三三八，9）。

Fc 型　1 件。

标本ⅠT7209 - 7210⑰：852，夹砂灰陶。平卷沿，圆唇。口径 12.2、残高 5.8 厘米（图三三八，10）。

矮领罐　10 件。

A 型Ⅰ式　2 件。

标本ⅠT6815 - 6916⑰：293，夹砂灰黄陶。平卷沿，圆唇。口径 13、残高 5.9 厘米（图

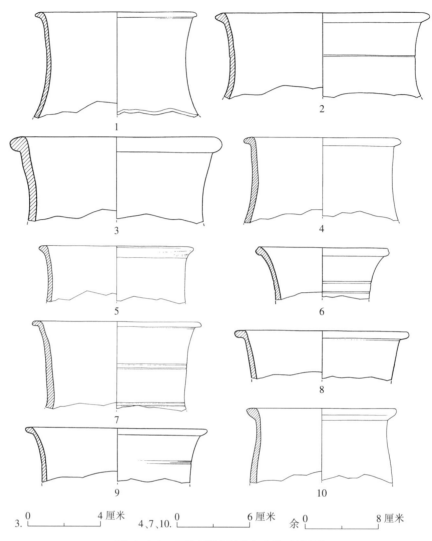

图三三八　西区第17层出土陶高领罐

1、2. Fa 型 I 式（I T6809 – 6910⑰：160、I T7213 – 7214⑰：102）　　3～6. Fa 型 II 式（I T6511 – 6512⑰：68、I T7209 – 7210⑰：552、I T7015 – 7116⑰：91、I T6815 – 6916⑰：252）　　7、8. Fb 型 I 式（I T6815 – 6916⑰：409、I T7215 – 7216⑰：69）　　9. Fb 型 II 式（I T6611 – 6712⑰：29）　　10. Fc 型（I T7209 – 7210⑰：852）

三三九，2）。

A 型 II 式　3 件。

标本 I T6511 – 6512⑰：77，夹砂灰褐陶。外斜卷沿，圆唇。口径 24.4、残高 6 厘米（图三三九，1）。

B 型 I 式　3 件。

标本 I T6811 – 6912⑰：115，夹砂灰黄陶。外斜折沿，圆唇。口径 14.4、残高 4 厘米（图三三九，4）。

B 型 II 式　2 件。

标本 I T6811 – 6912⑰：66，夹砂灰黑陶。外斜折沿，圆唇。口径 13.6、残高 3.2 厘米

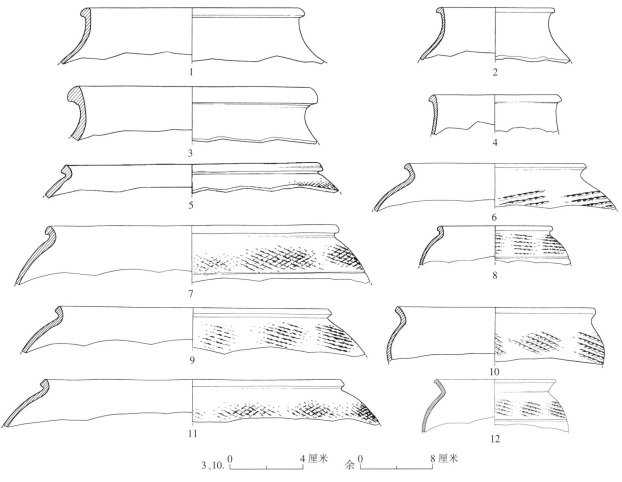

图三三九　西区第 17 层出土陶器

1. A 型 II 式矮领罐（I T6511 – 6512⑰：77）　2. A 型 I 式矮领罐（I T6815 – 6916⑰：293）　3. B 型 II 式矮领罐（I T6811 – 6912⑰：66）　4. B 型 I 式矮领罐（I T6811 – 6912⑰：115）　5 ~ 7、9. Aa 型束颈罐（I T6809 – 6910⑰：31、I T6513⑰：22、I T7213 – 7214⑰：104、I T6511 – 6512⑰：19）　8、10、12. Ab 型 II 式束颈罐（I T7209 – 7210⑰：54、I T7009 – 7110⑰：328、I T6815 – 6916⑰：180）　11. Ab 型 I 式束颈罐（I T7209 – 7210⑰：570）

（图三三九，3）。

束颈罐　78 件。

Aa 型　18 件。

标本 I T6809 – 6910⑰：31，夹砂灰黑陶。方唇。肩部饰交错绳纹。口径 28、残高 3.4 厘米（图三三九，5）。

标本 I T7213 – 7214⑰：104，夹砂灰黑陶。方唇。肩部饰交错粗绳纹。口径 32、残高 6.5 厘米（图三三九，7）。

标本 I T6513⑰：22，夹砂灰黑陶。方唇。肩部饰成组横向绳纹。口径 20、残高 4.9 厘米（图三三九，6）。

标本 I T6511 – 6512⑰：19，夹砂灰黄陶。方唇。肩部饰斜向粗绳纹。口径 30.2、残高 5.2 厘米（图三三九，9）。

Ab 型 I 式　1 件。

标本 I T7209 - 7210⑰：570，夹砂灰黑陶。方唇。肩部饰绳纹。口径 33.4、残高 4.6 厘米（图三三九，11）。

Ab 型 II 式　6 件。

标本 I T7209 - 7210⑰：54，夹砂灰黑陶。圆唇。肩部饰成组横向绳纹和一周凹弦纹。口径 12.6、残高 4 厘米（图三三九，8）。

标本 I T7009 - 7110⑰：328，夹砂灰黑陶。方唇。肩部饰成组斜向绳纹。口径 10.8、残高 2.9 厘米（图三三九，10）。

标本 I T6815 - 6916⑰：180，夹砂灰黑陶。方唇。肩部饰成组斜向粗绳纹。口径 13.4、残高 5.1 厘米（图三三九，12）。

Ac 型 II 式　3 件。

标本 I T6809 - 6910⑰：265，夹砂灰黄陶。方唇。肩部饰斜向绳纹和一周凹弦纹。口径 21、残高 6.7 厘米（图三四〇，1）。

标本 I T6815 - 6916⑰：178，夹砂灰黑陶。方唇。肩部饰斜向粗绳纹。口径 26、残高 4.8 厘米（图三四〇，2）。

标本 I T6815 - 6916⑰：317，夹砂灰黑陶。方唇。肩部饰绳纹。口径 12.1、残高 5 厘米（图三四〇，3）。

Ad 型 II 式　3 件。

标本 I T7209 - 7210⑰：371，夹砂灰黑陶。方唇。肩部饰交错粗绳纹。口径 16、残高 5 厘米（图三四〇，4）。

标本 I T6611 - 6712⑰：41，夹砂灰黑陶。方唇。肩部饰横向粗绳纹。口径 18.8、残高 3.9 厘米（图三四〇，5）。

Ae 型 I 式　2 件。

标本 I T6815 - 6916⑰：26，夹砂灰黑陶。沿面微凹，方唇。肩部饰斜向绳纹。口径 26、残高 4 厘米（图三四〇，6）。

标本 I T7209 - 7210⑰：569，夹砂灰黄陶。方唇。肩部饰斜向粗绳纹和一周凹弦纹。口径 24、残高 10 厘米（图三四〇，7）。

Af 型　3 件。

标本 I T7009 - 7110⑰：267，夹砂灰黑陶。方唇。肩部饰成组斜向绳纹。口径 13、残高 4 厘米（图三四〇，8）。

标本 I T7015 - 7116⑰：40，夹砂灰黑陶。方唇。肩部饰斜向粗绳纹和一周凹弦纹。口径 24、残高 6.8 厘米（图三四〇，9）。

标本 I T7009 - 7110⑰：275，夹砂灰黑陶。方唇。肩部饰交错粗绳纹。口径 23、残高 7 厘米

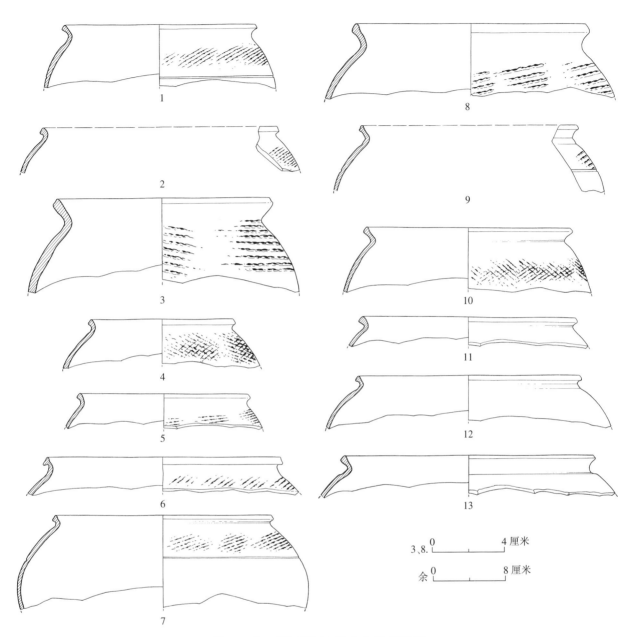

图三四〇 西区第17层出土陶束颈罐

1~3. Ac 型Ⅱ式（ⅠT6809－6910⑰：265、ⅠT6815－6916⑰：178、ⅠT6815－6916⑰：317） 4、5. Ad 型Ⅱ式（ⅠT7209－7210⑰：371、ⅠT6611－6712⑰：41） 6、7. Ae 型Ⅰ式（ⅠT6815－6916⑰：26、ⅠT7209－7210⑰：569） 8~10. Af 型（ⅠT7009－7110⑰：267、ⅠT7015－7116⑰：40、ⅠT7009－7110⑰：275） 11~13. Ba 型（ⅠT6611－6712⑰：37、ⅠT6813－6914⑰：77、ⅠT7209－7210⑰：156）

（图三四〇，10）。

Ba 型 6 件。

标本ⅠT6611－6712⑰：37，夹砂灰褐陶。方唇。口径24、残高3.2厘米（图三四〇，11）。

标本ⅠT6813－6914⑰：77，夹砂灰黄陶。方唇。口径24.8、残高5.2厘米（图三四〇，12）。

标本ⅠT7209－7210⑰：156，夹砂灰黑陶。方唇。口径28、残高4.3厘米（图三四〇，13）。

Bb 型　11 件。

标本ⅠT7211－7212⑰：162，夹砂灰褐陶。方唇。口径12.8、残高3.8厘米（图三四一，1）。

标本ⅠT6809－6910⑰：125，夹砂灰黑陶。方唇。口径16.8、残高3.7厘米（图三四一，2）。

标本ⅠT7009－7110⑰：314，夹砂灰黄陶。方唇。口径12.4、残高2.3厘米（图三四一，3）。

标本ⅠT7015－7116⑰：78，夹砂灰黑陶。方唇。口径12.4、残高2.4厘米（图三四一，4）。

标本ⅠT7209－7210⑰：848，夹砂灰陶。方唇。口径21、残高5厘米（图三四一，5）。

Bc 型 Ⅰ式　2 件。

标本ⅠT6813－6914⑰：60，夹砂灰黑陶。方唇。口径13、残高3.3厘米（图三四一，6）。

标本ⅠT6813－6914⑰：37，夹砂灰黄陶。方唇。口径13.6、残高2.5厘米（图三四一，7）。

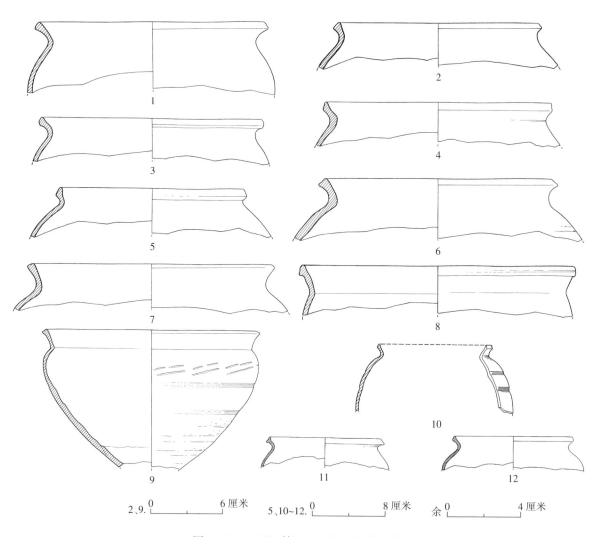

图三四一　西区第 17 层出土陶束颈罐

1～5. Bb 型（ⅠT7211－7212⑰：162、ⅠT6809－6910⑰：125、ⅠT7009－7110⑰：314、ⅠT7015－7116⑰：78、ⅠT7209－7210⑰：848）　6、7. Bc 型Ⅰ式（ⅠT6813－6914⑰：60、ⅠT6813－6914⑰：37）　8、9. Bc 型Ⅱ式（ⅠT6815－6916⑰：483、ⅠT7009－7110⑰：655）　10. Bd 型Ⅱ式（ⅠT7209－7210⑰：946）　11、12. Ca 型Ⅰ式（ⅠT7209－7210⑰：43、ⅠT6611－6712⑰：27）

Bc 型 Ⅱ式　7 件。

标本 ⅠT6815 - 6916⑰ : 483，夹砂灰黑陶。方唇。口径 15、残高 2.6 厘米（图三四一，8）。

标本 ⅠT7009 - 7110⑰ : 655，夹砂灰黑陶。方唇。口径 17.6、肩径 17.8、残高 10.7 厘米（图三四一，9）。

Bd 型 Ⅱ式　1 件。

标本 ⅠT7209 - 7210⑰ : 946，夹砂灰黑陶。方唇。残高 7 厘米（图三四一，10）。

Ca 型 Ⅰ式　6 件。

标本 ⅠT7209 - 7210⑰ : 43，夹砂灰黑陶。方唇。口径 12.8、残高 3.1 厘米（图三四一，11）。

标本 ⅠT6611 - 6712⑰ : 27，夹砂灰黄陶。方唇。口径 13、残高 3.5 厘米（图三四一，12）。

Ca 型 Ⅱ式　3 件。

标本 ⅠT7009 - 7110⑰ : 200，夹砂灰黄陶。方唇。口径 14.6、残高 2.5 厘米（图三四二，1）。

标本 ⅠT7209 - 7210⑰ : 820，夹砂灰陶。方唇。口径 14.6、残高 2.5 厘米（图三四二，2）。

Cb 型　1 件。

标本 ⅠT6513⑰ : 86，夹砂灰黑陶。仰卷沿，方唇。口径 30、残高 5 厘米（图三四二，3）。

E 型　4 件。

标本 ⅠT6815 - 6916⑰ : 91，夹砂灰陶。平折沿，沿面微凹，圆唇。口径 23、残高 6.2 厘米（图三四二，4）。

标本 ⅠT7009 - 7110⑰ : 273，夹砂灰黑陶。平折沿，沿面微凹，圆唇。腹部饰一周凹弦纹。口径 27、残高 5.3 厘米（图三四二，5）。

F 型　1 件。

标本 ⅠT6809 - 6910⑰ : 19，夹砂灰黑陶。方唇。口径 12.7、高 9.2 厘米（图三四二，6）。

壶　8 件。

Ab 型　2 件。

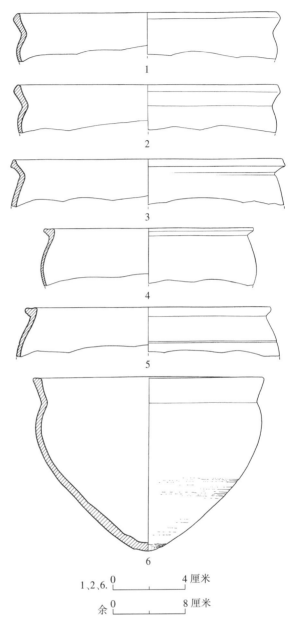

图三四二　西区第 17 层出土陶束颈罐
1、2. Ca 型Ⅱ式（ⅠT7009 - 7110⑰ : 200、ⅠT7209 - 7210⑰ : 820）　3. Cb 型（ⅠT6513⑰ : 86）　4、5. E 型（ⅠT6815 - 6916⑰ : 91、ⅠT7009 - 7110⑰ : 273）　6. F 型（ⅠT6809 - 6910⑰ : 19）

标本ⅠT6815－6916⑰：485，夹砂灰黑陶。圆唇。口径13.2、残高8.8厘米（图三四三，1）。

标本ⅠT6809－6910⑰：25，夹砂灰黄陶。圆唇。口径17、残高2.7厘米（图三四三，2）。

Ac型　2件。

标本ⅠT7011－7112⑰：65，夹砂灰黑陶。圆唇。口径11.2、残高8.2厘米（图三四三，3）。

标本ⅠT7209－7210⑰：449，夹砂灰黑陶。圆唇。口径11、残高8.8厘米（图三四三，4）。

Ba型　1件。

标本ⅠT6809－6910⑰：215，泥质灰黑陶。圆唇。口径18、残高5.1厘米（图三四三，5）。

Bb型　3件。

标本ⅠT6815－6916⑰：175，夹砂灰黑陶。仰卷沿，圆唇。领部饰一周凹弦纹。口径12、残高4.8厘米（图三四三，6）。

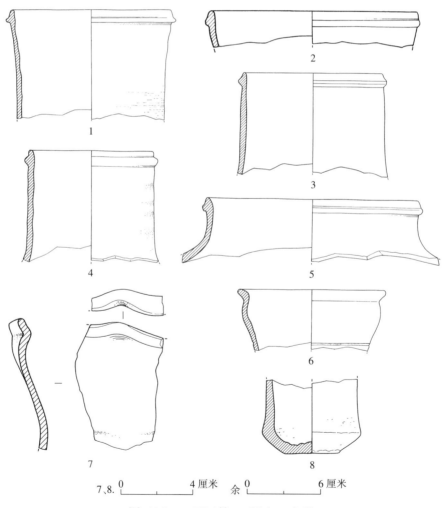

图三四三　西区第17层出土陶器

1、2. Ab型壶（ⅠT6815－6916⑰：485、ⅠT6809－6910⑰：25）　3、4. Ac型壶（ⅠT7011－7112⑰：65、ⅠT7209－7210⑰：449）　5. Ba型壶（ⅠT6809－6910⑰：215）　6、7. Bb型壶（ⅠT6815－6916⑰：175、ⅠT6809－6910⑰：263）
8. C型瓶（ⅠT7209－7210⑰：461）

标本ⅠT6809－6910⑰：263，夹砂灰黑陶。平卷沿，圆唇。残高6.9厘米（图三四三，7）。

瓶　1件。C型。

标本ⅠT7209－7210⑰：461，夹砂灰黑陶。腹径5.3、底径3、残高3.9厘米（图三四三，8）。

盆　37件。

Ab型　6件。

标本ⅠT7215－7216⑰：26，夹砂灰黑陶。仰卷沿，圆唇。沿面压印绳纹。口径36、残高3.9厘米（图三四四，1）。

标本ⅠT6511－6512⑰：27，夹砂灰黑陶。仰卷沿，圆唇。沿面压印绳纹。口径31、残高6厘米（图三四四，2）。

Ac型　4件。

标本ⅠT7209－7210⑰：166，夹砂灰黑陶。方唇。唇部压印绳纹。口径50、残高5.6厘米（图三四四，3）。

标本ⅠT6611－6712⑰：43，夹砂灰黑陶。方唇。唇部压印绳纹。口径42、残高7厘米（图三四四，4）。

标本ⅠT6815－6916⑰：181，夹砂灰黑陶。圆唇。沿面饰绳纹。口径33.4、残高5厘米（图三四四，5）。

Bb型　1件。

标本ⅠT6815－6916⑰：324，夹砂灰黑陶。卷沿。腹部饰两周凹弦纹。口径47、残高14厘米（图三四四，7）。

Ca型　5件。

标本ⅠT6813－6914⑰：144，夹砂灰黑陶。仰卷沿，圆唇。腹部饰一周凹弦纹。口径28、残高9.4厘米（图三四四，8）。

标本ⅠT7209－7210⑰：8，夹砂灰黑陶。仰卷沿，圆唇。腹部饰一周凹弦纹。口径34.8、残高6.7厘米（图三四四，9）。

Cb型　1件。

标本ⅠT7009－7110⑰：353，夹砂灰黑陶。平卷沿，圆唇。口径48、残高5.2厘米（图三四四，10）。

Cc型　14件。

标本ⅠT6813－6914⑰：79，夹砂灰黑陶。仰卷沿，方唇。口径40、残高7.4厘米（图三四四，11）。

标本ⅠT7015－7116⑰：41，夹砂灰黑陶。仰折沿，方唇。腹部饰一周凹弦纹。口径34、残高5.7厘米（图三四四，12）。

标本ⅠT6513⑰：40，夹砂灰黑陶。仰卷沿，圆唇。腹部饰一周凹弦纹。口径28、残高6.3厘米

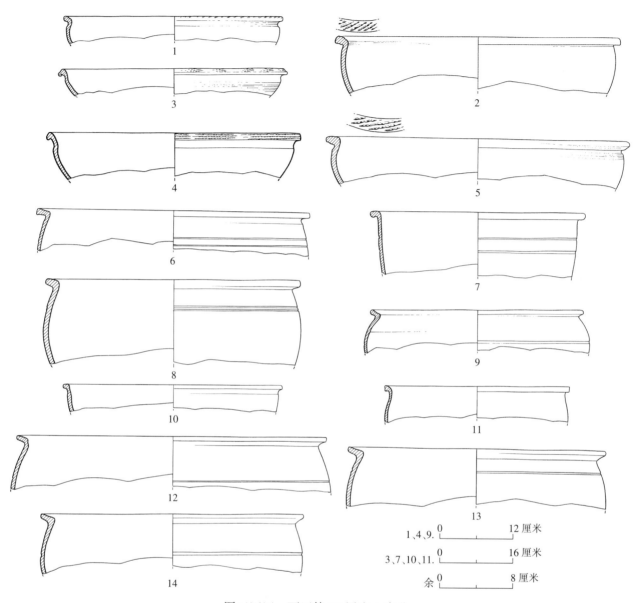

图三四四　西区第 17 层出土陶盆

1、2. Ab 型（ⅠT7215 – 7216⑰：26、ⅠT6511 – 6512⑰：27）　　3～5. Ac 型（ⅠT7209 – 7210⑰：166、ⅠT6611 – 6712⑰：43、ⅠT6815 – 6916⑰：181）　6、11～14. Cc 型（ⅠT7209 – 7210⑰：224、ⅠT6813 – 6914⑰：79、ⅠT7015 – 7116⑰：41、ⅠT6513⑰：40、ⅠT6613 – 6714⑰：71）　7. Bb 型（ⅠT6815 – 6916⑰：324）　8、9. Ca 型（ⅠT6813 – 6914⑰：144、ⅠT7209 – 7210⑰：8）　10. Cb 型（ⅠT7009 – 7110⑰：353）

（图三四四，13）。

　　标本ⅠT6613 – 6714⑰：71，夹砂灰黑陶。方唇。腹部饰一周凹弦纹。口径 29、残高 6.6 厘米（图三四四，14）。

　　标本ⅠT7209 – 7210⑰：224，夹砂灰黑陶。方唇。腹部饰两周凹弦纹。口径 30.4、残高 4.6 厘米（图三四四，6）。

　　Cd 型　5 件。

标本ⅠT7011－7112⑰：34，夹砂灰黑陶。折沿，沿面微凹，圆唇。口径52、残高6.3厘米（图三四五，3）。

标本ⅠT6809－6910⑰：69，夹砂灰黑陶。圆唇。沿面下有一道凹槽。口径37、残高6.1厘米（图三四五，2）。

D型　1件。

标本ⅠT6815－6916⑰：323，夹砂灰黑陶。方唇。腹部饰两周凹弦纹。口径54.3、残高10.6厘米（图三四五，1）。

瓮　20件。

Aa型　5件。

标本ⅠT6809－6910⑰：72，夹砂灰黑陶。圆唇。口径66、残高8.3厘米（图三四五，4）。

Ac型　1件。

标本ⅠT6511－6512⑰：81，夹砂灰黑陶。方唇。残高5.3厘米（图三四五，5）。

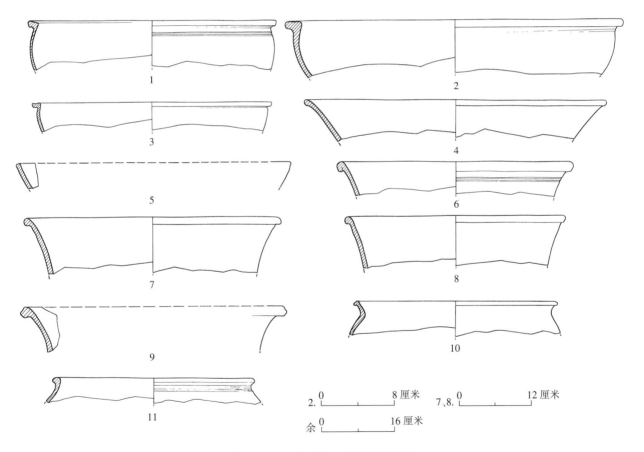

图三四五　西区第17层出土陶器

1. D型盆（ⅠT6815－6916⑰：323）　2、3. Cd型盆（ⅠT6809－6910⑰：69、ⅠT7011－7112⑰：34）　4. Aa型瓮（ⅠT6809－6910⑰：72）　5. Ac型瓮（ⅠT6511－6512⑰：81）　6～9. Ba型瓮（ⅠT7209－7210⑰：383、ⅠT6613－6714⑰：57、ⅠT6511－6512⑰：22、ⅠT7209－7210⑰：382）　10. Cb型Ⅱ式瓮（ⅠT6609－6710⑰：40）　11. Ce型瓮（ⅠT7209－7210⑰：902）

Ba 型　11 件。

标本ⅠT7209 - 7210⑰：383，夹砂灰黑陶。卷沿，圆唇。领部饰两周凹弦纹。口径 52、残高 7 厘米（图三四五，6）。

标本ⅠT6613 - 6714⑰：57，夹砂灰黄陶。圆唇。口径 42、残高 9 厘米（图三四五，7）。

标本ⅠT6511 - 6512⑰：22，夹砂灰黄陶。圆唇。口径 36.4、残高 8.1 厘米（图三四五，8）。

标本ⅠT7209 - 7210⑰：382，夹砂灰黑陶。方唇。残高 8.8 厘米（图三四五，9）。

Cb 型Ⅱ式　2 件。

标本ⅠT6609 - 6710⑰：40，夹砂灰黑陶。方唇。口径 45、残高 7.2 厘米（图三四五，10）。

Ce 型　1 件。

标本ⅠT7209 - 7210⑰：902，夹砂灰黄陶。圆唇。口径 44、残高 5.3 厘米（图三四五，11）。

缸　8 件。

B 型　1 件。

标本ⅠT6609 - 6710⑰：46，夹砂灰黑陶。方唇。唇部压印绳纹。口径 74、残高 5.6 厘米（图三四六，1）。

Ca 型　2 件。

标本ⅠT6815 - 6916⑰：250，夹砂灰黑陶。折沿。腹部饰一周凹弦纹。口径 62、残高 5.5 厘米（图三四六，2）。

Cb 型　3 件。

标本ⅠT6815 - 6916⑰：240，夹砂灰黑陶。折沿，沿面微凹。腹部饰两周凹弦纹。口径 72、残高 12.7 厘米（图三四六，3）。

标本ⅠT6813 - 6914⑰：145，夹砂灰黑陶。圆唇。腹部饰一周凹弦纹。口径 68.6、残高 6.4 厘米（图三四六，4）。

标本ⅠT7211 - 7212⑰：258，夹砂灰黑陶。圆唇。腹部饰两周凹弦纹。口径 46.2、残高 4.8 厘米（图三四六，5）。

Ea 型　2 件。

标本ⅠT6809 - 6910⑰：143，夹砂灰黑陶。折沿。腹部饰一周凹弦纹和乳丁纹。口径 68、残高 10.8 厘米（图三四六，6）。

标本ⅠT6811 - 6912⑰：83，夹砂灰黑陶。折沿。口径 68、残高 5.2 厘米（图三四六，7）。

桶形器　5 件。Ba 型。

标本ⅠT6809 - 6910⑰：66，夹砂灰黄陶。圆唇。口径 32、残高 7 厘米（图三四六，8）。

瓠形器　1 件。A 型。

标本ⅠT7009 - 7110⑰：545，夹砂灰黑陶。底径 4.6、残高 11.5 厘米（图三四七，1）。

豆盘　14 件。

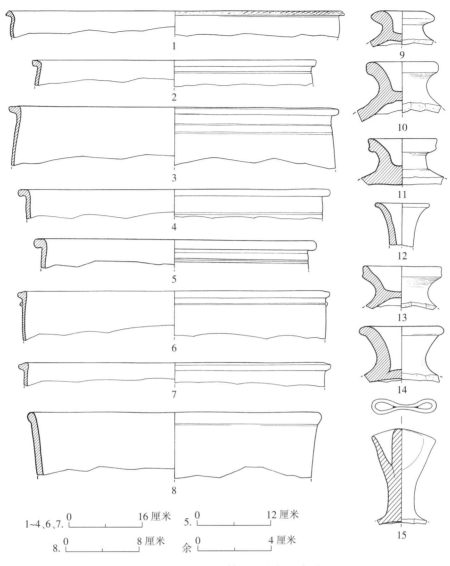

图三四六　西区第 17 层出土陶器

1. B 型缸（ⅠT6609－6710⑰：46）　　2. Ca 型缸（ⅠT6815－6916⑰：250）　　3~5. Cb 型缸（ⅠT6815－6916⑰：240、ⅠT6813－6914⑰：145、ⅠT7211－7212⑰：258）　　6、7. Ea 型缸（ⅠT6809－6910⑰：143、ⅠT6811－6912⑰：83）8. Ba 型桶形器（ⅠT6809－6910⑰：66）　　9. A 型器纽（ⅠT6611－6712⑰：23）　　10、11. Ba 型器纽（ⅠT6815－6916⑰：117、ⅠT7215－7216⑰：67）　　12. Bb 型器纽（ⅠT7211－7212⑰：100）　　13. Bc 型器纽（ⅠT6815－6916⑰：118）　　14. C 型器纽（ⅠT6809－6910⑰：130）　　15. Da 型Ⅰ式器纽（ⅠT7209－7210⑰：709）

Ba 型　5 件。

标本ⅠT6511－6512⑰：83，夹砂灰黑陶。残高 6.5 厘米（图三四七，2）。

标本ⅠT6811－6912⑰：40，泥质灰黑陶。残高 7.7 厘米（图三四七，3）。

标本ⅠT6613－6714⑰：42，夹砂灰黑陶。残高 7.1 厘米（图三四七，4）。

Cb 型　2 件。

标本ⅠT7211－7212⑰：269，泥质灰黑陶。口径 13.3、残高 3.5 厘米（图三四七，5）。

Da 型　2 件。

标本ⅠT6611－6712⑰：60，夹砂灰黑陶。方唇。残高3.5厘米（图三四七，6）。

Db型　5件。

标本ⅠT7009－7110⑰：218，夹砂灰黄陶。圆唇。口径50、残高2.4厘米（图三四七，7）。

标本ⅠT6811－6912⑰：10，夹砂灰黑陶。圆唇。口径44、残高3.4厘米（图三四七，8）。

豆柄　46件。

Aa型　44件。

标本ⅠT6613－6714⑰：88，泥质灰黑陶。柄部饰两周凹弦纹。残高23.3厘米（图三四七，12）。

标本ⅠT6813－6914⑰：147，夹砂灰黑陶。残高15.2厘米（图三四七，10）。

Ab型　1件。

标本ⅠT6609－6710⑰：38，夹砂灰黑陶。残高14.2厘米（图三四七，11）。

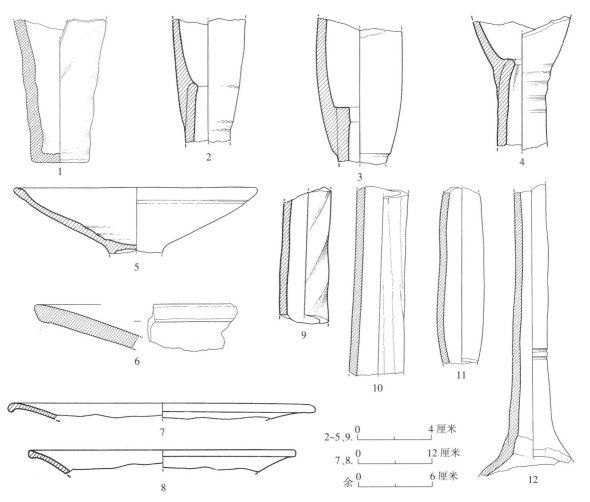

图三四七　西区第17层出土陶器

1. A型瓿形器（ⅠT7009－7110⑰：545）　2～4. Ba型豆盘（ⅠT6511－6512⑰：83、ⅠT6811－6912⑰：40、ⅠT6613－6714⑰：42）　5. Cb型豆盘（ⅠT7211－7212⑰：269）　6. Da型豆盘（ⅠT6611－6712⑰：60）　7、8. Db型豆盘（ⅠT7009－7110⑰：218、ⅠT6811－6912⑰：10）　9. Ad型豆柄（ⅠT6513⑰：76）　10、12. Aa型豆柄（ⅠT6813－6914⑰：147、ⅠT6613－6714⑰：88）　11. Ab型豆柄（ⅠT6609－6710⑰：38）

Ad 型　1 件。

标本ⅠT6513⑰：76，夹砂灰黑陶。残高 7.2 厘米（图三四七，9）。

器纽　18 件。

A 型　6 件。

标本ⅠT6611 - 6712⑰：23，夹砂灰黑陶。圆唇。纽径 3.5、残高 1.8 厘米（图三四六，9）。

Ba 型　2 件。

标本ⅠT6815 - 6916⑰：117，夹砂灰黑陶。圆唇。纽径 4、残高 3.2 厘米（图三四六，10）。

标本ⅠT7215 - 7216⑰：67，夹砂灰黑陶。方唇。纽径 3.8、残高 2.5 厘米（图三四六，11）。

Bb 型　1 件。

标本ⅠT7211 - 7212⑰：100，泥质灰黑陶。圆唇。纽径 3、残高 2.3 厘米（图三四六，12）。

Bc 型　4 件。

标本ⅠT6815 - 6916⑰：118，夹砂灰黑陶。方唇。纽径 4.4、残高 2.3 厘米（图三四六，13）。

C 型　2 件。

标本ⅠT6809 - 6910⑰：130，夹砂灰黑陶。圆唇。纽径 4.7、残高 3.1 厘米（图三四六，14）。

Da 型Ⅰ式　3 件。

标本ⅠT7209 - 7210⑰：709，泥质灰黑陶。圆唇。残高 5 厘米（图三四六，15）。

器座　1 件。B 型。

标本ⅠT6815 - 6916⑰：270，夹砂灰褐陶。下径 8、残高 3.6 厘米（图三四八，3）。

器底　63 件。

Aa 型　14 件。

标本ⅠT6809 - 6910⑰：64，夹砂灰黑陶。底径 10.2、残高 4.9 厘米（图三四八，4）。

标本ⅠT6811 - 6912⑰：42，夹砂灰黑陶。底径 14.8、残高 3.2 厘米（图三四八，5）。

Ab 型　7 件。

标本ⅠT6809 - 6910⑰：163，夹砂灰黑陶。底径 8.3、残高 12.7 厘米（图三四八，6）。

标本ⅠT7013 - 7114⑰：22，夹砂灰黑陶。底径 6.5、残高 9.5 厘米（图三四八，7）。

Ac 型　3 件。

标本ⅠT7209 - 7210⑰：64，夹砂灰黑陶。底径 3.7、残高 2 厘米（图三四八，8）。

标本ⅠT6809 - 6910⑰：156，夹砂灰黑陶。底径 4.8、残高 8 厘米（图三四九，1）。

B 型　2 件。

标本ⅠT6815 - 6916⑰：190，夹砂灰黑陶。底径 9、残高 7.2 厘米（图三四九，2）。

Dd 型　3 件。

标本ⅠT6511 - 6512⑰：73，泥质灰黑陶。近底处内凹。残高 2.1 厘米（图三四九，3）。

Ea 型　8 件。

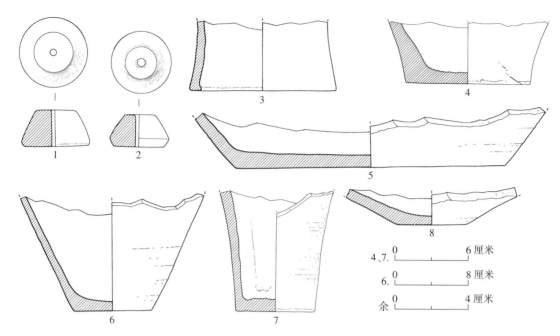

图三四八　西区第17层出土陶器

1. A 型纺轮（ⅠT7015－7116⑰：1）　2. C 型纺轮（ⅠT7009－7110⑰：10）　3. B 型器座（ⅠT6815－6916⑰：270）
4、5. Aa 型器底（ⅠT6809－6910⑰：64、ⅠT6811－6912⑰：42）　6、7. Ab 型器底（ⅠT6809－6910⑰：163、ⅠT7013－
7114⑰：22）　8. Ac 型器底（ⅠT7209－7210⑰：64）

标本ⅠT6815－6916⑰：342，泥质灰黑陶。底径2.2、残高3.8厘米（图三四九，4）。

标本ⅠT7009－7110⑰：176，泥质灰黑陶。底径2.5、残高2.4厘米（图三四九，5）。

Eb 型　10 件。

标本ⅠT6815－6916⑰：128，夹砂灰黑陶。底径2.9、残高1.5厘米（图三四九，6）。

标本ⅠT6815－6916⑰：341，泥质灰黑陶。底径2.4、残高2.5厘米（图三四九，7）。

Ec 型　8 件。

标本ⅠT6511－6512⑰：74，泥质灰黄陶，外壁施黑衣。下腹部有细旋痕。底径1.4、残高4.7
厘米（图三四九，8）。

标本ⅠT7211－7212⑰：105，泥质灰黄陶，内外壁施黑衣。下腹部有细旋痕。底径1.6、残高
4.8厘米（图三四九，9）。

Ed 型Ⅱ式　8 件。

标本ⅠT6813－6914⑰：95，泥质灰黑陶。下腹部有轮制痕迹。底径1.9、残高2.4厘米（图
三四九，10）。

标本ⅠT6811－6912⑰：121，泥质灰黑陶。下腹部有细旋痕。残高8厘米（图三四九，11）。

圈足　45 件。

Aa 型　18 件。

标本ⅠT7211－7212⑰：252，夹砂灰黑陶。圈足径7.4、残高3.6厘米（图三五〇，1）。

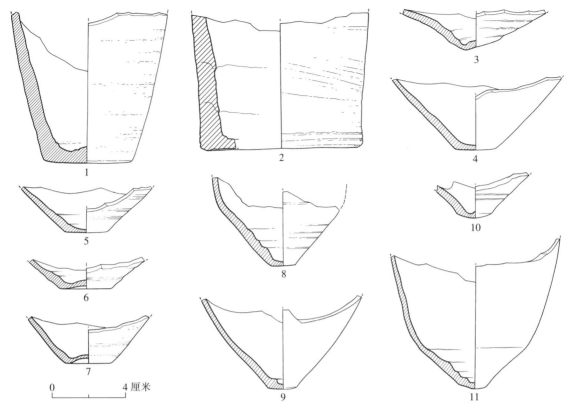

图三四九　西区第 17 层出土陶器底

1. Ac 型（ⅠT6809 – 6910⑰：156）　2. B 型（ⅠT6815 – 6916⑰：190）　3. Dd 型（ⅠT6511 – 6512⑰：73）　4、5. Ea
型（ⅠT6815 – 6916⑰：342、ⅠT7009 – 7110⑰：176）　6、7. Eb 型（ⅠT6815 – 6916⑰：128、ⅠT6815 – 6916⑰：341）
8、9. Ec 型（ⅠT6511 – 6512⑰：74、ⅠT7211 – 7212⑰：105）　10、11. Ed 型Ⅱ式（ⅠT6813 – 6914⑰：95、ⅠT6811 –
6912⑰：121）

　　标本ⅠT7015 – 7116⑰：99，夹砂灰黑陶。圈足径 6.9、残高 3.5 厘米（图三五〇，2）。

　　标本ⅠT7215 – 7216⑰：38，夹砂灰褐陶。圈足径 6.8、残高 2 厘米（图三五〇，3）。

　　Bb 型　2 件。

　　标本ⅠT6811 – 6912⑰：58，夹砂灰黑陶。圈足径 7、残高 3.2 厘米（图三五〇，4）。

　　标本ⅠT7009 – 7110⑰：91，夹砂灰黑陶。圈足径 8.6、残高 8.3 厘米（图三五〇，5）。

　　Ca 型　5 件。

　　标本ⅠT6811 – 6912⑰：60，夹砂灰褐陶。圈足径 8、残高 2.9 厘米（图三五〇，6）。

　　Cc 型Ⅰ式　11 件。

　　标本ⅠT6815 – 6916⑰：92，夹砂灰黑陶。圈足径 12、残高 6.3 厘米（图三五〇，7）。

　　Cc 型Ⅱ式　9 件。

　　标本ⅠT6609 – 6710⑰：43，夹砂灰黑陶。圈足径 13.4、残高 4.8 厘米（图三五〇，8）。

　　袋足　1 件。B 型。

　　标本ⅠT7209 – 7210⑰：395，夹砂灰褐陶。残高 3.7 厘米（图三五〇，9）。

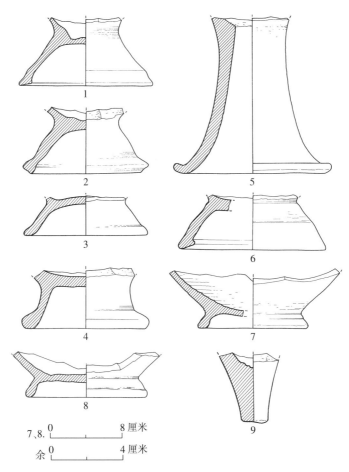

图三五〇　西区第 17 层出土陶器

1～3. Aa 型圈足（ⅠT7211－7212⑰：252、ⅠT7015－7116⑰：99、ⅠT7215－7216⑰：38）
4、5. Bb 型圈足（ⅠT6811－6912⑰：58、ⅠT7009－7110⑰：91）　6. Ca 型圈足（ⅠT6811－
6912⑰：60）　7. Cc 型Ⅰ式圈足（ⅠT6815－6916⑰：92）　8. Cc 型Ⅱ式圈足（ⅠT6609－
6710⑰：43）　9. B 型袋足（ⅠT7209－7210⑰：395）

纺轮　2 件。

A 型　1 件。

标本ⅠT7015－7116⑰：1，泥质灰黑陶。直径 3.7、孔径 0.3、厚 1.9 厘米（图三四八，1）。

C 型　1 件。

标本ⅠT7009－7110⑰：10，泥质灰黑陶。直径 3.2、孔径 0.4、厚 1.7 厘米（图三四八，2）。

（2）玉器

8 件。

璧　2 件。均为残片。

标本ⅠT6811－6912⑰：129，器表带紫红色、黑色、淡黄色沁斑，色彩斑斓。整器制作精细。
孔径较小，环面较宽。残长 14、残宽 9.6 厘米（图三五一，4）。

锛　1 件。A 型。

标本ⅠT7015 – 7116⑰：2，器表杂墨色、褐色沁斑。器体较小。制作较为精细，顶部保留自然断面。偏锋，刃部锋利。长3.5 ~ 5.1、宽2.6、厚0.8厘米（图三五一，2）。

绿松石珠　4件。

标本ⅠT6811 – 6912⑰：1，器形较小，加工较为精细。直径0.7、孔径0.2、高1.5厘米（图三五一，3）。

美石　1件。

标本ⅠT6811 – 6912⑰：128，白色。整器打磨光滑。长7.5、宽5.1、厚2.8厘米（图三五一，5）。

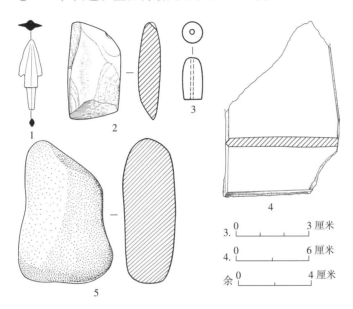

图三五一　西区第17层出土器物
1. Aa型铜镞（ⅠT6815 – 6916⑰：1）　2. A型玉锛（ⅠT7015 – 7116⑰：2）　3. 绿松石珠（ⅠT6811 – 6912⑰：1）
4. 玉璧（ⅠT6811 – 6912⑰：129）　5. 美石（ⅠT6811 – 6912⑰：128）

（3）石器

69件。

石璋半成品　8件。大部分均制作出牙部，柄部未作刻划。

Ba型　7件。

标本ⅠT6809 – 6910⑰：7，青色。器体宽大，无阑。器表、两侧均保留自然断面，凹凸不平，刃部打磨粗糙。长19.3 ~ 22、宽6.5、厚1.7厘米（图三五二，1）。

Bb型　1件。

标本ⅠT6811 – 6912⑰：122，青色。器体宽大，无阑。器表、两侧、刃部均打磨较为精细。长32.1 ~ 35.9、宽7.5、厚1.5厘米（图三五二，3）。

斧　1件。Ba型。

标本ⅠT6613 – 6714⑰：1，青色。短体，体形较小，上窄下宽。通体打磨精细。偏锋，刃部锋利。长9.4、宽4.7 ~ 5.7、厚1.6厘米（图三五二，2）。

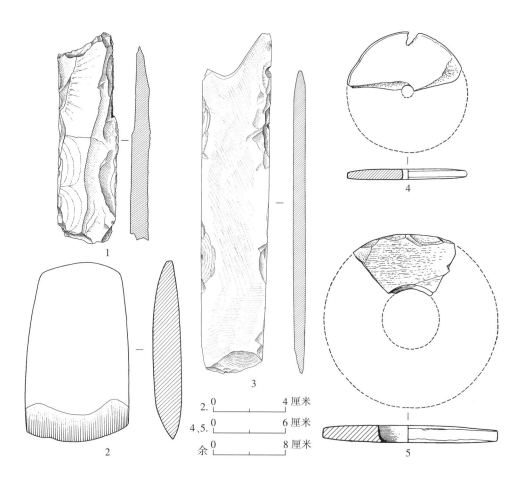

图三五二　西区第17层出土石器

1. Ba 型石璋半成品（ⅠT6809 - 6910⑰：7）　2. Ba 型石斧（ⅠT6613 - 6714⑰：1）　3. Bb 型石璋半成品
（ⅠT6811 - 6912⑰：122）　4、5. Aa 型石璧（ⅠT6809 - 6910⑰：248、ⅠT6809 - 6910⑰：256）

璧　2件。Aa 型。

标本ⅠT6809 - 6910⑰：248，青绿色。环面及轮边打磨精细。直径10、孔径0.9、厚0.5~0.8
厘米（图三五二，4）。

标本ⅠT6809 - 6910⑰：256，灰黑色。孔壁留有管钻痕迹。环面及轮边粗磨。直径14.2、孔
径4.5、厚0.9~1.4厘米（图三五二，5）。

石璧坯料　58件。A 型。

标本ⅠT7009 - 7110⑰：4，灰黑色。破裂面及轮边未经打磨。周缘较薄，中部略厚。直径
12.7、厚1.1厘米（图三五三，1）。

标本ⅠT6811 - 6912⑰：124，青灰色。从卵石上打下的一块。破裂面未经打磨。周缘较薄，中
部略厚。直径11.6、厚2.2厘米（图三五三，2）。

标本ⅠT6809 - 6910⑰：228，灰白色。破裂面及轮边未经打磨。周缘较薄，中部略厚。直径
10、厚2.5厘米（图三五三，3）。

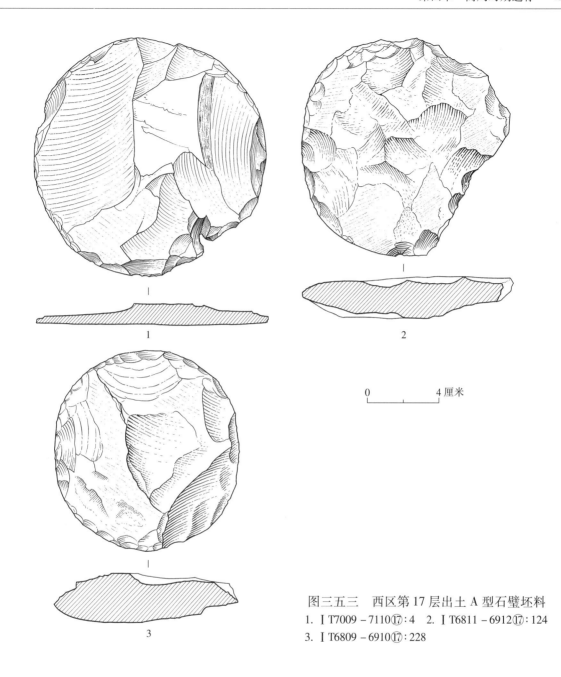

图三五三　西区第 17 层出土 A 型石璧坯料
1. ⅠT7009 - 7110⑰：4　2. ⅠT6811 - 6912⑰：124
3. ⅠT6809 - 6910⑰：228

（4）铜器

3 件。

铜器残件　2 件。

标本ⅠT6811 - 6912⑰：130 - 1、130 - 2，器体残碎，锈蚀严重，器形不可辨。

镞　1 件。Aa 型。

标本ⅠT6815 - 6916⑰：1，双翼不突出，短铤，脊部背部呈菱形。长 3.8、宽 1.4、厚 0.6 厘米（图三五一，1）。

图三五四　西区第16层下遗迹平面分布图

（二八） 第 16 层下遗迹及出土遗物

开口于第 16 层下遗迹有 H2299、H2301、H2306、H2318（图三五四）和 L51、L61（见附表一），分述如下。

1. H2299

位于 I T7208 东部，部分叠压于东隔梁下，开口于第 16 层下，打破第 19 层。平面形状呈不规则形，弧壁、平底。东西长 2.45、南北宽 2.35、深 0.2 米。坑内填黑褐色土，湿度重，夹杂炭屑、草木灰，土质松软。遗物出土有大量夹砂陶片和少量泥质陶片及 1 件石璋半成品。陶器可辨器形有小平底罐、尖底盏、器盖等（图三五五）。

（1）陶器

27 件。

尖底盏 1 件。Ba 型 I 式。

标本 H2299：197，泥质灰黑陶。尖圆唇。口径 12.8、高 5.9 厘米（图三五六，1；彩版一〇〇，6）。

小平底罐 9 件。

Bb 型 1 件。

标本 H2299：184，夹砂灰黑陶。尖唇。口径 11、肩径 11.6、残高 2.7 厘米（图三五六，2）。

Be 型 I 式 6 件。

标本 H2299：195，夹砂灰黑陶。尖唇。口径 12.6、肩径 12.8、底径 2.9、高 8.5 厘米（图三五六，3）。

Ca 型 I 式 1 件。

H2299：196，泥质灰黑陶。尖唇。口径 12.3、肩径 13、底径 3.2、高 8.5 厘米（图三五六，4）。

Ca 型 II 式 1 件。

标本 H2299：111，泥质灰黑陶。尖唇。口径 10.8、肩径 11.4、残高 4.9 厘米（图三五六，5）。

瓮形器 2 件。Eb 型。

标本 H2299：17，夹砂灰黄陶。方唇。外壁通体饰绳纹。口径 23、残高 5.2 厘米（图三五六，7）。

高领罐 1 件。Fa 型 I 式。

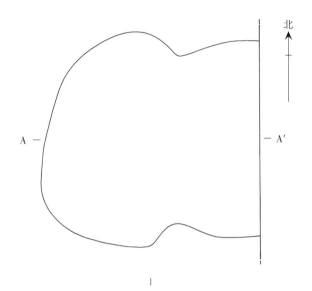
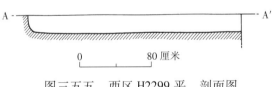

图三五五　西区 H2299 平、剖面图

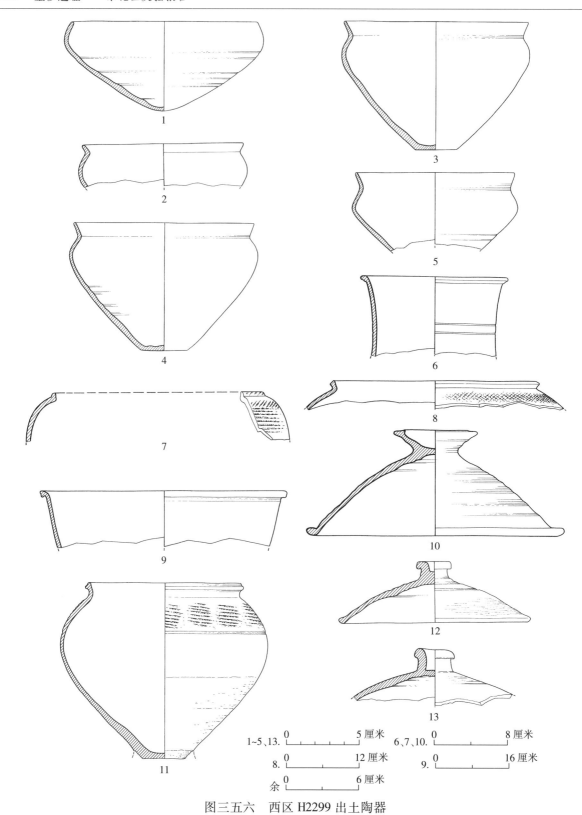

图三五六　西区 H2299 出土陶器

1. Ba 型 I 式尖底盏（H2299：197）　　2. Bb 型小平底罐（H2299：184）　　3. Be 型 I 式小平底罐（H2299：195）　　4. Ca 型 I 式小平底罐（H2299：196）　　5. Ca 型 II 式小平底罐（H2299：111）　　6. Fa 型 I 式高领罐（H2299：23）　　7. Eb 型瓮形器（H2299：17）　　8. Aa 型束颈罐（H2299：55）　　9. Cb 型缸（H2299：19）　　10. Ab 型器盖（H2299：207）　　11. Af 型束颈罐（H2299：1）　　12. Aa 型器盖（H2299：2）　　13. A 型器纽（H2299：185）

标本 H2299：23，夹砂灰黑陶。平卷沿，圆唇。领部饰两周凹弦纹。口径16、残高8.3厘米（图三五六，6）。

束颈罐　3件。

Aa 型　1件。

标本 H2299：55，夹砂灰褐陶。方唇。肩部饰交错粗绳纹。口径34、残高4.3厘米（图三五六，8）。

Af 型　2件。

标本 H2299：1，夹砂灰黑陶。方唇。肩部饰成组粗绳纹和一周凹弦纹。口径13、肩径17.2、残高14厘米（图三五六，11；彩版一〇一，1）。

缸　1件。Cb 型。

标本 H2299：19，夹砂灰黑陶。卷沿。口径54、残高11.8厘米（图三五六，9）。

豆盘　1件。Ba 型。

标本 H2299：208，泥质褐陶，外施黑衣。残高5.4厘米（图三五七，5）。

豆柄　2件。Aa 型。

标本 H2299：8，泥质灰黑陶。残高15.6厘米（图三五七，6）。

标本 H2299：10，夹砂灰褐陶。圈足径15.2、残高16.8厘米（图三五七，7）。

器盖　2件。

Aa 型　1件。

标本 H2299：2，夹砂灰黑陶。圆唇。口径15.6、纽径2.8、高4.8厘米（图三五六，12；彩版一〇一，2）。

Ab 型　1件。

标本 H2299：207，夹砂灰黑陶。方唇。口径28、纽径9、高11.4厘米（图三五六，10；彩版一〇一，3）。

器纽　1件。A 型。

标本 H2299：185，夹砂黑褐陶。纽径2.7、残高3.5厘米（图三五六，13）。

圈足　3件。

Ab 型　1件。

标本 H2299：198，夹砂灰黑陶。足部饰一圆形镂孔。残高8.3厘米（图三五七，1）。

Ca 型　2件。

标本 H2299：13，夹砂灰黑陶。圈足径9.8、残高4.6厘米（图三五七，2）。

标本 H2299：14，夹砂灰褐陶。圈足径8.5、残高3.7厘米（图三五七，3）。

袋足　1件。Aa 型。

标本 H2299：11，夹砂灰黄陶。残高15厘米（图三五七，4）。

（2）石器

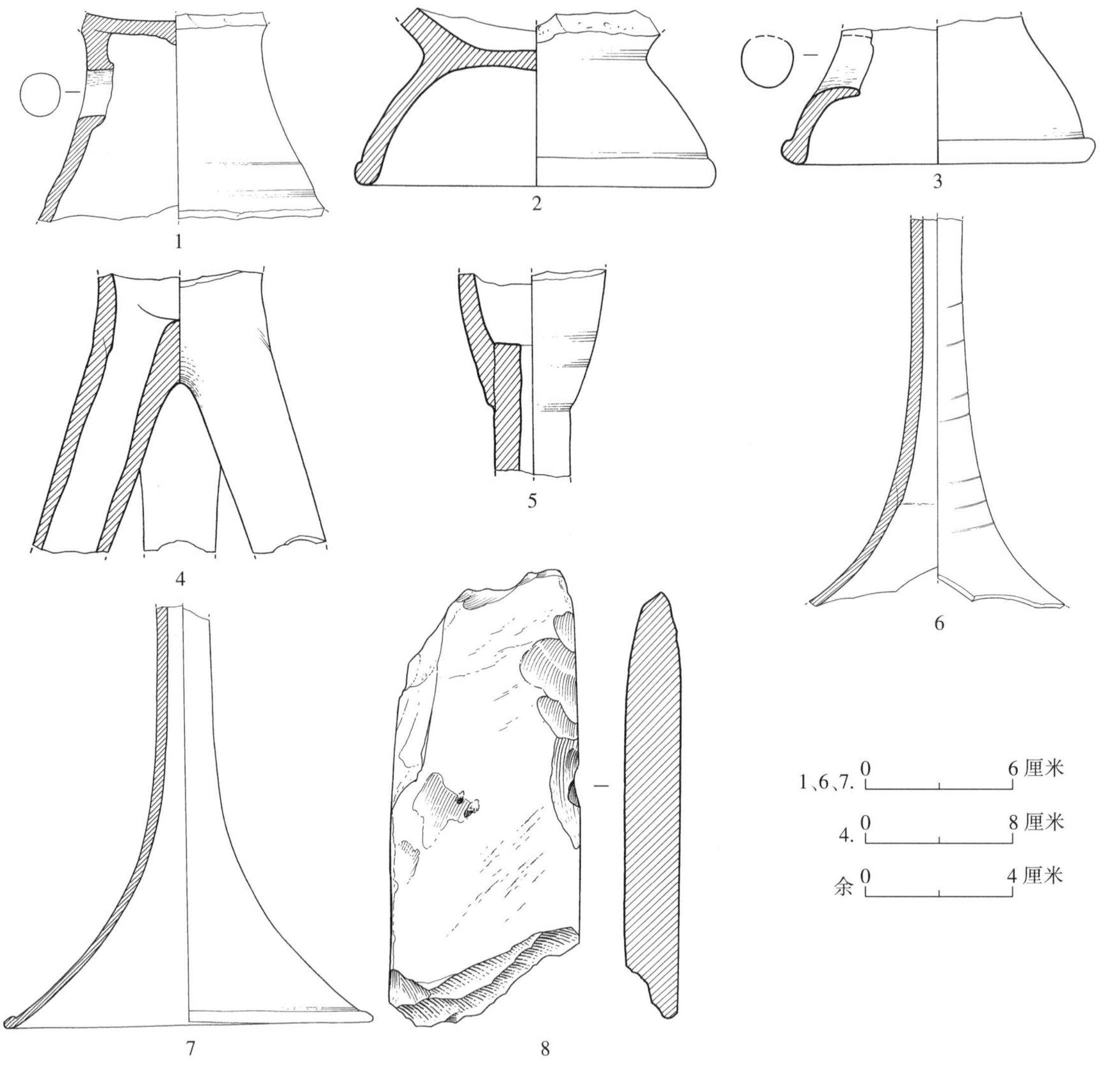

图三五七　西区 H2299 出土器物

1. Ab 型陶圈足（H2299：198）　　2、3. Ca 型陶圈足（H2299：13、H2299：14）　　4. Aa 型陶袋足（H2299：11）　　5. Ba 型陶豆盘（H2299：208）　　6、7. Aa 型陶豆柄（H2299：8、H2299：10）　　8. Ba 型石璋半成品（H2299：4）

1 件。

石璋半成品　1 件。Ba 型。

标本 H2299：4，灰色，杂大量锈斑。刃部及阑部均残。器表、两侧打磨粗糙。残长 11.4、宽 5.4、厚 1.6 厘米（图三五七，8）。

2. H2301

位于 ⅠT7215 北部，延伸至 ⅠT7215 北隔梁下及 ⅠT7216 南部，开口于第 16 层下，打破第 17 层。平面形状近椭圆形，直壁，平底。长径 1.65、短径 1.35、深 0.06 米。坑内填土为灰褐色砂黏土，结构紧密。出土有大量陶片、零星卵石及 1 件鹿角（图三五八；彩版一〇一，4）。

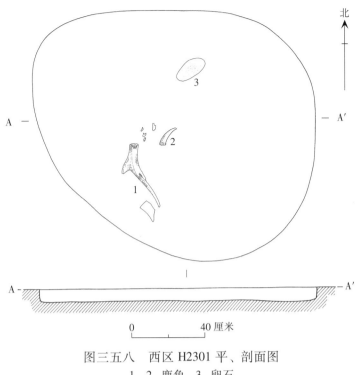

图三五八 西区 H2301 平、剖面图
1、2. 鹿角 3. 卵石

3. H2306

位于ⅠT7208 东南角，延伸至ⅠT7208 东隔梁下、ⅠT7207 北部及东隔梁下。开口于第 16 层下，打破第 19 层。平面形状呈不规则形，弧壁，弧底。东西长 1.68、南北宽 1.26、深 0.58 米。坑内填土为灰黑色黏砂土，夹杂少量炭屑，湿度重，质地松软。包含物仅有少量陶片（图三五九）。

陶器

11 件。

尖底盏 1 件。Aa 型Ⅱ式。

标本 H2306:7，夹砂灰黑陶。尖唇。口径 11、残高 4.1 厘米（图三六〇，1）。

小平底罐 2 件。

Be 型Ⅰ式 1 件。

标本 H2306:37，夹砂灰黑陶。方唇。肩部饰两周凹弦纹，腹部饰一周凹弦纹。口径 14.4、底径 3.1、高 9.2 厘米（图三六〇，3）。

Be 型Ⅱ式 1 件。

标本 H2306:1，夹砂灰黑陶。尖唇。口径 12、残高 4.1 厘米（图三六〇，2）。

敛口罐 1 件。Aa 型Ⅱ式。

标本 H2306:10，夹砂灰黄陶。方唇。口径 30、残高 3 厘米（图三六〇，4）。

高领罐 1 件。C 型Ⅱ式。

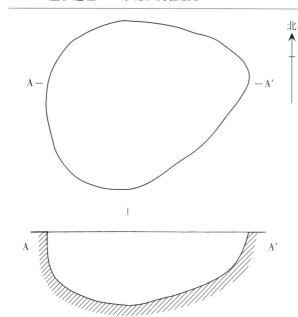

图三五九　西区 H2306 平、剖面图

标本 H2306：2，夹砂灰黄陶。仰卷沿，圆唇。口径 18、残高 4.6 厘米（图三六〇，5）。

豆柄　1 件。Aa 型。

标本 H2306：18，夹砂灰黑陶。残高 7.8 厘米（图三六〇，7）。

器纽　1 件。Db 型。

标本 H2306：15，夹砂灰黑陶。圆唇。残高 8.1 厘米（图三六〇，6）。

器底　1 件。Ea 型。

标本 H2306：14，夹砂灰黑陶。底径 2、残高 4.3 厘米（图三六〇，9）。

圈足　2 件。Ca 型。

标本 H2306：19，夹砂灰褐陶。圈足径 8、残高 4 厘米（图三六〇，10）。

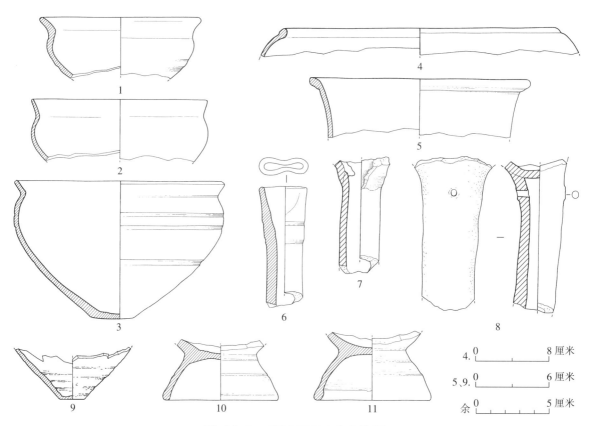

图三六〇　西区 H2306 出土陶器

1. Aa 型Ⅱ式尖底盏（H2306：7）　2. Be 型Ⅱ式小平底罐（H2306：1）　3. Be 型Ⅰ式小平底罐（H2306：37）　4. Aa 型Ⅱ式敛口罐（H2306：10）　5. C 型Ⅱ式高领罐（H2306：2）　6. Db 型器纽（H2306：15）　7. Aa 型豆柄（H2306：18）　8. 錾耳（H2306：11）　9. Ea 型器底（H2306：14）　10、11. Ca 型圈足（H2306：19、H2306：20）

标本 H2306：20，夹砂灰褐陶。圈足径8、残高4.5厘米（图三六〇，11）。

鋬耳　1件。

标本 H2306：11，夹砂灰黑陶。其上有一穿孔。残高10.2、宽5.3厘米（图三六〇，8）。

4. H2318

位于ⅠT6916东北角，延伸进入东隔梁和北隔梁之下。开口于第16层下，打破第17层。平面形状呈扇形，弧壁，平底。长1.92、宽1.63、深0.5米。坑内填土为黑褐色砂土，夹杂少许黑色灰烬，结构疏松。填土中出土有大量陶器及少许兽骨、卵石（图三六一）。

陶器

40件。

尖底盏　3件。

Ba 型Ⅱ式　1件。

标本 H2318：46，夹砂黑褐陶。尖圆唇。口径10.3、残高2.8厘米（图三六二，1）。

Bb 型Ⅱ式　2件。

标本 H2318：47，夹砂黑褐陶。圆唇。口径10.6、残高2.9厘米（图三六二，2）。

标本 H2318：48，夹砂灰黑陶。圆唇。口径11、残高2.9厘米（图三六二，3）。

尖底罐　4件。

Ab 型　3件。

标本 H2318：74，夹砂黑褐陶。方唇。口径9.1、残高4.5厘米（图三六二，4）。

标本 H2318：66，夹砂灰黑陶。方唇。口径9、残高3.1厘米（图三六二，5）。

B 型Ⅰ式　1件。

标本 H2318：60，夹砂灰黑陶。圆唇。口径9.1、残高2.4厘米（图三六二，6）。

敛口罐　4件。

Aa 型Ⅱ式　1件。

标本 H2318：95，夹砂灰黄陶。方唇。口径32、残高2.6厘米（图三六二，7）。

Ab 型　1件。

标本 H2318：94，夹砂灰黑陶。方唇。口径15、残高2.1厘米（图三六二，8）。

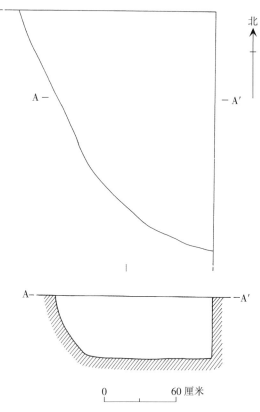

图三六一　西区 H2318 平、剖面图

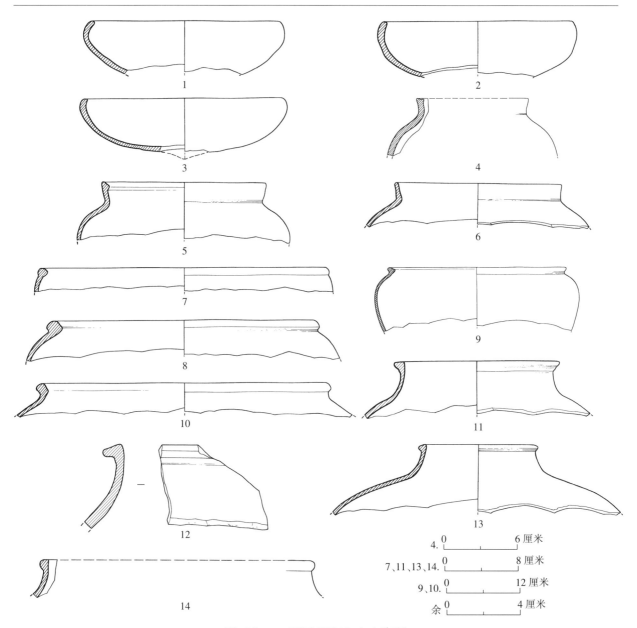

图三六二　西区 H2318 出土陶器

1. Ba 型Ⅱ式尖底盏（H2318：46）　2、3. Bb 型Ⅱ式尖底盏（H2318：47、H2318：48）　4、5. Ab 型尖底罐（H2318：74、H2318：66）　6. B 型Ⅰ式尖底罐（H2318：60）　7. Aa 型Ⅱ式敛口罐（H2318：95）　8. Ab 型敛口罐（H2318：94）　9. Ac 型敛口罐（H2318：86）　10. Bc 型敛口罐（H2318：89）　11. A 型Ⅰ式矮领罐（H2318：78）　12. A 型Ⅱ式矮领罐（H2318：79）　13. D 型Ⅰ式矮领罐（H2318：83）　14. D 型Ⅱ式矮领罐（H2318：80）

Ac 型　1 件。

标本 H2318：86，夹砂灰黑陶。圆唇。口径 29.2、残高 10.2 厘米（图三六二，9）。

Bc 型　1 件。

标本 H2318：89，夹砂灰黑陶。圆唇。口径 48.9、残高 5.6 厘米（图三六二，10）。

矮领罐　5 件。

A 型Ⅰ式　1 件。

标本 H2318：78，夹砂灰黑陶。口径 18、残高 6.2 厘米（图三六二，11）。

A 型Ⅱ式　2 件。

标本 H2318：79，夹砂灰黑陶。平折沿，圆唇。残高 4.2 厘米（图三六二，12）。

D 型Ⅰ式　1 件。

标本 H2318：83，夹砂灰黄陶。外斜折沿，圆唇。口径 13、残高 7.4 厘米（图三六二，13）。

D 型Ⅱ式　1 件。

标本 H2318：80，夹砂灰黑陶。平卷沿，圆唇。残高 4 厘米（图三六二，14）。

束颈罐　3 件。

Ba 型　2 件。

标本 H2318：73，夹砂灰黄陶。方唇，肩部饰粗绳纹。口径 23.5、残高 3.7 厘米（图三六三，1）。

标本 H2318：82，夹砂灰黄陶。尖唇。口径 26.4、残高 5.8 厘米（图三六三，4）。

Ca 型Ⅱ式　1 件。

标本 H2318：61，夹砂灰黑陶。方唇。口径 13.6、残高 2.8 厘米（图三六三，2）。

盆　1 件。Ec 型。

标本 H2318：96，夹砂灰黑陶。圆唇。口径 26.8、残高 5 厘米（图三六三，3）。

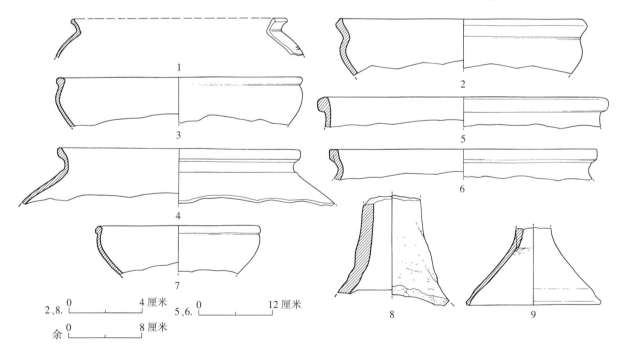

图三六三　西区 H2318 出土陶器

1、4. Ba 型束颈罐（H2318：73、H2318：82）　2. Ca 型Ⅱ式束颈罐（H2318：61）　3. Ec 型盆（H2318：96）　5. Aa 型瓮（H2318：105）　6. Cd 型Ⅰ式瓮（H2318：104）　7. B 型盆形器（H2318：97）　8、9. Aa 型豆柄（H2318：107、H2318：106）

瓮 2件。

Aa 型 1件。

标本 H2318∶105，夹砂灰黑陶。圆唇。口径 48、残高 4.8 厘米（图三六三，5）。

Cd 型 Ⅰ 式 1件。

标本 H2318∶104，夹砂灰黑陶。方唇。口径 44、残高 4.8 厘米（图三六三，6）。

盆形器 2件。B 型。

标本 H2318∶97，夹砂灰黑陶。圆唇。口径 18、残高 5.1 厘米（图三六三，7）。

豆柄 2件。Aa 型。

标本 H2318∶107，夹砂灰黑陶。残高 5.9 厘米（图三六三，8）。

标本 H2318∶106，夹砂灰黑陶。圈足径 14.9、残高 8.2 厘米（图三六三，9）。

器座 1件。Aa 型 Ⅰ 式。

标本 H2318∶102，夹砂灰黑陶。下径 29、残高 7.4 厘米（图三六四，1）。

器底 9件。

Aa 型 1件。

标本 H2318∶137，夹砂灰黑陶。底径 15、残高 10.2 厘米（图三六四，2）。

Db 型 6件。

标本 H2318∶1，泥质灰黑陶。内壁有较密集的细旋痕。残高 7.4 厘米（图三六四，3）。

标本 H2318∶40，泥质灰黑陶。外壁有较密集的细旋痕。残高 7 厘米（图三六四，4）。

Dc 型 1件。

标本 H2318∶41，泥质灰黑陶。残高 7.3 厘米（图三六四，5）。

Ed 型 Ⅱ 式 1件。

标本 H2318∶2，夹砂黑褐陶。下腹部有细旋痕。底径 1.5、残高 6.4 厘米（图三六四，7）。

圈足 4件。

Ca 型 1件。

标本 H2318∶128，夹砂灰黑陶。圈足径 7.4、残高 3.5 厘米（图三六四，8）。

Cc 型 Ⅱ 式 2件。

标本 H2318∶113，夹砂黑褐陶。圈足径 13.5、残高 5.4 厘米（图三六四，9）。

Cd 型 Ⅱ 式 1件。

标本 H2318∶91，夹砂灰褐陶。圈足径 9、残高 4.1 厘米（图三六四，6）。

5. L51

位于 Ⅰ T6909 南部，南部部分叠压于 Ⅰ T6908 北隔梁下。开口于第 16 层下，堆积置于第 17 层层表。大量遗物集中分布，依据遗物堆积位置大致划出外框线，平面形状大致呈不规则形。东西

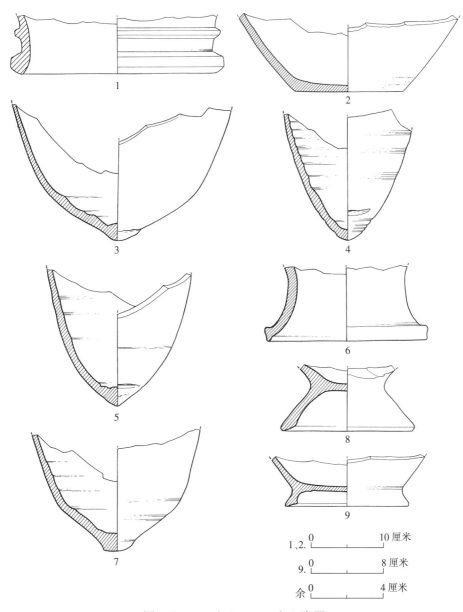

图三六四 西区 H2318 出土陶器

1. Aa 型 I 式器座（H2318：102） 2. Aa 型器底（H2318：137） 3、4. Db 型器底（H2318：1、H2318：40） 5. Dc 型器底（H2318：41） 6. Cd 型 II 式圈足（H2318：91） 7. Ed 型 II 式器底（H2318：2） 8. Ca 型圈足（H2318：128） 9. Cc 型 II 式圈足（H2318：113）

长 3.15、南北宽 1.8 米。出土遗物共计 71 件，以石器为主，共计 64 件，为石璧坯料，另伴出有 7 件陶器（图三六五；彩版一〇二，1）。

（1）陶器

7 件。

束颈罐 1 件。Ca 型 I 式。

标本 L51：91，夹砂灰黑陶，外壁附着烟炱。方唇。口径 15.6、肩径 17.8、残高 11.5 厘米（图三六六，1）。

北

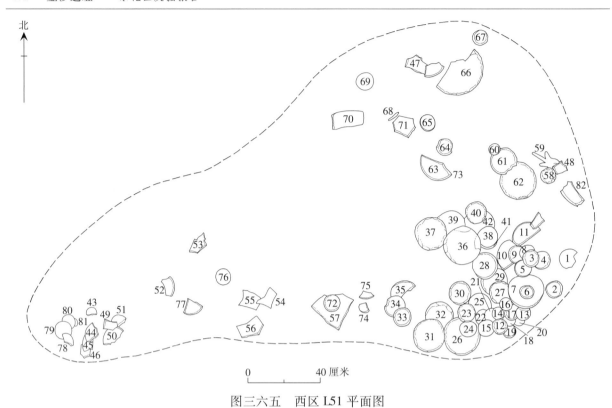

0 ——— 40 厘米

图三六五　西区 L51 平面图
1~46、48~58、60~74、76~81. 石璧坯料　47、75. 陶豆盘　59. 鹿角　82. 陶片

盆　1 件。F 型。

标本 L51：90，夹砂灰黑陶。方唇。口径 54、残高 10.3 厘米（图三六六，2）。

瓮　1 件。Ab 型。

标本 L51：87，夹砂灰黑陶。方唇。口径 50、残高 5.7 厘米（图三六六，3）。

桶形器　1 件。Ba 型。

标本 L51：88，夹砂灰黑陶。方唇。口径 28、残高 8.3 厘米（图三六六，4）。

豆盘　1 件。Db 型。

标本 L51：89，夹砂灰黄陶。方唇。残高 3.6 厘米（图三六六，5）。

豆柄　2 件。Aa 型。

标本 L51：103，夹砂灰黑陶。残高 9.5 厘米（图三六六，6）。

（2）石器

64 件。

石璧坯料　64 件。A 型。

标本 L51：29，黑色。破裂面及轮边未经打磨。周缘较薄、中部略厚。直径 11.6、厚 1.5 厘米（图三六七，1）。

标本 L51：55，黑色。破裂面及轮边未经打磨。周缘较薄、中部略厚。直径 14.8、厚 2 厘米（图三六七，2）。

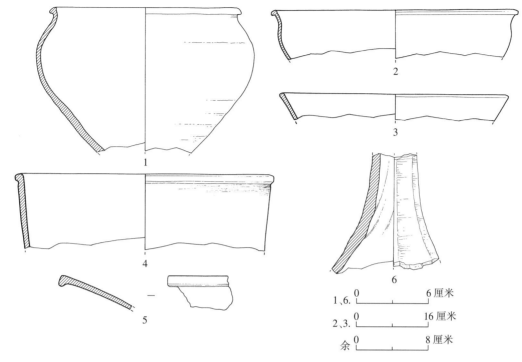

图三六六　西区 L51 出土陶器

1. Ca 型 I 式束颈罐（L51：91）　2. F 型盆（L51：90）　3. Ab 型瓮（L51：87）　4. Ba 型桶形器（L51：88）
5. Db 型豆盘（L51：89）　6. Aa 型豆柄（L51：103）

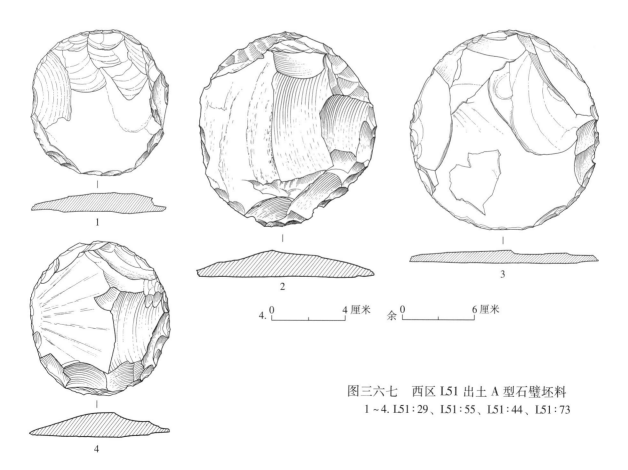

图三六七　西区 L51 出土 A 型石璧坯料
1～4. L51：29、L51：55、L51：44、L51：73

标本 L51：44，黑色。破裂面及轮边未经打磨。周缘较薄、中部略厚。直径 15.7、厚 1 厘米（图三六七，3）。

标本 L51：73，黑色。破裂面及轮边未经打磨。周缘较薄、中部略厚。直径 7.6、厚 1.3 厘米（图三六七，4）。

6. L61

位于ⅠT6610 西南角，部分穿过ⅠT6609 北隔梁延伸至ⅠT6609 西北。开口于第 16 层下，堆积置于第 17 层层表。依据遗物堆积位置大致划出外框线，平面形状呈不规则形。南北长 4.1、东西残宽 2.85 米。出土遗物以石器为主，共 11 件石璧坯料；另伴出 5 件陶器，陶器均较残，无可复原器物（图三六八；彩版一〇二，2）。

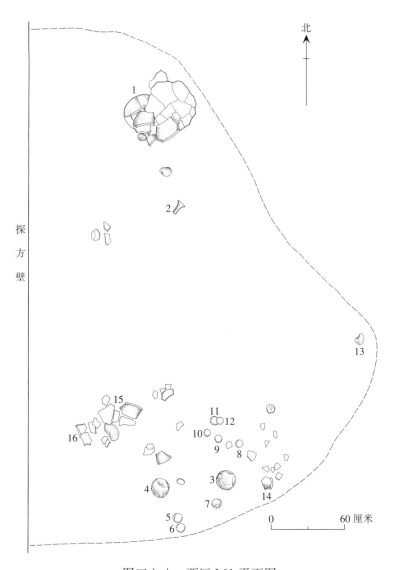

图三六八　西区 L61 平面图

1. 陶高领罐　2. 陶豆柄　3～13. 石璧坯料　14、15. 陶簋形器　16. 陶敛口广肩罐

石器

11 件。

石璧坯料 11 件。A 型。

标本 L61：4，灰黑色。破裂面及轮边未经打磨。周缘较薄，中部略厚。直径 14、厚 1.8 厘米（图三六九，1）。

标本 L61：7，灰黑色。破裂面及轮边未经打磨。周缘较薄，中部略厚。直径 7.7、厚 1.1 厘米（图三六九，2）。

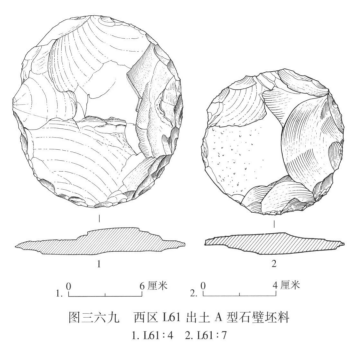

图三六九 西区 L61 出土 A 型石璧坯料
1. L61：4 2. L61：7

（二九）第 16 层出土遗物

该层出土遗物有陶器、石器和铜器，数量丰富，其中陶片 17648 片、石器 70 件、玉器 1 件、铜器 2 件。陶片以夹砂陶为主，占 75.53%。夹砂陶中灰黑陶占 58.82%，灰黄陶占 19.57%，灰褐陶占 10.57%，灰陶占 6.77%，黄褐陶占 2.71%，红褐陶占 1.56%；泥质陶中灰黄陶占 38.19%，灰黑陶占 26.73%，灰陶占 24.73%，灰褐陶占 8.52%，黄褐陶占 1.60%，青灰陶占 0.02%，红陶占 0.21%。纹饰较发达，夹砂陶中纹饰陶片占 30.35%，其中细线纹占 77.97%，粗绳纹占 6.63%，凹弦纹占 11.87%，另有少量的网格纹、压印纹、凸棱纹、细绳纹、刻划纹，极少量镂孔、戳印纹、乳丁纹、云雷纹等；泥质陶中纹饰陶片仅占 30.82%，其中细线纹占 84.15%，凹弦纹占 7.44%，凸棱纹占 5.86%，极少量戳印纹、刻划纹、云雷纹等（表二八）。陶器可辨器形有尖底杯、尖底盏、尖底罐、小平底罐、瓮形器、敛口罐、高领罐、矮领罐、束颈罐、壶、盆、瓮、杯、器座、器盖、器纽、豆柄等。玉器有磨石。石器种类有石璋半成品、挂饰、石璧坯料、石璧半成品等。铜器种类有镞、钩等。

表二八　西区第16层陶片统计表

陶质＼纹饰	夹砂陶						小计	百分比（%）	泥质陶							小计	百分比（%）
	灰黑	灰	红褐	灰褐	黄褐	灰黄			灰黑	灰	灰黄	灰褐	青灰	红	黄褐		
素面	4991	779	176	864	302	2173	9285	69.65	668	745	1308	232	1	9	24	2987	69.18
细绳纹	23						23	0.17	1		1				1	3	0.07
粗绳纹	174	6	5	46	6	31	268	2.01	1	1	1					3	0.07
云雷纹				1		1	2	0.02				3				3	0.07
凹弦纹	344	22	5	35	18	56	480	3.60	35	12	38	13			1	99	2.29
凸棱纹	20		3		2	2	27	0.20	23	20	28	5		2		78	1.81
刻划纹	11	1		2			15	0.11	6	3	2					11	0.25
镂孔	6	2		1		1	10	0.08		2	1	1				4	0.09
细线纹	2219	87	17	457	32	342	3154	23.66	414	285	267	113			41	1120	25.94
压印纹	12	3	2		1		18	0.14									
网格纹	33						33	0.25									
戳印纹	5	1		1			7	0.05	6		1	1				8	0.18
乳丁纹	1	1		2		2	6	0.04									
圆圈纹	1	1					2	0.02			2					2	0.05
小计	7840	903	208	1409	361	2609	13330		1154	1068	1649	368	1	9	69	4318	
百分比（%）	58.82	6.77	1.56	10.57	2.71	19.57		100.00	26.73	24.73	38.19	8.52	0.02	0.21	1.60		100.00
合计	17648																

（1）陶器

563件。

尖底杯　12件。

Aa型Ⅱ式　1件。

标本ⅠT7213－7214⑯：23，泥质灰黄陶。尖唇。口径12、残高2.6厘米（图三七〇，1）。

Ab型　4件。

标本ⅠT7009－7110⑯：649，泥质灰黑陶。尖唇。口径12、残高5.5厘米（图三七〇，4）。

标本ⅠT6811－6912⑯：32，泥质灰黄陶，内外壁施黑衣。尖唇。口径10.6、残高4.1厘米（图三七〇，5）。

Ac型　2件。

标本ⅠT7213－7214⑯：34，泥质灰黑陶。尖唇。口径9.8、残高3.9厘米（图三七〇，2）。

标本ⅠT7211－7212⑯：292，泥质灰黑陶。圆唇。口径10、底径2.4、高10.4厘米（图三七〇，3）。

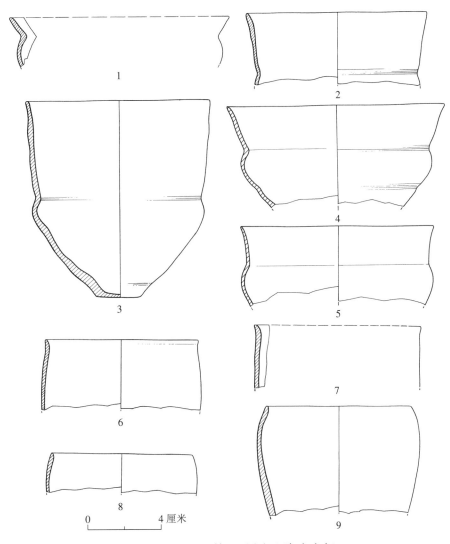

图三七〇 西区第16层出土陶尖底杯

1. Aa 型 Ⅱ 式（ⅠT7213 – 7214⑯：23） 2、3. Ac 型（ⅠT7213 – 7214⑯：34、ⅠT7211 – 7212⑯：292） 4、5. Ab 型
（ⅠT7009 – 7110⑯：649、ⅠT6811 – 6912⑯：32） 6、7. Ba 型 Ⅰ 式（ⅠT7211 – 7212⑯：103、ⅠT7015 – 7116⑯：46）
8. Ba 型 Ⅱ 式（ⅠT7211 – 7212⑯：81） 9. Bb 型 Ⅰ 式（ⅠT7015 – 7116⑯：62）

Ba 型 Ⅰ 式 3 件。

标本 ⅠT7211 – 7212⑯：103，泥质灰黑陶。尖唇。口径8.2、残高3.8厘米（图三七〇，6）。

标本 ⅠT7015 – 7116⑯：46，泥质灰黑陶。尖圆唇。口径9、残高3.3厘米（图三七〇，7）。

Ba 型 Ⅱ 式 1 件。

标本 ⅠT7211 – 7212⑯：81，泥质灰黑陶。尖唇。口径7.6、残高2.1厘米（图三七〇，8）。

Bb 型 Ⅰ 式 1 件。

标本 ⅠT7015 – 7116⑯：62，泥质灰黑陶。尖圆唇。口径8.1、残高5.9厘米（图三七〇，9）。

尖底盏 19 件。

Aa 型 Ⅱ 式 5 件。

标本 I T7011 - 7112⑯：352，夹砂灰黑陶。圆唇。口径10.8、残高2.5厘米（图三七一，1）。

标本 I T7209 - 7210⑯：172，夹砂灰黑陶。尖圆唇。口径11、残高3厘米（图三七一，2）。

标本 I T7209 - 7210⑯：243，夹砂灰黑陶。尖圆唇。口径11.2、残高3.1厘米（图三七一，13）。

Ab 型 II式　1件。

标本 I T7009 - 7110⑯：164，夹砂灰黑陶。方唇。口径13、残高2.7厘米（图三七一，3）。

Ac 型 I式　3件。

标本 I T7209 - 7210⑯：513，泥质灰黑陶。尖圆唇。口径12、残高2.5厘米（图三七一，4）。

Ac 型 II式　1件。

标本 I T7211 - 7212⑯：91，泥质灰黑陶。尖圆唇。口径10.4、残高3.3厘米（图三七一，5）。

Ba 型 I式　4件。

标本 I T7015 - 7116⑯：117，夹砂灰黑陶。尖圆唇。口径14.1、肩径14.6、残高2.3厘米（图三七一，6）。

标本 I T7211 - 7212⑯：215，夹砂灰黑陶。尖圆唇。口径15.4、肩径16、残高2.2厘米（图三七一，7）。

标本 I T7213 - 7214⑯：17，泥质灰黑陶。圆唇。口径14.4、肩径15、残高1.3厘米（图三七一，8）。

Bb 型 I式　5件。

标本 I T7213 - 7214⑯：201，夹砂灰黑陶。圆唇。口径13.2、肩径13.6、残高3厘米（图三七一，9）。

标本 I T7015 - 7116⑯：49，泥质灰黑陶。尖唇。口径15.6、肩径16、残高2.6厘米（图三七一，10）。

标本 I T7215 - 7216⑯：208，夹砂灰黑陶。尖圆唇。口径13.2、肩径13.5、残高4厘米（图三七一，11）。

标本 I T7011 - 7112⑯：367，夹砂灰黑陶。圆唇。口径13.8、残高2.4厘米（图三七一，14）。

尖底罐　2件。E 型。

标本 I T7011 - 7112⑯：475，夹砂灰黑陶。圆唇。口径3.7、腹径6.9、高6.7厘米（图三七一，12）。

小平底罐　10件。

Ab 型 I式　1件。

标本 I T7011 - 7112⑯：395，夹砂灰黑陶。尖圆唇。口径16、残高2厘米（图三七二，1）。

Ad 型 I式　2件。

标本 I T7207 - 7208⑯：18，夹砂灰黑陶。方唇。口径16.5、肩径18.7、底径4.2、高9.9厘米（图三七二，2）。

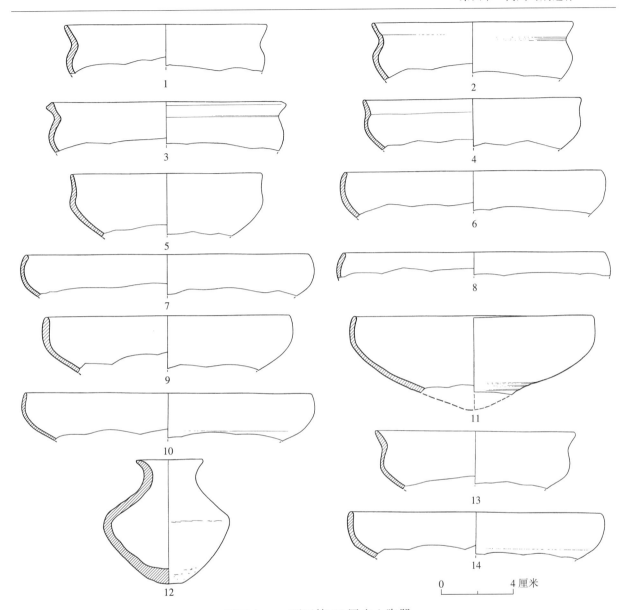

图三七一　西区第16层出土陶器

1、2、13. Aa 型 Ⅱ 式尖底盏（ⅠT7011－7112⑯：352、ⅠT7209－7210⑯：172、ⅠT7209－7210⑯：243）　3. Ab 型 Ⅱ 式尖底盏（ⅠT7009－7110⑯：164）　4. Ac 型 Ⅰ 式尖底盏（ⅠT7209－7210⑯：513）　5. Ac 型 Ⅱ 式尖底盏（ⅠT7211－7212⑯：91）　6~8. Ba 型 Ⅰ 式尖底盏（ⅠT7015－7116⑯：117、ⅠT7211－7212⑯：215、ⅠT7213－7214⑯：17）　9~11、14. Bb 型 Ⅰ 式尖底盏（ⅠT7213－7214⑯：201、ⅠT7015－7116⑯：49、ⅠT7215－7216⑯：208、ⅠT7011－7112⑯：367）　12. E 型尖底罐（ⅠT7011－7112⑯：475）

　　Bb 型　1 件。

　　标本 ⅠT7209－7210⑯：161，夹砂灰黑陶。尖圆唇。口径 12、肩径 12.8、残高 3.5 厘米（图三七二，3）。

　　Bc 型 Ⅰ 式　1 件。

　　标本 ⅠT7013－7114⑯：107，泥质灰黑陶。尖唇。口径 13.2、肩径 13.6、残高 3.3 厘米（图三七二，4）。

Bc 型 Ⅱ 式　4 件。

标本 Ⅰ T6613－6714⑯：31，夹砂灰黑陶。尖唇。口径 12、肩径 12.2、残高 3.3 厘米（图三七二，5）。

标本 Ⅰ T7209－7210⑯：547，夹砂灰黑陶。尖圆唇。口径 13、肩径 13.3、残高 2.5 厘米（图三七二，6）。

Ca 型 Ⅱ 式　1 件。

标本 Ⅰ T7213－7214⑯：15，泥质灰黑陶。尖唇。口径 10、肩径 10.8、残高 4.1 厘米（图三七二，7）。

瓮形器　12 件。

Ab 型　1 件。

标本 Ⅰ T7011－7112⑯：193，夹砂灰黑陶。圆唇。饰绳纹及一周凹弦纹。口径 32.4、残高 6.3 厘米（图三七二，8）。

Ac 型　1 件。

标本 Ⅰ T7011－7112⑯：172，夹砂灰黑陶。方唇。唇部及肩部饰绳纹。口径 45、残高 8 厘米

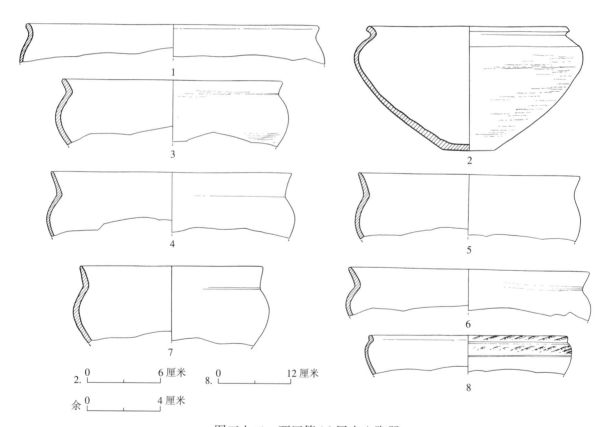

图三七二　西区第 16 层出土陶器

1. Ab 型 Ⅰ 式小平底罐（Ⅰ T7011－7112⑯：395）　2. Ad 型 Ⅰ 式小平底罐（Ⅰ T7207－7208⑯：18）　3. Bb 型小平底罐（Ⅰ T7209－7210⑯：161）　4. Bc 型 Ⅰ 式小平底罐（Ⅰ T7013－7114⑯：107）　5、6. Bc 型 Ⅱ 式小平底罐（Ⅰ T6613－6714⑯：31、Ⅰ T7209－7210⑯：547）　7. Ca 型 Ⅱ 式小平底罐（Ⅰ T7213－7214⑯：15）　8. Ab 型瓮形器（Ⅰ T7011－7112⑯：193）

（图三七三，1）。

　　Ca 型　3 件。

　　标本 ⅠT6609 - 6710⑯：88，夹砂灰黑陶。方唇。唇部饰绳纹。口径 25、残高 2.8 厘米
（图三七三，2）。

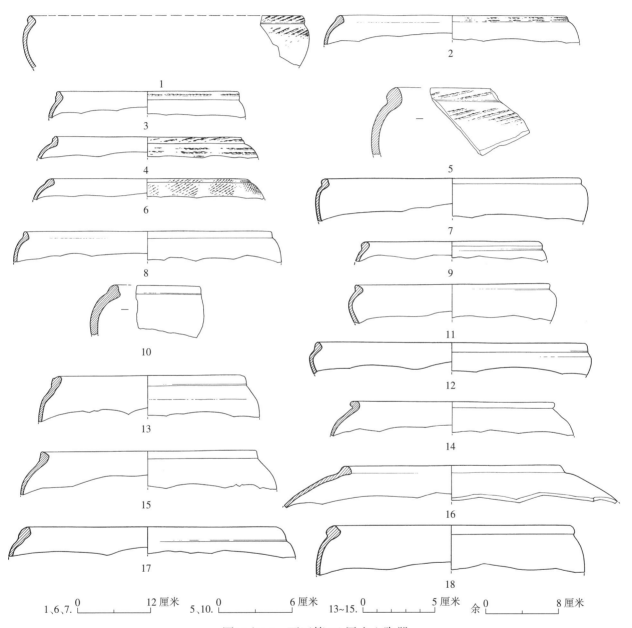

图三七三　西区第 16 层出土陶器

1. Ac 型瓮形器（ⅠT7011 - 7112⑯：172）　2. Ca 型瓮形器（ⅠT6609 - 6710⑯：88）　3. Cb 型瓮形器（ⅠT6809 - 6910⑯：94）　4、5. Da 型瓮形器（ⅠT7215 - 7216⑯：172、ⅠT7215 - 7216⑯：43）　6. Ea 型瓮形器（ⅠT7015 - 7116⑯：36）　7～9、17. Aa 型Ⅱ式敛口罐（ⅠT7011 - 7112⑯：253、ⅠT6815 - 6916⑯：49、ⅠT7215 - 7216⑯：207、ⅠT7211 - 7212⑯：265）　10～12. Ab 型敛口罐（ⅠT7013 - 7114⑯：43、ⅠT7215 - 7216⑯：116、ⅠT7209 - 7210⑯：190）　13. Ad 型敛口罐（ⅠT7209 - 7210⑯：117）　14、15. Ba 型敛口罐（ⅠT7215 - 7216⑯：166、ⅠT7011 - 7112⑯：355）　16. Bb 型敛口罐（ⅠT7011 - 7112⑯：234）　18. Aa 型Ⅰ式敛口罐（ⅠT6811 - 6912⑯：38）

Cb 型　2 件。

标本 I T6809－6910⑯：94，夹砂灰黑陶。方唇。唇部饰绳纹。口径 20、残高 2.5 厘米（图三七三，3）。

Da 型　4 件。

标本 I T7215－7216⑯：172，夹砂灰黑陶。方唇。通体饰绳纹。口径 20、残高 2.2 厘米（图三七三，4）。

标本 I T7215－7216⑯：43，夹砂灰黄陶。圆唇。唇部及肩部饰绳纹。残高 5.3 厘米（图三七三，5）。

Ea 型　1 件。

标本 I T7015－7116⑯：36，夹砂灰黄陶。圆唇。通体饰绳纹。口径 32、残高 3 厘米（图三七三，6）。

敛口罐　19 件。

Aa 型 I 式　3 件。

标本 I T6811－6912⑯：38，夹砂灰黑陶。方唇。口径 27、残高 5.2 厘米（图三七三，18）。

Aa 型 II 式　5 件。

标本 I T7011－7112⑯：253，夹砂灰黄陶。方唇。口径 43、残高 6.9 厘米（图三七三，7）。

标本 I T6815－6916⑯：49，夹砂灰黑陶。方唇。口径 27.2、残高 3.3 厘米（图三七三，8）。

标本 I T7215－7216⑯：207，夹砂灰黑陶。圆唇。口径 20、残高 2 厘米（图三七三，9）。

标本 I T7211－7212⑯：265，夹砂灰黑陶。方唇。口径 28、残高 3 厘米（图三七三，17）。

Ab 型　6 件。

标本 I T7013－7114⑯：43，夹砂灰黄陶。方唇，沿面凹。残高 4 厘米（图三七三，10）。

标本 I T7215－7216⑯：116，夹砂灰黑陶。尖圆唇。口径 21.2、残高 3.9 厘米（图三七三，11）。

标本 I T7209－7210⑯：190，夹砂灰黑陶。方唇。口径 30、残高 3.3 厘米（图三七三，12）。

Ad 型　1 件。

标本 I T7209－7210⑯：117，夹砂灰黑陶。圆唇。口径 13.2、残高 2.8 厘米（图三七三，13）。

Ba 型　3 件。

标本 I T7215－7216⑯：166，夹砂灰黑陶。圆唇。口径 14.2、残高 2.3 厘米（图三七三，14）。

标本 I T7011－7112⑯：355，夹砂灰黑陶。方唇。口径 14.8、残高 2.7 厘米（图三七三，15）。

Bb 型　1 件。

标本 I T7011－7112⑯：234，夹砂灰黄陶。圆唇。口径 24.4、残高 4 厘米（图三七三，16）。

高领罐　68 件。

Aa 型 I 式　7 件。

标本 I T7009－7110⑯：372，夹砂灰黑陶。斜折沿，圆唇。口径 18、残高 5 厘米（图三七四，1）。

标本ⅠT7211 - 7212⑯：262，夹砂灰黑陶。斜折沿，圆唇。口径15.2、残高6.5厘米（图三七四，2）。

Aa型Ⅱ式　2件。

标本ⅠT7011 - 7112⑯：459，夹砂灰黑陶。平折沿，圆唇。口径15.6、残高7.4厘米（图三七四，3）。

标本ⅠT7209 - 7210⑯：160，夹砂灰黑陶。平折沿，圆唇。口径14.6、残高7.3厘米（图三七四，4）。

Aa型Ⅲ式　1件。

标本ⅠT7209 - 7210⑯：29，夹砂灰黄陶。外折沿，尖唇。领部饰一周凹弦纹。口径12.4、残高6.3厘米（图三七四，5）。

C型Ⅰ式　3件。

标本ⅠT7209 - 7210⑯：38，夹砂灰黑陶。折沿，圆唇。领部饰两周凹弦纹。口径20.4、残高9.6厘米（图三七四，6）。

标本ⅠT7209 - 7210⑯：696，夹砂灰褐陶。平折沿，圆唇。领部饰一圈凹弦纹。口径18、残高5.6厘米（图三七四，7）。

D型　18件。

标本ⅠT7209 - 7210⑯：209，夹砂灰黑陶。翻沿，圆唇。口径13、残高4.4厘米（图三七四，8）。

标本ⅠT6811 - 6912⑯：19，夹砂灰黄陶。平折沿，圆唇。口径12.6、残高4.5厘米（图三七四，9）。

标本ⅠT7209 - 7210⑯：221，夹砂灰黑陶。翻沿，圆唇。口径15.2、残高11.2厘米（图三七四，10）。

标本ⅠT7213 - 7214⑯：56，夹砂灰黑陶。圆唇。领部饰一周凹弦纹。口径24.6、残高10.6厘米（图三七四，11）。

Fa型Ⅰ式　22件。

标本ⅠT7209 - 7210⑯：51，夹砂灰黑陶。翻沿，圆唇。领部饰两周凹弦纹。口径19、残高12.8厘米（图三七四，12）。

标本ⅠT7011 - 7112⑯：332，夹砂灰黑陶。翻沿，圆唇。口径12、残高10厘米（图三七四，13）。

标本ⅠT7011 - 7112⑯：251，夹砂灰黑陶。斜折沿，圆唇。口径12.6、残高6.9厘米（图三七四，14）。

标本ⅠT7211 - 7212⑯：279，夹砂灰黄陶。平卷沿，圆唇。口径18.4、残高18厘米（图三七四，15）。

图三七四　西区第16层出土陶高领罐

1、2. Aa 型 I 式（ I T7009 – 7110⑯：372、 I T7211 – 7212⑯：262）　3、4. Aa 型 II 式（ I T7011 – 7112⑯：459、 I T7209 – 7210⑯：160）　5. Aa 型 III 式（ I T7209 – 7210⑯：29）　6、7. C 型 I 式（ I T7209 – 7210⑯：38、 I T7209 – 7210⑯：696）　8～11. D 型（ I T7209 – 7210⑯：209、 I T6811 – 6912⑯：19、 I T7209 – 7210⑯：221、 I T7213 – 7214 ⑯：56）　12～16. Fa 型 I 式（ I T7209 – 7210⑯：51、 I T7011 – 7112⑯：332、 I T7011 – 7112⑯：251、 I T7211 – 7212⑯：279、 I T7209 – 7210⑯：322）

标本ⅠT7209 – 7210⑯：322，夹砂灰黑陶。圆唇。口径22、残高10厘米（图三七四，16）。

Fa 型Ⅱ式 11件。

标本ⅠT7209 – 7210⑯：393，夹砂灰黄陶。斜折沿，方唇。口径22.2、残高6.8厘米（图三七五，1）。

标本ⅠT7009 – 7110⑯：456，夹砂灰黄陶。翻沿，圆唇。口径25、残高7.1厘米（图三七五，2）。

标本ⅠT6611 – 6712⑯：24，夹砂灰黄陶。平卷沿，圆唇。领部饰两周凹弦纹。口径20、残高8.3厘米（图三七五，3）。

标本ⅠT7209 – 7210⑯：378，夹砂灰陶。折沿，圆唇。口径17.6、残高7.2厘米（图三七五，4）。

Fb 型Ⅰ式 4件。

标本ⅠT6613 – 6714⑯：21，夹砂灰黄陶。平折沿，圆唇。领部饰两周凹弦纹。口径16.4、残高5厘米（图三七五，5）。

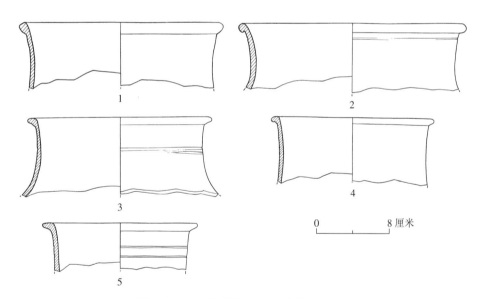

图三七五 西区第16层出土陶高领罐

1 ~ 4. Fa 型Ⅱ式（ⅠT7209 – 7210⑯：393、ⅠT7009 – 7110⑯：456、ⅠT6611 – 6712⑯：24、ⅠT7209 – 7210⑯：378） 5. Fb 型Ⅰ式（ⅠT6613 – 6714⑯：21）

矮领罐 18件。

A 型Ⅰ式 4件。

标本ⅠT7209 – 7210⑯：202，夹砂灰黑陶。平折沿，圆唇。口径14、残高4.7厘米（图三七六，1）。

标本ⅠT6811 – 6912⑯：26，夹砂灰黑陶。平折沿，圆唇。口径14.4、残高4.9厘米（图三七六，2）。

标本ⅠT7211－7212⑯：251，夹砂灰黄陶。外斜折沿，圆唇。口径23、残高4厘米（图三七六，3）。

标本ⅠT7211－7212⑯：238，夹砂灰黑陶。圆唇。口径11.7、残高4.7厘米（图三七六，4）。

A型Ⅱ式　4件。

标本ⅠT7015－7116⑯：68，夹砂灰黑陶。平卷沿，圆唇。口径14.8、残高3.6厘米（图三七六，5）。

标本ⅠT7015－7116⑯：91，夹砂灰黄陶。卷沿，圆唇。口径15、残高4.2厘米（图三七六，6）。

标本ⅠT7015－7116⑯：143，夹砂灰黑陶。卷沿，圆唇。口径15.4、残高4.1厘米（图三七六，7）。

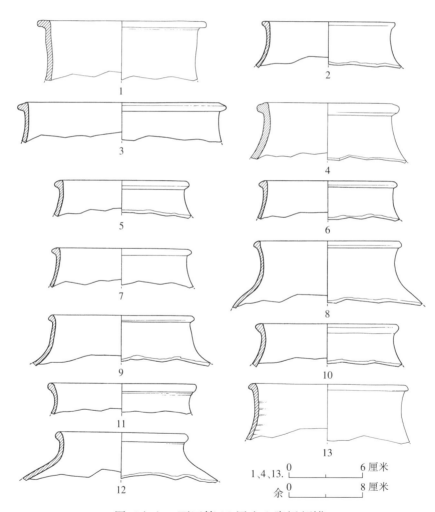

图三七六　西区第16层出土陶矮领罐

1~4. A型Ⅰ式（ⅠT7209－7210⑯：202、ⅠT6811－6912⑯：26、ⅠT7211－7212⑯：251、ⅠT7211－7212⑯：238）
5~7. A型Ⅱ式（ⅠT7015－7116⑯：68、ⅠT7015－7116⑯：91、ⅠT7015－7116⑯：143）　8、9. B型Ⅰ式
（ⅠT6609－6710⑯：38、ⅠT6811－6912⑯：28）　10~12. B型Ⅱ式（ⅠT6811－6912⑯：27、ⅠT7215－7216⑯：
42、ⅠT7013－7114⑯：46）　13. F型（ⅠT7215－7216⑯：107）

B 型 I 式 3 件。

标本 I T6609 - 6710⑯：38，夹砂灰黑陶。外斜卷沿，圆唇。口径 16、残高 6.8 厘米（图三七六，8）。

标本 I T6811 - 6912⑯：28，夹砂灰黄陶。外斜卷沿，圆唇。口径 16、残高 5.2 厘米（图三七六，9）。

B 型 II 式 6 件。

标本 I T6811 - 6912⑯：27，夹砂灰黄陶。外斜卷沿，圆唇。口径 15.6、残高 4.6 厘米（图三七六，10）。

标本 I T7215 - 7216⑯：42，夹砂灰黑陶。外翻卷沿，圆唇。口径 16.4、残高 3.2 厘米（图三七六，11）。

标本 I T7013 - 7114⑯：46，夹砂灰黑陶。外翻卷沿，圆唇。口径 14.6、残高 5.1 厘米（图三七六，12）。

F 型 1 件。

标本 I T7215 - 7216⑯：107，夹砂灰黑陶。外翻卷沿，圆唇。口径 13、残高 4.6 厘米（图三七六，13）。

束颈罐 63 件。

Aa 型 4 件。

标本 I T7209 - 7210⑯：11，夹砂灰黑陶。圆唇。肩部饰交错粗绳纹。口径 26、残高 3.8 厘米（图三七七，1）。

标本 I T6815 - 6916⑯：26，夹砂灰黑陶。方唇。肩部饰交错绳纹和一周凹弦纹。口径 25、残高 6.5 厘米（图三七七，2）。

Ab 型 II 式 1 件。

标本 I T7209 - 7210⑯：677，夹砂灰黑陶。圆唇。肩部饰成组横向绳纹。口径 12.6、残高 2.9 厘米（图三七七，3）。

Ac 型 II 式 1 件。

标本 I T7209 - 7210⑯：10，夹砂灰黑陶。方唇。肩部饰成组横向绳纹。口径 13.2、残高 4.3 厘米（图三七七，4）。

Ad 型 I 式 1 件。

标本 I T7213 - 7214⑯：58，夹砂灰黑陶。方唇。肩部饰交错绳纹和一周凹弦纹。口径 23、残高 6.8 厘米（图三七七，7）。

Ad 型 II 式 2 件。

标本 I T7209 - 7210⑯：1，夹砂灰黑陶。方唇。肩部饰交错粗绳纹。口径 16.8、残高 4.4 厘米（图三七七，5）。

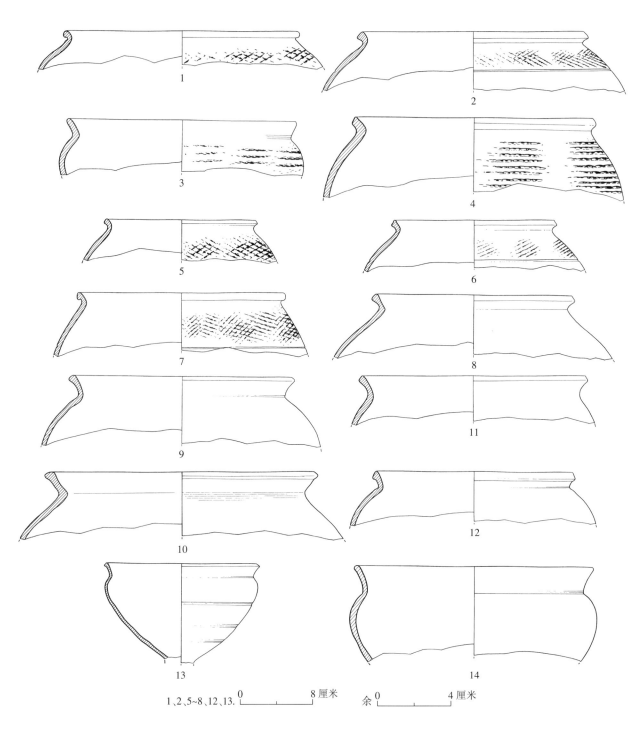

图三七七　西区第 16 层出土陶束颈罐

1、2. Aa 型（ⅠT7209－7210⑯：11、ⅠT6815－6916⑯：26）　　3. Ab 型Ⅱ式（ⅠT7209－7210⑯：677）　　4. Ac 型Ⅱ式
（ⅠT7209－7210⑯：10）　　5、6. Ad 型Ⅱ式（ⅠT7209－7210⑯：1、ⅠT7009－7110⑯：185）　　7. Ad 型Ⅰ式（ⅠT7213－
7214⑯：58）　　8～10. Ba 型（ⅠT7011－7112⑯：433、ⅠT6613－6714⑯：16、ⅠT7009－7110⑯：181）　　11、12. Bb 型
（ⅠT7213－7214⑯：82、ⅠT6809－6910⑯：27）　　13. Be 型（ⅠT7009－7110⑯：10）　　14. Bc 型Ⅱ式（ⅠT7009－7110
⑯：335）

标本ⅠT7009-7110⑯:185，夹砂灰黑陶。方唇。肩部饰成组斜向粗绳纹和一周凹弦纹。口径18、残高5.6厘米（图三七七，6）。

Ba 型　6件。

标本ⅠT7011-7112⑯:433，夹砂灰黑陶。方唇。口径22、残高6.7厘米（图三七七，8）。

标本ⅠT6613-6714⑯:16，夹砂灰黑陶。方唇。口径12.4、残高3.8厘米（图三七七，9）。

标本ⅠT7009-7110⑯:181，夹砂灰褐陶。方唇。口径15、残高3.3厘米（图三七七，10）。

Bb 型　2件。

标本ⅠT7213-7214⑯:82，夹砂灰黑陶。方唇。口径12.4、残高2.7厘米（图三七七，11）。

标本ⅠT6809-6910⑯:27，夹砂灰黑陶。方唇。口径22、残高6厘米（图三七七，12）。

Bc 型Ⅱ式　2件。

标本ⅠT7009-7110⑯:335，夹砂灰黑陶。圆唇。口径13、残高5.1厘米（图三七七，14）。

Bd 型Ⅱ式　2件。

标本ⅠT7009-7110⑯:654，夹砂灰黑陶。方唇。口径14、残高6.5厘米（图三七八，1）。

标本ⅠT7009-7110⑯:184，夹砂灰黑陶。方唇。口径14.6、残高4.5厘米（图三七八，2）。

Be 型　1件。

标本ⅠT7009-7110⑯:10，夹砂灰黑陶。方唇。下腹有多道凹痕。口径17.2、残高10.2厘米（图三七七，13）。

Ca 型Ⅰ式　8件。

标本ⅠT7215-7216⑯:115，夹砂灰黑陶。方唇。口径13、残高3.3厘米（图三七八，3）。

标本ⅠT7211-7212⑯:48，夹砂灰黑陶。方唇。口径13.6、残高4厘米（图三七八，4）。

标本ⅠT7009-7110⑯:116，夹砂灰黑陶。方唇。口径13、残高3厘米（图三七八，5）。

标本ⅠT7209-7210⑯:176，夹砂黑陶。方唇。口径15、残高4.9厘米（图三七八，6）。

Ca 型Ⅱ式　8件。

标本ⅠT7209-7210⑯:158，夹砂灰黑陶。方唇。口径14.4、残高5.4厘米（图三七八，7）。

标本ⅠT7209-7210⑯:375，夹砂灰黑陶。方唇。口径13.8、残高3.5厘米（图三七八，8）。

标本ⅠT6811-6912⑯:10，夹砂灰黑陶。方唇。口径17.4、残高2.7厘米（图三七九，5）。

Cb 型　9件。

标本ⅠT7211-7212⑯:240，夹砂灰黑陶。方唇。口径13.1、残高3.5厘米（图三七八，9）。

标本ⅠT7009-7110⑯:189，夹砂灰黑陶。方唇。口径13.8、残高3.2厘米（图三七九，1）。

标本ⅠT7209-7210⑯:189，夹砂灰黑陶。方唇。口径13、残高2.4厘米（图三七九，2）。

标本ⅠT7209-7210⑯:207，夹砂灰黑陶。方唇。口径14、残高2.3厘米（图三七九，3）。

Cc 型　2件。

标本ⅠT7009-7110⑯:118，夹砂灰黑陶。方唇。口径14、残高3厘米（图三七八，10）。

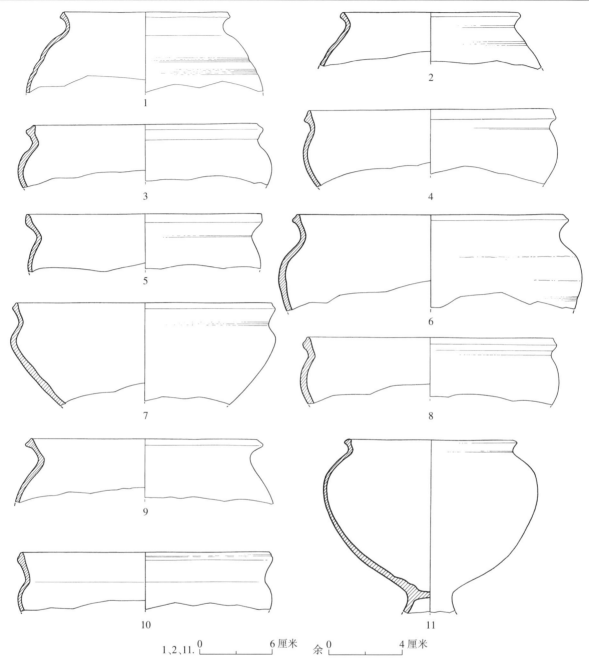

图三七八　西区第16层出土陶束颈罐

1、2. Bd 型Ⅱ式（ⅠT7009－7110⑯：654、ⅠT7009－7110⑯：184）　　3～6. Ca 型Ⅰ式（ⅠT7215－7216⑯：115、ⅠT7211－7212⑯：48、ⅠT7009－7110⑯：116、ⅠT7209－7210⑯：176）　　7、8. Ca 型Ⅱ式（ⅠT7209－7210⑯：158、ⅠT7209－7210⑯：375）　　9. Cb 型（ⅠT7211－7212⑯：240）　　10、11. Cc 型（ⅠT7009－7110⑯：118、ⅠT6809－6910⑯：118）

标本ⅠT6809－6910⑯：118，夹砂灰黑陶。方唇，鼓肩，弧腹，圈足残。口径14.2、肩径17.6、残高14厘米（图三七八，11）。

Cd 型　6件。

标本ⅠT7215－7216⑯：81，夹砂灰黑陶。方唇。口径15、残高2.6厘米（图三七九，6）。

标本ⅠT7213－7214⑯：106，夹砂灰黑陶。方唇。口径13、残高2厘米（图三七九，4）。

Ce型 2件。

标本ⅠT7011－7112⑯：335，夹砂灰黑陶。方唇。口径11.6、残高2.4厘米（图三七九，7）。

标本ⅠT7011－7112⑯：462，夹砂灰黑陶。方唇。口径16、残高4.1厘米（图三七九，8）。

Db型 2件。

标本ⅠT7213－7214⑯：142，夹砂灰黑陶。方唇。残高3.8厘米（图三七九，10）。

标本ⅠT7215－7216⑯：88，夹砂灰黑陶。方唇。口径34、残高4.6厘米（图三七九，9）。

E型 4件。

标本ⅠT7213－7214⑯：171，夹砂灰黑陶。仰卷沿，圆唇。口径26、残高4.2厘米（图三七九，11）。

标本ⅠT7211－7212⑯：177，夹砂灰黑陶。仰卷沿，圆唇。口径23、残高3.7厘米（图三七九，12）。

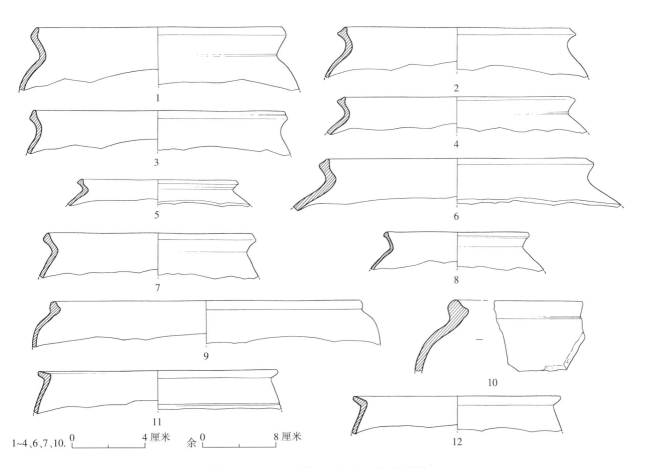

图三七九 西区第16层出土陶束颈罐

1～3. Cb型（ⅠT7009－7110⑯：189、ⅠT7209－7210⑯：189、ⅠT7209－7210⑯：207） 4、6. Cd型（ⅠT7213－7214⑯：106、ⅠT7215－7216⑯：81） 5. Ca型Ⅱ式（ⅠT6811－6912⑯：10） 7、8. Ce型（ⅠT7011－7112⑯：335、ⅠT7011－7112⑯：462） 9、10. Db型（ⅠT7215－7216⑯：88、ⅠT7213－7214⑯：142） 11、12. E型（ⅠT7213－7214⑯：171、ⅠT7211－7212⑯：177）

壶　28件。

Ab 型　10件。

标本 I T7209－7210⑯：127，夹砂灰黑陶。圆唇。口径12、残高6.2厘米（图三八〇，1）。

标本 I T7211－7212⑯：257，夹砂灰黄陶。圆唇。口径12.2、残高3.2厘米（图三八〇，2）。

标本 I T7213－7214⑯：78，夹砂灰黑陶。尖圆唇。口径16.4、残高3.4厘米（图三八〇，3）。

标本 I T7209－7210⑯：181，夹砂灰黑陶。圆唇。口径10.2、残高3.1厘米（图三八〇，4）。

Ac 型　7件。

标本 I T7009－7110⑯：12，夹砂灰黑陶。尖唇。口径13、残高11.3厘米（图三八〇，5）。

标本 I T7209－7210⑯：694，夹砂灰黄陶。尖唇。口径12.4、残高9.3厘米（图三八〇，6）。

标本 I T7209－7210⑯：58，夹砂灰黑陶。尖唇。口径10.8、残高5.1厘米（图三八〇，8）。

Ad 型　9件。

标本 I T7211－7212⑯：270，夹砂灰黑陶。尖唇。口径13、残高9.8厘米（图三八〇，7）。

标本 I T7209－7210⑯：351，夹砂灰黑陶。尖唇。口径10.2、残高3.1厘米（图三八〇，9）。

标本 I T7009－7110⑯：352，夹砂灰黄陶。尖唇。口径9.8、残高5.3厘米（图三八〇，10）。

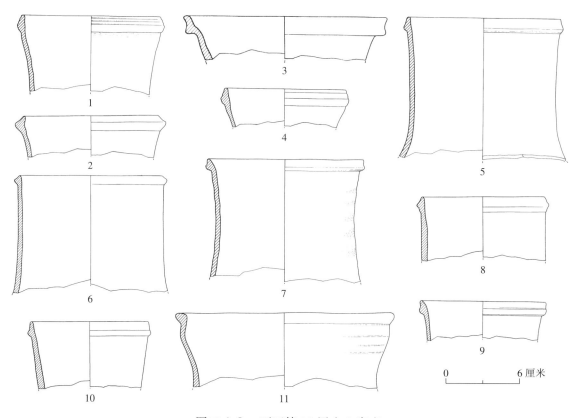

0 ————— 6厘米

图三八〇　西区第16层出土陶壶

1～4. Ab 型（Ⅰ T7209－7210⑯：127、Ⅰ T7211－7212⑯：257、Ⅰ T7213－7214⑯：78、Ⅰ T7209－7210⑯：181）
5、6、8. Ac 型（Ⅰ T7009－7110⑯：12、Ⅰ T7209－7210⑯：694、Ⅰ T7209－7210⑯：58）　7、9、10. Ad 型
（Ⅰ T7211－7212⑯：270、Ⅰ T7209－7210⑯：351、Ⅰ T7009－7110⑯：352）　11. Bb 型（Ⅰ T7015－7116⑯：82）

Bb 型　2 件。

标本ⅠT7015 - 7116⑯：82，夹砂灰黄陶。平卷沿，圆唇。口径18、残高6厘米（图三八〇，11）。

盆　41 件。

Ac 型　4 件。

标本ⅠT7009 - 7110⑯：76，夹砂灰黄陶。方唇。唇部压印绳纹。口径38、残高4.4厘米（图三八一，1）。

标本ⅠT7209 - 7210⑯：108，夹砂灰黑陶。方唇。唇部压印绳纹。口径50、残高5.2厘米（图三八一，2）。

Ba 型　1 件。

标本ⅠT6811 - 6912⑯：7，夹砂灰黑陶。圆唇。口径47.6、残高6.8厘米（图三八一，3）。

Bb 型　5 件。

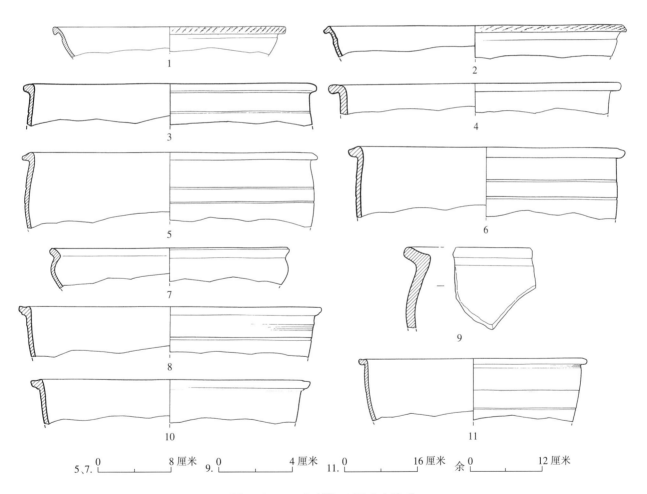

图三八一　西区第16层出土陶盆

1、2. Ac 型（ⅠT7009 - 7110⑯：76、ⅠT7209 - 7210⑯：108）　3. Ba 型（ⅠT6811 - 6912⑯：7）　4 ～ 6. Bb 型
（ⅠT7015 - 7116⑯：78、ⅠT7009 - 7110⑯：61、ⅠT7209 - 7210⑯：52）　7、9. Ca 型（ⅠT7009 - 7110⑯：154、
ⅠT7215 - 7216⑯：128）　8、10、11. Cb 型（ⅠT7211 - 7212⑯：56、ⅠT7209 - 7210⑯：194、ⅠT7009 - 7110⑯：71）

标本ⅠT7015－7116⑯：78，夹砂灰黄陶。卷沿，圆唇。口径48、残高4.8厘米（图三八一，4）。

标本ⅠT7009－7110⑯：61，夹砂灰黑陶。外翻卷沿，圆唇。腹部饰两周凹弦纹。口径32、残高7.8厘米（图三八一，5）。

标本ⅠT7209－7210⑯：52，夹砂灰黑陶。卷沿，圆唇。腹部饰两周凹弦纹。口径46.6、残高11.4厘米（图三八一，6）。

Ca型　3件。

标本ⅠT7009－7110⑯：154，夹砂灰黑陶。仰折沿，圆唇。口径26、残高3.5厘米（图三八一，7）。

标本ⅠT7215－7216⑯：128，夹砂灰黑陶。仰卷沿，圆唇。残高4.3厘米（图三八一，9）。

Cb型　5件。

标本ⅠT7211－7212⑯：56，夹砂灰黄陶。折沿，沿面微凹。腹部饰一周凹弦纹。口径49、残高8.1厘米（图三八一，8）。

标本ⅠT7209－7210⑯：194，夹砂灰黑陶。折沿，沿面微凹。口径46、残高7厘米（图三八一，10）。

标本ⅠT7009－7110⑯：71，夹砂灰黑陶。圆唇。腹部饰两周凹弦纹。口径50、残高13.2厘米（图三八一，11）。

Cc型　15件。

标本ⅠT7015－7116⑯：32，夹砂灰黑陶。平卷沿，方唇。腹部饰一周凹弦纹。口径34、残高5.2厘米（图三八二，1）。

标本ⅠT7011－7112⑯：195，夹砂灰黑陶。仰折沿，圆唇。腹部饰一周凹弦纹。口径29、残高7厘米（图三八二，6）。

标本ⅠT7009－7110⑯：60，夹砂灰黑陶。折沿，圆唇。腹部饰一周凹弦纹。口径30、残高6.1厘米（图三八二，3）。

标本ⅠT6609－6710⑯：101，夹砂灰黑陶。圆唇。口径24.2、残高4.8厘米（图三八二，2）。

标本ⅠT6611－6712⑯：14，夹砂灰黑陶。圆唇。口径32.4、残高6.2厘米（图三八二，4）。

Cd型　2件。

标本ⅠT7209－7210⑯：171，夹砂灰黑陶。平卷沿，圆唇。唇部压印绳纹。口径36、残高4.3厘米（图三八二，5）。

标本ⅠT7011－7112⑯：61，夹砂灰黑陶。外翻卷沿，方唇。口径38、残高3.4厘米（图三八二，7）。

D型　2件。

标本ⅠT6815－6916⑯：29，夹砂灰黑陶。仰卷沿，圆唇。腹部饰一周凹弦纹。口径36、残高3.7厘米（图三八二，8）。

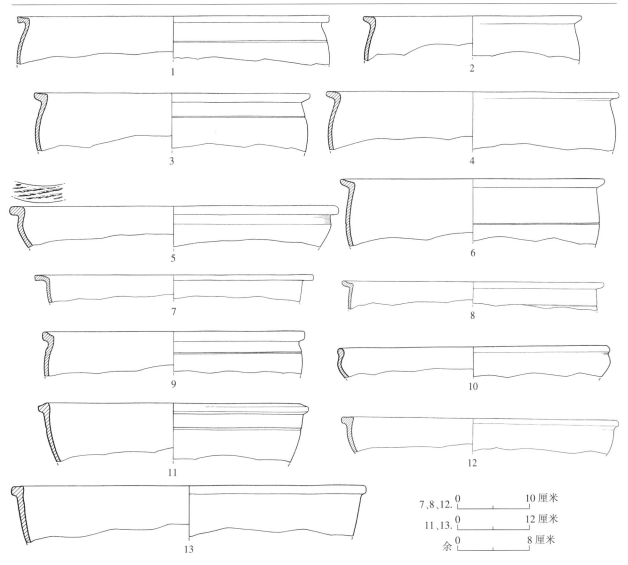

图三八二 西区第16层出土陶盆

1~4、6. Cc 型（ⅠT7015－7116⑯：32、ⅠT6609－6710⑯：101、ⅠT7009－7110⑯：60、ⅠT6611－6712⑯：14、ⅠT7011－7112⑯：195） 5、7. Cd 型（ⅠT7209－7210⑯：171、ⅠT7011－7112⑯：61） 8、9. D 型（ⅠT6815－6916⑯：29、ⅠT7011－7112⑯：197） 10、12. Ec 型（ⅠT7009－7110⑯：88、ⅠT6811－6912⑯：5） 11、13. Eb 型（ⅠT7211－7212⑯：57、ⅠT7009－7110⑯：73）

标本ⅠT7011－7112⑯：197，夹砂灰黑陶。折沿，方唇。腹部饰一周凹弦纹。口径28.6、残高4.6厘米（图三八二，9）。

Eb 型 2 件。

标本ⅠT7211－7212⑯：57，夹砂灰黑陶。折沿。腹部饰一周凹弦纹。口径44、残高9.3厘米（图三八二，11）。

标本ⅠT7009－7110⑯：73，夹砂灰黑陶。折沿。口径58、残高8.1厘米（图三八二，13）。

Ec 型 2 件。

标本ⅠT7009－7110⑯：88，夹砂灰黑陶。圆唇。口径30、残高3厘米（图三八二，10）。

标本ⅠT6811－6912⑯：5，夹砂灰黑陶。圆唇。口径38、残高4.8厘米（图三八二，12）。

瓮　24件。

Aa型　2件。

标本ⅠT7013－7114⑯：27，夹砂灰陶。圆唇。口径52、残高4.8厘米（图三八三，1）。

Ab型　1件。

标本ⅠT6609－6710⑯：111，夹砂灰黑陶。方唇。残高5厘米（图三八三，3）。

Ba型　2件。

标本ⅠT7013－7114⑯：59，夹砂灰黑陶。圆唇。口径42、残高7.5厘米（图三八三，2）。

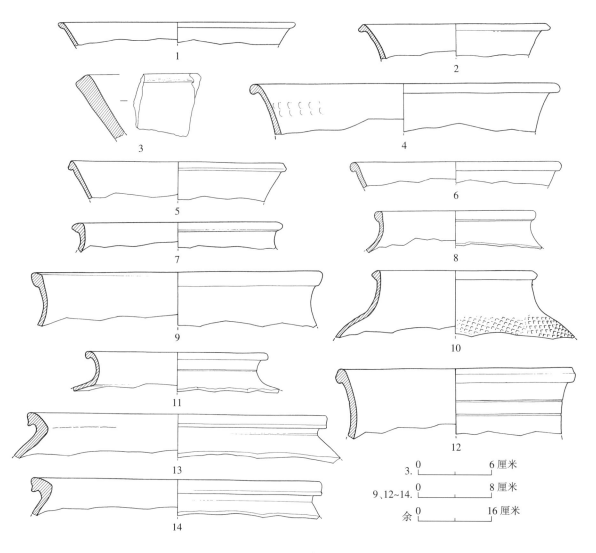

图三八三　西区第16层出土陶瓮

1. Aa型（ⅠT7013－7114⑯：27）　2、4. Ba型（ⅠT7013－7114⑯：59、ⅠT7009－7110⑯：406）　3. Ab型（ⅠT6609－6710⑯：111）　5、6. Bb型（ⅠT6811－6912⑯：4、ⅠT6613－6714⑯：11）　7～9. Ca型（ⅠT7209－7210⑯：492、ⅠT7013－7114⑯：56、ⅠT7009－7110⑯：13）　10. Cc型Ⅰ式（ⅠT7015－7116⑯：39）　11、12. Cd型Ⅰ式（ⅠT6609－6710⑯：20、ⅠT7009－7110⑯：46）　13、14. Ce型（ⅠT6613－6714⑯：35、ⅠT7011－7112⑯：465）

标本ⅠT7009-7110⑯：406，夹砂灰黑陶。圆唇。内壁饰有划纹。口径68、残高10.2厘米（图三八三，4）。

Bb型 8件。

标本ⅠT6811-6912⑯：4，夹砂灰黑陶。方唇。口径48、残高8厘米（图三八三，5）。

标本ⅠT6613-6714⑯：11，夹砂灰黑陶。圆唇。口径46、残高4.9厘米（图三八三，6）。

Ca型 4件。

标本ⅠT7209-7210⑯：492，夹砂灰黄陶。圆唇。口径46.6、残高6.1厘米（图三八三，7）。

标本ⅠT7013-7114⑯：56，夹砂灰黑陶。圆唇。口径35、残高8.1厘米（图三八三，8）。

标本ⅠT7009-7110⑯：13，夹砂灰黑陶。方唇。口径32、残高5.8厘米（图三八三，9）。

Cc型Ⅰ式 1件。

标本ⅠT7015-7116⑯：39，夹砂灰黑陶。圆唇。肩部饰网格纹。口径36、残高14.3厘米（图三八三，10）。

Cd型Ⅰ式 4件。

标本ⅠT6609-6710⑯：20，夹砂灰黑陶。圆唇。领部饰一周凹弦纹。口径40、残高8.5厘米（图三八三，11）。

标本ⅠT7009-7110⑯：46，夹砂灰黑陶。圆唇。领部饰两周凹弦纹。口径26、残高7.2厘米（图三八三，12）。

Ce型 2件。

标本ⅠT6613-6714⑯：35，夹砂灰黑陶。方唇。口径33、残高5.2厘米（图三八三，13）。

标本ⅠT7011-7112⑯：465，夹砂灰黑陶。方唇。口径32、残高4厘米（图三八三，14）。

缸 4件。

Ca型 3件。

标本ⅠT7009-7110⑯：72，夹砂灰黑陶。卷沿。腹部饰一周凹弦纹。口径72、残高4.2厘米（图三八四，1）。

标本ⅠT7011-7112⑯：437，夹砂灰黑陶。折沿。口径70、残高6.3厘米（图三八四，2）。

Cc型 1件。

标本ⅠT7009-7110⑯：408，夹砂灰黑陶。圆唇。口径58.4、残高7.6厘米（图三八四，3）。

杯 1件。C型。

标本ⅠT7207-7208⑯：17，夹砂黄褐陶。平折沿，斜直腹，底部接假圈足。大双耳从唇部连接至底部。口径9、底径4.5、高9.1厘米（图三八四，4；彩版一〇三，1）。

盆形器 1件。Ca型。

标本ⅠT7011-7112⑯：376，夹砂灰黑陶。沿面微凹，方唇。口径17.4、残高2.5厘米（图三八四，5）。

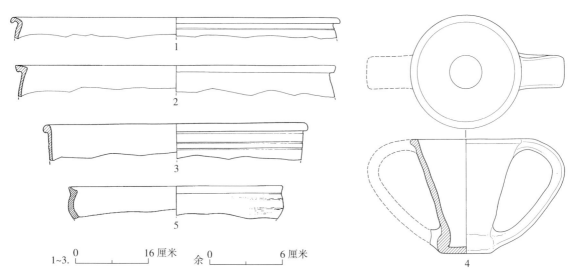

图三八四　西区第16层出土陶器

1、2. Ca 型缸（ⅠT7009 – 7110⑯：72、ⅠT7011 – 7112⑯：437）　3. Cc 型缸（ⅠT7009 – 7110⑯：408）　4. C 型杯（ⅠT7207 – 7208⑯：17）　5. Ca 型盆形器（ⅠT7011 – 7112⑯：376）

豆盘　16 件。

A 型　1 件。

标本ⅠT7207 – 7208⑯：1，泥质灰黑陶。口径 16、残高 8.6 厘米（图三八五，1）。

Ba 型　1 件。

标本ⅠT7209 – 7210⑯：673，泥质灰黑陶。残高 3.6 厘米（图三八五，2）。

Bc 型　1 件。

标本ⅠT7009 – 7110⑯：326，夹砂灰黑陶。口径 7.4、残高 7.5 厘米（图三八五，3）。

Ca 型　1 件。

标本ⅠT7207 – 7208⑯：10，夹砂灰黄陶。圆唇。口径 15.2、残高 3.6 厘米（图三八五，5）。

Cb 型　1 件。

标本ⅠT7011 – 7112⑯：491，夹砂灰黑陶。口径 7.8、残高 1.9 厘米（图三八五，4）。

Da 型　7 件。

标本ⅠT7011 – 7112⑯：236，夹砂灰黑陶。方唇。口径 76、残高 4.2 厘米（图三八五，7）。

Db 型　4 件。

标本ⅠT7009 – 7110⑯：349，夹砂灰黑陶。圆唇。口径 56、残高 2.2 厘米（图三八五，6）。

豆柄　26 件。

Aa 型　23 件。

标本ⅠT7207 – 7208⑯：4，夹砂灰陶。圈足径 14.4、残高 37.2 厘米（图三八五，8）。

标本ⅠT6609 – 6710⑯：126，夹砂灰褐陶。残高 13.7 厘米（图三八五，9）。

标本ⅠT7209 – 7210⑯：557，泥质灰黑陶。残高 8.5 厘米（图三八五，10）。

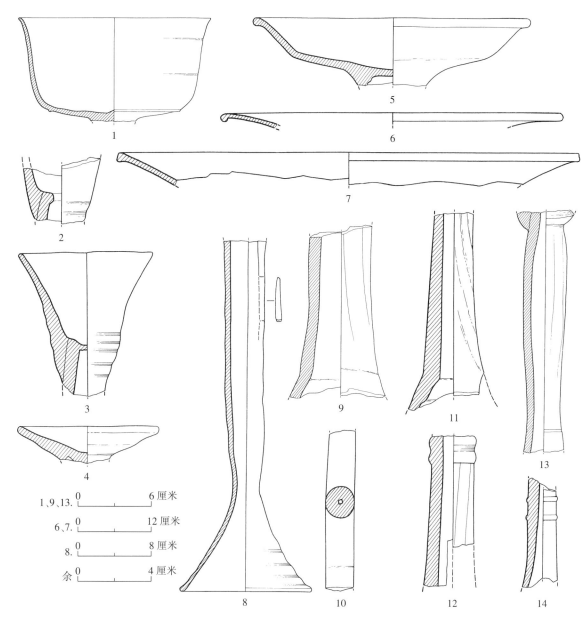

图三八五　西区第16层出土陶器

1. A 型豆盘（ⅠT7207 - 7208⑯：1）　2. Ba 型豆盘（ⅠT7209 - 7210⑯：673）　3. Bc 型豆盘（ⅠT7009 - 7110⑯：326）
4. Cb 型豆盘（ⅠT7011 - 7112⑯：491）　5. Ca 型豆盘（ⅠT7207 - 7208⑯：10）　6. Db 型豆盘（ⅠT7009 - 7110⑯：349）
7. Da 型豆盘（ⅠT7011 - 7112⑯：236）　8 ~ 11. Aa 型豆柄（ⅠT7207 - 7208⑯：4、ⅠT6609 - 6710⑯：126、ⅠT7209 -
7210⑯：557、ⅠT7011 - 7112⑯：447）　12、14. Ac 型豆柄（ⅠT7209 - 7210⑯：556、ⅠT7009 - 7110⑯：327）　13. Ab
型豆柄（ⅠT7207 - 7208⑯：9）

　　标本ⅠT7011 - 7112⑯：447，夹砂灰黑陶。柄部饰有弧形划纹。残高10.4厘米（图三八五，11）。

　　Ab 型　1 件。

　　标本ⅠT7207 - 7208⑯：9，泥质灰黑陶。柄部饰一周凹弦纹。残高19.3厘米（图三八五，13）。

　　Ac 型　2 件。

　　标本ⅠT7009 - 7110⑯：327，泥质灰陶。残高5.7厘米（图三八五，14）。

标本ⅠT7209－7210⑯：556，泥质灰黑陶。残高8厘米（图三八五，12）。

器盖　2件。

Bb型　1件。

标本ⅠT7011－7112⑯：481，泥质灰白陶。圆唇。盖身饰两周凹弦纹。口径11.4、高2.6厘米（图三八六，2）。

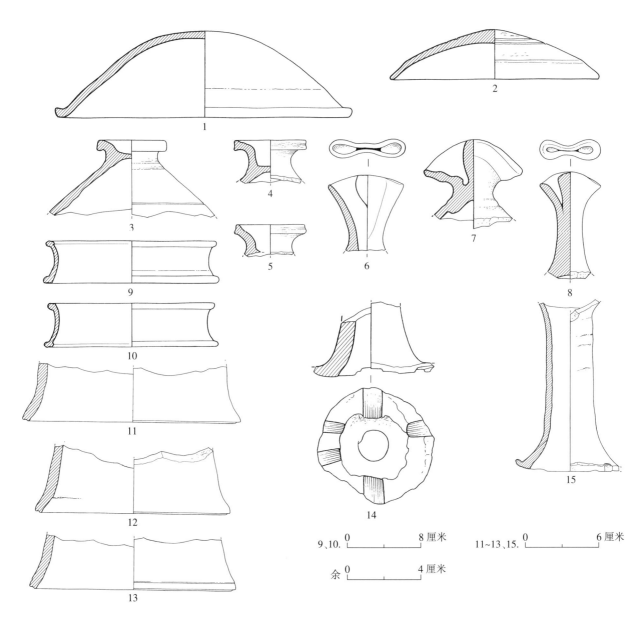

图三八六　西区第16层出土陶器

1. C型器盖（ⅠT7207－7208⑯：8）　2. Bb型器盖（ⅠT7011－7112⑯：481）　3、4. Ba型器纽（ⅠT7009－7110⑯：161、ⅠT7209－7210⑯：382）　5. Bc型器纽（ⅠT7209－7210⑯：391）　6. Da型Ⅰ式器纽（ⅠT7009－7110⑯：159）　7. Da型Ⅱ式器纽（ⅠT7213－7214⑯：46）　8. Db型器纽（ⅠT7009－7110⑯：160）　9、10. Ab型Ⅰ式器座（ⅠT7011－7112⑯：456、ⅠT7011－7112⑯：428）　11～13. B型器座（ⅠT7011－7112⑯：328、ⅠT7011－7112⑯：442、ⅠT7011－7112⑯：443）　14、15. Ca型器座（ⅠT6811－6912⑯：23、ⅠT7207－7208⑯：39）

C 型　1 件。

标本 I T7207 – 7208⑯：8，夹砂灰黄陶。圆唇。口径 16.2、高 4.6 厘米（图三八六，1；彩版一〇三，3）。

器纽　6 件。

Ba 型　2 件。

标本 I T7009 – 7110⑯：161，夹砂灰黑陶。方唇。纽径 3.8、残高 4 厘米（图三八六，3）。

标本 I T7209 – 7210⑯：382，夹砂灰黄陶。方唇。纽径 4、残高 2.4 厘米（图三八六，4）。

Bc 型　1 件。

标本 I T7209 – 7210⑯：391，夹砂灰黄陶。方唇。纽径 4、残高 1.7 厘米（图三八六，5）。

Da 型 I 式　1 件。

标本 I T7009 – 7110⑯：159，泥质灰黑陶。圆唇。残高 4 厘米（图三八六，6）。

Da 型 II 式　1 件。

标本 I T7213 – 7214⑯：46，夹砂灰黑陶。方唇。残高 4.7 厘米（图三八六，7）。

Db 型　1 件。

标本 I T7009 – 7110⑯：160，泥质灰黑陶。圆唇。残高 5.7 厘米（图三八六，8）。

器座　10 件。

Ab 型 I 式　2 件。

标本 I T7011 – 7112⑯：456，夹砂灰黑陶。上径 18.7、下径 19.4、高 4.5 厘米（图三八六，9）。

标本 I T7011 – 7112⑯：428，夹砂灰黑陶。上径 18.3、下径 19.2、高 4.6 厘米（图三八六，10）。

B 型　6 件。

标本 I T7011 – 7112⑯：328，夹砂灰黑陶。下径 18、残高 4.6 厘米（图三八六，11）。

标本 I T7011 – 7112⑯：442，夹砂灰黑陶。下径 16、残高 5.3 厘米（图三八六，12）。

标本 I T7011 – 7112⑯：443，夹砂灰黑陶。下径 17、残高 4.2 厘米（图三八六，13）。

Ca 型　2 件。

标本 I T6811 – 6912⑯：23，夹砂灰黑陶。圈足径 6.5、残高 4 厘米（图三八六，14）。

标本 I T7207 – 7208⑯：39，夹砂灰黑陶。圈足径 8.4、残高 13.7 厘米（图三八六，15）。

器底　133 件。

Aa 型　10 件。

标本 I T7009 – 7110⑯：212，夹砂灰陶。底径 14、残高 5 厘米（图三八七，1）。

Ab 型　16 件。

标本 I T6811 – 6912⑯：13，夹砂灰黑陶。底径 8.2、残高 3.8 厘米（图三八七，2）。

标本 I T7209 – 7210⑯：35，夹砂灰黑陶。底径 6.7、残高 3 厘米（图三八七，3）。

Db 型　9 件。

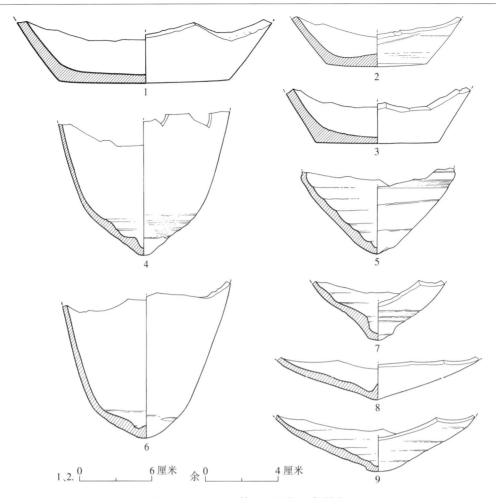

图三八七　西区第16层出土陶器底

1. Aa 型（ⅠT7009 - 7110⑯：212）　　2、3. Ab 型（ⅠT6811 - 6912⑯：13、ⅠT7209 - 7210⑯：35）　　4～7. Db 型（ⅠT6811 - 6912⑯：17、ⅠT7209 - 7210⑯：631、ⅠT7015 - 7116⑯：1、ⅠT7215 - 7216⑯：9）　　8、9. Dd 型（ⅠT7209 - 7210⑯：636、ⅠT7211 - 7212⑯：126）

　　标本ⅠT7015 - 7116⑯：1，泥质灰黑陶，下半部为灰黑色，上半部为灰黄色。残高8.4厘米（图三八七，6）。

　　标本ⅠT6811 - 6912⑯：17，泥质灰黄陶，内外壁皆施黑衣。残高7.5厘米（图三八七，4）。

　　标本ⅠT7209 - 7210⑯：631，泥质灰黑陶。下腹部有细旋痕。残高4.5厘米（图三八七，5）。

　　标本ⅠT7215 - 7216⑯：9，泥质灰黑陶。下腹部有细旋痕。底径1.3、残高3.2厘米（图三八七，7）。

　Dd 型　6件。

　　标本ⅠT7209 - 7210⑯：636，泥质灰黑陶。残高2.2厘米（图三八七，8）。

　　标本ⅠT7211 - 7212⑯：126，泥质灰黑陶。残高3厘米（图三八七，9）。

　Eb 型　1件。

　　标本ⅠT7011 - 7112⑯：63，泥质灰黑陶。底径2.2、残高2.4厘米（图三八八，1）。

Ec 型　6 件。

标本ⅠT6815－6916⑯：19，泥质灰黑陶。底径 2、残高 3.9 厘米（图三八八，2）。

Ed 型　66 件。

Ⅰ式　12 件。

标本ⅠT7209－7210⑯：629，泥质灰黑陶。下腹部有细旋痕。底径 2、残高 3.5 厘米（图三八八，3）。

标本ⅠT7015－7116⑯：61，泥质灰黑陶。下腹部有细旋痕。底径 1.8、残高 4.3 厘米（图三八八，4）。

Ⅱ式　33 件。

标本ⅠT7211－7212⑯：125，泥质灰黑陶。下腹部有细旋痕。底径 1.6、残高 3.2 厘米（图三八八，5）。

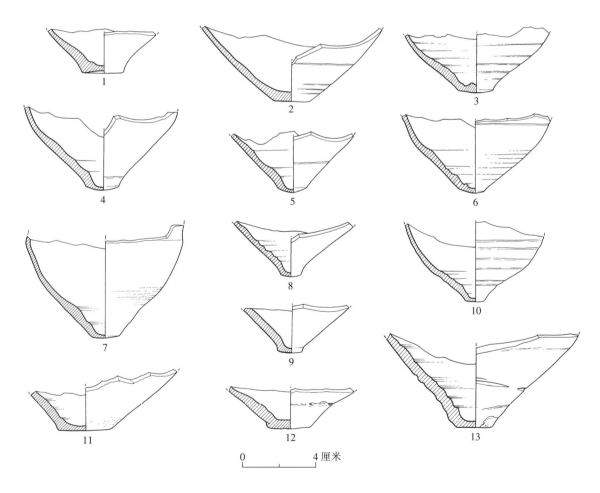

图三八八　西区第 16 层出土陶器底

1. Eb 型（ⅠT7011－7112⑯：63）　2. Ec 型（ⅠT6815－6916⑯：19）　3、4. Ed 型Ⅰ式（ⅠT7209－7210⑯：629、ⅠT7015－7116⑯：61）　5～7. Ed 型Ⅱ式（ⅠT7211－7212⑯：125、ⅠT7011－7112⑯：25、ⅠT7209－7210⑯：637）　8～10. Ed 型Ⅲ式（ⅠT7211－7212⑯：105、ⅠT7209－7210⑯：600、ⅠT7013－7114⑯：118）　11～13. Ee 型（ⅠT7209－7210⑯：222、ⅠT7011－7112⑯：249、ⅠT7213－7214⑯：57）

标本ⅠT7011 - 7112⑯：25，泥质灰黑陶。下腹部有细旋痕。底径 1.5、残高 4.1 厘米（图三八八，6）。

标本ⅠT7209 - 7210⑯：637，泥质灰黑陶。下腹部有细旋痕。底径 1.5、残高 6 厘米（图三八八，7）。

Ⅲ式　21 件。

标本ⅠT7211 - 7212⑯：105，泥质灰黑陶。下腹部有细旋痕。底径 1、残高 2.9 厘米（图三八八，8）。

标本ⅠT7209 - 7210⑯：600，泥质灰黑陶。下腹部遗留有轮制痕迹。底径 1.3、残高 2.5 厘米（图三八八，9）。

标本ⅠT7013 - 7114⑯：118，泥质灰黑陶。下腹部有细旋痕。底径 1、残高 4.3 厘米（图三八八，10）。

Ee 型　19 件。

标本ⅠT7209 - 7210⑯：222，夹砂灰黑陶。底径 2.9、残高 3.1 厘米（图三八八，11）。

标本ⅠT7213 - 7214⑯：57，夹砂灰黑陶。底径 2、残高 5 厘米（图三八八，13）。

标本ⅠT7011 - 7112⑯：249，夹砂灰黑陶。底径 2.3、残高 2.1 厘米（图三八八，12）。

圈足　43 件。

Aa 型　6 件。

标本ⅠT7209 - 7210⑯：49，夹砂灰黑陶。圈足径 13.8、残高 7.3 厘米（图三八九，1）。

标本ⅠT6811 - 6912⑯：16，夹砂灰黄陶。圈足径 9.6、残高 9.2 厘米（图三八九，2）。

Ca 型　5 件。

标本ⅠT7009 - 7110⑯：146，夹砂灰黑陶。圈足径 7.1、残高 3.1 厘米（图三八九，3）。

标本ⅠT7009 - 7110⑯：152，夹砂灰黑陶。圈足径 8.1、残高 4.6 厘米（图三八九，4）。

Cb 型　16 件。

标本ⅠT7209 - 7210⑯：296，夹砂灰褐陶。圈足径 8.4、残高 3.2 厘米（图三八九，5）。

标本ⅠT7209 - 7210⑯：406，夹砂灰黑陶。圈足径 10.9、残高 4.3 厘米（图三八九，6）。

Cc 型Ⅰ式　8 件。

标本ⅠT7009 - 7110⑯：131，夹砂灰黑陶。圈足径 12、残高 2.7 厘米（图三八九，7）。

标本ⅠT7209 - 7210⑯：376，夹砂灰褐陶。圈足径 10、残高 4.3 厘米（图三八九，8）。

Cc 型Ⅱ式　8 件。

标本ⅠT7209 - 7210⑯：339，夹砂灰黑陶。圈足径 18、残高 9.8 厘米（图三八九，9）。

袋足　5 件。

Aa 型　3 件。

标本ⅠT6811 - 6912⑯：12，夹砂灰黑陶。残高 4.1 厘米（图三八九，10）。

图三八九　西区第 16 层出土陶器

1、2. Aa 型圈足（ⅠT7209－7210⑯：49、ⅠT6811－6912⑯：16）　3、4. Ca 型圈足（ⅠT7009－7110⑯：146、ⅠT7009－7110⑯：152）　5、6. Cb 型圈足（ⅠT7209－7210⑯：296、ⅠT7209－7210⑯：406）　7、8. Cc 型Ⅰ式圈足（ⅠT7009－7110⑯：131、ⅠT7209－7210⑯：376）　9. Cc 型Ⅱ式圈足（ⅠT7209－7210⑯：339）　10、11. Aa 型袋足（ⅠT6811－6912⑯：12、ⅠT7009－7110⑯：127）　12. Ab 型袋足（ⅠT7011－7112⑯：287）　13. B 型袋足（ⅠT7009－7110⑯：126）

标本ⅠT7009－7110⑯：127，夹砂灰黑陶。残高 3.5 厘米（图三八九，11）。

Ab 型　1 件。

标本ⅠT7011－7112⑯：287，夹砂灰黑陶。残高 6.4 厘米（图三八九，12）。

B 型　1 件。

标本ⅠT7009 - 7110⑯：126，夹砂灰黑陶。残高 5.6 厘米（图三八九，13）。

（2）玉器

1 件。

磨石　1 件。

标本ⅠT7015 - 7116⑯：185，黄褐色。两面磨制平整。长 7.9、宽 3.5、厚 1.6 厘米（图三九〇，1）。

（3）石器

70 件。

石璋半成品　3 件。A 型。

ⅠT7207 - 7208⑯：19，青色。器体宽大。无阑。器表、两侧均保留自然断面，凹凸不平，刃部打磨粗糙，刃部打制略呈弧形。残长 10.8、宽 7.3、厚 2.2 厘米（图三九〇，4）。

挂饰　1 件。

标本ⅠT7209 - 7210⑯：2，灰色。顶部呈三角形，近顶部处有一管状穿孔。残长 6.4、宽 2.3、厚 0.5 厘米（图三九〇，2；彩版一〇三，2）。

石璧坯料　65 件。

A 型　61 件。

标本ⅠT7009 - 7110⑯：623，灰黑色。破裂面及轮边未经打磨。周缘较薄，中部略厚。直径 6.6、厚 1 厘米（图三九〇，3）。

B 型　4 件。

标本ⅠT7007 - 7108⑯：29，灰黑色。破裂面及轮边未经打磨。直径 38.8、孔径 4.4、厚 4.9 厘米（图三九〇，8）。

标本ⅠT6811 - 6912⑯：30，灰色。破裂面及轮边未经打磨。周缘较薄，中部略厚。直径 19.1、孔径 5.5、厚 3.3 厘米（图三九〇，9）。

石璧半成品　1 件。C 型。

标本ⅠT6811 - 6912⑯：3，灰色。边缘留有管钻痕迹。环面及轮边打磨精细。直径 6.9 ~ 8.5、孔径 2.3、厚 2.5 厘米（图三九〇，7）。

（4）铜器

2 件。

镞　1 件。Bc 型。

标本ⅠT7015 - 7116⑯：3 - 2，长铤，尖锋，阔叶，双翼残。长 4.4、宽 1.8、厚 0.6 厘米（图三九〇，5）。

钩　1 件。

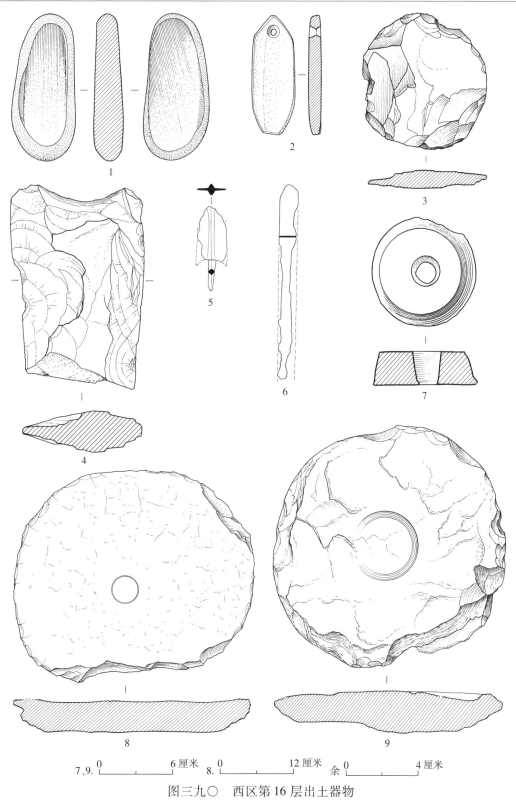

7、9. 0 ⊢————⊣ 6厘米 8. 0 ⊢————⊣ 12厘米 余 0 ⊢————⊣ 4厘米

图三九〇 西区第16层出土器物

1. 磨石（ⅠT7015－7116⑯：185） 2. 石挂饰（ⅠT7209－7210⑯：2） 3. A型石璧坯料（ⅠT7009－7110⑯：623）
4. A型石璋半成品（ⅠT7207－7208⑯：19） 5. Bc型铜镞（ⅠT7015－7116⑯：3－2） 6. 铜钩（ⅠT7011－7112⑯：
3－1） 7. C型石璧半成品（ⅠT6811－6912⑯：3） 8、9. B型石璧坯料 （ⅠT7007－7108⑯：29、ⅠT6811－
6912⑯：30）

标本ⅠT7011－7112⑯：3－1，平面形状呈长条状，一端残损严重。长10.2、宽1厘米（图三九〇，6）。

（三〇）第15层出土遗物

该层出土遗物有陶器、玉器、石器、金器和铜器，数量丰富，其中陶片出土40283片、玉器6件、石器45件、铜器3件、金器残片1件。陶片以夹砂陶为主，占79.60%。夹砂陶中灰黑陶占71.92%，灰黄陶占18.46%，灰褐陶占5.44%，灰陶占2.62%，黄褐陶占1.09%，红褐陶占0.47%；泥质陶中灰黄陶占33.16%，灰黑陶占56.61%，灰陶占2.12%，灰褐陶占7.28%，黄褐陶占0.69%，青灰陶占0.13%，红陶占0.01%。纹饰较少，夹砂陶中纹饰陶片占12.35%，其中

表二九　西区第15层陶片统计表

纹饰	夹砂陶						小计	百分比(%)	泥质陶							小计	百分比(%)
陶质/陶色	灰黑	灰	红褐	灰褐	黄褐	灰黄			灰黑	灰	灰黄	灰褐	青灰	红	黄褐		
素面	19590	822	130	1553	285	5724	28104	87.65	4215	152	2579	499	10	1	53	7509	91.37
细绳纹	4		3	1		18	26	0.08									
粗绳纹	233	2	1	11	1		248	0.77	1							1	0.01
菱格纹	4						4	0.01			1					1	0.01
凹弦纹	568	8	1	5	46		628	1.96	78	5	56	11			2	152	1.85
凸棱纹	9				2		11	0.03	2		10	5				17	0.21
刻划纹	14						14	0.04	2			1				3	0.04
镂孔	5			4			9	0.03	3	2	4	1				10	0.12
细线纹	2399	4	15	171	15	161	2765	8.62	304	14	61	79			1	459	5.58
压印纹	9						9	0.03					1			1	0.01
网格纹	16				1		17	0.05									
戳印纹	15			1			16	0.05	18	1	6	1			1	27	0.33
瓦棱纹						2	2	0.01									
乳丁纹	6		1	1		1	9	0.03									
方格纹	182					6	188	0.59									
附加堆纹	6	5				2	13	0.04	2			1				3	0.04
圆圈纹	1					1	2	0.01	27		8					35	0.43
小计	23061	841	151	1743	350	5919	32065		4652	174	2725	598	11	1	57	8218	
百分比(%)	71.92	2.62	0.47	5.44	1.09	18.46		100.00	56.61	2.12	33.16	7.28	0.13	0.01	0.69		100.00
合计	40283																

细线纹占 69.81%，粗绳纹占 6.26%，凹弦纹占 5.85%，方格纹占 4.75%，少量细绳纹、网格纹、戳印纹、刻划纹、附加堆纹，极少量菱格纹、瓦棱纹、乳丁纹等；泥质陶中纹饰陶片仅占 8.63%，其中细线纹占 64.74%，凹弦纹占 21.44%，少量戳印纹、圆圈纹、凸棱纹等（表二九）。陶器可辨器形有尖底杯、尖底盏、尖底罐、小平底罐、瓮形器、敛口罐、高领罐、矮领罐、束颈罐、壶、盆、瓮、豆柄、器座、器盖、器纽等。玉器种类有玉斧、玉环、绿松石珠。石器种类有石锛、石璧坯料等。铜器种类有钩、铜器残片；金器仅见残片。

（1）陶器

872 件。

尖底杯　42 件。

Aa 型 I 式　9 件。

标本 IT7209 - 7210⑮：553，泥质灰黑陶。尖唇。口径 12、残高 4.4 厘米（图三九一，1）。

标本 IT6815 - 6916⑮：156，泥质灰黑陶。尖唇。口径 12、残高 1.7 厘米（图三九一，2）。

Ab 型　1 件。

标本 IT7009 - 7110⑮：41，泥质灰黄陶，内外壁皆施黑衣。口径 12、底径 2.1、高 9.4 厘米（图三九一，3）。

Ac 型　1 件。

标本 IT7009 - 7110⑮：42，泥质灰黄陶。小平底。下腹部有细旋痕。口径 9.7、底径 1.2、高 12.8 厘米（图三九一，4）。

Ad 型　1 件。

标本 IT7009 - 7110⑮：366，泥质褐陶，内外壁皆施黑衣。下腹部有细旋痕。口径 14、底径 3.8、高 12.5 厘米（图三九一，5）。

Ba 型 I 式　11 件。

标本 IT7009 - 7110⑮：223，泥质灰黄陶，内外壁皆施黑衣。小平底，下腹部有细旋痕。口径 8.9、底径 1.8、高 13.8 厘米（图三九一，6）。

标本 IT7009 - 7110⑮：45，泥质灰黑陶。小平底。口径 9.6、底径 1.6、高 14.3 厘米（图三九一，7）。

标本 IT7209 - 7210⑮：729，泥质灰黄陶。口径 8、残高 3.7 厘米（图三九一，8）。

Ba 型 II 式　14 件。

标本 IT7009 - 7110⑮：44，泥质灰黑陶。小平底。口径 9.4、底径 1.6、高 14.3 厘米（图三九一，9）。

标本 IT7213 - 7214⑮：700，泥质灰黑陶。口径 8.6、残高 4.2 厘米（图三九一，10）。

标本 IT7011 - 7112⑮：645，泥质灰黑陶。口径 9、残高 3.5 厘米（图三九一，12）。

Ba 型 III 式　5 件。

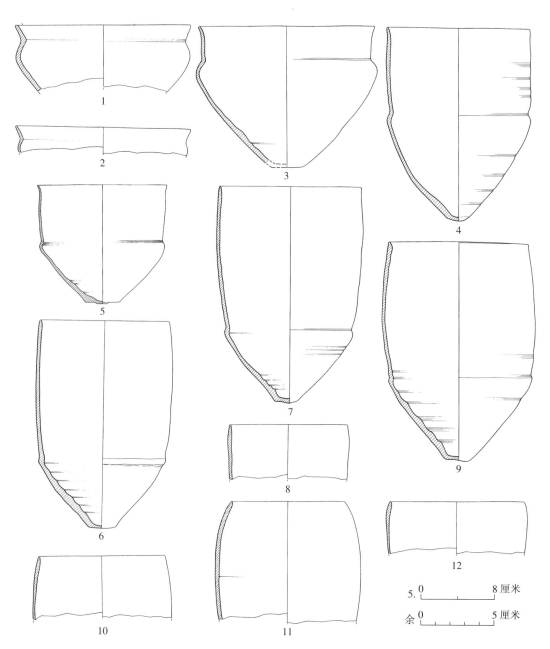

图三九一　西区第 15 层出土陶尖底杯

1、2. Aa 型 Ⅰ 式（ⅠT7209 – 7210⑮：553、ⅠT6815 – 6916⑮：156）　3. Ab 型（ⅠT7009 – 7110⑮：41）　4. Ac 型
（ⅠT7009 – 7110⑮：42）　5. Ad 型（ⅠT7009 – 7110⑮：366）　6 ～ 8. Ba 型 Ⅰ 式（ⅠT7009 – 7110⑮：223、ⅠT7009 –
7110⑮：45、ⅠT7209 – 7210⑮：729）　9、10、12. Ba 型 Ⅱ 式（ⅠT7009 – 7110⑮：44、ⅠT7213 – 7214⑮：700、
ⅠT7011 – 7112⑮：645）　11. Ba 型 Ⅲ 式（ⅠT7209 – 7210⑮：630）

　　标本 ⅠT7209 – 7210⑮：630，泥质陶，上半部为灰黑色，下半部为灰白色。口径 7.6、残高
8.1 厘米（图三九一，11）。

　　尖底盏　46 件。

　　Aa 型 Ⅰ 式　6 件。

标本ⅠT7209－7210⑮：560，泥质灰黑陶。尖圆唇。口径12.4、残高4.1厘米（图三九二，1）。

标本ⅠT7009－7110⑮：43，夹砂灰黑陶。圆唇。口径11.8、高5.4厘米（图三九二，2）。

标本ⅠT7209－7210⑮：266，夹砂灰黑陶。口径11.2、残高4厘米（图三九二，8）。

Ab型Ⅰ式　2件。

标本ⅠT7213－7214⑮：488，夹砂灰黑陶。方唇。口径12.6、残高2厘米（图三九二，3）。

Ab型Ⅱ式　3件。

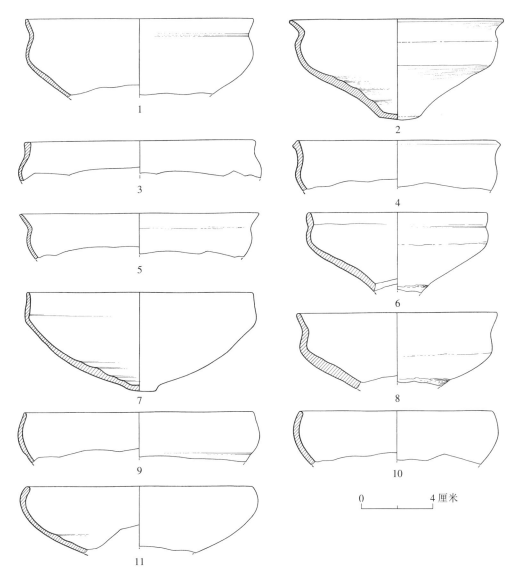

图三九二　西区第15层出土陶尖底盏

1、2、8. Aa型Ⅰ式（ⅠT7209－7210⑮：560、ⅠT7009－7110⑮：43、ⅠT7209－7210⑮：266）　3. Ab型Ⅰ式（ⅠT7213－7214⑮：488）　4. Ab型Ⅱ式（ⅠT7215－7216⑮：306）　5. Ac型Ⅰ式（ⅠT6815－6916⑮：155）6. Ac型Ⅱ式（ⅠT7211－7212⑮：108）　7. Ad型（ⅠT7215－7216⑮：654）　9～11. Ba型Ⅰ式（ⅠT7215－7216⑮：319、ⅠT7211－7212⑮：26、ⅠT7215－7216⑮：259）

标本ⅠT7215－7216⑮：306，夹砂灰黑陶。方唇。口径11.4、残高2.6厘米（图三九二，4）。

Ac型Ⅰ式　2件。

标本ⅠT6815－6916⑮：155，泥质灰黑陶。尖圆唇。口径13、残高2.3厘米（图三九二，5）。

Ac型Ⅱ式　1件。

标本ⅠT7211－7212⑮：108，夹砂灰黑陶。圆唇。口径10、残高4.2厘米（图三九二，6）。

Ad型　1件。

标本ⅠT7215－7216⑮：654，夹砂灰黄陶。尖唇。口径12.4、高5.2厘米（图三九二，7）。

Ba型Ⅰ式　13件。

标本ⅠT7215－7216⑮：319，夹砂灰黑陶。圆唇。口径12.6、残高2.7厘米（图三九二，9）。

标本ⅠT7211－7212⑮：26，夹砂灰黑陶。圆唇。口径10.6、残高2.9厘米（图三九二，10）。

标本ⅠT7215－7216⑮：259，泥质灰黑陶。圆唇。口径12.4、残高3.5厘米（图三九二，11）。

Ba型Ⅱ式　4件。

标本ⅠT7211－7212⑮：116，夹砂灰黑陶。圆唇。口径14、肩径14.4、残高3.6厘米（图三九三，1）。

Bb型Ⅰ式　4件。

标本ⅠT6815－6916⑮：3，夹砂灰黑陶。圆唇。腹部有轮制痕迹。口径13.5、高5.7厘米（图三九三，2）。

Bb型Ⅱ式　9件。

标本ⅠT7011－7112⑮：819，夹砂灰黑陶。圆唇。下腹部有轮制痕迹。口径10.6、高3.6厘米（图三九三，3）。

标本ⅠT7011－7112⑮：212，夹砂灰黑陶。圆唇。口径12.8、残高3厘米（图三九三，4）。

标本ⅠT6611－6712⑮：1，夹砂灰黄陶。圆唇。口径11、高4厘米（图三九三，5）。

标本ⅠT6613－6714⑮：17，泥质灰黑陶。圆唇。口径10.3、残高2.4厘米（图三九三，6）。

Bb型Ⅲ式　1件。

标本ⅠT7011－7112⑮：163，夹砂灰黑陶。尖圆唇。口径10.8、残高1.4厘米（图三九三，7）。

尖底罐　2件。

Aa型　1件。

标本ⅠT7215－7216⑮：86，夹砂灰黑陶。方唇。口径11.4、残高3.2厘米（图三九三，8）。

Ca型Ⅱ式　1件。

标本ⅠT7013－7114⑮：91，夹砂灰黑陶。口径9.7、残高3.2厘米（图三九三，9）。

小平底罐　10件。

Ab型Ⅱ式　1件。

标本ⅠT6613－6714⑮：107，夹砂灰黑陶。方唇。口径13、肩径15.8、残高3.3厘米（图

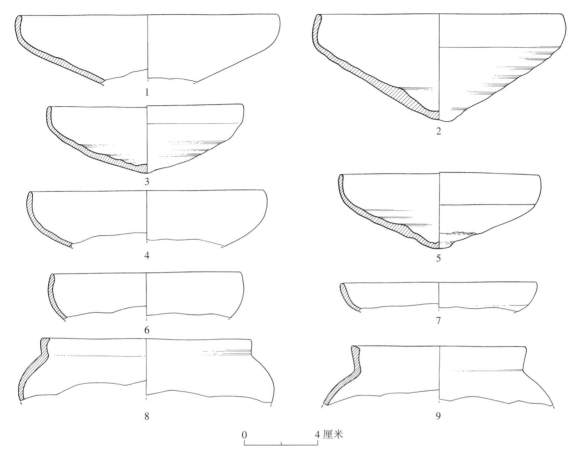

图三九三　西区第 15 层出土陶器

1. Ba 型 Ⅱ 式尖底盏（Ⅰ T7211 − 7212⑮：116）　　2. Bb 型 Ⅰ 式尖底盏（Ⅰ T6815 − 6916⑮：3）　　3 ~ 6. Bb 型 Ⅱ 式尖底盏（Ⅰ T7011 − 7112⑮：819、Ⅰ T7011 − 7112⑮：212、Ⅰ T6611 − 6712⑮：1、Ⅰ T6613 − 6714⑮：17）　　7. Bb 型 Ⅲ 式尖底盏（Ⅰ T7011 − 7112⑮：163）　　8. Aa 型尖底罐（Ⅰ T7215 − 7216⑮：86）　　9. Ca 型 Ⅱ 式尖底罐（Ⅰ T7013 − 7114⑮：91）

三九四，1）。

Bc 型 Ⅰ 式　7 件。

标本 Ⅰ T7209 − 7210⑮：696，夹砂灰黑陶。尖唇。口径 11.2、肩径 11.7、残高 3.5 厘米（图三九四，2）。

标本 Ⅰ T7209 − 7210⑮：59，夹砂灰黑陶。尖唇。口径 11、肩径 12.2、残高 3.5 厘米（图三九四，3）。

Ca 型 Ⅱ 式　2 件。

标本 Ⅰ T7213 − 7214⑮：303，泥质灰黑陶。尖唇。口径 10、残高 3.4 厘米（图三九四，4）。

瓮形器　14 件。

Ac 型　2 件。

标本 Ⅰ T6815 − 6916⑮：154，夹砂灰黑陶。方唇。唇部饰压印绳纹。口径 36、残高 6.2 厘米

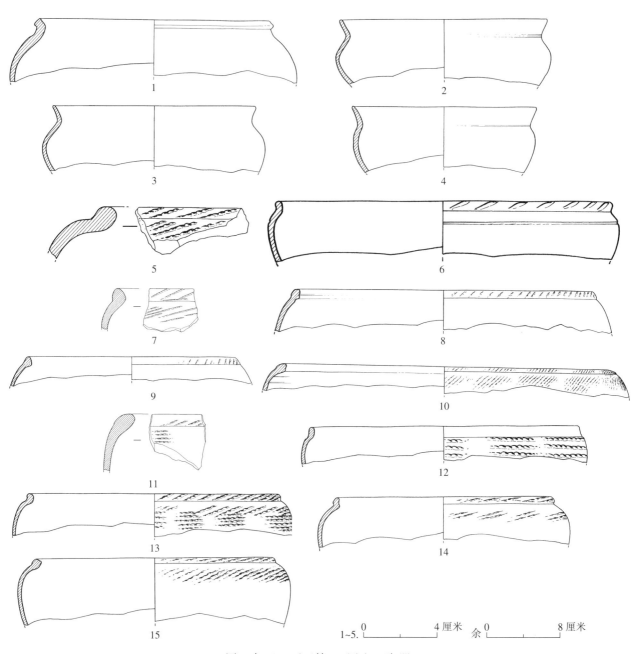

图三九四　西区第15层出土陶器

1. Ab 型Ⅱ式小平底罐（ⅠT6613－6714⑮：107）　　2、3. Bc 型Ⅰ式小平底罐（ⅠT7209－7210⑮：696、ⅠT7209－7210⑮：
59）　　4. Ca 型Ⅱ式小平底罐（ⅠT7213－7214⑮：303）　　5. Eb 型瓮形器（ⅠT6611－6712⑮：72）　　6、7. Ac 型瓮形器
（ⅠT6815－6916⑮：154、ⅠT6613－6714⑮：175）　　8、9. B 型瓮形器（ⅠT6811－6912⑮：27、ⅠT6511－6512⑮：154）
10、11. Ca 型瓮形器（ⅠT6513⑮：14、ⅠT6511－6512⑮：91）　　12、13. Cb 型瓮形器（ⅠT6813－6914⑮：60、ⅠT6511－
6512⑮：170）　　14. Da 型瓮形器（ⅠT6511－6512⑮：166）　　15. Db 型瓮形器（ⅠT6511－6512⑮：167）

（图三九四，6）。

标本ⅠT6613－6714⑮：175，夹砂灰黑陶。方唇。通体饰绳纹。残高 4.7 厘米（图三九四，7）。

B 型　3 件。

标本ⅠT6811－6912⑮：27，夹砂灰黑陶。沿面凹，方唇。唇部饰压印绳纹。口径 33、残高

4.5 厘米（图三九四，8）。

标本ⅠT6511－6512⑮：154，夹砂灰黄陶。方唇。唇部饰压印绳纹。口径23、残高2.7厘米（图三九四，9）。

Ca型　2件。

标本ⅠT6513⑮：14，夹砂灰黑陶。方唇。通体饰绳纹。口径35.6、残高3厘米（图三九四，10）。

标本ⅠT6511－6512⑮：91，夹砂灰黄陶。圆唇。通体饰绳纹。残高6厘米（图三九四，11）。

Cb型　2件。

标本ⅠT6813－6914⑮：60，夹砂灰黑陶。圆唇。腹部饰绳纹。口径29.2、残高3.8厘米（图三九四，12）。

标本ⅠT6511－6512⑮：170，夹砂灰黑陶。圆唇。通体饰绳纹。口径27、残高4.5厘米（图三九四，13）。

Da型　2件。

标本ⅠT6511－6512⑮：166，夹砂灰黄陶。沿面凹，方唇。唇部及肩部饰绳纹。口径24、残高5厘米（图三九四，14）。

Db型　1件。

标本ⅠT6511－6512⑮：167，夹砂灰黑陶。圆唇。唇部及肩部饰绳纹。口径26、残高7厘米（图三九四，15）。

Eb型　2件。

标本ⅠT6611－6712⑮：72，夹砂灰黑陶。圆唇。通体饰绳纹。残高2.6厘米（图三九四，5）。

敛口罐　48件。

Aa型Ⅰ式　14件。

标本ⅠT7009－7110⑮：248，夹砂灰黑陶。口径38、残高6.2厘米（图三九五，1）。

标本ⅠT6611－6712⑮：167，夹砂灰黑陶。口径33、残高5厘米（图三九五，2）。

标本ⅠT7209－7210⑮：301，夹砂灰褐陶。方唇。口径33、残高8厘米（图三九五，3）。

Aa型Ⅱ式　4件。

标本ⅠT7213－7214⑮：390，夹砂灰黑陶。方唇。口径30、残高8厘米（图三九五，4）。

标本ⅠT6811－6912⑮：38，夹砂灰黑陶。口径27、残高5厘米（图三九五，5）。

标本ⅠT7215－7216⑮：139，夹砂灰黑陶。圆唇。口径26、残高7.4厘米（图三九五，6）。

Ab型　2件。

标本ⅠT7211－7212⑮：175，夹砂灰黄陶。方唇。口径20、残高2厘米（图三九五，7）。

Ac型　8件。

标本ⅠT7209－7210⑮：248，夹砂灰黑陶。沿面凹，方唇。口径29、残高2.4厘米

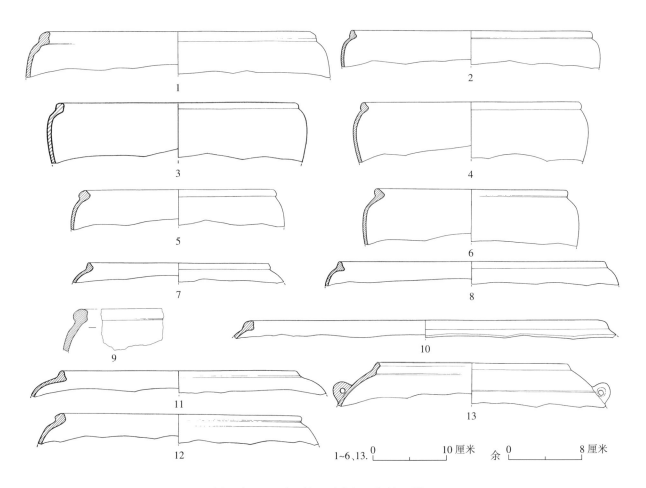

图三九五　西区第15层出土陶敛口罐

1~3. Aa 型 I 式（Ⅰ T7009－7110⑮:248、Ⅰ T6611－6712⑮:167、Ⅰ T7209－7210⑮:301）　4~6. Aa 型 II 式
（Ⅰ T7213－7214⑮:390、Ⅰ T6811－6912⑮:38、Ⅰ T7215－7216⑮:139）　7. Ab 型（Ⅰ T7211－7212⑮:175）
8、9. Ac 型（Ⅰ T7209－7210⑮:248、Ⅰ T6414⑮:7）　10~12. Ba 型（Ⅰ T7011－7112⑮:338、Ⅰ T7211－
7212⑮:150、Ⅰ T6615－6716⑮:4）　13. Bb 型（Ⅰ T7209－7210⑮:315）

（图三九五，8）。

标本 Ⅰ T6414⑮:7，夹砂灰黑陶。沿面凹，方唇。残高4.5厘米（图三九五，9）。

Ba 型　3件。

标本 Ⅰ T7011－7112⑮:338，夹砂灰黑陶。方唇。口径39、残高2厘米（图三九五，10）。

标本 Ⅰ T7211－7212⑮:150，夹砂灰陶。沿面凹，方唇。口径26、残高2.6厘米（图
三九五，11）。

标本 Ⅰ T6615－6716⑮:4，夹砂灰褐陶。方唇。口径27、残高3厘米（图三九五，12）。

Bb 型　1件。

标本 Ⅰ T7209－7210⑮:315，夹砂灰黄陶。肩部饰有两个对称饼形小耳。口径26、残高5.8厘
米（图三九五，13）。

　　Bc 型　1 件。

　　标本ⅠT7209－7210⑮：368，夹砂灰黄陶。圆唇。口径 13.4、残高 2.1 厘米（图三九六，2）。

　　Bd 型　5 件。

　　标本ⅠT6613－6714⑮：249，夹砂灰黑陶。圆唇。肩部饰压印菱格纹。口径 32、残高 6.7 厘米（图三九六，1）。

　　标本ⅠT6811－6912⑮：87，夹砂灰黑陶。圆唇。口径 19、残高 4 厘米（图三九六，3）。

　　标本ⅠT6613－6714⑮：206，夹砂灰黑陶。圆唇。肩部饰压印菱格纹。口径 26、残高 6 厘米（图三九六，4）。

　　Ca 型Ⅰ式　5 件。

　　标本ⅠT6613－6714⑮：68，夹砂灰黄陶。沿面凹，方唇。口径 30.6、残高 7.2 厘米（图三九六，5）。

　　标本ⅠT6414⑮：12，夹砂灰黑陶。沿面有凹槽，方唇。口径 28.6、残高 3.1 厘米（图三九六，6）。

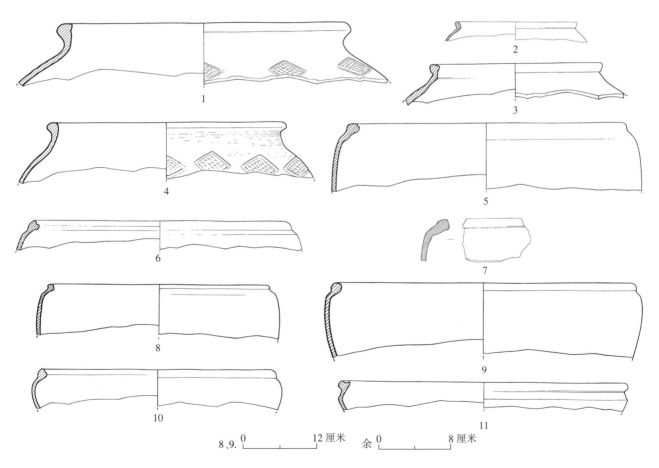

图三九六　西区第 15 层出土陶敛口罐

1、3、4. Bd 型（ⅠT6613－6714⑮：249、ⅠT6811－6912⑮：87、ⅠT6613－6714⑮：206）　2. Bc 型（ⅠT7209－7210⑮：368）　5、6. Ca 型Ⅰ式（ⅠT6613－6714⑮：68、ⅠT6414⑮：12）　7、8. Cb 型Ⅰ式（ⅠT7009－7110⑮：385、ⅠT7013－7114⑮：14）　9. Cd 型（ⅠT7213－7214⑮：391）　10. Db 型（ⅠT6611－6712⑮：21）　11. Da 型（ⅠT6815－6916⑮：75）

Cb 型 I 式 2 件。

标本 I T7009 - 7110⑮：385，夹砂灰黑陶。方唇。残高 4.8 厘米（图三九六，7）。

标本 I T7013 - 7114⑮：14，夹砂灰黑陶。方唇。口径 36、残高 8.6 厘米（图三九六，8）。

Cd 型 1 件。

标本 I T7213 - 7214⑮：391，夹砂灰黄陶。圆唇。口径 50、残高 12 厘米（图三九六，9）。

Da 型 1 件。

标本 I T6815 - 6916⑮：75，夹砂灰黑陶。口径 31.4、残高 3 厘米（图三九六，11）。

Db 型 1 件。

标本 I T6611 - 6712⑮：21，夹砂灰黑陶。方唇。口径 26、残高 4 厘米（图三九六，10）。

高领罐 70 件。

Aa 型 I 式 21 件。

标本 I T6511 - 6512⑮：94，夹砂灰黑陶。斜折沿，圆唇。领部饰一周凹弦纹。口径 18、残高 6.5 厘米（图三九七，1）。

标本 I T6615 - 6716⑮：27，夹砂灰黑陶。平折沿，圆唇。残高 6.4 厘米（图三九七，2）。

标本 I T6815 - 6916⑮：135，夹砂灰黑陶。斜折沿，方唇。领部饰一周凹弦纹。口径 17、残高 6 厘米（图三九七，3）。

标本 I T7215 - 7216⑮：368，夹砂灰黑陶。斜折沿，方唇。口径 13.2、残高 6.1 厘米（图三九七，4）。

Aa 型 II 式 5 件。

标本 I T7215 - 7216⑮：342，夹砂灰黄陶。斜折沿，圆唇。口径 16.4、残高 5 厘米（图三九七，5）。

标本 I T7215 - 7216⑮：123，夹砂灰黑陶。斜折沿，方唇。口径 14.4、残高 6.5 厘米（图三九七，6）。

Aa 型 III 式 13 件。

标本 I T7009 - 7110⑮：291，夹砂灰黄陶。斜折沿，圆唇。口径 13.4、残高 4.7 厘米（图三九七，7）。

标本 I T6613 - 6714⑮：241，夹砂灰黑陶。外斜折沿，圆唇。口径 17、残高 4.9 厘米（图三九七，22）。

Ab 型 II 式 6 件。

标本 I T7209 - 7210⑮：777，夹砂灰黑陶。平折沿，方唇。领部饰一周凹弦纹。口径 10.4、残高 6.6 厘米（图三九七，8）。

标本 I T7213 - 7214⑮：561，夹砂灰黑陶。平折沿，方唇。口径 12.8、残高 5.7 厘米（图三九七，9）。

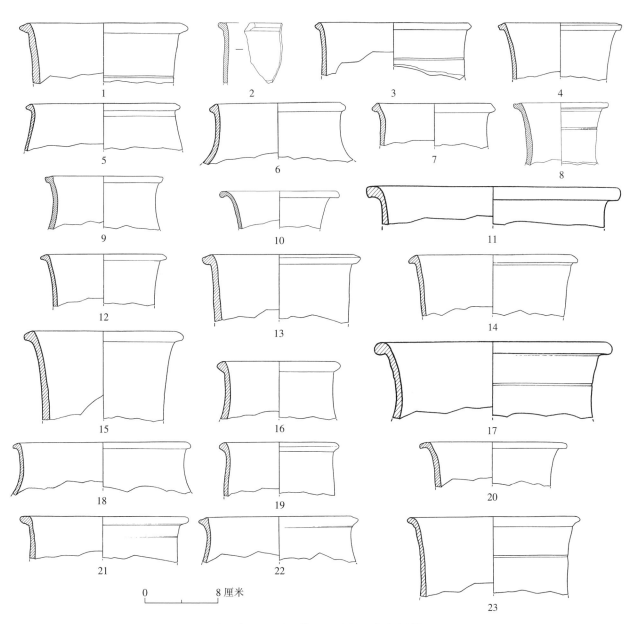

图三九七　西区第 15 层出土陶高领罐

1～4. Aa 型 I 式（I T6511－6512⑮：94、I T6615－6716⑮：27、I T6815－6916⑮：135、I T7215－7216⑮：368）
5、6. Aa 型 II 式（I T7215－7216⑮：342、I T7215－7216⑮：123）　7、22. Aa 型 III 式（I T7009－7110⑮：291、
I T6613－6714⑮：241）　8、9. Ab 型 II 式（I T7209－7210⑮：777、I T7213　7214⑮：561）　10. B 型
（I T7213－7214⑮：351）　11. D 型（I T7013－7114⑮：8）　12～15. Fa 型 I 式（I T7011－7112⑮：244、
I T7009－7110⑮：292、I T7209－7210⑮：291、I T7009－7110⑮：285）　16～19、23. Fa 型 II 式
（I T7011－7112⑮：383、I T7215－7216⑮：392、I T6813－6914⑮：25、I T7209－7210⑮：380、I T6811－
6912⑮：108）　20、21. Fb 型 II 式（I T6613－6714⑮：44、I T6613－6714⑮：124）

B 型　2 件。

标本 I T7213－7214⑮：351，泥质灰褐陶。平卷沿，圆唇。口径 13、残高 4 厘米（图三九七，10）。

D 型　1 件。

标本Ⅰ T7013 – 7114⑮:8,夹砂灰黄陶。平卷沿,方唇。口径 28、残高 4 厘米（图三九七,11）。

Fa 型Ⅰ式　13 件。

标本Ⅰ T7011 – 7112⑮:244,夹砂灰黄陶。斜卷沿,圆唇。口径 13.4、残高 5.6 厘米（图三九七,12）。

标本Ⅰ T7009 – 7110⑮:292,夹砂灰黑陶。斜折沿,圆唇。口径 17.4、残高 7.1 厘米（图三九七,13）。

标本Ⅰ T7209 – 7210⑮:291,夹砂灰黑陶。翻沿,圆唇。口径 18.2、残高 6.8 厘米（图三九七,14）。

标本Ⅰ T7009 – 7110⑮:285,夹砂灰黑陶。外翻卷沿,圆唇。口径 17、残高 9.5 厘米（图三九七,15）。

Fa 型Ⅱ式　6 件。

标本Ⅰ T7011 – 7112⑮:383,夹砂灰黑陶。斜折沿,圆唇。口径 13.2、残高 6.4 厘米（图三九七,16）。

标本Ⅰ T7215 – 7216⑮:392,夹砂灰黄陶。平卷沿,圆唇。领部饰一周凹弦纹。口径 26、残高 8 厘米（图三九七,17）。

标本Ⅰ T6813 – 6914⑮:25,夹砂灰黄陶。斜卷沿,圆唇。口径 19、残高 5.5 厘米（图三九七,18）。

标本Ⅰ T7209 – 7210⑮:380,夹砂灰黑陶。翻沿,圆唇。口径 13、残高 5.5 厘米（图三九七,19）。

标本Ⅰ T6811 – 6912⑮:108,夹砂灰黑陶。圆唇。领部饰一周凹弦纹。口径 19.2、残高 8.4 厘米（图三九七,23）。

Fb 型Ⅱ式　3 件。

标本Ⅰ T6613 – 6714⑮:44,夹砂灰褐陶。平折沿,圆唇。口径 16、残高 4.9 厘米（图三九七,20）。

标本Ⅰ T6613 – 6714⑮:124,夹砂灰黑陶。平卷沿,圆唇。领部饰一周凹弦纹。口径 18.4、残高 4.6 厘米（图三九七,21）。

矮领罐　57 件。

A 型Ⅰ式　14 件。

标本Ⅰ T7215 – 7216⑮:135,夹砂灰黑陶。外斜折沿,圆唇。口径 15.2、残高 6.1 厘米（图三九八,1）。

标本Ⅰ T7215 – 7216⑮:100,夹砂灰黑陶。外斜折沿,圆唇。内壁有制作时留下的轮制痕迹。口径 14、残高 4 厘米（图三九八,2）。

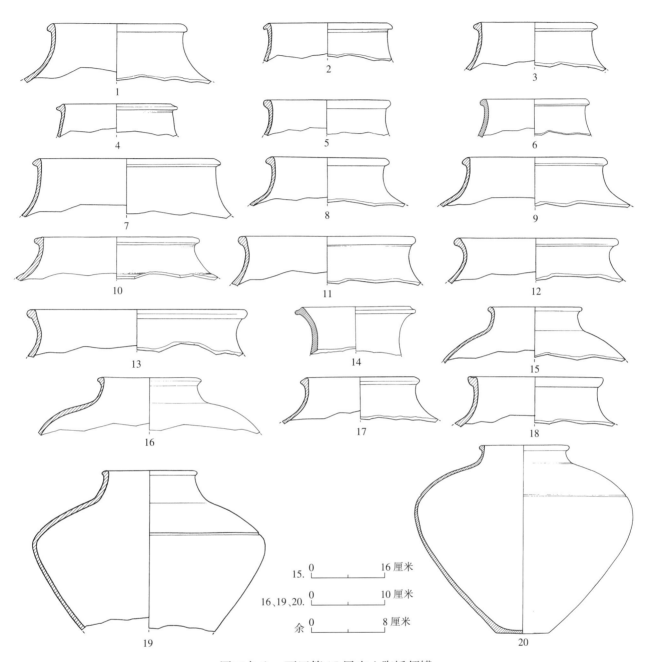

图三九八　西区第 15 层出土陶矮领罐

1、2. A 型 I 式（I T7215－7216⑮：135、I T7215－7216⑮：100）　3～8、17. A 型 II 式（I T7211－7212⑮：125、
I T7215－7216⑮：85、I T7011－7112⑮：351、I T7009－7110⑮：228、I T7213－7214⑮：577、I T7013－7114⑮：17、
I T7213－7214⑮：578）　9、10. B 型 I 式（I T6813－6914⑮：66、I T7011－7112⑮：272）　11～13. B 型 II 式
（I T6414⑮：13、I T6414⑮：15、I T6414⑮：14）　14、15. C 型 I 式（I T7211－7212⑮：152、I T6414⑮：19）
16、19. D 型 I 式（I T7011－7112⑮：594、I T7009－7110⑮：210）　18. G 型（I T7011－7112⑮：240）　20. D 型
II 式（I T6809－6910⑮：96）

A 型 II 式　28 件。

标本 I T7211－7212⑮：125，夹砂灰黑陶。外斜折沿，圆唇。口径 13.6、残高 5 厘米（图
三九八，3）。

标本ⅠT7215－7216⑮：85，夹砂灰黑陶。外斜折沿，圆唇。口径13.2、残高3.5厘米（图三九八，4）。

标本ⅠT7011－7112⑮：351，夹砂灰陶。平折沿，圆唇。口径13.4、残高3.8厘米（图三九八，5）。

标本ⅠT7009－7110⑮：228，夹砂灰黄陶。外斜卷沿，圆唇。口径12、残高4厘米（图三九八，6）。

标本ⅠT7213－7214⑮：577，夹砂灰黄陶。外斜折沿，圆唇。口径20.4、残高6.5厘米（图三九八，7）。

标本ⅠT7013－7114⑮：17，夹砂灰黑陶。口径13.6、残高5.6厘米（图三九八，8）。

标本ⅠT7213－7214⑮：578，夹砂灰黑陶。外斜折沿，圆唇。口径13、残高5厘米（图三九八，17）。

B型Ⅰ式　6件。

标本ⅠT6813－6914⑮：66，夹砂灰黄陶。外斜折沿，圆唇。口径16、残高5.3厘米（图三九八，9）。

标本ⅠT7011－7112⑮：272，夹砂灰黑陶。平折沿，圆唇。口径18、残高4.7厘米（图三九八，10）。

B型Ⅱ式　3件。

标本ⅠT6414⑮：13，夹砂灰黑陶。平卷沿，圆唇。口径19.2、残高5.3厘米（图三九八，11）。

标本ⅠT6414⑮：14，夹砂灰褐陶。平卷沿，圆唇。口径24、残高4.6厘米（图三九八，13）。

标本ⅠT6414⑮：15，夹砂灰褐陶。仰卷沿，圆唇。口径18、残高4.7厘米（图三九八，12）。

C型Ⅰ式　2件。

标本ⅠT7211－7212⑮：152，泥质灰褐陶。斜折沿，沿面微凹，圆唇。口径13、残高5厘米（图三九八，14）。

标本ⅠT6414⑮：19，夹砂灰黄陶。圆唇。口径20.8、残高12厘米（图三九八，15）。

D型Ⅰ式　2件。

标本ⅠT7011－7112⑮：594，夹砂灰黄陶。平折沿，圆唇。口径14、残高7.3厘米（图三九八，16）。

标本ⅠT7009－7110⑮：210，夹砂灰黄陶。外斜折沿，圆唇。上腹部饰一周凹弦纹。口径13、肩径31.6、残高22厘米（图三九八，19）。

D型Ⅱ式　1件。

标本ⅠT6809－6910⑮：96，夹砂灰黄陶。平折沿，圆唇。上腹部饰一周凹弦纹。口径12.5、肩径29.8、底径7.5、高25厘米（图三九八，20）。

G型　1件。

标本ⅠT7011－7112⑮：240，夹砂灰黑陶。平折沿，沿面微凹，圆唇。口径15、残高5.2厘米（图三九八，18）。

束颈罐　65件。

Aa型　9件。

标本ⅠT6611－6712⑮：25，夹砂灰黑陶。方唇。肩部饰成组横向绳纹。口径13、残高3.8厘米（图三九九，1）。

标本ⅠT6511－6512⑮：96，夹砂灰黑陶。方唇。肩部饰交错粗绳纹和一周凹弦纹。口径19.4、残高6.9厘米（图三九九，2）。

标本ⅠT6615－6716⑮：25，夹砂灰黑陶。方唇。肩部饰成组斜向绳纹。口径15、残高4.4厘米（图三九九，3）。

标本ⅠT7209－7210⑮：654，夹砂灰黑陶。圆唇。肩部饰斜向绳纹。口径14、残高3.5厘米（图三九九，4）。

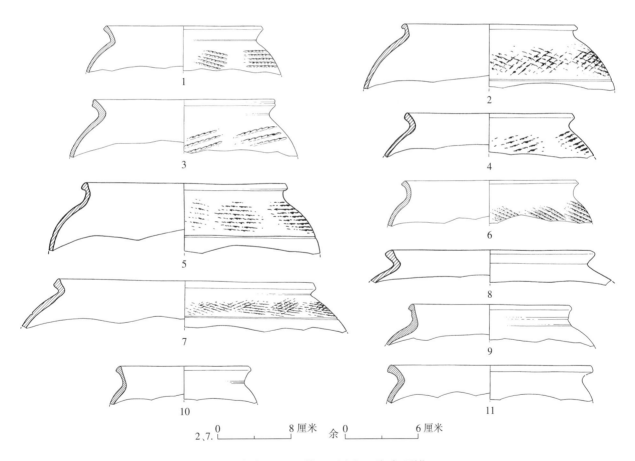

图三九九　西区第15层出土陶束颈罐

1~4. Aa型（ⅠT6611－6712⑮：25、ⅠT6511－6512⑮：96、ⅠT6615－6716⑮：25、ⅠT7209－7210⑮：654）
5. Ab型Ⅰ式（ⅠT7209－7210⑮：683）　6. Ac型Ⅱ式（ⅠT6613－6714⑮：115）　7. Ae型Ⅰ式（ⅠT7209－7210⑮：674）　8、9. Ba型（ⅠT6511－6512⑮：102、ⅠT7011－7112⑮：378）　10、11. Bb型（ⅠT7211－7212⑮：171、ⅠT6813－6914⑮：72）

Ab 型 I 式　3 件。

标本 I T7209 – 7210⑮：683，夹砂灰黑陶。方唇。肩部饰横向绳纹和一周凹弦纹。口径 16.6、残高 5.7 厘米（图三九九，5）。

Ac 型 II 式　1 件。

标本 I T6613 – 6714⑮：115，夹砂灰黑陶。方唇。肩部饰成组斜向绳纹。口径 14.6、残高 3.5 厘米（图三九九，6）。

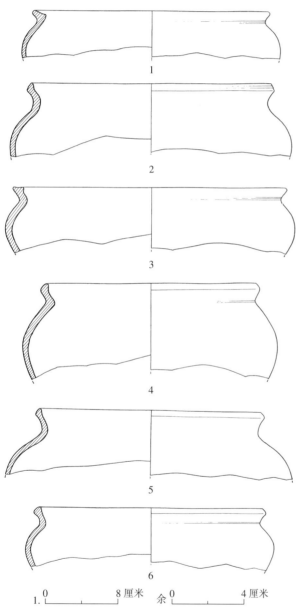

0　　　　8 厘米　余 0　　　　4 厘米
1.

图四〇〇　西区第 15 层出土陶束颈罐

1. Bc 型 II 式（I T7209 – 7210⑮：499）　2 ~ 6. Ca 型 I 式（I T7209 – 7210⑮：488、I T7209 – 7210⑮：149、I T7213 – 7214⑮：332、I T6809 – 6910⑮：46、I T7011 – 7112⑮：566）

Ae 型 I 式　1 件。

标本 I T7209 – 7210⑮：674，夹砂灰黑陶。方唇。肩部饰交错绳纹和一周凹弦纹。口径 28.4、残高 5.5 厘米（图三九九，7）。

Ba 型　2 件。

标本 I T6511 – 6512⑮：102，夹砂灰陶。方唇。口径 17.4、残高 2.5 厘米（图三九九，8）。

标本 I T7011 – 7112⑮：378，夹砂灰黑陶。方唇。口径 13.6、残高 3.1 厘米（图三九九，9）。

Bb 型　3 件。

标本 I T7211 – 7212⑮：171，夹砂灰陶。方唇。口径 11、残高 2.9 厘米（图三九九，10）。

标本 I T6813 – 6914⑮：72，夹砂灰黑陶。方唇。口径 17、残高 2.9 厘米（图三九九，11）。

Bc 型 II 式　1 件。

标本 I T7209 – 7210⑮：499，夹砂灰黑陶。圆唇。口径 26.2、残高 5.2 厘米（图四〇〇，1）。

Ca 型 I 式　9 件。

标本 I T7209 – 7210⑮：488，夹砂灰黑陶。方唇。口径 13.6、残高 4 厘米（图四〇〇，2）。

标本 I T7209 – 7210⑮：149，夹砂灰黑陶。方唇。口径 15、残高 3.4 厘米（图四〇〇，3）。

标本 I T7213 – 7214⑮：332，夹砂灰黑

陶。方唇。口径12、残高5厘米（图四〇〇，4）。

标本ⅠT6809－6910⑮：46，夹砂灰黑陶。方唇。口径12.6、残高3.6厘米（图四〇〇，5）。

标本ⅠT7011－7112⑮：566，夹砂灰黑陶。方唇。口径12.9、残高3.3厘米（图四〇〇，6）。

Ca型Ⅱ式　2件。

标本ⅠT7209－7210⑮：469，夹砂灰黑陶。方唇。口径14.4、残高2.2厘米（图四〇一，1）。

Cb型　19件。

标本ⅠT6811－6912⑮：17，夹砂灰黑陶。方唇。口径14.6、残高2.7厘米（图四〇一，2）。

标本ⅠT7011－7112⑮：209，夹砂灰黑陶。方唇。口径15、残高3.1厘米（图四〇一，3）。

标本ⅠT7209－7210⑮：255，夹砂灰黑陶。方唇。口径12、残高3厘米（图四〇一，4）。

Cc型　5件。

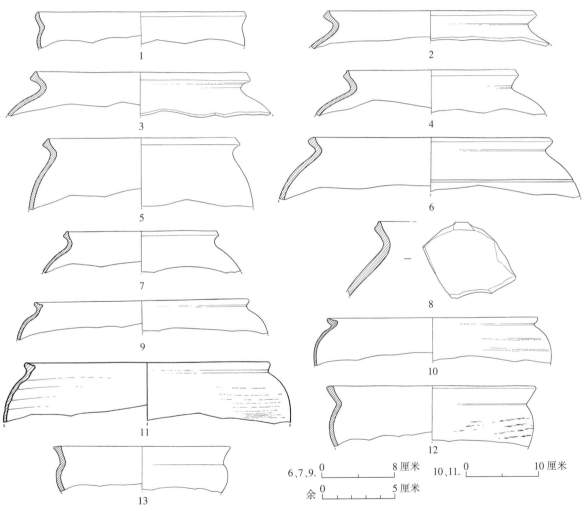

图四〇一　西区第15层出土陶束颈罐

1. Ca型Ⅱ式（ⅠT7209－7210⑮：469）　2～4. Cb型（ⅠT6811－6912⑮：17、ⅠT7011－7112⑮：209、ⅠT7209－7210⑮：255）　5～7. Cc型（ⅠT7009－7110⑮：91、ⅠT6511－6512⑮：29、ⅠT7213－7214⑮：364）　8. Ce型（ⅠT6811－6912⑮：136）　9～11. Db型（ⅠT7009－7110⑮：384、ⅠT7209－7210⑮：501、ⅠT7215－7216⑮：134）　12、13. F型（ⅠT6815－6916⑮：39、ⅠT7211－7212⑮：17）

标本ⅠT7009-7110⑮:91,夹砂灰黑陶。方唇。口径13.4、残高4.8厘米（图四〇一,5）。

标本ⅠT6511-6512⑮:29,夹砂灰黄陶。方唇。肩部饰一周凹弦纹。口径27、残高6.6厘米（图四〇一,6）。

标本ⅠT7213-7214⑮:364,夹砂灰黑陶。方唇。口径16.8、残高4.5厘米（图四〇一,7）。

Ce型　1件。

标本ⅠT6811-6912⑮:136,夹砂灰黑陶。方唇。残高5厘米（图四〇一,8）。

Db型　7件。

标本ⅠT7009-7110⑮:384,夹砂灰黑陶。仰折沿,方唇。口径23.4、残高3.8厘米（图四〇一,9）。

标本ⅠT7209-7210⑮:501,夹砂灰黄陶。仰折沿,方唇。口径29、残高6.4厘米（图四〇一,10）。

标本ⅠT7215-7216⑮:134,夹砂灰黑陶。仰折沿,方唇。口径33、残高8.4厘米（图四〇一,11）。

F型　2件。

标本ⅠT6815-6916⑮:39,夹砂灰黑陶。方唇。口径14.4、残高3.9厘米（图四〇一,12）。

标本ⅠT7211-7212⑮:17,夹砂灰黑陶。方唇。口径12、残高3厘米（图四〇一,13）。

壶　19件。

Ab型　6件。

标本ⅠT7209-7210⑮:273,夹砂灰黑陶。圆唇。口径12、残高5.7厘米（图四〇二,1）。

标本ⅠT7213-7214⑮:293,夹砂灰黑陶。圆唇。口径12、残高3.6厘米（图四〇二,2）。

标本ⅠT7011-7112⑮:270,夹砂灰黑陶。圆唇。口径12、残高6.3厘米（图四〇二,3）。

Ac型　1件。

标本ⅠT7213-7214⑮:519,夹砂灰陶。圆唇。口径12、残高3.5厘米（图四〇二,5）。

Ad型　7件。

标本ⅠT7011-7112⑮:229,夹砂灰黑陶。圆唇。口径12、残高3.6厘米（图四〇二,4）。

标本ⅠT7213-7214⑮:384,夹砂灰黑陶。圆唇。口径10、残高9.4厘米（图四〇二,6）。

Ba型　1件。

标本ⅠT7011-7112⑮:405,夹砂灰黑陶。方唇。口径15、残高10厘米（图四〇二,7）。

Bd型　1件。

标本ⅠT6809-6910⑮:95,夹砂灰黄陶。圆唇。口径12.6、腹径19.6、圈足径8.1、高23.7厘米（图四〇三,1;彩版一〇三,5）。

Be型　1件。

标本ⅠT7009-7110⑮:286,夹砂灰黑陶。方唇。口径13.6、残高6.2厘米（图四〇三,2）。

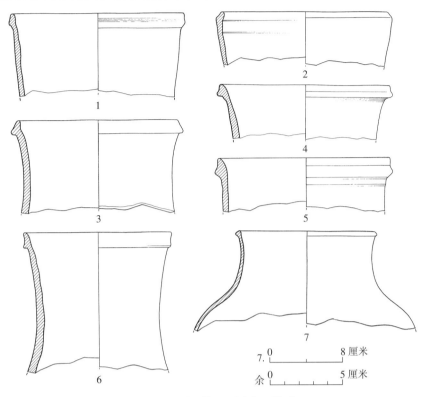

图四〇二　西区第 15 层出土陶壶

1 ~ 3. Ab 型（ⅠT7209 – 7210⑮：273、ⅠT7213 – 7214⑮：293、ⅠT7011 – 7112⑮：270）　　4、6. Ad
型（ⅠT7011 – 7112⑮：229、ⅠT7213 – 7214⑮：384）　　5. Ac 型（ⅠT7213 – 7214⑮：519）　　7. Ba 型
（ⅠT7011 – 7112⑮：405）

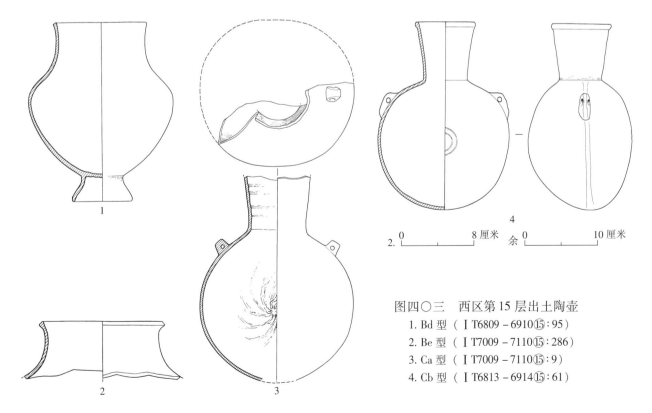

图四〇三　西区第 15 层出土陶壶

1. Bd 型（ⅠT6809 – 6910⑮：95）

2. Be 型（ⅠT7009 – 7110⑮：286）

3. Ca 型（ⅠT7009 – 7110⑮：9）

4. Cb 型（ⅠT6813 – 6914⑮：61）

Ca 型　1 件。

标本 I T7009 - 7110⑮：9，泥质灰黑陶。腹部饰器耳。腹径 19.4 ~ 21.4、残高 27 厘米（图四〇三，3）。

Cb 型　1 件。

标本 I T6813 - 6914⑮：61，夹砂灰黄陶。腹部饰器耳。口径 8.3、腹径 18.3、高 24.7 厘米（图四〇三，4）。

瓶　4 件。

Aa 型 I 式　1 件。

标本 I T7009 - 7110⑮：50，夹砂灰黑陶。卷沿，圆唇。口径 15.5、底径 5.2、高 30 厘米（图四〇四，1）。

Aa 型 II 式　2 件。

标本 I T7009 - 7110⑮：49，夹砂灰黑陶。卷沿，圆唇。口径 17、底径 6.1、高 29.3 厘米（图四〇四，2）。

Λb 型 I 式　1 件。

标本 I T7009 - 7110⑮：48，夹砂灰黑陶。卷沿，圆唇。口径 18.6、底径 6.3、高 31.4 厘米（图四〇四，3；彩版一〇三，6）。

盆　42 件。

Ac 型　6 件。

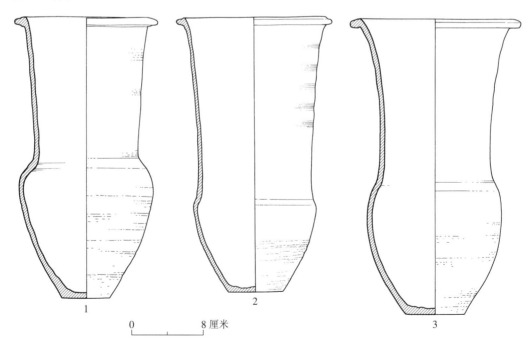

0　　　　8 厘米

图四〇四　西区第 15 层出土陶瓶

1. Aa 型 I 式（I T7009 - 7110⑮：50）　2. Aa 型 II 式（I T7009 - 7110⑮：49）　3. Ab 型 I 式（I T7009 - 7110⑮：48）

标本Ⅰ T6809－6910⑮：58，夹砂灰黑陶。方唇。唇部压印绳纹。口径52、残高4.4厘米（图四〇五，1）。

标本Ⅰ T6613－6714⑮：215，夹砂灰黑陶。方唇。唇部压印绳纹。口径37、残高5.4厘米（图四〇五，2）。

Ad型　1件。

标本Ⅰ T6611－6712⑮：16，夹砂灰黑陶。方唇。唇部压印绳纹。口径38、残高6.2厘米（图四〇五，3）。

Bb型　1件。

标本Ⅰ T7209－7210⑮：793，夹砂灰黑陶。卷沿。腹部饰两周凹弦纹。口径48、残高9.8厘米（图四〇五，4）。

Ca型　7件。

标本Ⅰ T6815－6916⑮：41，夹砂灰黄陶。仰卷沿，圆唇。口径32、残高4.5厘米（图四〇五，5）。

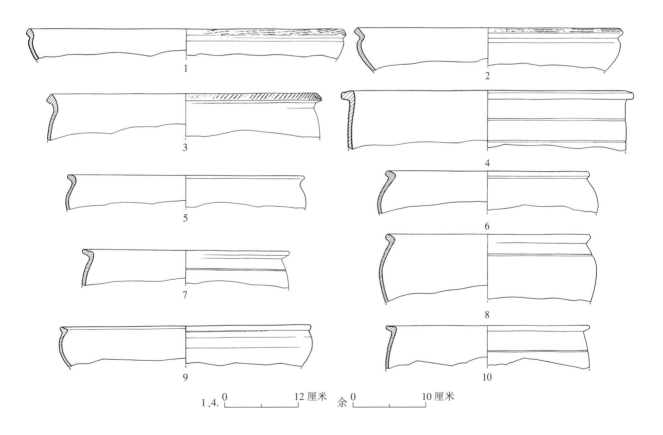

图四〇五　西区第15层出土陶盆

1、2. Ac型（Ⅰ T6809－6910⑮：58、Ⅰ T6613－6714⑮：215）　3. Ad型（Ⅰ T6611－6712⑮：16）　4. Bb型（Ⅰ T7209－7210⑮：793）　5～9. Ca型（Ⅰ T6815－6916⑮：41、Ⅰ T7011－7112⑮：569、Ⅰ T7009－7110⑮：78、Ⅰ T7209－7210⑮：376、Ⅰ T7213－7214⑮：602）　10. Cc型（Ⅰ T6613－6714⑮：216）

标本ⅠT7011－7112⑮：569，夹砂灰黑陶。仰卷沿，圆唇。口径28、残高5.5厘米（图四〇五，6）。

标本ⅠT7009－7110⑮：78，夹砂灰黑陶。仰卷沿，圆唇。腹部饰一周凹弦纹。口径28、残高4.9厘米（图四〇五，7）。

标本ⅠT7209－7210⑮：376，夹砂灰黄陶。圆唇。腹部饰一周凹弦纹。口径28.3、残高9厘米（图四〇五，8）。

标本ⅠT7213－7214⑮：602，夹砂灰黑陶。口径34.4、残高5.6厘米（图四〇五，9）。

Cc型　10件。

标本ⅠT6613－6714⑮：216，夹砂灰黑陶。平卷沿，圆唇。腹部饰一周凹弦纹。口径28、残高5.5厘米（图四〇五，10）。

标本ⅠT6511－6512⑮：88，夹砂灰黑陶。平折沿，圆唇。口径33、残高4.3厘米（图四〇六，1）。

标本ⅠT6609－6710⑮：30，夹砂灰黑陶。平折沿，方唇。腹部饰两周凹弦纹。口径24、残高3.8厘米（图四〇六，2）。

标本ⅠT6513⑮：41，夹砂灰黑陶。折沿。腹部饰一周凹弦纹和两个乳丁纹。口径42、残高6.5厘米（图四〇六，3）。

Cd型　2件。

标本ⅠT7009－7110⑮：129，夹砂灰黑陶。平折沿，方唇。腹部饰一周凹弦纹。口径58、残高8厘米（图四〇六，4）。

标本ⅠT6809－6910⑮：94，夹砂灰黑陶。圆唇。腹部饰两圈凸弦纹。口径38、残高5.5厘米（图四〇六，5）。

D型　2件。

标本ⅠT7211－7212⑮：176，夹砂灰黄陶。仰卷沿，圆唇。口径35、残高3.8厘米（图四〇六，6）。

标本ⅠT7011－7112⑮：570，夹砂灰黄陶。折沿，沿面凹。残高6.1厘米（图四〇六，7）。

Ea型Ⅰ式　5件。

标本ⅠT6511－6512⑮：158，夹砂灰黑陶。尖圆唇。口径36、残高3.3厘米（图四〇六，8）。

标本ⅠT6813－6914⑮：14，夹砂灰黑陶。圆唇。腹部饰一周凹弦纹。口径34、残高4.7厘米（图四〇六，9）。

标本ⅠT7209－7210⑮：190，夹砂灰黑陶。折沿。口径52、残高5.5厘米（图四〇六，10）。

标本ⅠT6613－6714⑮：211，夹砂灰黑陶。尖圆唇。口径28、残高6.2厘米（图四〇六，11）。

Ea型Ⅱ式　5件。

标本ⅠT7011－7112⑮：718，夹砂灰黑陶。平卷沿，圆唇。腹部饰一周凹弦纹。口径25、残高6厘米（图四〇六，12）。

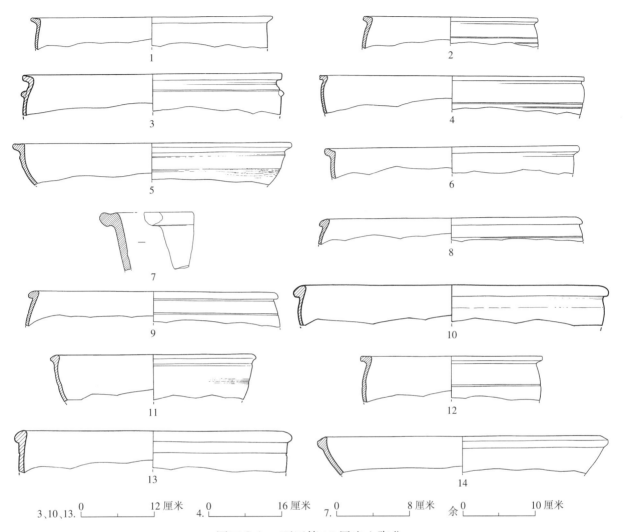

图四〇六　西区第 15 层出土陶盆

1～3. Cc 型（ⅠT6511－6512⑮：88、ⅠT6609－6710⑮：30、ⅠT6513⑮：41）　4、5. Cd 型（ⅠT7009－7110⑮：129、ⅠT6809－6910⑮：94）　6、7. D 型（ⅠT7211－7212⑮：176、ⅠT7011－7112⑮：570）　8～11. Ea 型 Ⅰ 式（ⅠT6511－6512⑮：158、ⅠT6813－6914⑮：14、ⅠT7209－7210⑮：190、ⅠT6613－6714⑮：211）　12. Ea 型 Ⅱ 式（ⅠT7011－7112⑮：718）　13. Eb 型（ⅠT7215－7216⑮：516）　14. Ec 型（ⅠT7215－7216⑮：653）

Eb 型　2 件。

标本 ⅠT7215－7216⑮：516，夹砂灰黑陶。腹部饰一周凹弦纹。口径 46、残高 6.6 厘米（图四〇六，13）。

Ec 型　1 件。

标本 ⅠT7215－7216⑮：653，夹砂灰黑陶。口径 40、残高 5.5 厘米（图四〇六，14）。

瓮　32 件。

Aa 型　2 件。

标本 ⅠT7009－7110⑮：275，夹砂灰黄陶。圆唇。口径 74、残高 6.6 厘米（图四〇七，1）。

标本 ⅠT7011－7112⑮：593，夹砂灰黄陶。圆唇。口径 52、残高 6 厘米（图四〇七，2）。

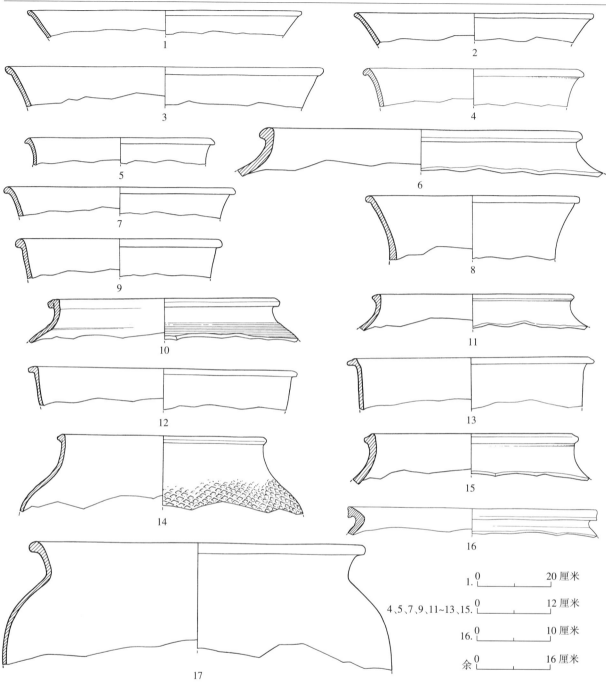

图四〇七　西区第 15 层出土陶瓮

1、2. Aa 型（ⅠT7009 - 7110⑮：275、ⅠT7011 - 7112⑮：593）　3. Ab 型（ⅠT6811 - 6912⑮：104）　4、5. Ba 型（ⅠT6613 - 6714⑮：209、ⅠT7009 - 7110⑮：277）　6、10、11. Ca 型（ⅠT7215 - 7216⑮：142、ⅠT7215 - 7216⑮：583、ⅠT6813 - 6914⑮：67）　7 ~ 9. Bb 型（ⅠT7209 - 7210⑮：283、ⅠT6611 - 6712⑮：125、ⅠT6611 - 6712⑮：140）　12、13. Cb 型（ⅠT7209 - 7210⑮：391、ⅠT7209 - 7210⑮：502）　14. Cc 型Ⅰ式（ⅠT7013 - 7114⑮：21）　15. Cc 型Ⅱ式（ⅠT7213 - 7214⑮：370）　16. Ce 型（ⅠT6615 - 6716⑮：71）　17. Cd 型Ⅰ式（ⅠT7009 - 7110⑮：38）

Ab 型　1 件。

标本ⅠT6811 - 6912⑮：104，夹砂灰黑陶。圆唇。口径 70.4、残高 8.8 厘米（图四〇七，3）。

Ba 型　2 件。

标本 I T6613 – 6714⑮：209，夹砂灰黑陶。圆唇。口径 36、残高 6 厘米（图四〇七，4）。

标本 I T7009 – 7110⑮：277，夹砂灰陶。圆唇。口径 31、残高 4.2 厘米（图四〇七，5）。

Bb 型　9 件。

标本 I T7209 – 7210⑮：283，夹砂灰黑陶。圆唇。口径 38、残高 5 厘米（图四〇七，7）。

标本 I T6611 – 6712⑮：125，夹砂灰黑陶。圆唇。口径 47、残高 13.6 厘米（图四〇七，8）。

标本 I T6611 – 6712⑮：140，夹砂灰黑陶。圆唇。口径 34、残高 6.2 厘米（图四〇七，9）。

Ca 型　10 件。

标本 I T7215 – 7216⑮：142，夹砂灰黄陶。圆唇。口径 70、残高 9.3 厘米（图四〇七，6）。

标本 I T7215 – 7216⑮：583，夹砂灰黑陶。方唇。口径 51、残高 9.2 厘米（图四〇七，10）。

标本 I T6813 – 6914⑮：67，夹砂灰黑陶。方唇。口径 33、残高 5.3 厘米（图四〇七，11）。

Cb 型　4 件。

标本 I T7209 – 7210⑮：391，夹砂灰黄陶。平卷沿，圆唇。口径 44、残高 6.4 厘米（图四〇七，12）。

标本 I T7209 – 7210⑮：502，夹砂灰黑陶。折沿。口径 40、残高 8 厘米（图四〇七，13）。

Cc 型 I 式　1 件。

标本 I T7013 – 7114⑮：21，夹砂灰黑陶。圆唇。肩部饰网格纹。口径 46、残高 15.4 厘米（图四〇七，14）。

Cc 型 II 式　1 件。

标本 I T7213 – 7214⑮：370，夹砂灰黑陶。圆唇。口径 35、残高 7.2 厘米（图四〇七，15）。

Cd 型 I 式　1 件。

标本 I T7009 – 7110⑮：38，夹砂灰黑陶。圆唇。口径 74、残高 26 厘米（图四〇七，17）。

Ce 型　1 件。

标本 I T6615 – 6716⑮：71，夹砂灰黑陶。方唇。口径 34、残高 3.6 厘米（图四〇七，16）。

缸　18 件。

B 型　1 件。

标本 I T7011 – 7112⑮：818，夹砂灰黑陶。折沿。唇部压印绳纹。口径 60、残高 33 厘米（图四〇八，1）。

Ca 型　3 件。

标本 I T7009 – 7110⑮：131，夹砂灰黑陶。折沿。腹部饰两周凹弦纹。口径 62、残高 8.3 厘米（图四〇八，2）。

Ea 型　6 件。

标本 I T7009 – 7110⑮：69，夹砂灰黑陶。口径 68、残高 5.5 厘米（图四〇八，3）。

标本 I T7011 – 7112⑮：400，夹砂灰黑陶。卷沿。口径 68、残高 4.5 厘米（图四〇八，4）。

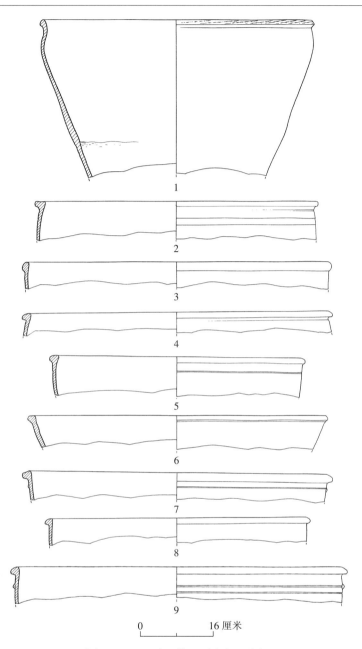

0   16 厘米

图四〇八　西区第 15 层出土陶缸

1. B 型（Ⅰ T7011 – 7112⑮：818）　　2. Ca 型（Ⅰ T7009 – 7110⑮：131）　　3 ~ 5. Ea 型（Ⅰ T7009 –
7110⑮：69、Ⅰ T7011 – 7112⑮：400、Ⅰ T6813 – 6914⑮：57）　6、7. Eb 型（Ⅰ T7009 – 7110⑮：
57、Ⅰ T6809 – 6910⑮：28）　　8、9. Ec 型（Ⅰ T7011 – 7112⑮：280、Ⅰ T6809 – 6910⑮：62）

　　标本Ⅰ T6813 – 6914⑮：57，夹砂灰黑陶。折沿。腹部饰一周凹弦纹。口径 56、残高 8.7 厘米
（图四〇八，5）。

　　Eb 型　4 件。

　　标本Ⅰ T7009 – 7110⑮：57，夹砂灰黑陶。折沿。口径 66、残高 7.8 厘米（图四〇八，6）。

　　标本Ⅰ T6809 – 6910⑮：28，夹砂灰黄陶。折沿。腹部饰一周凹弦纹和两个乳丁纹。口径 68、
残高 6.1 厘米（图四〇八，7）。

Ec 型　4 件。

标本ⅠT7011－7112⑮：280，夹砂灰黑陶。折沿。口径 58、残高 5.7 厘米（图四〇八，8）。

标本ⅠT6809－6910⑮：62，夹砂灰黑陶。折沿。腹部饰两周凹弦纹和两个乳丁纹。口径 74、残高 7.1 厘米（图四〇八，9）。

簋形器　4 件。

Aa 型Ⅰ式　1 件。

标本ⅠT6613－6714⑮：240，夹砂灰黑陶。沿面弧。残高 6.1 厘米（图四〇九，1）。

Ba 型Ⅰ式　1 件。

标本ⅠT7209－7210⑮：203，夹砂灰黑陶。沿面弧。残高 2.5 厘米（图四〇九，4）。

C 型Ⅰ式　2 件。

标本ⅠT7211－7212⑮：174，夹砂灰黄陶。沿面凸。残高 6.2 厘米（图四〇九，2）。

标本ⅠT6811－6912⑮：85，夹砂灰黑陶。口径 34.8、残高 4.8 厘米（图四〇九，3）。

桶形器　2 件。

Ca 型　1 件。

标本ⅠT7213－7214⑮：387，夹砂灰黑陶。圆唇。口径 30、残高 8.2 厘米（图四〇九，7）。

Cb 型　1 件。

标本ⅠT6414⑮：21，夹砂灰褐陶。圆唇。口径 38.6、残高 25 厘米（图四〇九，6）。

瓠形器　1 件。B 型。

标本ⅠT6511－6512⑮：171，夹砂灰黑陶。底径 4.1、残高 7 厘米（图四〇九，5）。

盆形器　6 件。

B 型　1 件。

标本ⅠT7011－7112⑮：268，夹砂灰黑陶。折沿，圆唇。口径 28、残高 4.8 厘米（图四〇九，10）。

Ca 型　5 件。

标本ⅠT7009－7110⑮：53，夹砂灰黑陶。卷沿，尖唇。口径 22、残高 3.5 厘米（图四〇九，11）。

标本ⅠT7209－7210⑮：375，夹砂灰黑陶。折沿，尖唇。口径 24、残高 5.2 厘米（图四〇九，12）。

帽形器　1 件。

标本ⅠT7013－7114⑮：18，夹砂灰陶。圆唇。口径 6.9、高 3.1 厘米（图四〇九，15；彩版一〇三，4）。

盘　3 件。

A 型　2 件。

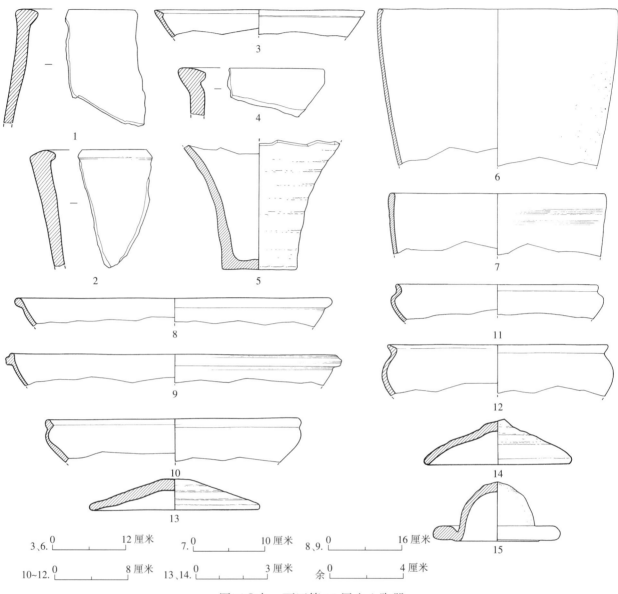

图四○九　西区第15层出土陶器

1. Aa 型Ⅰ式簋形器（ⅠT6613－6714⑮：240）　2、3. C 型Ⅰ式簋形器（ⅠT7211－7212⑮：174、ⅠT6811－6912⑮：85）
4. Ba 型Ⅰ式簋形器（ⅠT7209－7210⑮：203）　5. B 型瓠形器（ⅠT6511－6512⑮：171）　6. Cb 型桶形器（ⅠT6414⑮：
21）　7. Ca 型桶形器（ⅠT7213－7214⑮：387）　8. A 型盘（ⅠT7011－7112⑮：590）　9. B 型盘（ⅠT6611－6712⑮：
133）　10. B 型盆形器（ⅠT7011－7112⑮：268）　11、12. Ca 型盆形器（ⅠT7009－7110⑮：53、ⅠT7209－7210⑮：
375）　13、14. Bb 型器盖（ⅠT7213－7214⑮：593、ⅠT6414⑮：22）　15. 帽形器（ⅠT7013－7114⑮：18）

标本ⅠT7011－7112⑮：590，夹砂灰黑陶。圆唇。口径70、残高5.5厘米（图四○九，8）。

B 型　1 件。

标本ⅠT6611－6712⑮：133，夹砂灰黑陶。方唇。口径74、残高6.5厘米（图四○九，9）。

豆盘　16 件。

Ba 型　5 件。

标本ⅠT6613－6714⑮：185，夹砂灰黑陶。残高8.4厘米（图四一○，1）。

标本ⅠT6511 – 6512⑮：132，泥质灰黄陶。残高10.6厘米（图四一〇，2）。

Da 型 7 件。

标本ⅠT7009 – 7110⑮：308，夹砂灰黑陶。方唇。口径54、残高3.7厘米（图四一〇，3）。

标本ⅠT7009 – 7110⑮：307，夹砂灰黑陶。方唇。残高3.1厘米（图四一〇，4）。

Db 型 4 件。

标本ⅠT7009 – 7110⑮：299，夹砂灰黑陶。方唇。口径76、残高2.8厘米（图四一〇，5）。

豆柄 57 件。

Aa 型 50 件。

标本ⅠT7211 – 7212⑮：48，夹砂灰黑陶。残高16.5厘米（图四一〇，6）。

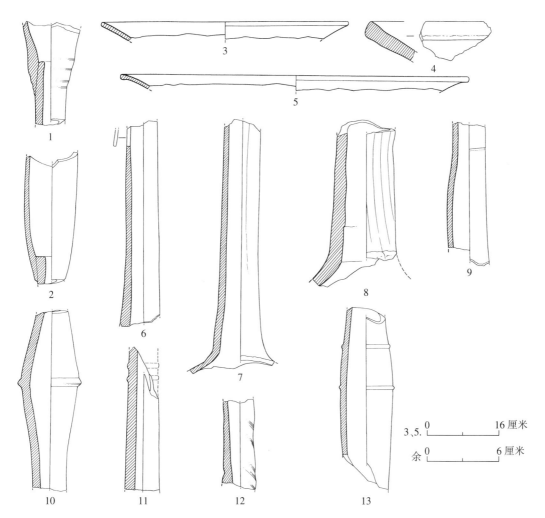

图四一〇 西区第15层出土陶器

1、2. Ba 型豆盘（ⅠT6613 – 6714⑮：185、ⅠT6511 – 6512⑮：132） 3、4. Da 型豆盘（ⅠT7009 – 7110⑮：308、ⅠT7009 – 7110⑮：307） 5. Db 型豆盘（ⅠT7009 – 7110⑮：299） 6 ~ 8. Aa 型豆柄（ⅠT7211 – 7212⑮：48、ⅠT6611 – 6712⑮：129、ⅠT6511 – 6512⑮：173） 9. Ab 型豆柄（ⅠT7215 – 7216⑮：255） 10、11、13. Ac 型豆柄（ⅠT7215 – 7216⑮：580、ⅠT6813 – 6914⑮：36、ⅠT7207 – 7208⑮：1） 12. Ad 型豆柄（ⅠT7209 – 7210⑮：490）

标本ⅠT6611 - 6712⑮:129，夹砂灰黑陶。残高20.5厘米（图四一〇，7）。

标本ⅠT6511 - 6512⑮:173，夹砂灰黑陶。残高13.3厘米（图四一〇，8）。

Ab型   2件。

标本ⅠT7215 - 7216⑮:255，夹砂灰黑陶。柄部饰一周凹弦纹。残高11.6厘米（图四一〇，9）。

Ac型   4件。

标本ⅠT7215 - 7216⑮:580，泥质灰黑陶。柄部饰一周凸弦纹。残高14.5厘米（图四一〇，10）。

标本ⅠT6813 - 6914⑮:36，泥质灰黑陶。柄部饰两周凸弦纹。残高11.6厘米（图四一〇，11）。

标本ⅠT7207 - 7208⑮:1，泥质灰黑陶。柄部饰两周凸弦纹。残高14.4厘米（图四一〇，13）。

Ad型   1件。

标本ⅠT7209 - 7210⑮:490，夹砂灰黑陶。残高7.5厘米（图四一〇，12）。

器盖   4件。Bb型。

标本ⅠT7213 - 7214⑮:593，泥质灰黑陶。圆唇。盖身饰两周凹弦纹。口径7、高1.6厘米（图四〇九，13）。

标本ⅠT6414⑮:22，夹砂灰黑陶。圆唇。口径6、高1.8厘米（图四〇九，14）。

器纽   12件。

Ba型   3件。

标本ⅠT7215 - 7216⑮:203，夹砂灰黑陶。方唇。纽径4.3、残高2.4厘米（图四一一，1）。

Bc型   6件。

标本ⅠT7011 - 7112⑮:377，夹砂灰黑陶。方唇。纽径3.9、残高3.9厘米（图四一一，2）。

标本ⅠT7209 - 7210⑮:260，夹砂灰黑陶。尖圆唇。纽径4.3、残高3厘米（图四一一，3）。

Da型Ⅱ式   2件。

标本ⅠT7211 - 7212⑮:18，夹砂灰黑陶。残高2.4厘米（图四一一，5）。

Ea型   1件。

标本ⅠT7213 - 7214⑮:717，泥质灰黄陶。残高3.7厘米（图四一一，4）。

器座   8件。

Aa型Ⅰ式   2件。

标本ⅠT7011 - 7112⑮:811，夹砂灰黑陶。上径33.2、下径33.2、高12.1厘米（图四一一，6）。

标本ⅠT7011 - 7112⑮:715，夹砂灰黑陶。下径32、残高6.8厘米（图四一一，7）。

Ab型Ⅱ式   4件。

标本ⅠT7011 - 7112⑮:198，夹砂灰黑陶。上径26、下径28.2、高9.4厘米（图四一一，8）。

标本ⅠT7215 - 7216⑮:240，夹砂灰褐陶。上径12.1、残高6厘米（图四一一，9）。

Ca型   2件。

标本ⅠT7213 - 7214⑮:102，夹砂灰黑陶。残高8.9厘米（图四一一，10）。

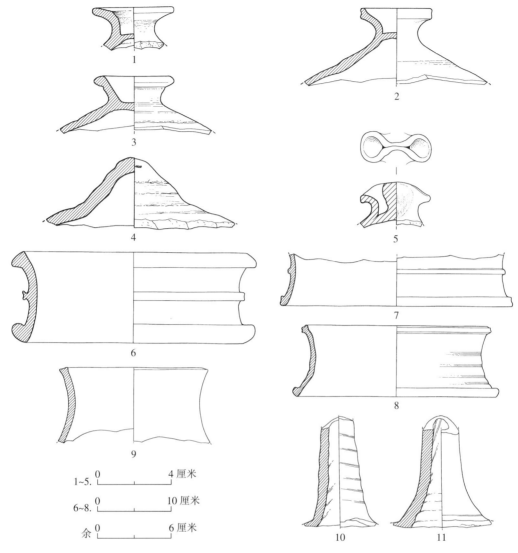

图四一一 西区第15层出土陶器

1. Ba 型器纽（ⅠT7215－7216⑮：203） 2、3. Bc 型器纽（ⅠT7011－7112⑮：377、ⅠT7209－7210⑮：260）
4. Ea 型器纽（ⅠT7213－7214⑮：717） 5. Da 型Ⅱ式器纽（ⅠT7211－7212⑮：18） 6、7. Aa 型Ⅰ式器座
（ⅠT7011－7112⑮：811、ⅠT7011－7112⑮：715） 8、9. Ab 型Ⅱ式器座（ⅠT7011－7112⑮：198、ⅠT7215－
7216⑮：240） 10、11. Ca 型器座（ⅠT7213－7214⑮：102、ⅠT6811－6912⑮：90）

标本ⅠT6811－6912⑮：90，夹砂灰黑陶。残高9厘米（图四一一，11）。

器流 1件。呈管状，中空。

标本ⅠT7209－7210⑮：731，泥质灰黄陶。直径2.6、孔径0.4、残高9厘米（图四一二，7）。

器底 248件。

Aa 型 20件。

标本ⅠT7209－7210⑮：396，夹砂灰黑陶。底径15、残高4厘米（图四一二，1）。

标本ⅠT6613－6714⑮：72，夹砂灰黑陶。底径16.2、残高5.3厘米（图四一二，2）。

Ab 型 12件。

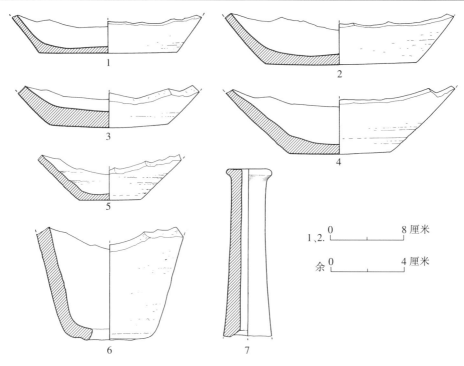

图四一二　西区第15层出土陶器

1、2. Aa 型器底（ⅠT7209－7210⑮:396、ⅠT6613－6714⑮:72）　3. Ab 型器底（ⅠT6611－6712⑮:137）
4、5. Ac 型器底（ⅠT7209－7210⑮:286、ⅠT7209－7210⑮:785）　6. B 型器底（ⅠT6611－6712⑮:153）
7. 器流（ⅠT7209－7210⑮:731）

标本ⅠT6611－6712⑮:137，夹砂灰黑陶。底径6.7、残高2.3厘米（图四一二，3）。

Ac 型　8 件。

标本ⅠT7209－7210⑮:286，夹砂灰黑陶。底径5.5、残高3.6厘米（图四一二，4）。

标本ⅠT7209－7210⑮:785，夹砂灰黑陶。底径3.4、残高2.3厘米（图四一二，5）。

B 型　1 件。

标本ⅠT6611－6712⑮:153，夹砂灰黑陶。底径4.8、残高6.2厘米（图四一二，6）。

Db 型　1 件。

标本ⅠT7011－7112⑮:575，泥质灰黄陶。残高4.2厘米（图四一三，8）。

Dc 型　5 件。

标本ⅠT7009－7110⑮:259，泥质灰黑陶。残高2.8厘米（图四一三，1）。

标本ⅠT6813－6914⑮:30，泥质灰黄陶。下腹部有细旋痕。残高2.6厘米（图四一三，2）。

标本ⅠT6811－6912⑮:8，泥质灰黑陶。残高2.5厘米（图四一三，3）。

Dd 型　44 件。

标本ⅠT7213－7214⑮:715，泥质灰黑陶。残高2厘米（图四一三，4）。

标本ⅠT7009－7110⑮:235，夹砂灰黑陶。残高1.7厘米（图四一三，5）。

标本ⅠT7215－7216⑮:385，夹砂灰黑陶。残高3厘米（图四一三，6）。

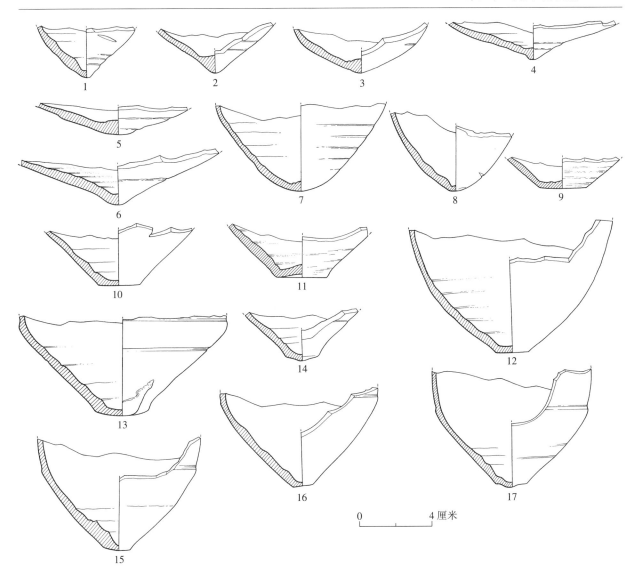

图四一三　西区第15层出土陶器底

1~3. Dc 型（ⅠT7009－7110⑮：259、ⅠT6813－6914⑮：30、ⅠT6811－6912⑮：8）　4~6. Dd 型（ⅠT7213－7214⑮：715、ⅠT7009－7110⑮：235、ⅠT7215－7216⑮：385）　7. De 型（ⅠT6613－6714⑮：200）　8. Db 型（ⅠT7011－7112⑮：575）　9、10. Ec 型（ⅠT6613－6714⑮：88、ⅠT6511－6512⑮：116）　11. Eb 型（ⅠT6613－6714⑮：89）　12、13. Ed 型Ⅰ式（ⅠT6609－6710⑮：53、ⅠT7213－7214⑮：604）　14~17. Ed 型Ⅱ式（ⅠT7011－7112⑮：653、ⅠT6815－6916⑮：22、ⅠT7209－7210⑮：730、ⅠT7209－7210⑮：761）

De 型　1 件。

标本ⅠT6613－6714⑮：200，夹砂灰黑陶。下腹部有细旋痕。残高 4.6 厘米（图四一三，7）。

Ec 型　14 件。

标本ⅠT6613－6714⑮：88，泥质灰黑陶。近底处有细旋痕。底径 2.5、残高 1.7 厘米（图四一三，9）。

标本ⅠT6511－6512⑮：116，泥质灰黑陶。底径 2.3、残高 3.3 厘米（图四一三，10）。

Eb 型　1 件。

标本 I T6613 – 6714⑮：89，泥质灰黑陶。近底处饰细旋痕。底径2.7、残高2.8厘米（图四一三，11）。

Ed 型 115件。

Ed 型 I 式 10件。

标本 I T6609 – 6710⑮：53，泥质灰黑陶。下腹部有细旋痕。底径1.8、残高6.7厘米（图四一三，12）。

标本 I T7213 – 7214⑮：604，夹砂灰黑陶。底径3、残高5.2厘米（图四一三，13）。

Ed 型 II 式 94件。

标本 I T7011 – 7112⑮：653，泥质灰黑陶。下腹部有细旋痕。底径1.7、残高2.7厘米（图四一三，14）。

标本 I T6815 – 6916⑮：22，泥质灰黑陶。下腹部有细旋痕。底径1.5、残高6厘米（图四一三，15）。

标本 I T7209 – 7210⑮：730，泥质灰黄陶。底径1.2、残高5.2厘米（图四一三，16）。

标本 I T7209 – 7210⑮：761，泥质灰黑陶。下腹部有细旋痕。底径1.8、残高6.3厘米（图四一三，17）。

Ed 型 III 式 11件。

标本 I T7213 – 7214⑮：690，泥质灰黑陶。残高2.6厘米（图四一四，1）。

标本 I T7215 – 7216⑮：554，泥质灰黑陶。残高3.5厘米（图四一四，2）。

标本 I T7009 – 7110⑮：260，泥质灰黑陶。下腹部有细旋痕。底径1.1、残高3.5厘米（图四一四，3）。

Ee 型 26件。

标本 I T7213 – 7214⑮：594，泥质灰黑陶。近底处饰细旋痕。残高2.6厘米（图四一四，4）。

标本 I T7011 – 7112⑮：587，夹砂灰黑陶。残高1.9厘米（图四一四，5）。

标本 I T7211 – 7212⑮：236，泥质灰黑陶。近底处饰细旋痕。残高2.1厘米（图四一四，6）。

圈足 35件。

Ca 型 14件。

标本 I T7011 – 7112⑮：129，夹砂灰黑陶。圈足径7、残高3.3厘米（图四一五，1）。

标本 I T7011 – 7112⑮：34，夹砂灰褐陶。圈足径10.3、残高3厘米（图四一五，2）。

标本 I T6611 – 6712⑮：8，夹砂灰黄陶。圈足径11、残高3.9厘米（图四一五，3）。

Cb 型 7件。

标本 I T7209 – 7210⑮：298，夹砂灰黑陶。饰一圆形镂孔。圈足径7.7、残高5.2厘米（图四一五，4）。

标本 I T7011 – 7112⑮：722，夹砂灰黄陶。饰一圆形镂孔。圈足径12.7、残高3.2厘米（图

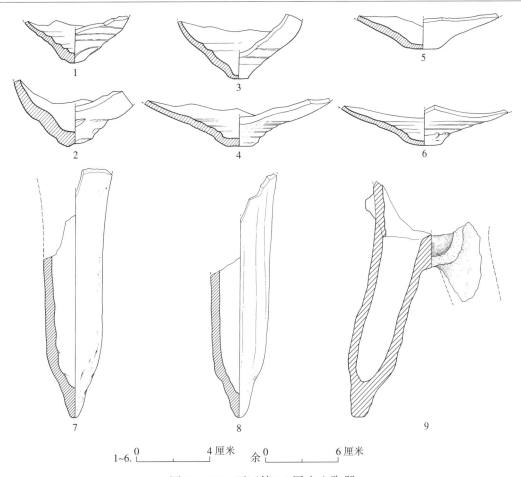

图四一四 西区第15层出土陶器

1～3. Ed 型Ⅲ式器底（ⅠT7213－7214⑮：690、ⅠT7215－7216⑮：554、ⅠT7009－7110⑮：260） 4～6. Ee 型器底
（ⅠT7213－7214⑮：594、ⅠT7011－7112⑮：587、ⅠT7211－7212⑮：236） 7、8. Ab 型袋足（ⅠT6513⑮：72、
ⅠT6613－6714⑮：121） 9. B 型袋足（ⅠT6611－6712⑮：175）

四一五，5）。

Cc 型Ⅰ式 1 件。

标本ⅠT7009－7110⑮：62，夹砂灰黑陶。底部饰戳印纹。圈足径8、残高5.3厘米（图
四一五，6）。

Cc 型Ⅱ式 13 件。

标本ⅠT6613－6714⑮：66，夹砂灰黑陶。圈足径10、残高3.6厘米（图四一五，7）。

标本ⅠT7209－7210⑮：217，夹砂灰黑陶。圈足径14、残高2.8厘米（图四一五，8）。

袋足 5 件。

Ab 型 4 件。

标本ⅠT6513⑮：72，夹砂灰黄陶。残高19.2厘米（图四一四，7）。

标本ⅠT6613－6714⑮：121，夹砂灰黑陶。残高19.5厘米（图四一四，8）。

B 型 1 件。

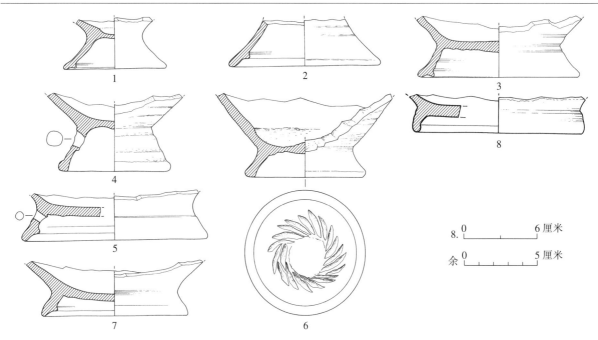

图四一五　西区第 15 层出土陶圈足

1 ~ 3. Ca 型（ⅠT7011 - 7112⑮:129、ⅠT7011 - 7112⑮:34、ⅠT6611 - 6712⑮:8）　4、5. Cb 型（ⅠT7209 - 7210⑮:298、ⅠT7011 - 7112⑮:722）　6. Cc 型 Ⅰ 式（ⅠT7009 - 7110⑮:62）　7、8. Cc 型 Ⅱ 式（ⅠT6613 - 6714⑮:66、ⅠT7209 - 7210⑮:217）

标本 ⅠT6611 - 6712⑮:175，夹砂灰黑陶。残高 18.8 厘米（图四一四，9）。

（2）玉器

6 件。

斧　1 件。A 型。

标本 ⅠT6511 - 6512⑮:1，灰白色，器表有墨色沁斑，不透明。整器打磨较为精细，顶部保留自然断痕。长 12.6、宽 5.7、厚 1.7 厘米（图四一六，1）。

环　1 件。B 型。

标本 ⅠT7009 - 7110⑮:8，器表呈紫红色，带白色沁斑，色彩斑斓。整器制作较为精细。外径 4.2、内径 3.6 厘米（图四一六，2）。

绿松石珠　4 件。

标本 ⅠT6811 - 6912⑮:1，制作较为规整。直径 1、孔径 0.4、高 1.3 厘米（图四一六，3）。

（3）石器

45 件。

锛　3 件。

Aa 型　1 件。

标本 ⅠT7009 - 7110⑮:335，灰色，器表有少量锈斑。器体较大。整器打磨较为规整。顶部残，刃部较钝。残长 12、宽 5.3、厚 1.3 厘米（图四一七，1）。

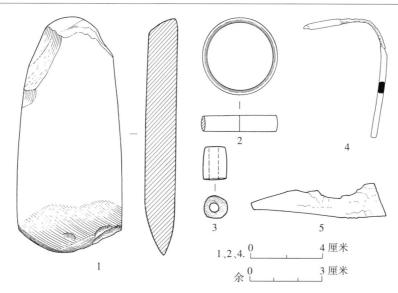

图四一六　西区第 15 层出土器物

1. A 型玉斧（ⅠT6511 – 6512⑮:1）　2. B 型玉环（ⅠT7009 – 7110⑮:8）　3. 绿松石珠（ⅠT6811 –
6912⑮:1）　4. 铜钩（ⅠT7213 – 7214⑮:2）　5. 金器残片（ⅠT6811 – 6912⑮:151）

Ab 型　2 件。

标本ⅠT6611 – 6712⑮:2，灰黑色。器体极小。顶部、器表保留自然断痕，凹凸不平。刃部打磨较为粗糙，偏锋。长 7.6、宽 3.8、厚 0.9 厘米（图四一七，2）。

石璧坯料　42 件。A 型。

标本ⅠT6811 – 6912⑮:141，灰黑色。破裂面及轮边未经打磨。周缘较薄，中部略厚。直径 18.8、厚 1.7 厘米（图四一七，3）。

标本ⅠT6609 – 6710⑮:54，灰黑色。破裂面及轮边未经打磨。周缘较薄，中部略厚。直径 7.3、厚 1.2 厘米（图四一七，4）。

标本ⅠT7009 – 7110⑮:348，灰黑色。破裂面及轮边未经打磨。周缘较薄，中部略厚。直径 8.2、厚 1.8 厘米（图四一七，5）。

标本ⅠT7009 – 7110⑮:12，灰黑色。破裂面及轮边未经打磨。周缘较薄，中部略厚。直径 14.1、厚 2.6 厘米（图四一七，6）。

标本ⅠT7207 – 7208⑮:3，灰黑色。破裂面及轮边未经打磨。周缘较薄，中部略厚。直径 13.1、厚 2.2 厘米（图四一七，7）

标本ⅠT7209 – 7210⑮:863，灰黑色。破裂面及轮边未经打磨。周缘较薄，中部略厚。直径 14.8、厚 2.1 厘米（图四一七，8）。

（4）铜器

3 件。

铜器残件　2 件。残损和锈蚀严重，器形不可辨。标本ⅠT6611 – 6712⑮:4、ⅠT7011 – 7112⑮:1。

钩　1 件。

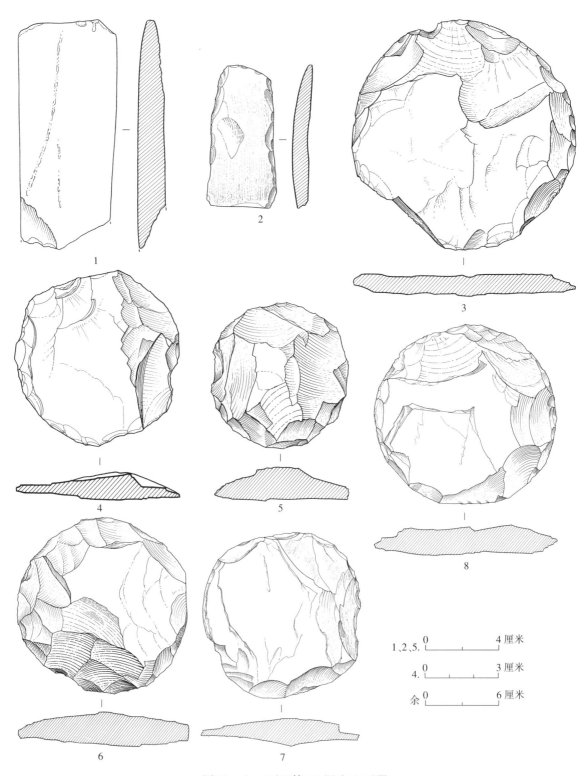

图四一七　西区第 15 层出土石器

1. Aa 型石锛（ⅠT7009－7110⑮：335）　　2. Ab 型石锛（ⅠT6611－6712⑮：2）　　3～8. A 型石璧坯料（ⅠT6811－6912
⑮：141、ⅠT6609－6710⑮：54、ⅠT7009－7110⑮：348、ⅠT7009－7110⑮：12、ⅠT7207－7208⑮：3、ⅠT7209－7210
⑮：863）

标本ⅠT7213-7214⑮:2，中部弯曲。长端长6.4、宽0.4厘米（图四一六，4）。

（5）金器

1件。

金器残片　1件。

标本ⅠT6811-6912⑮:151，呈片状。长5.7、宽1.35厘米（图四一六，5）。

（三一）第14层下遗迹及出土遗物

开口于该层下遗迹有灰坑4个，有H2302、H2303、H2314、H2317（图四一八；见附表一），

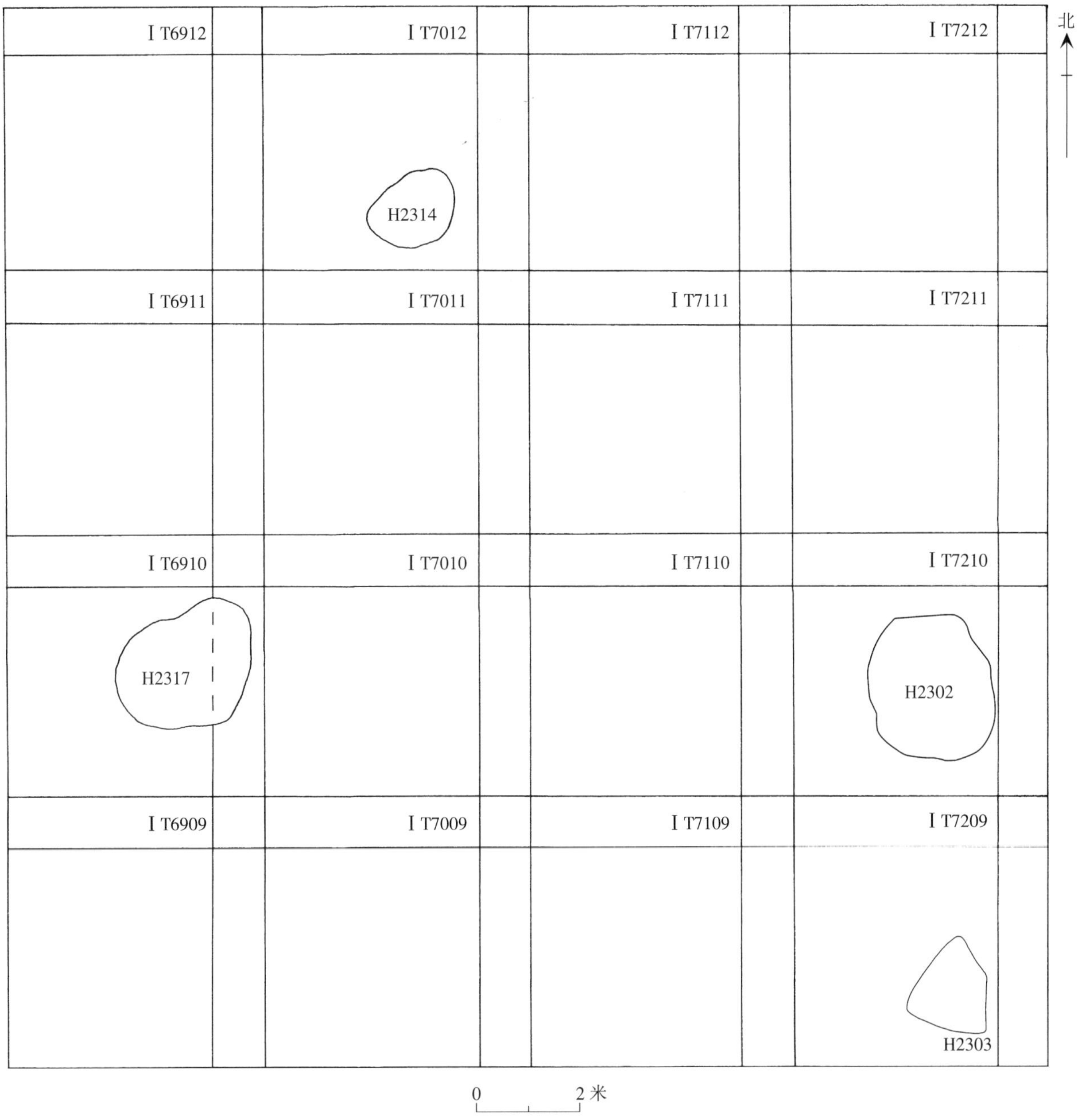

图四一八　西区第14层下遗迹平面分布图

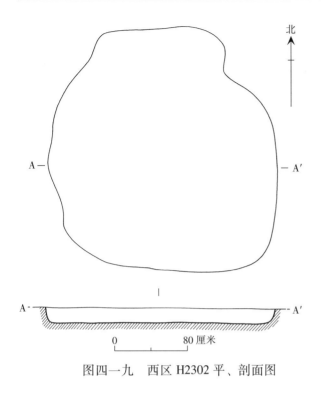

图四一九　西区 H2302 平、剖面图

分述如下。

1. H2302

位于ⅠT7210 东部。开口于第 14 层下，打破第 15 层。平面形状呈不规则形，弧壁，平底。南北长 2.6、东西宽 2.5、深 0.15 米。坑内填土为黑褐色砂土，夹杂少量炭屑、草木灰，湿度重，土质松软。包含物有大量陶片，可辨器形有尖底杯、尖底盏等（图四一九）。

陶器

44 件。

尖底杯　3 件。

Aa 型Ⅱ式　1 件。

标本 H2302∶87，泥质灰黑陶。尖唇。口径 11.4、残高 6.7 厘米（图四二〇，1）。

Ba 型Ⅱ式　1 件。

标本 H2302∶152，泥质灰黑陶。口径 9、残高 7.6 厘米（图四二〇，3）。

Bb 型Ⅱ式　1 件。

标本 H2302∶151，泥质灰黑陶。口径 13.6、残高 5.1 厘米（图四二〇，2）。

尖底盏　4 件。

Aa 型Ⅰ式　1 件。

标本 H2302∶111，夹砂黄褐陶。圆唇。口径 12、残高 3.7 厘米（图四二〇，4）。

Aa 型Ⅱ式　3 件。

标本 H2302∶56，夹砂灰黑陶。圆唇。下腹部饰细弦纹。口径 13、残高 4.2 厘米（图四二〇，5）。

敛口罐　4 件。

Aa 型Ⅰ式　3 件。

标本 H2302∶7，夹砂灰黑陶。方唇。口径 42、残高 4.7 厘米（图四二〇，6）。

标本 H2302∶6，夹砂灰黑陶。圆唇。口径 29、残高 2.9 厘米（图四二〇，7）。

Ba 型　1 件。

标本 H2302∶2，夹砂灰黄陶。方唇。口径 28、残高 3.2 厘米（图四二〇，8）。

高领罐　9 件。

Aa 型Ⅰ式　3 件。

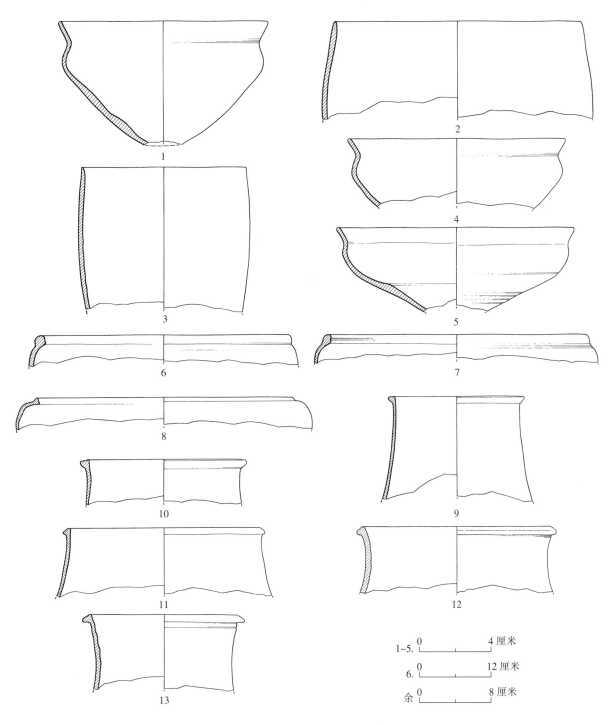

图四二〇　西区 H2302 出土陶器

1. Aa 型 Ⅱ 式尖底杯（H2302∶87）　2. Bb 型 Ⅱ 式尖底杯（H2302∶151）　3. Ba 型 Ⅱ 式尖底杯（H2302∶152）
4. Aa 型 Ⅰ 式尖底盏（H2302∶111）　5. Aa 型 Ⅱ 式尖底盏（H2302∶56）　6、7. Aa 型 Ⅰ 式敛口罐（H2302∶7、
H2302∶6）　8. Ba 型敛口罐（H2302∶2）　9. Aa 型 Ⅰ 式高领罐（H2302∶45）　10. Aa 型 Ⅱ 式高领罐（H2302∶51）
11. E 型高领罐（H2302∶44）　12. Fa 型 Ⅱ 式高领罐（H2302∶43）　13. Fb 型 Ⅱ 式高领罐（H2302∶14）

标本 H2302：45，夹砂灰陶。平折沿，圆唇。口径 15、残高 11.1 厘米（图四二〇，9）。

Aa 型Ⅱ式　2 件。

标本 H2302：51，夹砂灰黄陶。平折沿，圆唇。口径 18、残高 4.7 厘米（图四二〇，10）。

E 型　1 件。

标本 H2302：44，夹砂灰黄陶。外斜折沿，圆唇。口径 22、残高 7.2 厘米（图四二〇，11）。

Fa 型Ⅱ式　2 件。

标本 H2302：43，夹砂灰黄陶。斜折沿，圆唇。口径 22、残高 7 厘米（图四二〇，12）。

Fb 型Ⅱ式　1 件。

H2302：14，夹砂灰黑陶。斜折沿，圆唇。口径 17.6、残高 8 厘米（图四二〇，13）。

束颈罐　7 件。

Af 型　1 件。

标本 H2302：92，夹砂灰黑陶。方唇。肩部饰横向绳纹。口径 16、残高 3.3 厘米（图四二一，1）。

Ca 型Ⅰ式　1 件。

标本 H2302：68，夹砂灰黄陶。方唇。口径 14.8、残高 4.9 厘米（图四二一，2）。

Ca 型Ⅱ式　2 件。

标本 H2302：70，夹砂灰黑陶。方唇。口径 11、残高 2.8 厘米（图四二一，3）。

Cb 型　1 件。

标本 H2302：85，夹砂灰黑陶。方唇。口径 22、残高 3.6 厘米（图四二一，4）。

Cd 型　2 件。

标本 H2302：86，夹砂红褐陶。方唇。口径 13.4、残高 4 厘米（图四二一，5）。

壶　2 件。Ac 型。

标本 H2302：50，夹砂灰黑陶。圆唇。口径 12、残高 10.4 厘米（图四二一，6）。

盆　2 件。

Cc 型　1 件。

标本 H2302：42，夹砂灰黑陶。卷沿。腹部饰两周凹弦纹。口径 42、残高 8.3 厘米（图四二一，7）。

Cd 型　1 件。

标本 H2302：58，外壁夹砂灰黑陶，内壁泥质灰黄陶。仰折沿，圆唇。口径 28、残高 3 厘米（图四二一，8）。

盆形器　1 件。B 型。

标本 H2302：3，夹砂灰黑陶。圆唇。口径 23、残高 3 厘米（图四二一，10）。

豆柄　2 件。Aa 型。

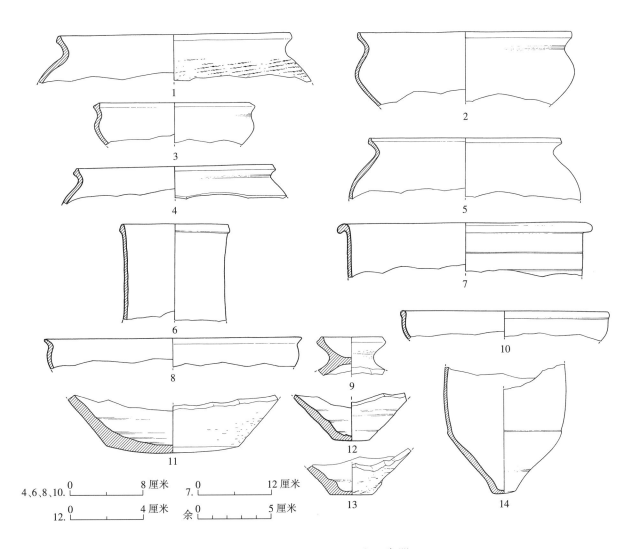

图四二一　西区 H2302 出土陶器

1. Af 型束颈罐（H2302∶92）　2. Ca 型 I 式束颈罐（H2302∶68）　3. Ca 型 II 式束颈罐（H2302∶70）　4. Cb 型束颈罐（H2302∶85）　5. Cd 型束颈罐（H2302∶86）　6. Ac 型壶（H2302∶50）　7. Cc 型盆（H2302∶42）　8. Cd 型盆（H2302∶58）　9. Bc 型器纽（H2302∶156）　10. B 型盆形器（H2302∶3）　11. Ab 型器底（H2302∶162）　12、13. Ec 型器底（H2302∶133、H2302∶161）　14. Ed 型 II 式器底（H2302∶140）

标本 H2302∶1，夹砂灰黑陶。残高 13 厘米（图四二二，4）。

标本 H2302∶105，泥质灰陶，外表施黑衣。残高 8.9 厘米（图四二二，5）。

器纽　1 件。Bc 型。

标本 H2302∶156，夹砂灰黑陶。方唇。纽径 4.7、残高 2.5 厘米（图四二一，9）。

器底　6 件。

Ab 型　1 件。

标本 H2302∶162，夹砂灰褐陶。底径 9、残高 3.9 厘米（图四二一，11）。

Ec 型　2 件。

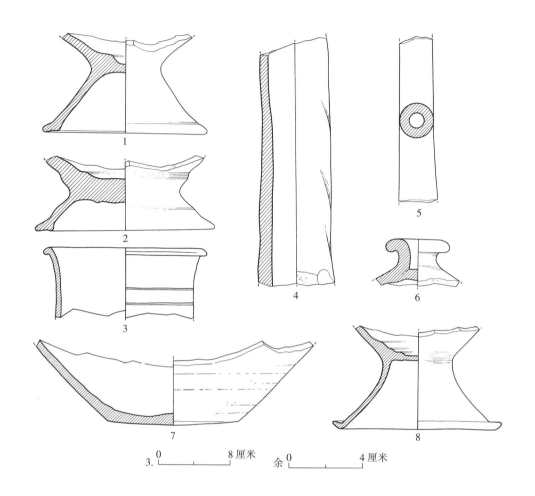

图四二二　西区 H2302、H2303 出土陶器

1、2. Cb 型圈足（H2302：158、H2302：159）　3. Fb 型 I 式高领罐（H2303：3）　4、5. Aa 型豆柄（H2302：1、H2302：105）　6. A 型器纽（H2303：4）　7. Aa 型器底（H2303：2）　8. Bb 型圈足（H2303：1）

标本 H2302：133，泥质灰黑陶。底径 2、残高 2.6 厘米（图四二一，12）。

标本 H2302：161，夹砂灰褐陶。底径 3、残高 3.1 厘米（图四二一，13）。

Ed 型 II 式　3 件。

标本 H2302：140，泥质灰黑陶。下腹部有旋痕。底径 1.6、残高 8.6 厘米（图四二一，14）。

圈足　3 件。Cb 型。

标本 H2302：158，夹砂灰黑陶。圈足径 9、残高 5.3 厘米（图四二二，1）。

标本 H2302：159，夹砂灰黄陶。圈足径 9.7、残高 3.8 厘米（图四二二，2）。

2. H2303

位于 I T7209 东南部。开口于第 14 层下，打破第 15 层。平面形状呈不规则形，直壁，平底。南北长 2.3、东西宽 1.95、深 0.7 米。坑内填土为黑褐色砂黏土，夹杂少量炭屑，湿度重，黏性强，土质松软。包含物以陶片为主，可辨器形有高领罐、器纽、圈足等（图四二三）。

陶器

5件。

高领罐　1件。Fb型Ⅰ式。

标本H2303：3，夹砂灰黑陶。斜卷沿，圆唇。口径18、残高7.4厘米（图四二二，3）。

器纽　1件。A型。

标本H2303：4，夹砂灰黑陶。圆唇。纽径3.5、残高2.5厘米（图四二二，6）。

器底　1件。Aa型。

标本H2303：2，夹砂灰黑陶。底径7.3、残高4.5厘米（图四二二，7）。

圈足　2件。Bb型。

标本H2303：1，泥质灰黑陶。圈足径9.1、残高5.4厘米（图四二二，8；彩版一〇五，6）。

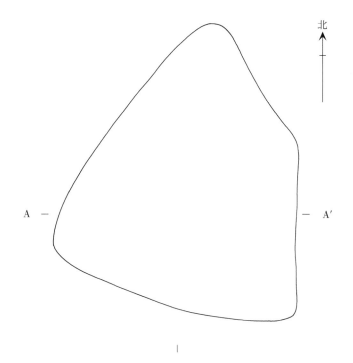

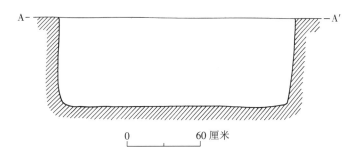

图四二三　西区H2303平、剖面图

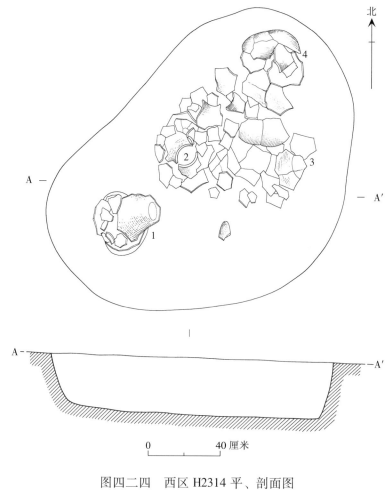

图四二四　西区 H2314 平、剖面图
1~4. 陶矮领罐

3. H2314

位于 I T7012 东南部。开口于第 14 层下，打破第 15 层。平面形状大致呈腰子形，弧壁，平底。长径 1.84、短径 1.31、深 0.29 米。坑内填土为浅褐色砂黏土，夹杂褐色颗粒、石块及零星灰烬，土质较硬。出土遗物仅见陶片（图四二四；彩版一〇四，1）。

陶器

3 件。

矮领罐　2 件。D 型 I 式。

标本 H2314：4，夹砂灰黑陶。平折沿，圆唇。腹部饰一周凹弦纹。口径 13.9、肩径 31.3、底径 7.4、高 29.9 厘米（图四二五，1；彩版一〇五，1）。

器底　1 件。Ab 型。

标本 H2314：7，夹砂灰黄陶。底径 8.3、残高 16.3 厘米（图四二五，6）。

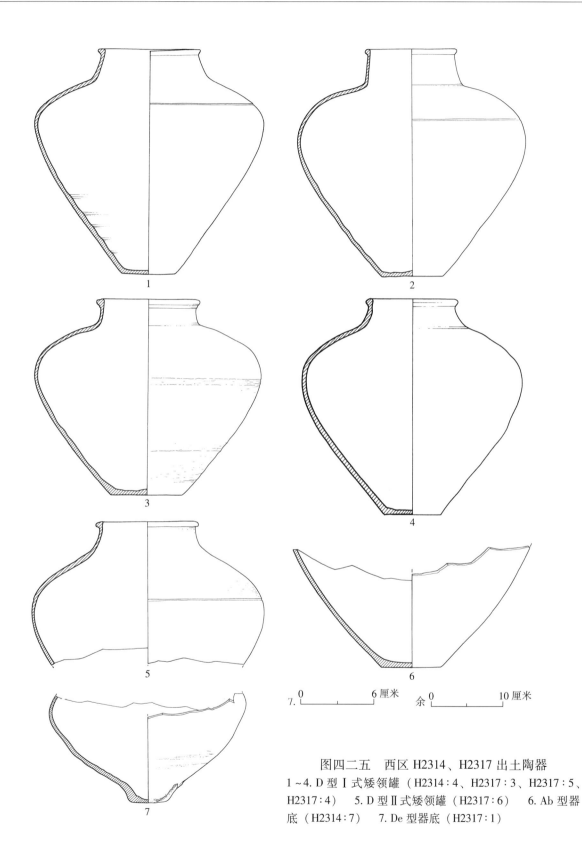

图四二五　西区 H2314、H2317 出土陶器

1 ~ 4. D 型 I 式矮领罐（H2314：4、H2317：3、H2317：5、H2317：4）　5. D 型 II 式矮领罐（H2317：6）　6. Ab 型器底（H2314：7）　7. De 型器底（H2317：1）

4. H2317

位于ⅠT6910东北，部分叠压于东隔梁下。开口于第14层下，打破第15层。平面形状呈不规则形，弧壁，弧底。东西长2.48、南北宽2.4、深0.55米。坑内填土为黄褐色砂黏土，夹杂大量黄色颗粒，结构紧密。出土遗物均为陶器，以夹砂陶为主，可辨器形有矮领罐、器底等（图四二六；彩版一〇四，2）。

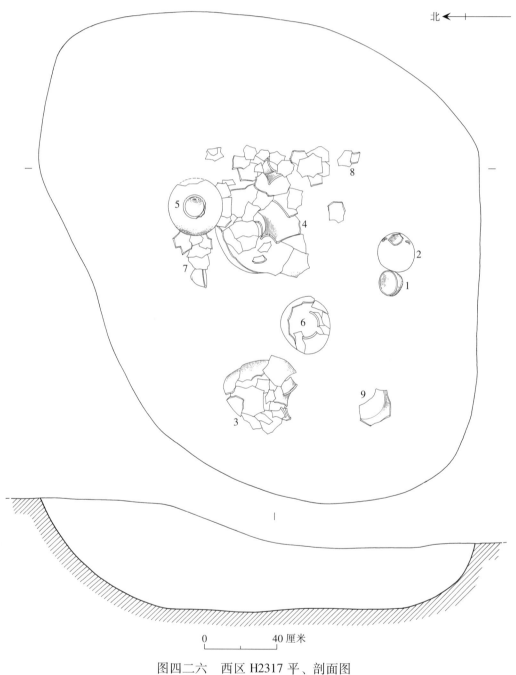

图四二六　西区H2317平、剖面图
1. 陶束颈罐　2. 陶壶　3~6. 陶矮领罐　7. 陶器盖　8. 石璋　9. 陶器底

陶器

5 件。

矮领罐　4 件。

D 型 I 式　3 件。

标本 H2317：3，夹砂灰黄陶。卷沿，圆唇。口径 13、肩径 31.2、底径 8.5、高 30.3 厘米（图四二五，2；彩版一○五，2）。

标本 H2317：5，夹砂灰褐陶。平折沿，圆唇。口径 14、肩径 30.8、底径 9.7、高 26 厘米（图四二五，3；彩版一○五，3）。

标本 H2317：4，夹砂灰黑陶。平卷沿，圆唇。口径 12.8、肩径 30、底径 8.2、高 28.4 厘米（图四二五，4；彩版一○五，4）。

D 型 II 式　1 件。

标本 H2317：6，夹砂灰黑陶。外斜折沿，圆唇。上腹部饰一周凹弦纹。口径 13.8、肩径 31.4、残高 19.1 厘米（图四二五，5）。

器底　1 件。De 型。

标本 H2317：1，夹砂灰黑陶。底径 3.4、残高 8.6 厘米（图四二五，7）。可能为圈足罐脱落的器底。

（三二）第 14 层出土遗物

该层出土遗物有陶器、玉器、石器和铜器，陶片数量较为丰富，共计出土 14462 片，另有玉器 1 件、石器 75 件、铜器 6 件。陶片以夹砂陶为主，占 82.66%。夹砂陶中灰黑陶占 55.50%，灰黄陶占 22.82%，灰褐陶占 11.04%，灰陶占 5.24%，黄褐陶占 3.69%，红褐陶占 1.71%；泥质陶中灰黑陶占 37.65%，灰黄陶占 32.31%，灰陶占 20.10%，灰褐陶占 8.58%，黄褐陶占 1.12%，红陶占 0.20%。夹砂陶中纹饰陶片占 26.43%，其中细线纹占 85.92%，凹弦纹占 6.20%，粗绳纹占 2.72%，网格纹占 1.74%，另有少量细绳纹、压印纹、乳丁纹、凸棱纹，极少量镂孔、圆圈纹、云雷纹、刻划纹等；泥质陶中纹饰陶片占 20.42%，以细线纹和戳印纹为多，分别占 72.85% 和 18.75%，另有少量凸棱纹、凹弦纹、刻划纹，极少量压印纹、乳丁纹（表三○）。陶器可辨器形有尖底杯、尖底盏、尖底罐、小平底罐、瓮形器、敛口罐、高领罐、矮领罐、束颈罐、壶、瓶、盆、瓮、簋形器、桶形器、觚形器、帽形器、圈足豆、圈足、纺轮、豆柄等。玉器仅有 1 件玉锛。石器种类有石璋半成品、斧等。铜器种类有矛、挂饰等。

（1）陶器

尖底杯　7 件。

Ab 型　2 件。

标本 I T7009 - 7110⑭：2，泥质灰黑陶。口径 10.7、底径 1.8、高 9.7 厘米（图四二七，1）。

表三〇　西区第 14 层陶片统计表

纹饰	夹砂陶						小计	百分比（%）	泥质陶							小计	百分比（%）
	灰黑	灰	红褐	灰褐	黄褐	灰黄			灰黑	灰	灰黄	灰褐	青灰	红	黄褐		
素面	4232	584	153	958	400	2468	8795	73.57	662	414	735	158	1	1	24	1995	79.57
细绳纹	11		26	1		1	39	0.33									
粗绳纹	57	1	2	11	1	14	86	0.72									
云雷纹	5			2			7	0.06									
凹弦纹	147		1	16	5	27	196	1.64	10	3	4			1		18	0.72
凸棱纹	9			2		1	12	0.10	8	5	1					14	0.56
刻划纹	4			1	1		6	0.05	5	1		2				8	0.32
镂孔	1					1	2	0.02									
细线纹	2087	41	22	323	34	208	2715	22.71	206	63	52	49		2	1	373	14.88
压印纹	20		4		2		26	0.22				2				2	0.08
网格纹	54			1			55	0.46									
戳印纹	1			1		1	3	0.02	53	17	18	4		1	3	96	3.83
乳丁纹	5	1				3	9	0.07		1						1	0.04
圆圈纹	2					2	4	0.03									
小计	6635	627	204	1320	441	2728	11955		944	504	810	215	1	5	28	2507	
百分比（%）	55.50	5.24	1.71	11.04	3.69	22.82		100.00	37.65	20.10	32.31	8.58	0.04	0.20	1.12		100.0
合计	14462																

标本ⅠT6809－6910⑭：192，泥质灰褐陶。下腹部有细旋痕。口径 12.1、底径 2.1、高 10.2 厘米（图四二七，2）。

Ba 型Ⅱ式　2 件。

标本ⅠT7009－7110⑭：167，泥质灰黄陶。口径 9.3、底径 1.4、高 14 厘米（图四二七，3）。

标本ⅠT7211－7212⑭：65，泥质灰黑陶。口径 8.6、残高 3.1 厘米（图四二七，4）。

Ba 型Ⅲ式　1 件。

标本ⅠT7213－7214⑭：40，泥质灰黄陶。口径 8.2、残高 2.6 厘米（图四二七，5）。

Ca 型Ⅰ式　2 件。

标本ⅠT7213－7214⑭：105，泥质灰黑陶。残高 7.1 厘米（图四二七，7）。

尖底盏　23 件。

Aa 型Ⅱ式　1 件。

标本ⅠT7209－7210⑭：16，泥质灰黑陶。尖圆唇。口径 11.8、高 5.4 厘米（图四二八，1）。

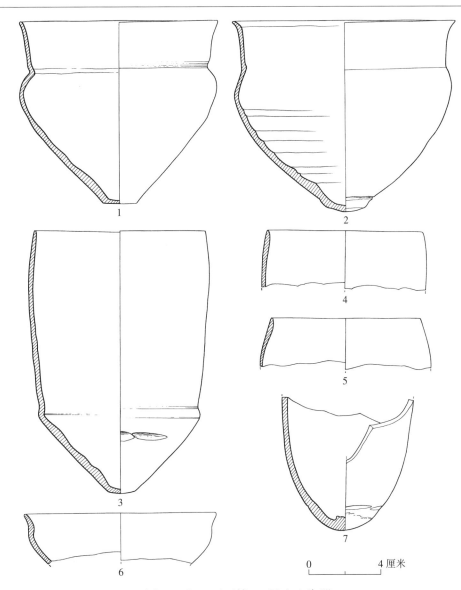

图四二七　西区第14层出土陶器

1、2. Ab 型尖底杯（ⅠT7009－7110⑭：2、ⅠT6809－6910⑭：192）　3、4. Ba 型Ⅱ式尖底杯
（ⅠT7009－7110⑭：167、ⅠT7211－7212⑭：65）　5. Ba 型Ⅲ式尖底杯（ⅠT7213－7214⑭：40）
6. Ac 型Ⅱ式尖底盏（ⅠT7211－7212⑭：21）　7. Ca 型Ⅰ式尖底杯（ⅠT7213－7214⑭：105）

Ac 型Ⅱ式　1件。

标本ⅠT7211－7212⑭：21，夹砂灰黑陶。圆唇。口径10.5、残高2.8厘米（图四二七，6）。

Ba 型Ⅰ式　5件。

标本ⅠT7211－7212⑭：45，夹砂灰黑陶。圆唇。口径12、肩径13、残高3.1厘米（图四二八，3）。

Ba 型Ⅱ式　7件。

标本ⅠT7013－7114⑭：5，夹砂灰黑陶。圆唇。下腹部为螺旋状。口径10.6、肩径11.3、高3.6厘米（图四二八，2）。

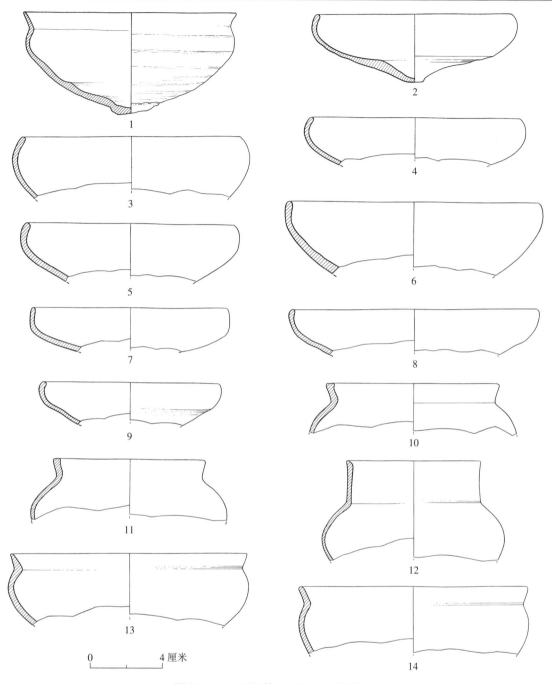

图四二八　西区第14层出土陶器

1. Aa 型Ⅱ式尖底盏（ⅠT7209－7210⑭：16）　2、4、5. Ba 型Ⅱ式尖底盏（ⅠT7013－7114⑭：5、ⅠT7213－7214⑭：309、ⅠT7213－7214⑭：290）　3. Ba 型Ⅰ式尖底盏（ⅠT7211－7212⑭：45）　6. Bd 型Ⅰ式尖底盏（ⅠT7213－7214⑭：351）　7. Bd 型Ⅱ式尖底盏（ⅠT7213－7214⑭：428）　8、9. Bb 型Ⅱ式尖底盏（ⅠT7013－7114⑭：22、ⅠT7009－7110⑭：104）　10. Aa 型尖底罐（ⅠT7213－7214⑭：249）　11. Ab 型尖底罐（ⅠT7013－7114⑭：89）　12. B 型Ⅱ式尖底罐（ⅠT7011－7112⑭：36）　13. Bb 型小平底罐（ⅠT7215－7216⑭：51）　14. Be 型Ⅰ式小平底罐（ⅠT6809－6910⑭：63）

标本ⅠT7213－7214⑭：309，夹砂灰黑陶。圆唇。口径11.5、肩径12、残高2.5厘米（图四二八，4）。

标本ⅠT7213－7214⑭：290，夹砂灰黑陶。圆唇。口径11.5、肩径12、残高3.1厘米

（图四二八，5）。

Bb 型 II 式 5件。

标本 I T7013 – 7114⑭：22，泥质灰黑陶。圆唇。口径13.4、残高2.4厘米（图四二八，8）。

标本 I T7009 – 7110⑭：104，夹砂灰黑陶。圆唇。口径9.8、肩径10.3、残高2.2厘米（图四二八，9）。

Bd 型 I 式 1件。

标本 I T7213 – 7214⑭：351，夹砂灰黑陶。圆唇。口径14、残高3.8厘米（图四二八，6）。

Bd 型 II 式 3件。

标本 I T7213 – 7214⑭：428，夹砂灰黑陶。圆唇。口径10.8、肩径11、残高2.3厘米（图四二八，7）。

尖底罐 6件。

Aa 型 4件。

标本 I T7213 – 7214⑭：249，夹砂灰黑陶。沿面微凹，方唇。口径9.4、残高2.8厘米（图四二八，10）。

Ab 型 1件。

标本 I T7013 – 7114⑭：89，夹砂灰黑陶。方唇。口径8.4、残高3.2厘米（图四二八，11）。

B 型 II 式 1件。

标本 I T7011 – 7112⑭：36，夹砂灰黑陶，外壁附着烟炱。尖圆唇。口径7.2、肩径9.9、残高5.3厘米（图四二八，12）。

小平底罐 3件。

Bb 型 1件。

标本 I T7215 – 7216⑭：51，夹砂灰黑陶。尖唇。口径13、肩径13.2、残高3.8厘米（图四二八，13）。

Be 型 I 式 2件。

标本 I T6809 – 6910⑭：63，夹砂灰黑陶。圆唇。口径12.4、肩径12.4、残高3.6厘米（图四二八，14）。

瓮形器 4件。

B 型 1件。

标本 I T7011 – 7112⑭：193，夹砂灰黑陶。圆唇。残高3.5厘米（图四二九，7）。

Da 型 2件。

标本 I T7011 – 7112⑭：192，夹砂灰黑陶。方唇。唇部饰绳纹。口径22、残高2厘米（图四二九，8）。

Db 型 1件。

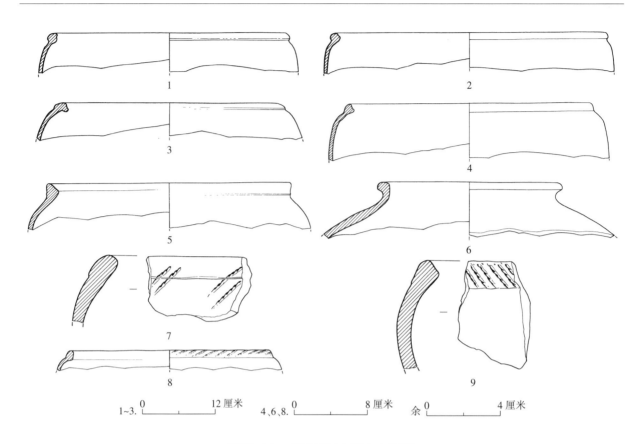

图四二九　西区第 14 层出土陶器

1、2. Aa 型 I 式敛口罐（I T7011 - 7112⑭：498、I T7011 - 7112⑭：606）　3、4. Ac 型敛口罐（I T7213 - 7214⑭：171、I T7211 - 7212⑭：103）　5. Ba 型敛口罐（I T7215 - 7216⑭：133）　6. Bc 型敛口罐（I T7215 - 7216⑭：13）　7. B 型瓮形器（I T7011 - 7112⑭：193）　8. Da 型瓮形器（I T7011 - 7112⑭：192）　9. Db 型瓮形器（I T7215 - 7216⑭：126）

标本 I T7215 - 7216⑭：126，夹砂灰陶。方唇。唇部饰绳纹。残高 5.7 厘米（图四二九，9）。

敛口罐　27 件。

Aa 型 I 式　4 件。

标本 I T7011 - 7112⑭：498，夹砂灰黄陶。方唇。口径 40、残高 5.7 厘米（图四二九，1）。

标本 I T7011 - 7112⑭：606，夹砂灰黄陶。方唇。口径 46、残高 6.6 厘米（图四二九，2）。

Ac 型　8 件。

标本 I T7213 - 7214⑭：171，夹砂灰黑陶。沿面凹，方唇。口径 38、残高 5.8 厘米（图四二九，3）。

标本 I T7211 - 7212⑭：103，夹砂灰黄陶。方唇。口径 27、残高 6 厘米（图四二九，4）。

Ba 型　2 件。

标本 I T7215 - 7216⑭：133，夹砂灰黄陶。尖唇。口径 13.4、残高 2.5 厘米（图四二九，5）。

Bc 型　4 件。

标本 I T7215 - 7216⑭：13，夹砂灰黑陶。卷沿，圆唇。口径 20、残高 5.8 厘米（图四二九，6）。

标本ⅠT7011 – 7112⑭：12，夹砂灰黑陶。方唇。口径14.2、残高2.5厘米（图四三〇，1）。

标本ⅠT7009 – 7110⑭：71，夹砂灰黑陶。方唇。口径20、残高4厘米（图四三〇，2）。

Ca 型Ⅰ式　1件。

标本ⅠT7211 – 7212⑭：3，夹砂灰黄陶。方唇。口径34、残高6.6厘米（图四三〇，4）。

Ca 型Ⅱ式　2件。

标本ⅠT7213 – 7214⑭：175，夹砂灰黑陶。方唇。口径26、残高4.2厘米（图四三〇，6）。

Cb 型Ⅱ式　3件。

标本ⅠT7011 – 7112⑭：33，夹砂灰黑陶。方唇。口径32、残高5厘米（图四三〇，5）。

标本ⅠT7215 – 7216⑭：123，夹砂灰黑陶。沿面凹，方唇。肩部有轮制痕迹。口径26、残高5.2厘米（图四三〇，7）。

标本ⅠT7213 – 7214⑭：213，夹砂灰黑陶。方唇。残高2.9厘米（图四三〇，8）。

Cc 型Ⅰ式　2件。

标本ⅠT7213 – 7214⑭：181，夹砂灰黑陶。方唇。口径24、残高3.7厘米（图四三〇，3）。

Db 型　1件。

标本ⅠT7009 – 7110⑭：13，夹砂灰陶。方唇。口长径34、短径23、底径7.8、高19.8厘米（图四三〇，9；彩版一〇五，5）。

高领罐　21件。

Aa 型Ⅰ式　1件。

标本ⅠT7009 – 7110⑭：138，夹砂灰黑陶。圆唇。口径15.2、残高8.6厘米（图四三〇，10）。

Aa 型Ⅱ式　3件。

标本ⅠT7215 – 7216⑭：121，夹砂灰黄陶。斜折沿，圆唇。领部饰一周凹弦纹。口径16.6、残高5.4厘米（图四三〇，11）。

标本ⅠT7215 – 7216⑭：15，夹砂灰黑陶。平折沿，沿面微凹，圆唇。领部饰一周凹弦纹。口径14、残高5.9厘米（图四三〇，12）。

B 型　2件。

标本ⅠT7213 – 7214⑭：123，泥质灰黄陶。仰卷沿，圆唇。口径12、残高3.4厘米（图四三〇，13）。

标本ⅠT7011 – 7112⑭：80，夹砂灰黑陶。卷沿，圆唇。口径15.1、残高4.8厘米（图四三〇，14）。

D 型　4件。

标本ⅠT7009 – 7110⑭：112，夹砂灰黑陶。平卷沿，圆唇。口径18.4、残高2.9厘米（图四三〇，15）。

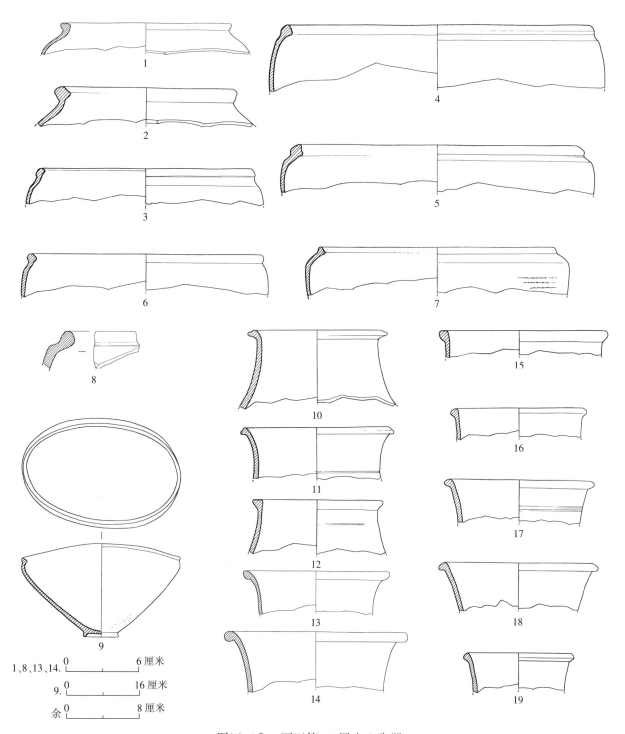

图四三〇　西区第 14 层出土陶器

1、2. Bc 型敛口罐（ⅠT7011 - 7112⑭：12、ⅠT7009 - 7110⑭：71）　3. Cc 型Ⅰ式敛口罐（ⅠT7213 - 7214⑭：181）
4. Ca 型Ⅰ式敛口罐（ⅠT7211 - 7212⑭：3）　5、7、8. Cb 型Ⅱ式敛口罐（ⅠT7011 - 7112⑭：33、ⅠT7215 - 7216⑭：123、ⅠT7213 - 7214⑭：213）　6. Ca 型Ⅱ式敛口罐（ⅠT7213 - 7214⑭：175）　9. Db 型敛口罐（ⅠT7009 - 7110⑭：13）　10. Aa 型Ⅰ式高领罐（ⅠT7009 - 7110⑭：138）　11、12. Aa 型Ⅱ式高领罐（ⅠT7215 - 7216⑭：121、ⅠT7215 - 7216⑭：15）　13、14. B 型高领罐（ⅠT7213 - 7214⑭：123、ⅠT7011 - 7112⑭：80）　15、16. D 型高领罐（ⅠT7009 - 7110⑭：112、ⅠT7013 - 7114⑭：128）　17、18. Fa 型Ⅰ式高领罐（ⅠT6809 - 6910⑭：211、ⅠT7009 - 7110⑭：134）　19. Fa 型Ⅱ式高领罐（ⅠT7011 - 7112⑭：245）

标本ⅠT7013－7114⑭：128，夹砂黄褐陶。斜卷沿，圆唇。口径14.8、残高3.2厘米（图四三〇，16）。

Fa型Ⅰ式　6件。

标本ⅠT6809－6910⑭：211，夹砂灰黑陶。斜卷沿，圆唇。领部饰两周凹弦纹。口径16、残高4.8厘米（图四三〇，17）。

标本ⅠT7009－7110⑭：134，夹砂灰黄陶。斜卷沿，圆唇。口径17、残高5厘米（图四三〇，18）。

Fa型Ⅱ式　5件。

标本ⅠT7011－7112⑭：245，夹砂灰黑陶。斜卷沿，圆唇。口径12、残高4.1厘米（图四三〇，19）。

矮领罐　63件。

A型Ⅰ式　18件。

标本ⅠT7011－7112⑭：220，夹砂灰黄陶。口沿和内壁为泥质，制作较精细。外斜卷沿，圆唇。口径19.4、残高3.4厘米（图四三一，1）。

标本ⅠT7015－7116⑭：25，夹砂灰黑陶。外斜卷沿，圆唇。口径22、残高4.9厘米（图四三一，2）。

A型Ⅱ式　3件。

标本ⅠT7215－7216⑭：140，夹砂灰黄陶。外斜卷沿，圆唇。口径16.6、残高3.8厘米（图四三一，3）。

B型Ⅰ式　6件。

标本ⅠT7011－7112⑭：232，夹砂灰黑陶。外斜折沿，圆唇。口径15.4、残高5.3厘米（图四三一，4）。

标本ⅠT6809－6910⑭：182，夹砂灰黑陶。外斜折沿，圆唇。口径16、残高8.1厘米（图四三一，5）。

B型Ⅱ式　11件。

标本ⅠT7213－7214⑭：155，夹砂灰黑陶。外斜卷沿，圆唇。口径18、残高6.3厘米（图四三一，6）。

D型Ⅰ式　7件。

标本ⅠT7011－7112⑭：219，夹砂灰黄陶。外斜卷沿，圆唇。口径14.6、残高4厘米（图四三一，7）。

标本ⅠT6809－6910⑭：183，夹砂灰黄陶。平卷沿，圆唇。口径14、残高9.3厘米（图四三一，8）。

D型Ⅱ式　18件。

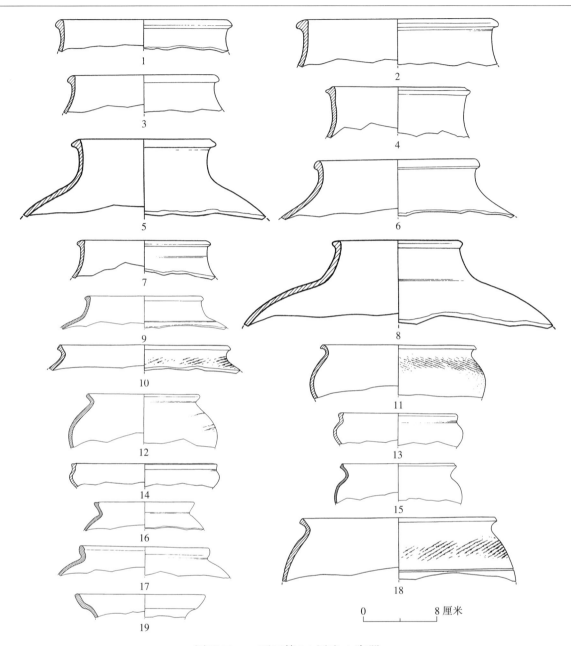

图四三一　西区第 14 层出土陶器

1、2. A 型 I 式矮领罐（I T7011－7112⑭：220、I T7015－7116⑭：25）　3. A 型 II 式矮领罐（I T7215－7216⑭：140）
4、5. B 型 I 式矮领罐（I T7011－7112⑭：232、I T6809－6910⑭：182）　6. B 型 II 式矮领罐（I T7213－7214⑭：155）
7、8. D 型 I 式矮领罐（I T7011－7112⑭：219、I T6809－6910⑭：183）　9. D 型 II 式矮领罐（I T7011－7112⑭：99）
10. Aa 型束颈罐（I T6809－6910⑭：29）　11. Ab 型 II 式束颈罐（I T6809－6910⑭：150）　12. Ba 型束颈罐
（I T6809－6910⑭：78）　13. Ca 型 I 式束颈罐（I T7011－7112⑭：92）　14. Ca 型 II 式束颈罐（I T7213－7214⑭：
468）　15. Cc 型束颈罐（I T7215－7216⑭：22）　16、17. Cd 型束颈罐（I T7213－7214⑭：360、I T7011－7112⑭：
40）　18. Ac 型 I 式束颈罐（I T6809－6910⑭：76）　19. A 型 I 式盘口罐（I T7011－7112⑭：81）

　　标本 I T7011－7112⑭：99，泥质灰褐陶。外斜卷沿，圆唇。肩部饰一周凹弦纹。口径 13、残高 3.5 厘米（图四三一，9）。

　　束颈罐　14 件。

Aa 型　1 件。

标本ⅠT6809－6910⑭：29，夹砂灰黑陶。方唇。肩部饰成组斜向绳纹。口径 18.8、残高 2.9 厘米（图四三一，10）。

Ab 型Ⅱ式　1 件。

标本ⅠT6809－6910⑭：150，夹砂灰黑陶。方唇。肩部饰成组斜向绳纹。口径 16.6、残高 5.5 厘米（图四三一，11）。

Ac 型Ⅰ式　1 件。

标本ⅠT6809－6910⑭：76，夹砂灰黑陶。肩部饰绳纹及一周凹弦纹。口径 21.4、残高 6.6 厘米（图四三一，18）。

Ba 型　2 件。

标本ⅠT6809－6910⑭：78，夹砂灰黑陶。方唇。口径 12.6、残高 5.8 厘米（图四三一，12）。

Ca 型Ⅰ式　2 件。

标本ⅠT7011－7112⑭：92，夹砂灰黑陶。方唇。口径 13、残高 3.5 厘米（图四三一，13）。

Ca 型Ⅱ式　2 件。

标本ⅠT7213－7214⑭：468，夹砂灰黑陶。方唇。口径 16、残高 2.5 厘米（图四三一，14）。

Cc 型　1 件。

标本ⅠT7215－7216⑭：22，夹砂灰黑陶。方唇。口径 12.6、残高 4.1 厘米（图四三一，15）。

Cd 型　4 件。

标本ⅠT7213－7214⑭：360，夹砂灰黑陶。方唇。口径 11、残高 3.1 厘米（图四三一，16）。

标本ⅠT7011－7112⑭：40，夹砂灰黑陶。尖圆唇。口径 14.4、残高 3.4 厘米（图四三一，17）。

盘口罐　1 件。A 型Ⅰ式。

标本ⅠT7011－7112⑭：81，夹砂灰黑陶。圆唇。口径 14.3、残高 2.5 厘米（图四三一，19）。

壶　2 件。Ad 型。

标本ⅠT7011－7112⑭：240，夹砂灰黄陶。圆唇。口径 11.4、残高 7.9 厘米（图四三二，1）。

瓶　1 件。Aa 型Ⅱ式。

标本ⅠT7211－7212⑭：2，夹砂灰黑陶。卷沿，圆唇。口径 14.2、腹径 12.8、底径 4.1、高 28.5 厘米（图四三二，4）。

盆　20 件。

Ca 型　3 件。

标本ⅠT7009－7110⑭：9，夹砂灰黄陶。仰卷沿，方唇。腹部饰两周凹弦纹。口径 23、残高 4.4 厘米（图四三二，2）。

标本ⅠT6809－6910⑭：82，夹砂灰黑陶。仰折沿，圆唇。腹部饰一周凹弦纹。口径 30、残高 7.5 厘米（图四三二，3）。

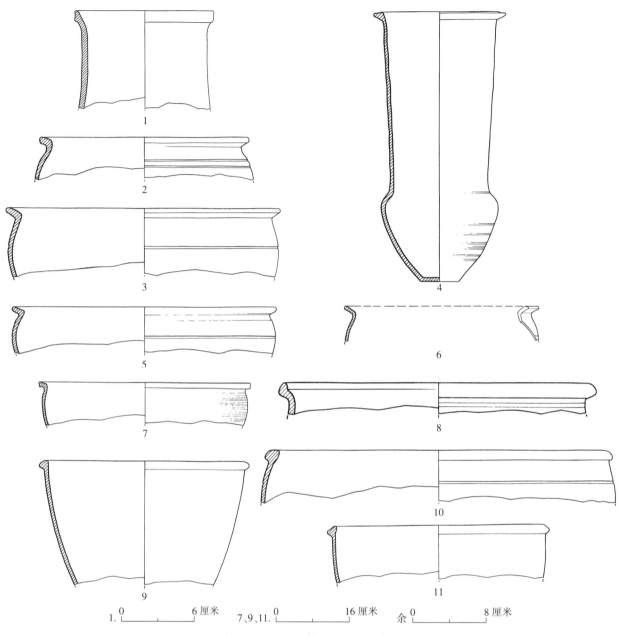

图四三二　西区第14层出土陶器

1. Ad 型壶（ⅠT7011 - 7112⑭：240）　　2、3、5. Ca 型盆（ⅠT7009 - 7110⑭：9、ⅠT6809 - 6910⑭：82、ⅠT7213 - 7214⑭：28）　4. Aa 型Ⅱ式瓶（ⅠT7211 - 7212⑭：2）　6. Cc 型盆（ⅠT7215 - 7216⑭：166）　7. Cd 型盆（ⅠT7009 - 7110⑭：48）　8. D 型盆（ⅠT7009 - 7110⑭：6）　9、11. Eb 型盆（ⅠT7209 - 7210⑭：15、ⅠT7213 - 7214⑭：346）　10. Ea 型Ⅰ式盆（ⅠT7011 - 7112⑭：50）

标本ⅠT7213 - 7214⑭：28，夹砂灰黑陶。折沿，圆唇。腹部饰一周凹弦纹。口径29.2、残高5厘米（图四三二，5）。

Cc 型　2件。

标本ⅠT7215 - 7216⑭：166，泥质灰黑陶。仰卷沿，圆唇。腹部饰一周凹弦纹。残高3.6厘米（图四三二，6）。

Cd 型　1 件。

标本 Ⅰ T7009 – 7110⑭：48，夹砂灰黄陶。仰卷沿，方唇。腹部有细旋痕。口径 46.4、残高 9.2 厘米（图四三二，7）。

D 型　1 件。

标本 Ⅰ T7009 – 7110⑭：6，夹砂灰褐陶。领部饰弦纹。口径 35、残高 3.3 厘米（图四三二，8）。

Ea 型 Ⅰ 式　2 件。

标本 Ⅰ T7011 – 7112⑭：50，夹砂灰黑陶。圆唇。腹部饰一周凹弦纹。口径 38、残高 5.7 厘米（图四三二，10）。

Eb 型　5 件。

标本 Ⅰ T7209 – 7210⑭：15，夹砂灰黑陶。卷沿。口径 46、残高 26.2 厘米（图四三二，9）。

标本 Ⅰ T7213 – 7214⑭：346，夹砂灰黑陶。卷沿。口径 48、残高 11.5 厘米（图四三二，11）。

Ec 型　4 件。

标本 Ⅰ T7211 – 7212⑭：13，夹砂灰黄陶。圆唇。腹部饰乳丁纹及一周凹弦纹。口径 28、残高 5.6 厘米（图四三三，1）。

标本 Ⅰ T7015 – 7116⑭：24，夹砂灰黑陶。圆唇。口径 30、残高 3.7 厘米（图四三三，2）。

标本 Ⅰ T7013 – 7114⑭：60，夹砂灰黄陶。圆唇。口径 42、残高 8 厘米（图四三三，3）。

Ed 型　1 件。

标本 Ⅰ T7215 – 7216⑭：14，夹砂灰黑陶。平折沿，沿面微凹，圆唇。口径 28、残高 4.2 厘米（图四三三，4）。

F 型　1 件。

标本 Ⅰ T7011 – 7112⑭：52，夹砂灰褐陶。卷沿，方唇。口径 38、残高 8.2 厘米（图四三三，5）。

瓮　9 件。

Ba 型　5 件。

标本 Ⅰ T6809 – 6910⑭：216，夹砂灰黄陶。圆唇。口径 33、残高 2.7 厘米（图四三四，1）。

Ca 型　1 件。

标本 Ⅰ T7015 – 7116⑭：17，夹砂灰黑陶。方唇。口径 47、残高 6.6 厘米（图四三四，2）。

Cc 型 Ⅱ 式　2 件。

标本 Ⅰ T7211 – 7212⑭：9，夹砂灰黑陶。方唇。口径 38.2、残高 7 厘米（图四三四，3）。

Cd 型 Ⅱ 式　1 件。

标本 Ⅰ T7213 – 7214⑭：158，夹砂灰黑陶。圆唇。口径 31.8、残高 7.2 厘米（图四三四，6）。

缸　6 件。

Eb 型　1 件。

标本 Ⅰ T7011 – 7112⑭：407，夹砂灰黄陶。卷沿。口径 58、残高 20 厘米（图四三四，4）。

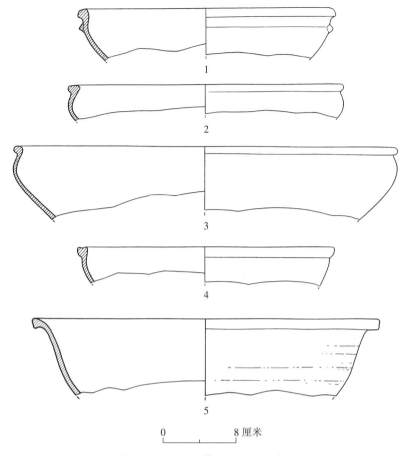

图四三三　西区第 14 层出土陶盆

1~3. Ec 型（ⅠT7211－7212⑭：13、ⅠT7015－7116⑭：24、ⅠT7013－7114⑭：60）　4. Ed 型（ⅠT7215－7216⑭：14）
5. F 型（ⅠT7011－7112⑭：52）

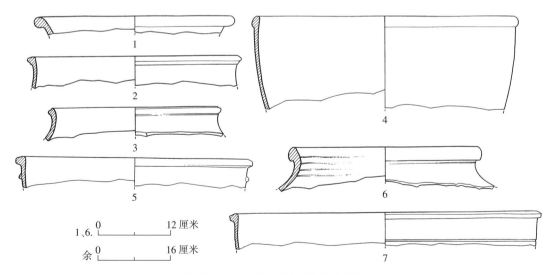

图四三四　西区第 14 层出土陶器

1. Ba 型瓮（ⅠT6809－6910⑭：216）　2. Ca 型瓮（ⅠT7015－7116⑭：17）　3. Cc 型Ⅱ式瓮（ⅠT7211－7212⑭：9）
4. Eb 型缸（ⅠT7011－7112⑭：407）　5、7. Ec 型缸（ⅠT6613－6714⑭：191、ⅠT7213－7214⑭：173）　6. Cd 型
Ⅱ式瓮（ⅠT7213－7214⑭：158）

Ec 型　5 件。

标本ⅠT7213 - 7214⑭：173，夹砂灰黑陶。折沿。腹部饰一周凹弦纹。口径 68、残高 7.7 厘米（图四三四，7）。

标本ⅠT6613 - 6714⑭：191，夹砂灰黑陶。折沿。腹部饰一个乳丁纹。口径 52、残高 6.2 厘米（图四三四，5）。

杯　2 件。

Ba 型　2 件。

标本ⅠT7013 - 7114⑭：7，夹砂灰陶。器表有轮制痕迹。口径 7.2、腹径 7.5、圈足径 4.1、高 9.1 厘米（图四三五，1；彩版一〇六，1）。

标本ⅠT7013 - 7114⑭：6，夹砂灰黑陶。口径 5.2、腹径 5.7、残高 6 厘米（图四三五，2；彩版一〇六，2）。

簋形器　4 件。

Ac 型Ⅰ式　1 件。

标本ⅠT7013 - 7114⑭：126，夹砂灰黄陶。沿面平。口径 27、残高 5.8 厘米（图四三五，3）。

Ba 型Ⅰ式　3 件。

标本ⅠT6809 - 6910⑭：163，夹砂灰黑陶。沿面弧。口径 24.6、残高 3.8 厘米（图四三五，4）。

桶形器　1 件。Cb 型。

标本ⅠT7213 - 7214⑭：341，夹砂灰黑陶。圆唇。口径 30、残高 10.5 厘米（图四三五，5）。

瓠形器　1 件。A 型。

标本ⅠT6809 - 6910⑭：56，夹砂灰黑陶。底径 4.5、残高 4.6 厘米（图四三五，6）。

盆形器　3 件。

B 型　1 件。

标本ⅠT7213 - 7214⑭：190，夹砂灰黑陶。圆唇。口径 22、残高 2.5 厘米（图四三五，7）。

Ca 型　1 件。

标本ⅠT6809 - 6910⑭：60，夹砂灰黑陶。尖唇。口径 20、残高 3.5 厘米（图四三五，8）。

Cb 型　1 件。

标本ⅠT7011 - 7112⑭：32，夹砂灰黑陶。圆唇。口径 30.4、残高 5 厘米（图四三五，9）。

帽形器　1 件。

标本ⅠT7213 - 7214⑭：1，夹砂灰黄陶。圆唇。口径 7、高 3.2 厘米（图四三五，10）。

圈足豆　1 件。

标本ⅠT6809 - 6910⑭：57，夹砂灰黄陶。口和底均残。足壁饰圆形镂孔。残高 11.9 厘米（图四三五，11）。

豆盘　16 件。

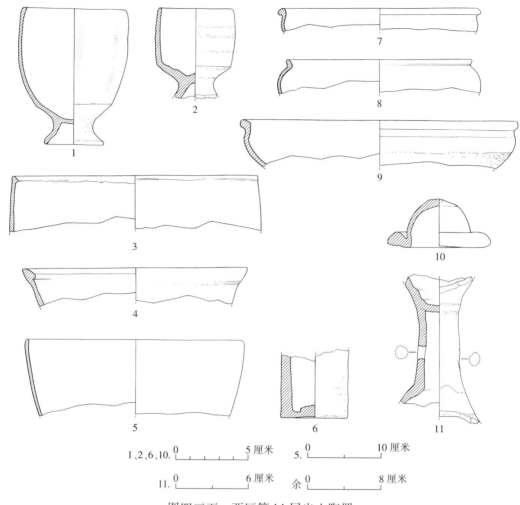

图四三五　西区第 14 层出土陶器

1、2. Ba 型杯（ⅠT7013－7114⑭：7、ⅠT7013－7114⑭：6）　3. Ac 型Ⅰ式簋形器（ⅠT7013－7114⑭：126）
4. Ba 型Ⅰ式簋形器（ⅠT6809－6910⑭：163）　5. Cb 型桶形器（ⅠT7213－7214⑭：341）　6. A 型瓠形器
（ⅠT6809－6910⑭：56）　7. B 型盆形器（ⅠT7213－7214⑭：190）　8. Ca 型盆形器（ⅠT6809－6910⑭：60）
9. Cb 型盆形器（ⅠT7011－7112⑭：32）　10. 帽形器（ⅠT7213－7214⑭：1）　11. 圈足豆（ⅠT6809－
6910⑭：57）

Ba 型　2 件。

标本ⅠT7215－7216⑭：165，泥质灰黑陶。盘部饰一周凹弦纹。残高 13.6 厘米（图四三六，4）。

Da 型　8 件。

标本ⅠT6809－6910⑭：180，夹砂灰黄陶。方唇。口径 64.8、残高 3.3 厘米（图四三六，1）。

标本ⅠT7009－7110⑭：94，夹砂灰陶。圆唇。残高 2.7 厘米（图四三六，2）。

Db 型　6 件。

标本ⅠT7009－7110⑭：137，夹砂灰黑陶。圆唇。残高 3.7 厘米（图四三六，3）。

豆柄　28 件。

Aa 型　24 件。

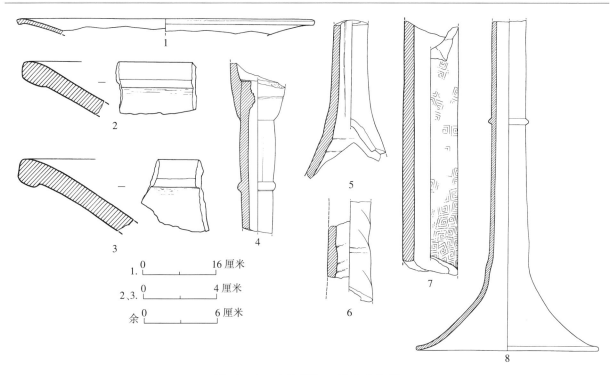

图四三六　西区第 14 层出土陶器

1、2. Da 型豆盘（ⅠT6809 – 6910⑭：180、ⅠT7009 – 7110⑭：94）　3. Db 型豆盘（ⅠT7009 – 7110⑭：137）
4. Ba 型豆盘（ⅠT7215 – 7216⑭：165）　5、7. Aa 型豆柄（ⅠT6809 – 6910⑭：200、ⅠT7013 – 7114⑭：92）
6. Ad 型豆柄（ⅠT7011 – 7112⑭：276）　　8. Ac 型豆柄（ⅠT7211 – 7212⑭：104）

标本ⅠT6809 – 6910⑭：200，夹砂灰黄陶。残高 12.8 厘米（图四三六，5）。

标本ⅠT7013 – 7114⑭：92，夹砂灰黑陶。柄部遍饰云雷纹。残高 20.3 厘米（图四三六，7）。

Ac 型　2 件。

标本ⅠT7211 – 7212⑭：104，夹砂灰黄陶。圈足径 15、残高 26.2 厘米（图四三六，8）。

Ad 型　2 件。

标本ⅠT7011 – 7112⑭：276，夹砂灰黑陶。残高 8.1 厘米（图四三六，6）。

器纽　3 件。

Ba 型　1 件。

标本ⅠT7215 – 7216⑭：76，夹砂灰黑陶。圆唇。纽径 3.3、残高 2.2 厘米（图四三七，8）。

Da 型Ⅱ式　2 件。

标本ⅠT7209 – 7210⑭：147，夹砂灰黑陶。方唇。口径 11.6、残高 5.6 厘米（图四三七，7）。

器座　12 件。

Aa 型Ⅰ式　1 件。

标本ⅠT7011 – 7112⑭：194，夹砂灰黑陶。上径 32.4、下径 34、高 12.2 厘米（图四三七，1）。

B 型　1 件。

标本ⅠT7011 – 7112⑭：31，夹砂灰黄陶。直径 21.2、残高 5.7 厘米（图四三七，2）。

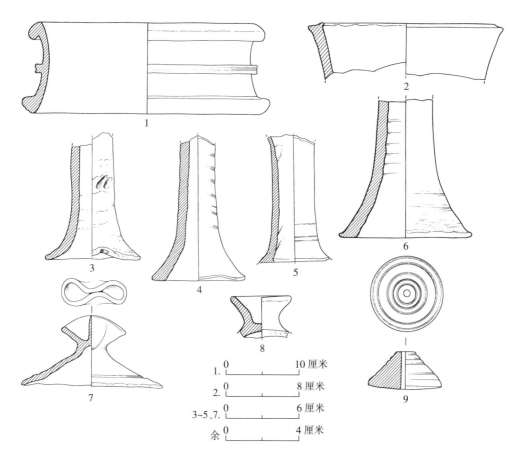

图四三七　西区第14层出土陶器

1. Aa 型 I 式器座（ⅠT7011－7112⑭：194）　　2. B 型器座（ⅠT7011－7112⑭：31）　　3、4. Ca 型器座
（ⅠT6809－6910⑭：400、ⅠT7011－7112⑭：30）　5. Cb 型器座（ⅠT7011－7112⑭：188）　6. Cc 型器座
（ⅠT6809－6910⑭：398）　7. Da 型 II 式器纽（ⅠT7209－7210⑭：147）　8. Ba 型器纽（ⅠT7215－7216
⑭：76）　9. Bb 型纺轮（ⅠT7011－7112⑭：2）

Ca 型　7 件。

标本 I T6809－6910⑭：400，夹砂灰黑陶。圈足径7.8、残高10.1厘米（图四三七，3）。

标本 I T7011－7112⑭：30，夹砂灰黑陶。圈足径7.7、残高11.6厘米（图四三七，4）。

Cb 型　2 件。

标本 I T7011－7112⑭：188，夹砂灰黑陶。残高10.2厘米（图四三七，5）。

Cc 型　1 件。

标本 I T6809－6910⑭：398，夹砂灰黑陶。圈足径7.3、残高7.4厘米（图四三七，6）。

器底　72 件。

Aa 型　6 件。

标本 I T7213－7214⑭：340，夹砂灰黑陶。底径11.8、残高5厘米（图四三八，1）。

标本 I T7011－7112⑭：116，夹砂灰黑陶。底径10.6、残高5.4厘米（图四三八，2）。

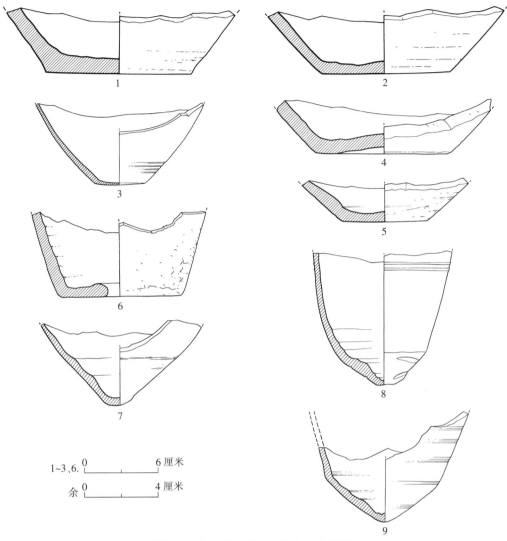

图四三八　西区第14层出土陶器底

1、2. Aa 型（ⅠT7213－7214⑭：340、ⅠT7011－7112⑭：116）　3、4. Ab 型（ⅠT7211－7212⑭：105、ⅠT6809－6910⑭：140）　5. Ac 型（ⅠT7213－7214⑭：343）　6. B 型（ⅠT6809－6910⑭：119）　7、8. Db 型（ⅠT6809－6910⑭：184、ⅠT7211－7212⑭：82）　9. Dc 型（ⅠT7215－7216⑭：263）

Ab 型　5 件。

标本ⅠT7211－7212⑭：105，夹砂灰黑陶。近底处有制作时粗砂磨的细旋痕。底径 3.8、残高 6.2 厘米（图四三八，3）。

标本ⅠT6809－6910⑭：140，夹砂灰黑陶。底部内凹。底径 7.5、残高 3 厘米（图四三八，4）。

Ac 型　7 件。

标本ⅠT7213－7214⑭：343，夹砂灰黑陶。底径 4.7、残高 2.5 厘米（图四三八，5）。

B 型　1 件。

标本ⅠT6809－6910⑭：119，夹砂灰黑陶。底径 10.2、残高 6.7 厘米（图四三八，6）。

Db 型　20 件。

标本ⅠT6809－6910⑭：184，泥质灰黑陶。近底部有细旋痕。残高4.5厘米（图四三八，7）。

标本ⅠT7211－7212⑭：82，泥质灰黑陶。腹部饰两周凸弦纹，近底部有凹痕。残高7.1厘米（图四三八，8）。

Dc 型　4 件。

标本ⅠT7215－7216⑭：263，泥质灰黑陶。底部有细旋痕。残高6厘米（图四三八，9）。

标本ⅠT7215－7216⑭：160，泥质灰黑陶。残高5.5厘米（图四三九，1）。

Dd 型　5 件。

标本ⅠT7013－7114⑭：83，夹砂灰黑陶。残高3.1厘米（图四三九，2）。

标本ⅠT7213－7214⑭：374，夹砂灰黑陶。残高2.3厘米（图四三九，3）。

Ea 型　2 件。

标本ⅠT6809－6910⑭：191，泥质灰黑陶。底径2.4、残高4.2厘米（图四三九，4）。

标本ⅠT6809－6910⑭：96，泥质灰黑陶。底径3、残高3厘米（图四三九，5）。

Eb 型　1 件。

标本ⅠT6809－6910⑭：188，泥质灰黑陶。底部有细弦痕。底径2.2、残高3.1厘米（图四三九，6）。

Ec 型　13 件。

标本ⅠT7009－7110⑭：20，泥质灰黑陶。底径2.2、残高3.2厘米（图四三九，7）。

标本ⅠT7211－7212⑭：5，泥质灰黑陶。下腹部有细旋痕。底径2.1、残高12.6厘米（图四三九，8）。

Ed 型Ⅱ式　4 件。

标本ⅠT7011－7112⑭：190，泥质灰黑陶。底径1.4、残高2.2厘米（图四三九，9）。

Ed 型Ⅲ式　4 件。

标本ⅠT6809－6910⑭：206，泥质灰白陶。残高1.7厘米（图四三九，10）。

标本ⅠT7215－7216⑭：162，泥质灰黑陶。下腹部有细旋痕。残高5.1厘米（图四三九，11）。

圈足　7 件。

Ca 型　5 件。

标本ⅠT7011－7112⑭：61，夹砂灰黑陶。圈足径8、残高3.2厘米（图四三九，12）。

标本ⅠT7213－7214⑭：356，夹砂灰褐陶。圈足径7、残高4厘米（图四三九，13）。

Cc 型Ⅰ式　2 件。

标本ⅠT6809－6910⑭：107，夹砂灰黑陶。圈足径8.6、残高3.2厘米（图四三九，14）。

纺轮　2 件。Bb 型。

标本ⅠT7011－7112⑭：2，泥质灰黑陶。器身饰凹弦纹。直径4、孔径0.4、厚2厘米（图四三七，9）。

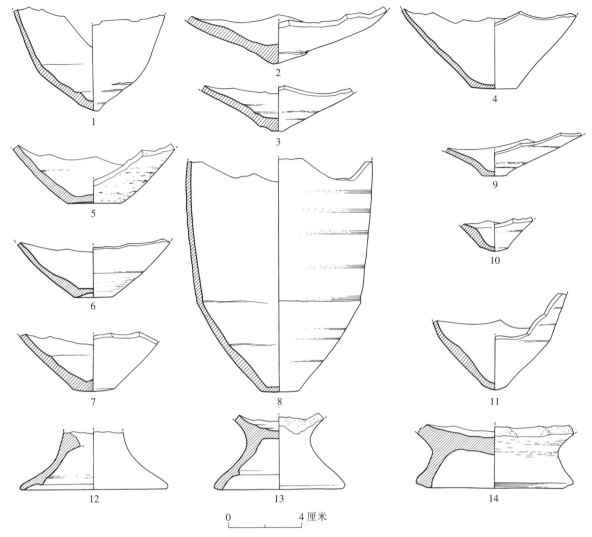

图四三九　西区第 14 层出土陶器

1. Dc 型器底（Ⅰ T7215 – 7216⑭：160）　　2、3. Dd 型器底（Ⅰ T7013 – 7114⑭：83、Ⅰ T7213 – 7214⑭：374）　　4、
5. Ea 型器底（Ⅰ T6809 – 6910⑭：191、Ⅰ T6809 – 6910⑭：96）　6. Eb 型器底（Ⅰ T6809 – 6910⑭：188）　　7、
8. Ec 型器底（Ⅰ T7009 – 7110⑭：20、Ⅰ T7211 – 7212⑭：5）　　9. Ed 型Ⅱ式器底（Ⅰ T7011 – 7112⑭：190）　　10、
11. Ed 型Ⅲ式器底（Ⅰ T6809 – 6910⑭：206、Ⅰ T7215 – 7216⑭：162）　　12、13. Ca 型圈足（Ⅰ T7011 – 7112⑭：61、
Ⅰ T7213 – 7214⑭：356）　　14. Cc 型Ⅰ式圈足（Ⅰ T6809 – 6910⑭：107）

（2）玉器

1 件。

锛　1 件。D 型。

标本Ⅰ T7013 – 7114⑭：8，青色，器表有墨色、淡黄色沁斑。器体极小。整器制作较为精细，顶部保留自然断面。长 4.9、宽 1.7、厚 0.5 厘米（图四四〇，3）。

（3）石器

75 件。

石璋半成品　5 件。Ba 型。

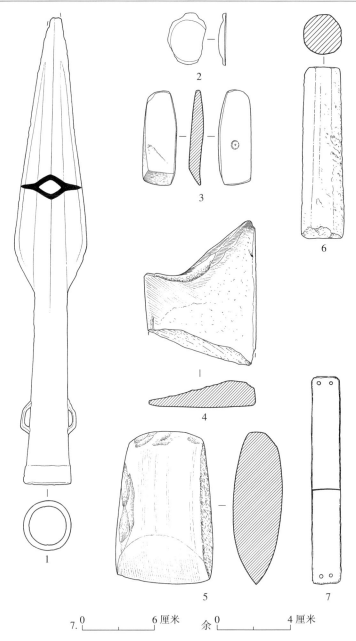

7.0 —— 6厘米　余 0 —— 4厘米

图四四〇　西区第 14 层出土器物

1. 铜矛（Ⅰ T7215–7216⑭：2）　2. A 型铜挂饰（Ⅰ T7211–7212⑭：1）　3. D 型玉锛（Ⅰ T7013–7114⑭：
8）　4. Ba 型石璋半成品（Ⅰ T6809–6910⑭：234）　5. C 型石斧（Ⅰ T7011–7112⑭：5）　6. 柱形石器
（Ⅰ T6809–6910⑭：245）　7. 长条形铜器（Ⅰ T7013–7114⑭：2）

标本Ⅰ T6809–6910⑭：234，灰色。器体宽大，无阑。仅存牙部，牙一高一低。器表、两侧均
保留自然断面，凹凸不平，刃部打磨粗糙。残长 7.5、宽 6、厚 1.3 厘米（图四四〇，4）。

斧　1 件。C 型。

标本Ⅰ T7011–7112⑭：5，黑色，器表有密集灰白色细线痕。器体较小。整器打磨极为精细，
顶部保留自然断面，器表微凸，偏锋，刃部极为锋利。长 8.3、宽 4.3~5.2、厚 2.2 厘米（图四
四〇，5；彩版一〇六，3）。

柱形器 1 件。

标本Ⅰ T6809 – 6910⑭：245，灰色。顶部、底部保留有平整切割面，器表打磨较为粗糙。长9、直径2.4 厘米（图四四〇，6）。

石璧坯料 68 件。A 型。

标本Ⅰ T6809 – 6910⑭：279，灰色。剖裂面及轮边未经打磨。周缘较薄，中部略厚。直径13.9、厚2.1 厘米（图四四一，1）。

标本Ⅰ T6809 – 6910⑭：273，灰白色。破裂面及轮边未经打磨。周缘较薄，中部略厚。直径7.3 ~ 8.2、厚1.2 厘米（图四四一，2）。

标本Ⅰ T6809 – 6910⑭：267，灰黑色。破裂面及轮边未经打磨。周缘较薄，中部略厚。直径15.3、厚1.4 厘米（图四四一，3）。

标本Ⅰ T7209 – 7210⑭：24，灰白色。破裂面及轮边未经打磨。周缘较薄，中部略厚。直径12、厚1.2 厘米（图四四一，4）。

（4）铜器

6 件。

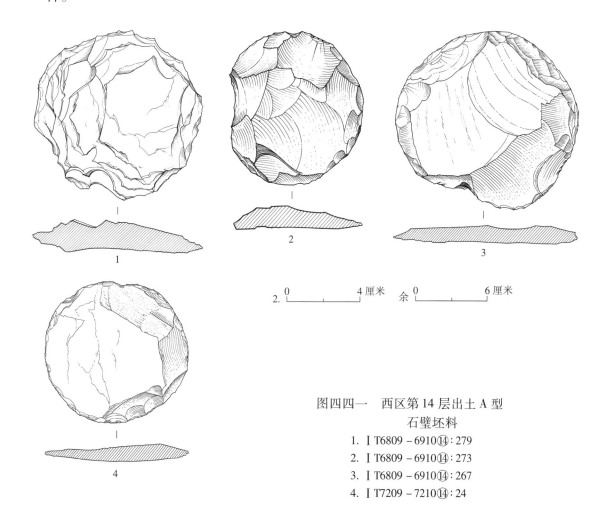

图四四一　西区第 14 层出土 A 型
石璧坯料
1. Ⅰ T6809 – 6910⑭：279
2. Ⅰ T6809 – 6910⑭：273
3. Ⅰ T6809 – 6910⑭：267
4. Ⅰ T7209 – 7210⑭：24

铜器残件   3件。残损锈蚀严重，器形不可辨。标本ⅠT7213-7214⑭：8。

矛   1件。

标本ⅠT7215-7216⑭：2，锋部略残，柳叶形叶，长骹横断面呈圆形，骹部有对称弓形耳。残长25、宽4、直径2.6厘米（图四四〇，1）。

长条形器   1件。B型。

标本ⅠT7013-7114⑭：2，器身扁平，两端各有两个穿孔。长16.3、宽2.2厘米（图四四〇，7）。

挂饰   1件。A型。

标本ⅠT7211-7212⑭：1，呈椭圆形，一边缘残。长径2.8、厚0.4厘米（图四四〇，2）。

（三三）第13层下遗迹及出土遗物

开口于该层下遗迹有灰坑3个，H2304、H2315、H2316；祭祀遗迹2个，L29、L60（图四四二；见附表一），分述如下。

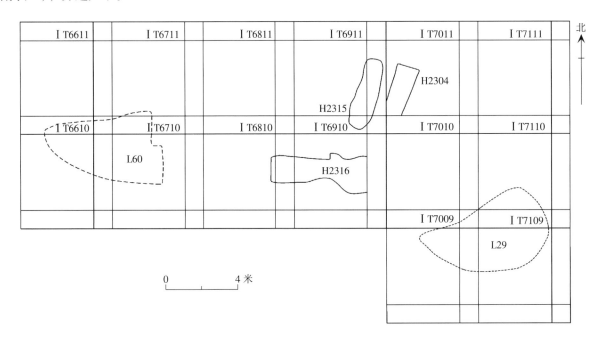

图四四二   西区第13层下遗迹平面分布图

1. H2304

位于ⅠT7011的西南部。开口于第13层下，打破第14层。平面形状近长方形，直壁，平底。南北长3.4、东西宽1.15~1.4、深0.35米。坑内填土为灰黄色砂土，夹杂灰烬和黄褐色土块颗粒，湿度重，结构紧密。包含物有大量陶片（图四四三；彩版一〇六，4）。

陶器

3件。

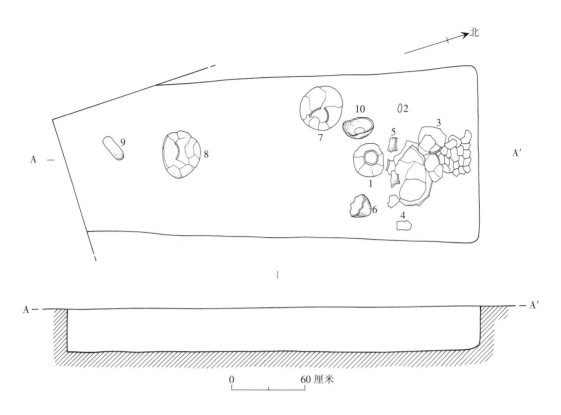

图四四三　西区 H2304 平、剖面图

1、3~5、7、8. 陶矮领罐　2、9. 卵石　6、10. 陶器底

矮领罐　1 件。D 型 II 式。

标本 H2304 : 5，夹砂灰黑陶。平卷沿，圆唇。口径 14、残高 5 厘米（图四四四，1）。

壶　1 件。Bc 型。

标本 H2304 : 13，夹砂灰黑陶。外斜折沿，方唇。口径 12、残高 6.5 厘米（图四四四，2）。

器底　1 件。Ab 型。

标本 H2304 : 7，夹砂灰黑陶。底径 7.7、残高 7 厘米（图四四四，3）。

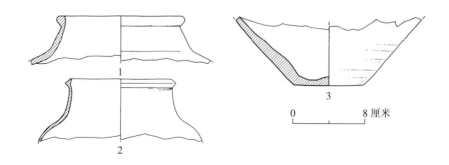

图四四四　西区 H2304 出土陶器

1. D 型 II 式矮领罐（H2304 : 5）　2. Bc 型壶（H2304 : 13）　3. Ab 型器底（H2304 : 7）

2. H2315

位于ⅠT6911东部及东隔梁下，延伸至ⅠT6910北隔梁下。开口于第13层下，打破第14层。平面形状大致呈椭圆形，弧壁，圜底。南北长径4.4、东西短径1.1、深0.38~0.47米。坑内填土为褐色砂黏土，含少许炭屑，土质松软。包含物有大量陶片及铜镞1件（图四四五；彩版一〇七）。

（1）陶器

20件。

矮领罐　5件。

B型Ⅱ式　1件。

标本H2315：74，夹砂灰黑陶。外斜卷沿，圆唇。上腹部饰一周凹弦纹。口径13.7、腹径33.5、残高19.7厘米（图四四六，5）。

D型Ⅰ式　3件。

标本H2315：3，夹砂灰黄陶。外斜卷沿，圆唇。上腹部饰一周凹弦纹。口径11.8、肩径30.3、底径8.5、高29.1厘米（图四四六，1）。

标本H2315：23，夹砂灰褐陶。平卷沿，圆唇。上腹部饰一周凹弦纹。口径13.2、肩径29.3、底径8、高29.8厘米（图四四六，2；彩版一〇八，1）。

标本H2315：20，夹砂灰黄陶。平折沿，方唇。口径12.2、肩径30.4、底径10、高32.5厘米（图四四六，3；彩版一〇八，2）。

D型Ⅱ式　1件。

标本H2315：75，夹砂灰陶。平卷沿，圆唇。口径14.6、肩径33、底径9.8、高29.7厘米（图四四六，4；彩版一〇八，3）。

束颈罐　5件。

Bc型Ⅰ式　4件。

标本H2315：26，夹砂灰黑陶。方唇。口径11.9、肩径15.3、残高13.9厘米（图四四六，8；彩版一〇八，4）。

标本H2315：60，夹砂灰褐陶。方唇。口径13.5、肩径16.3、残高11.2厘米（图四四六，7）。

Cd型　1件。

标本H2315：32，夹砂灰黑陶。方唇。口径12.6、残高2.5厘米（图四四六，6）。

壶　1件。Ca型。

标本H2315：1，夹砂灰黄陶。肩部两侧各存一器耳。口径11.5、腹径21.3、高25.4厘米（图四四七，1；彩版一〇八，5）。

盆　1件。Ac型。

标本H2315：29，夹砂灰黑陶。圆唇。唇部及腹部压印绳纹。口径52、残高7厘米（图四四七，2）。

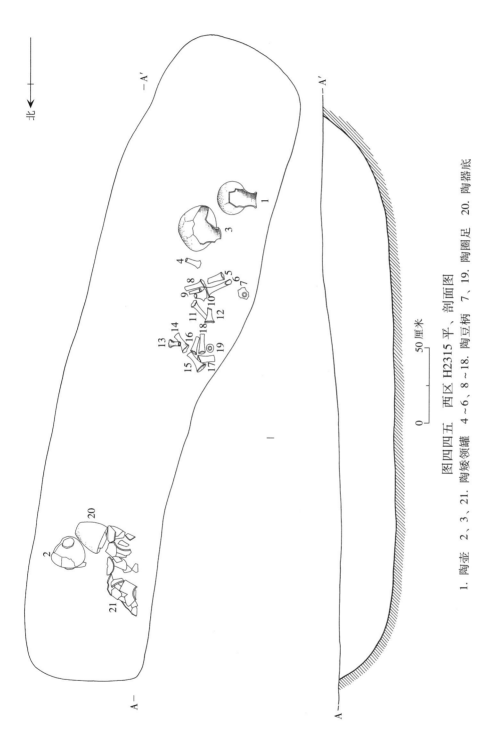

图四四五　西区 H2315 平、剖面图

1. 陶壶　2、3、21. 陶矮领罐　4～6、8～18. 陶豆柄　7、19. 陶圈足　20. 陶器底

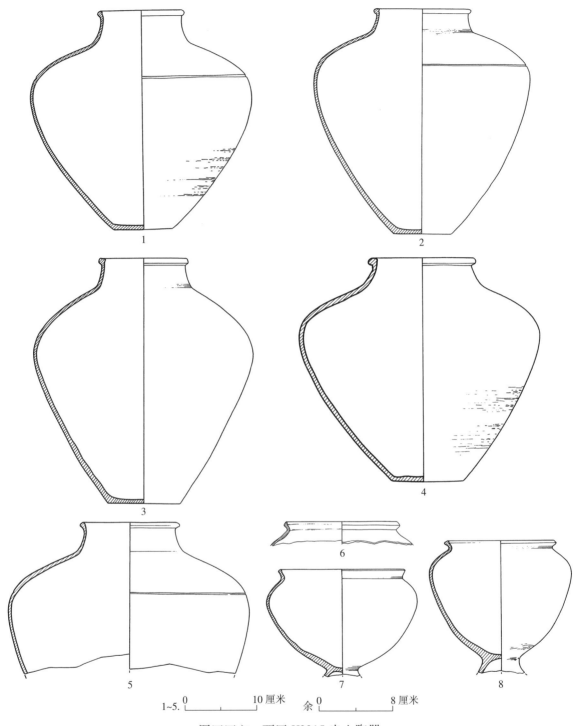

1~5. [____0____10厘米]　余 0[____8厘米]

图四四六　西区 H2315 出土陶器

1～3. D 型 I 式矮领罐（H2315：3、H2315：23、H2315：20）　4. D 型 II 式矮领罐（H2315：75）　5. B 型 II 式矮领罐（H2315：74）　6. Cd 型束颈罐（H2315：32）　7、8. Bc 型 I 式束颈罐（H2315：60、H2315：26）

簋形器　1 件。Aa 型 II 式。

标本 H2315：59，夹砂灰黑陶。沿面弧。内壁有制作时留下的轮制痕迹。口径 54、残高 39.5 厘米（图四四七，3）。

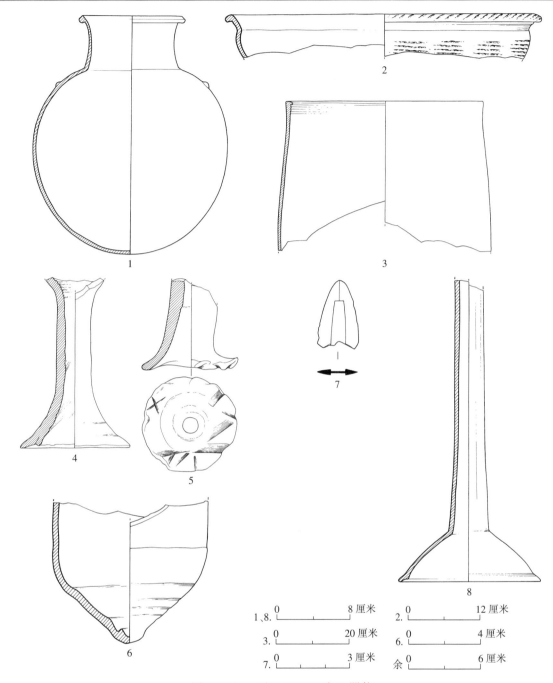

图四四七　西区 H2315 出土器物

1. Ca 型陶壶（H2315∶1）　　2. Ac 型陶盆（H2315∶29）　　3. Aa 型Ⅱ式陶簋形器（H2315∶59）
4、5. Ca 型陶器座（H2315∶38、H2315∶58）　　6. Db 型陶器底（H2315∶76）　　7. Bb 型铜镞
（H2315∶21）　　8. Aa 型陶豆柄（H2315∶13）

豆柄　1 件。Aa 型。

标本 H2315∶13，夹砂灰黑陶。圈足径 15.7、残高 32 厘米（图四四七，8）。

器座　4 件。Ca 型。

标本 H2315∶38，夹砂灰黑陶。圈足径 8.8、残高 13.6 厘米（图四四七，4）。

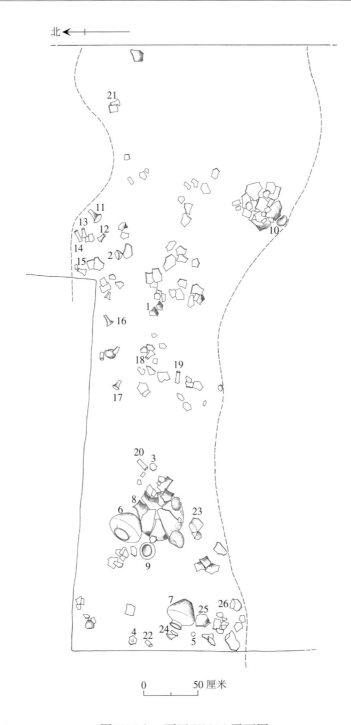

图四四八　西区 H2316 平面图

1. 陶壶　2~4、23、26. 陶器底　5. 陶纺轮　6~8、10、25. 陶矮领罐　9. 陶束颈罐　11~22. 陶豆柄
24. 陶尖底盏

标本 H2315：58，夹砂灰黑陶。圈足径7.6、残高7.3厘米（图四四七，5）。

器底　2件。Db 型。

标本 H2315：76，泥质灰黑陶。底径1.5、残高7.5厘米（图四四七，6）。

（2）铜器

1 件。

镞　1 件。Bb 型。

标本 H2315：21，平面形状呈阔叶形。脊部内凹。残长2.7、残宽1.7、厚0.3 厘米（图四四七，7）。

3. H2316

位于ⅠT6910 中部，部分叠压于东隔梁下，且延伸至ⅠT6810 东部，北部、西部被近现代坑打破。开口于第 13 层下，打破第 14 层。平面形状呈不规则形，直壁，平底。东西残长5.4、南北宽2.15、深0.25 米。坑内填土为灰褐色砂黏土，含黄土颗粒，湿度重，略带黏性，结构紧密。包含物有大量陶片（图四四八）。

陶器

24 件。

尖底盏　1 件。Bb 型Ⅲ式。

标本 H2316：42，夹砂灰黑陶。圆唇。口径13.8、残高2 厘米（图四四九，1）。

敛口罐　1 件。Db 型。

标本 H2316：27，夹砂灰黑陶。方唇。口径27.2、残高4.8 厘米（图四四九，3）。

高领罐　2 件。Fc 型。

标本 H2316：60，夹砂灰黑陶。斜折沿，圆唇。口径12.8、残高4.1 厘米（图四四九，4）。

标本 H2316：67，夹砂灰黑陶。斜折沿，圆唇。口径13、残高3.5 厘米（图四四九，5）。

矮领罐　8 件。

A 型Ⅰ式　1 件。

标本 H2316：55，夹砂灰黑陶。外斜卷沿，圆唇。口径12、残高6.2 厘米（图四五〇，6）。

A 型Ⅱ式　3 件。

标本 H2316：7，夹砂灰黑陶。外斜折沿，圆唇。口径13.1、肩径28.4、底径8、高27.9 厘米（图四五〇，1；彩版一〇九，1）。

标本 H2316：6，夹砂灰黄陶。平卷沿，圆唇。口径14.1、肩径29.6、底径7.8、高28 厘米（图

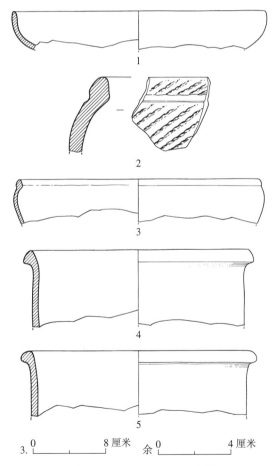

图四四九　西区 H2316 出土陶器

1. Bb 型Ⅲ式尖底盏（H2316：42）　2. Cb 型瓮形器（H2316：66）　3. Db 型敛口罐（H2316：27）　4、5. Fc 型高领罐（H2316：60、H2316：67）

四五〇，2）。

D 型 I 式　1 件。

标本 H2316：29，夹砂灰黑陶。敛口，圆唇。口径 13、残高 3.3 厘米（图四五〇，5）。

D 型 II 式　3 件。

标本 H2316：8，夹砂灰黑陶。平折沿，圆唇。上腹部饰一周凹弦纹。口径 13.2、肩径 30.3、底径 9.5、高 29.1 厘米（图四五〇，3；彩版一〇九，2）。

标本 H2316：83，夹砂灰黑陶。平折沿，圆唇。上腹部饰一周凹弦纹。口径 14、肩径 31.2、残高 24 厘米（图四五〇，4）。

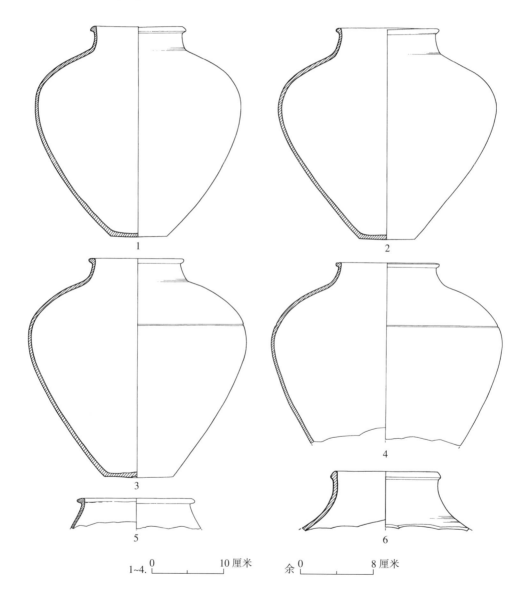

图四五〇　西区 H2316 出土陶矮领罐

1、2. A 型 II 式（H2316：7、H2316：6）　　3、4. D 型 II 式（H2316：8、H2316：83）

5. D 型 I 式（H2316：29）　6. A 型 I 式（H2316：55）

束颈罐　1件。Ca 型 I 式。

标本 H2316：9，夹砂灰黑陶。方唇。口径 11.2、肩径 14.7、残高 12.6 厘米（图四五一，1）。

瓮形器　1件。Cb 型。

标本 H2316：66，夹砂灰黄陶。方唇。残高 3.9 厘米（图四四九，2）。

器纽　1件。Da 型 I 式。

标本 H2316：31，泥质灰黑陶。圆唇。残高 4 厘米（图四五一，3）。

器座　5件。

Ca 型　3件。

标本 H2316：20，夹砂灰黑陶。圈足径 7.4、残高 7.9 厘米（图四五一，4）。

Cb 型　2件。

标本 H2316：11，夹砂灰黑陶。圈足径 8.3、残高 17.9 厘米（图四五一，5）。

标本 H2316：14，夹砂灰黑陶。圈足径 8.3、残高 11.8 厘米（图四五一，6）。

器底　3件。

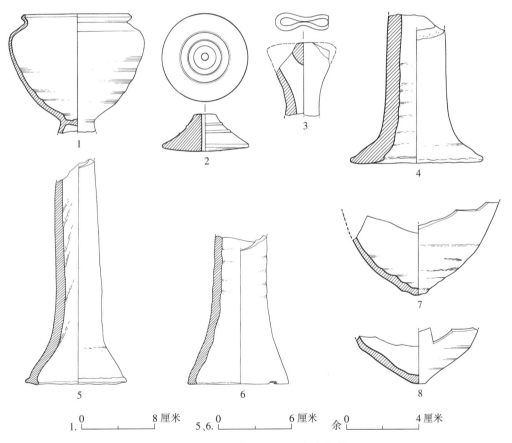

图四五一　西区 H2316 出土陶器

1. Ca 型 I 式束颈罐（H2316：9）　2. Bb 型纺轮（H2316：5）　3. Da 型 I 式器纽（H2316：31）　4. Ca 型器座（H2316：20）　5、6. Cb 型器座（H2316：11、H2316：14）　7. Db 型器底（H2316：84）　8. Ed 型 III 式器底（H2316：35）

Db 型   2 件。

标本 H2316∶84，泥质灰黑陶。残高 4.9 厘米（图四五一，7）。

Ed 型Ⅲ式   1 件。

标本 H2316∶35，泥质灰黄陶。下腹部有旋痕。底径 0.9、残高 2.9 厘米（图四五一，8）。

纺轮   1 件。Bb 型。

标本 H2316∶5，泥质灰褐陶。腰部饰两道凸弦纹。直径 4.6、孔径 0.4、厚 1.9 厘米（图四五一，2）。

4. L29

位于ⅠT7009、ⅠT7109、ⅠT7110 内，开口于第 13 层下，堆积置于第 14 层层表。该堆积有大量遗物密集分布，堆积平面形状呈不规则形，东西长 7.3、南北最宽 4.6 米。堆积内出土各类遗物 27 件，其中陶器 20 件、玉器 3 件、金片 2 件、铜器 2 件（图四五二；彩版一〇九，3；彩版一一〇）。

（1）陶器

20 件。器形可辨仅有 9 件。

尖底盏   1 件。Ba 型Ⅰ式。

标本 L29∶34，夹砂灰黑陶。圆唇。口径 12、高 5.5 厘米（图四五三，9；彩版一一一，4）。

瓶   7 件。

Aa 型Ⅰ式   2 件。

标本 L29∶2，夹砂灰黄陶。卷沿，圆唇。口径 19、腹径 14、底径 6.6、高 32 厘米（图四五三，1；彩版一一一，1）。

标本 L29∶4，夹砂灰黑陶。卷沿，圆唇。口径 16、腹径 12.8、底径 7.3、高 32 厘米（图四五三，2；彩版一一一，2）。

Aa 型Ⅱ式   3 件。

标本 L29∶7，夹砂黑褐陶。卷沿，圆唇。口径 14.6、腹径 12、底径 4.6、高 27.1 厘米（图四五三，5）。

标本 L29∶5，夹砂灰黑陶。卷沿，圆唇。上腹、中腹及下腹部均饰凹弦纹。腹径 11.2、底径 5.6、残高 30 厘米（图四五三，4）。

标本 L29∶8，夹砂灰黑陶。卷沿，圆唇。口径 15、腹径 14、底径 5.5、高 30.2 厘米（图四五三，3）。

Ab 型Ⅱ式   2 件。

标本 L29∶9，夹砂灰黄陶。腹径 13.2、底径 4.4、残高 25 厘米（图四五三，6）。

标本 L29∶6，夹砂灰黑陶。卷沿，圆唇。口径 13.6、腹径 14、底径 6、高 28.2 厘米（图四五三，7；彩版一一一，3）。

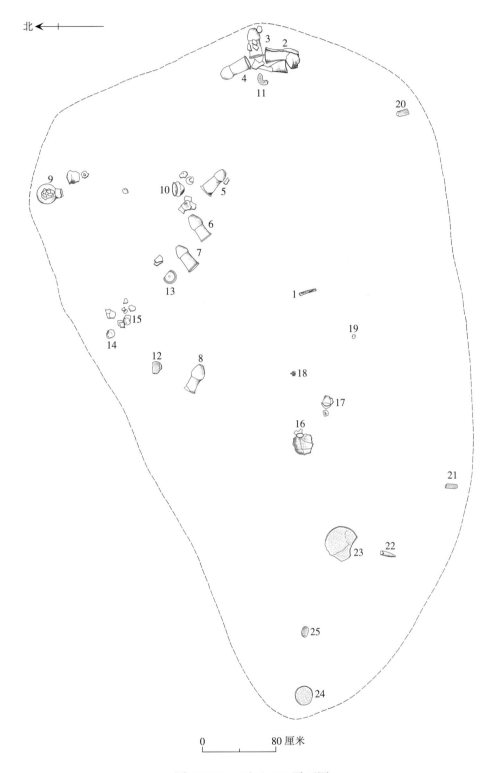

北 ←—|———

0 　　　 80 厘米

图四五二　西区 L29 平面图

1. 玉器残片　2～9. 陶瓶　10、16. 陶束颈罐　11. 石璧　12、23～25. 石璧坯料　13. 陶尖底盏　14、15. 陶尖底杯　17. 陶器底　18、19. 铜器残片　20、21. 石器残片　22. 陶盉足

8. 0 ┗━━━━━━━┛ 8 厘米　　9. 0 ┗━━━━━━━┛ 6 厘米　　余 0 ┗━━━━━━━┛ 10 厘米

图四五三　西区 L29 出土陶器

1、2. Aa 型 I 式瓶（L29：2、L29：4）　　3～5. Aa 型 II 式瓶（L29：8、L29：5、L29：7）　　6、7. Ab 型 II 式瓶（L29：9、L29：6）　　8. 瓶形器（L29：14）　　9. Ba 型 I 式尖底盏（L29：34）

瓶形器 1 件。

标本 L29:14，泥质灰黑陶。仅残存颈部，领上端饰一周圆圈纹，领中部向外突出呈鼓腹状并附泥条堆纹以及两个对称的镂孔，领下端从残缺口能看出间距相等的三个镂孔。整器胎壁厚实、制作细致。直径 5.5~9、残高 17 厘米（图四五三，8）。

（2）玉器

3 件。器形可辨仅有 1 件。

镯 1 件。D 型。

标本 L29:29，黄色，器表有褐色沁斑，不透明。制作较为规整。外径 7.2、内径 6.6、厚 0.5 厘米（图四五四，2）。

（3）铜器

2 件。残碎锈蚀严重，器形不可辨。

（4）金器

2 件。

金器残片 2 件。

标本 L29:35，外缘内卷。残长 9 厘米（图四五四，1）。

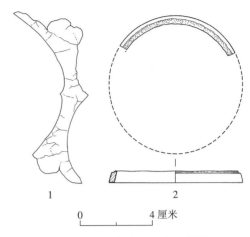

图四五四 西区 L29 出土器物
1. 金器残片（L29:35） 2. D 型玉镯（L29:29）

5. L60

位于 ⅠT6610 东部及 ⅠT6710 西部，部分穿过 ⅠT6710 北隔梁延伸至 ⅠT6711 南部，东部被晚期坑打破。开口于第 13 层下，打破第 14 层。依据遗物堆积范围大致划出外框线，平面形状呈不规则形。东西残长 5.7、南北宽 4.35 米。出土遗物以陶器为主，另有少量的玉、石器（图四五五；彩版一一二）。

（1）陶器

37 件。

尖底杯 3 件。

Ba 型Ⅱ式 1 件。

标本 L60:16，泥质灰黑陶。尖唇。口径 10、高 13.1 厘米（彩版一一三，1）。

Ba 型Ⅲ式 1 件。

标本 L60:26，泥质灰黑陶。薄胎。尖唇。口径 9.3、高 15.5 厘米（彩版一一三，2）。

Bb 型Ⅰ式 1 件。

标本 L60:11，泥质灰黑陶。小平底。口径 10、高 14 厘米（图四五六，1；彩版一一三，3）。

尖底盏 2 件。

Ba 型Ⅱ式 1 件。

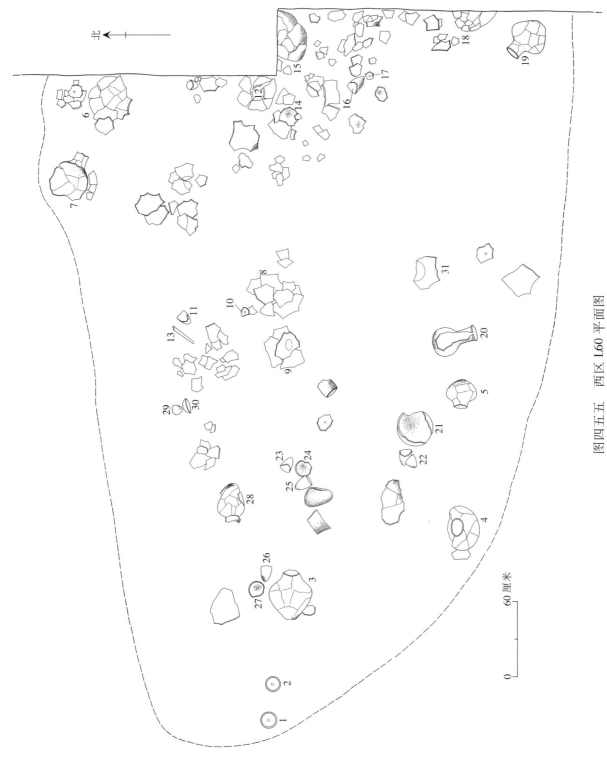

图四五五 西区 L60 平面图

1、2. 陶小平底罐 3、5、19、28. 陶高领罐 4、6、9、12、18. 陶矮领罐 7、8、15、20. 陶壶 10、11、14、17、22、29、31. 陶器底 13. 陶豆柄
16、23、25、26. 陶尖底杯 21. 陶束颈罐 24、27. 陶尖底盏 30. 陶豆盘

标本 L60∶1 – 2，夹砂灰黑陶。圆唇。口径 11.3、高 6 厘米（彩版一一三，4）。

Bb 型Ⅲ式　1 件。

标本 L60∶71，夹砂灰黑陶。圆唇。口径 9.8、残高 2.7 厘米（图四五六，2）。

尖底罐　1 件。B 型Ⅱ式。

标本 L60∶55，夹砂灰黑陶。方唇。口径 8.6、残高 4.8 厘米（图四五六，3）。

小平底罐　1 件。Bc 型Ⅰ式。

标本 L60∶1，夹砂灰黑陶。尖唇。口径 14.1、肩径 14.7、底径 3、高 9.5 厘米（图四五六，4）。

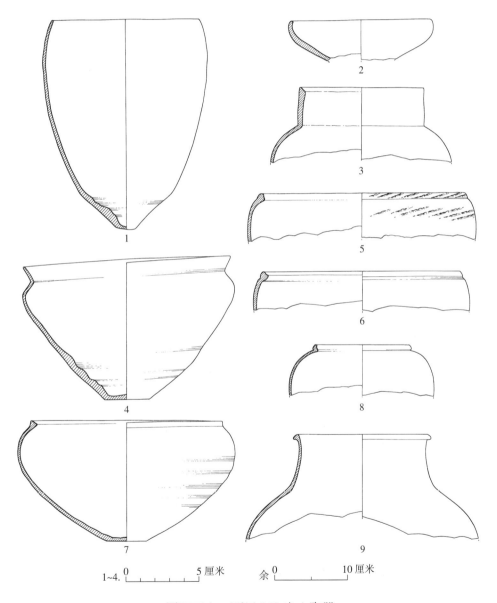

图四五六　西区 L60 出土陶器

1. Bb 型Ⅰ式尖底杯（L60∶11）　2. Bb 型Ⅲ式尖底盏（L60∶71）　3. B 型Ⅱ式尖底罐（L60∶55）　4. Bc 型Ⅰ式小平底罐（L60∶1）　5. Ca 型瓮形器（L60∶56）　6. Aa 型Ⅱ式敛口罐（L60∶52）　7. Ab 型敛口罐（L60∶21）　8. Ae 型敛口罐（L60∶40）　9. Fa 型Ⅱ式高领罐（L60∶5）

瓮形器　1件。Ca 型。

标本 L60∶56，夹砂灰黑陶。方唇。口径 29、残高 6.4 厘米（图四五六，5）。

敛口罐　3件。

Aa 型Ⅱ式　1件。

标本 L60∶52，夹砂灰黑陶。方唇。口径 28、残高 5.4 厘米（图四五六，6）。

Ab 型　1件。

标本 L60∶21，夹砂灰黑陶。方唇。口径 26、肩径 29.6、底径 5.7、高 16 厘米（图四五六，7）。

Ae 型　1件。

标本 L60∶40，夹砂灰黑陶。方唇。口径 13.6、残高 6.8 厘米（图四五六，8）。

高领罐　2件。

Fa 型Ⅱ式　1件。

标本 L60∶5，夹砂灰黄陶。斜卷沿，圆唇。口径 19、残高 14 厘米（图四五六，9）。

Fc 型　1件。

标本 L60∶8，夹砂灰黄陶。方唇。沿外侧饰一周凸棱，上腹部饰一周凹弦纹。口径 12.2、肩径 30.2、底径 8.7、高 32 厘米（图四五七，1；彩版一一三，6）。

矮领罐　6件。

C 型Ⅱ式　1件。

标本 L60∶6，夹砂灰黄陶。仰卷沿，圆唇。上腹部饰一周凹弦纹。口径 13.8、肩径 31、底径 10.4、高 30.7 厘米（图四五七，2）。

D 型Ⅱ式　5件。

标本 L60∶12，夹砂灰褐陶。外斜折沿，尖圆唇。口径 14.2、残高 5.8 厘米（图四五七，3）。

标本 L60∶4，夹砂灰黑陶。外斜折沿，尖圆唇。口径 14、残高 11 厘米（图四五七，4）。

束颈罐　2件。

Cb 型　1件。

标本 L60∶28，夹砂灰黑陶。沿面微凹，方唇。口径 19.6、残高 5 厘米（图四五七，5）。

Cd 型　1件。

标本 L60∶48，夹砂灰黑陶。方唇。口径 14、残高 3.1 厘米（图四五七，6）。

壶　4件。

Ae 型　1件。

标本 L60∶46，泥质灰黑陶。平卷沿，圆唇。口径 10、残高 3.6 厘米（图四五七，7）。

Bd 型　1件。

标本 L60∶15，夹砂灰黄陶。方唇。沿外侧饰一周凸棱，上腹部饰一周凹弦纹。口径 13.8、腹径 25、圈足径 13、高 34.4 厘米（图四五七，9；彩版一一三，5）。

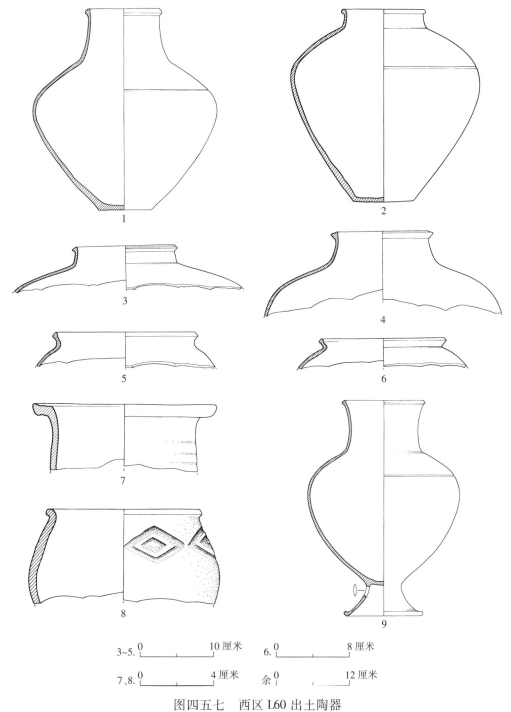

图四五七　西区 L60 出土陶器

1. Fc 型高领罐（L60：8）　　2. C 型 Ⅱ式矮领罐（L60：6）　　3、4. D 型 Ⅱ式矮领罐（L60：12、L60：4）　　5. Cb 型束颈罐
（L60：28）　　6. Cd 型束颈罐（L60：48）　　7. Ae 型壶（L60：46）　　8. A 型盆形器（L60：58）　　9. Bd 型壶（L60：15）

Cb 型　2 件。

标本 L60：7，泥质灰黑陶。腹部饰器耳。残高 21 厘米（图四五八，1）。

标本 L60：20，泥质灰黑陶。腹部饰器耳。残高 28.8 厘米（图四五八，2）。

盆形器　1 件。A 型。

标本 L60∶58，夹砂灰黄陶。卷沿。腹部饰菱形纹。口径 8.6、残高 5.1 厘米（图四五七，8）。

缸　2 件。

Eb 型　1 件。

标本 L60∶39，夹砂灰黑陶。折沿。腹部饰三周凹弦纹和一乳丁。口径 64、残高 10.6 厘米（图四五八，3）。

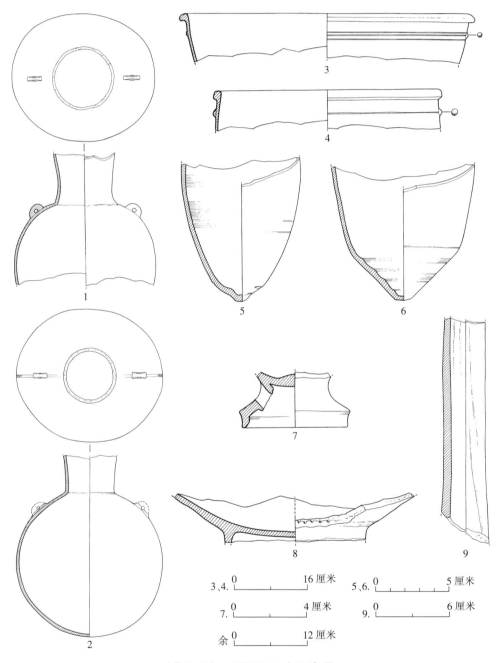

图四五八　西区 L60 出土陶器

1、2. Cb 型壶（L60∶7、L60∶20）　3. Eb 型缸（L60∶39）　4. Ec 型缸（L60∶38）　5. Db 型器底（L60∶23）

6. Ed 型Ⅱ式器底（L60∶17）　7. Cd 型Ⅰ式圈足（L60∶59）　8. Bc 型豆柄（L60∶83）　9. Aa 型豆柄（L60∶13）

Ec 型　1 件。

标本 L60：38，夹砂灰黑陶。卷沿。腹部饰一周凹弦纹和一乳丁。口径 50、残高 8.5 厘米（图四五八，4）。

豆柄　2 件。

Aa 型　1 件。

标本 L60：13，夹砂灰黑陶。残高 18 厘米（图四五八，9）。

Bc 型　1 件。

标本 L60：83，夹砂灰黑陶。残高 7.2 厘米（图四五八，8）。

器底　6 件。

Db 型　5 件。

标本 L60：23，泥质灰黑陶。底部有四道对称戳痕。残高 9.4 厘米（图四五八，5）。

Ed 型 Ⅱ 式　1 件。

标本 L60：17，泥质灰黑陶。下腹部有旋痕。底径 1.1、残高 9 厘米（图四五八，6）。

圈足　1 件。Cd 型 Ⅰ 式。

标本 L60：59，夹砂灰黑陶。圈足径 6、残高 2.9 厘米（图四五八，7）。

（2）玉器

1 件。

箍形器　1 件。B 型。

标本 L60：57，紫褐色。箍中部有两道凸脊。两端均残。直径 6.6、残高 5.3 厘米（图四五九，1）。

（3）石器

7 件。

石璧坯料　7 件。A 型。

标本 L60：31，灰黑色。破裂面及轮边未经打磨。周缘较薄，中部略厚。直径 6.2、厚 1.4 厘米（图四五九，2）。

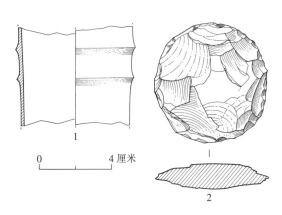

图四五九　西区 L60 出土器物
1. B 型玉箍形器（L60：57）
2. A 型石璧坯料（L60：31）

（三四）第 13 层出土遗物

该层出土遗物包含有陶器、玉器和石器，数量和种类丰富，其中陶片 19186 件、玉器 22 件、石器 27 件。陶器以夹砂陶为主，占 73.60%。夹砂陶中灰黑陶占 66.94%，灰黄陶占 18.02%，灰褐陶占 9.21%，灰陶占 2.23%，红褐陶占 1.99%，黄褐陶占 1.61%；泥质陶中灰黑陶占 52.42%，灰黄陶占 34.89%，灰陶占 8.61%，灰褐陶占 3.34%，青灰陶占 0.27%，黄褐陶占 0.31%，红陶占 0.16%。纹饰不发达。夹砂陶中纹饰陶片仅占 11.51%，以细线纹、凹弦纹、戳印纹、粗绳纹为多，分别占 71.57%、11.02%、4.92% 和 4.12%，另有少量方格纹、网格纹、重菱纹、细绳纹、极少量凸棱纹、附加堆纹、镂孔、乳丁纹、压印纹等；泥质陶中纹饰陶片仅占 6.48%，以细线纹、戳印纹、凹弦纹为主，分别占 3.96% 和 32.62% 和 7.32%，另有少量粗绳纹、细绳纹、瓦棱纹、凸棱纹、重菱纹等（表三一）。陶器可辨器形有尖底杯、尖底盏、尖底罐、小平底罐、敛口罐、高领罐、矮领罐、束颈罐、壶、盆、瓮、缸、簋形器、帽形器、盘、豆盘、豆柄、器盖、器座、圈足等。玉器种类有璋、斧、璧、环等。石器种类有矛、璋、斧、璧等。

表三一　西区第 13 层陶片统计表

纹饰 \ 陶质陶色	夹砂陶						小计	百分比（%）	泥质陶							小计	百分比（%）
	灰黑	灰	红褐	灰褐	黄褐	灰黄			灰黑	灰	灰黄	灰褐	青灰	红	黄褐		
素面	8111	309	261	1169	213	2433	12496	88.49	2402	424	1737	137	13	8	16	4737	93.52
细绳纹	17	1				2	20	0.14	1							1	0.02
粗绳纹	45	2		11		9	67	0.47	7				1			8	0.16
重菱纹	17			1	3	1	22	0.16			2					2	0.04
凹弦纹	126	2	5	17	4	25	179	1.27	15	1	7	1				24	0.47
凸棱纹	1	1		2			4	0.03	3			1				4	0.08
刻划纹	1						1	0.01									
镂孔	1			1			2	0.01									
细线纹	976		15	98	7	67	1163	8.24	129	9	12	27				177	3.50
压印纹	2			1			3	0.02									
网格纹	29					1	30	0.21			1					1	0.02
戳印纹	79					1	80	0.57	96	1	7	3				107	2.11
瓦棱纹						3	3	0.02	1							1	0.02
乳丁纹	3					1	4	0.03	1	1						2	0.04
方格纹	43			1		1	45	0.32									
附加堆纹	1					1	2	0.01			1					1	0.02
小计	9452	315	281	1301	227	2545	14121		2655	436	1767	169	14	8	16	5065	
百分比（%）	66.94	2.23	1.99	9.21	1.61	18.02		100.00	52.42	8.61	34.89	3.34	0.27	0.16	0.31		100.00
合计	19186																

（1）陶器

463 件。

尖底杯　14 件。

Ab 型　2 件。

标本 I T7009 – 7110⑬:14，泥质灰黄陶，外壁施黑衣。口径 11.4、残高 6.7 厘米（图四六〇，1）。

Ba 型 Ⅱ 式　1 件。

标本ⅠT7209 – 7210⑬：97，泥质灰黄陶，内外壁皆施黑衣。口径 9、残高 7.6 厘米（图四六〇，2）。

Ba 型 Ⅲ 式　1 件。

标本ⅠT6811 – 6912⑬：241，泥质灰黑陶。口径 9、残高 3.3 厘米（图四六〇，3）。

Bb 型 Ⅰ 式　4 件。

标本ⅠT7215 – 7216⑬：12，泥质灰黑陶。口径 10.8、残高 3.3 厘米（图四六〇，4）。

标本ⅠT7009 – 7110⑬：404，夹砂灰陶。口径 11、残高 7.6 厘米（图四六〇，5）。

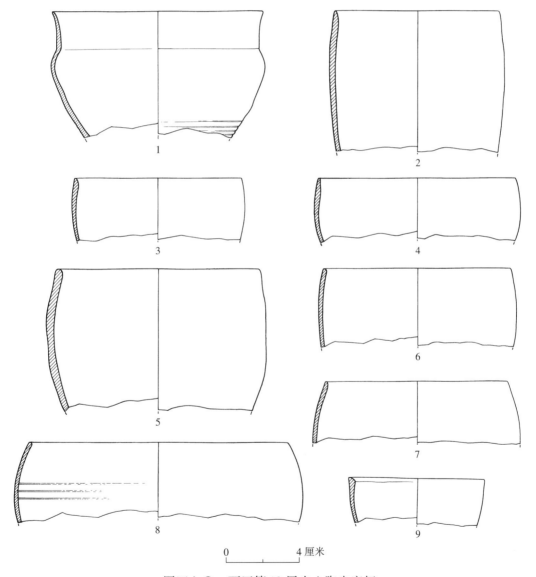

图四六〇　西区第 13 层出土陶尖底杯

1. Ab 型（ⅠT7009 – 7110⑬：14）　2. Ba 型 Ⅱ 式（ⅠT7209 – 7210⑬：97）　3. Ba 型 Ⅲ 式（ⅠT6811 – 6912⑬：241）　4、5. Bb 型 Ⅰ 式（ⅠT7215 – 7216⑬：12、ⅠT7009 – 7110⑬：404）　6、7. Bb 型 Ⅱ 式（ⅠT7011 – 7112⑬：150、ⅠT7209 – 7210⑬：93）　8. Dc 型 Ⅰ 式（ⅠT7011 – 7112⑬：252）　9. Ca 型 Ⅱ 式（ⅠT7011 – 7112⑬：126）

Bb 型 II 式　3 件。

标本 I T7011 – 7112⑬：150，泥质灰黄陶。口径 10.2、残高 4.2 厘米（图四六〇，6）。

标本 I T7209 – 7210⑬：93，泥质灰黑陶。口径 10、残高 3.2 厘米（图四六〇，7）。

Ca 型 II 式　2 件。

标本 I T7011 – 7112⑬：126，泥质灰黑陶。口径 7.4、残高 2.5 厘米（图四六〇，9）。

Dc 型 I 式　1 件。

标本 I T7011 – 7112⑬：252，泥质灰黑陶。内壁有细旋痕。口径 14、残高 4 厘米（图四六〇，8）。

尖底盏　27 件。

Ab 型 I 式　1 件。

标本 I T6511 – 6512⑬：76，夹砂灰黑陶。方唇。口径 13、肩径 13.7、残高 2.7 厘米（图四六一，1）。

Ba 型 II 式　11 件。

标本 I T7009 – 7110⑬：111，夹砂灰黑陶。圆唇。口径 10、残高 2 厘米（图四六一，2）。

标本 I T7209 – 7210⑬：73，夹砂灰黑陶。圆唇。口径 11.6、肩径 12、残高 2.9 厘米（图四六一，3）。

标本 I T7215 – 7216⑬：41，夹砂灰黑陶。圆唇。下腹呈波浪形。口径 11.2、高 4.8 厘米（图四六一，4）。

Bb 型 II 式　2 件。

标本 I T7209 – 7210⑬：55，夹砂灰黑陶。圆唇。下腹部有一道凹痕。口径 11.8、肩径 12.3、高 5.4 厘米（图四六一，5）。

标本 I T6511 – 6512⑬：70，夹砂灰黑陶。圆唇。口径 13.2、肩径 13.6、残高 2.4 厘米（图四六一，6）。

Bb 型 III 式　4 件。

标本 I T7209 – 7210⑬：72，夹砂灰黑陶。圆唇。口径 13、残高 1.5 厘米（图四六一，7）。

标本 I T7011 – 7112⑬：405，夹砂灰黑陶。圆唇。口径 10.5、残高 1.9 厘米（图四六一，8）。

标本 I T7209 – 7210⑬：66，夹砂灰黑陶。圆唇。残高 1.5 厘米（图四六一，9）。

Bc 型 I 式　1 件。

标本 I T6611 – 6712⑬：76，夹砂灰黑陶。圆唇。口径 15、残高 4.8 厘米（图四六一，10）。

Bd 型 I 式　7 件。

标本 I T7209 – 7210⑬：61，夹砂灰黄陶。圆唇。残高 2.5 厘米（图四六一，11）。

标本 I T7011 – 7112⑬：33，夹砂灰黑陶。圆唇。口径 8.8、残高 2.7 厘米（图四六一，12）。

Cb 型 I 式　1 件。

标本 I T6414⑬：1，夹砂灰黑陶。圆唇，下腹呈波浪形。口径 14.2、高 4 厘米（图四六一，13）。

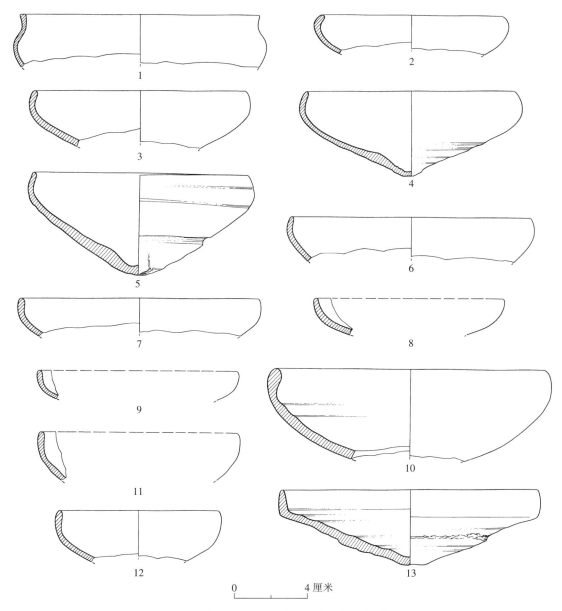

图四六一　西区第 13 层出土陶尖底盏

1. Ab 型 I 式（Ⅰ T6511 - 6512⑬:76）　　2～4. Ba 型 Ⅱ 式（Ⅰ T7009 - 7110⑬:111、Ⅰ T7209 - 7210⑬:73、
Ⅰ T7215 - 7216⑬:41）　　5、6. Bb 型 Ⅱ 式（Ⅰ T7209 - 7210⑬:55、Ⅰ T6511 - 6512⑬:70）　　7～9. Bb 型 Ⅲ 式
（Ⅰ T7209 - 7210⑬:72、Ⅰ T7011 - 7112⑬:405、Ⅰ T7209 - 7210⑬:66）　　10. Bc 型 I 式（Ⅰ T6611 - 6712⑬:76）
11、12. Bd 型 I 式（Ⅰ T7209 - 7210⑬:61、Ⅰ T7011 - 7112⑬:33）　　13. Cb 型 I 式（Ⅰ T6414⑬:1）

尖底罐　6 件。

Aa 型　1 件。

标本 Ⅰ T7011 - 7112⑬:407，夹砂灰黑陶。方唇。口径 8.6、肩径 10.8、高 7.3 厘米
（图四六二，1）。

Ab 型　3 件。

标本 Ⅰ T7011 - 7112⑬:55，夹砂灰黑陶。方唇。口径 8、残高 3.4 厘米（图四六二，2）。

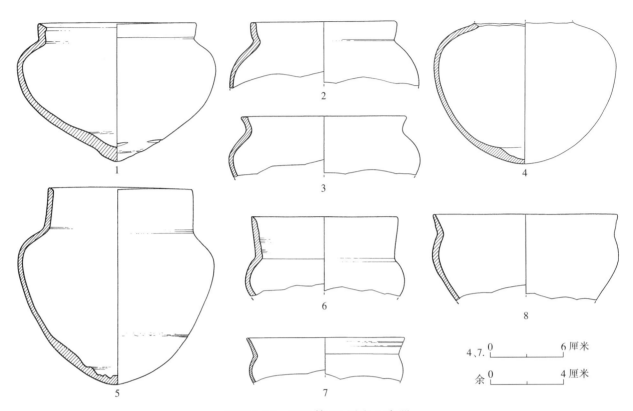

图四六二　西区第 13 层出土陶器

1. Aa 型尖底罐（ⅠT7011 – 7112⑬：407）　　2 ~ 4. Ab 型尖底罐（ⅠT7011 – 7112⑬：55、ⅠT7009 – 7110⑬：690、
ⅠT7011 – 7112⑬：417）　　5. B 型Ⅱ式尖底罐（ⅠT7011 – 7112⑬：406）　　6. Cb 型Ⅱ式尖底罐（ⅠT7009 – 7110⑬：705）
7、8. Bc 型Ⅱ式小平底罐（ⅠT6613 – 6714⑬：144、ⅠT7009 – 7110⑬：147）

标本ⅠT7009 – 7110⑬：690，夹砂灰黑陶。方唇。口径 9、残高 3.1 厘米（图四六二，3）。

标本ⅠT7011 – 7112⑬：417，泥质灰黄陶。口和领部残。肩径 14.8、残高 11.3 厘米（图四六二，4）。

B 型Ⅱ式　1 件。

标本ⅠT7011 – 7112⑬：406，夹砂灰黑陶。尖圆唇。口径 7.8、肩径 10.7、高 10.5 厘米（图四六二，5）。

Cb 型Ⅱ式　1 件。

标本ⅠT7009 – 7110⑬：705，夹砂灰黑陶。尖圆唇。口径 8、残高 4.2 厘米（图四六二，6）。

小平底罐　2 件。Bc 型Ⅱ式。

标本ⅠT6613 – 6714⑬：144，泥质灰黑陶。尖唇。口径 12.8、肩径 12.5、残高 3.5 厘米（图四六二，7）。

标本ⅠT7009 – 7110⑬：147，夹砂灰黑陶。尖圆唇。口径 10.1、残高 4.6 厘米（图四六二，8）。

敛口罐　67 件。

Aa 型Ⅰ式　9 件。

标本ⅠT6811－6912⑬：264，夹砂灰黑陶。方唇。口径26、残高3.6厘米（图四六三，1）。

标本ⅠT6615－6716⑬：58，夹砂灰黑陶。沿面凹，方唇。口径30.8、残高4.4厘米（图四六三，2）。

Aa型Ⅱ式　3件。

标本ⅠT7009－7110⑬：117，夹砂灰黑陶。沿面凹，方唇。口径36、残高11.9厘米（图四六三，3）。

标本ⅠT7009－7110⑬：405，夹砂灰陶。方唇。口径26、残高3.5厘米（图四六三，4）。

标本ⅠT7011－7112⑬：190，夹砂灰黑陶。方唇。口径52.2、残高9.1厘米（图四六三，5）。

Ab型　2件。

标本ⅠT7009－7110⑬：506，夹砂灰黑陶。方唇。口径13.2、残高2.2厘米（图四六三，6）。

标本ⅠT7011－7112⑬：402，夹砂灰黑陶。方唇。口径13.6、残高2厘米（图四六三，7）。

Ba型　1件。

标本ⅠT6511－6512⑬：9，夹砂灰褐陶。方唇。口径26、残高6.6厘米（图四六三，8）。

Bb型　2件。

标本ⅠT6613－6714⑬：23，夹砂灰黑陶。圆唇。口径21.6、残高3.7厘米（图四六三，9）。

标本ⅠT6615－6716⑬：86，夹砂灰黑陶。方唇。口径30、残高6厘米（图四六三，10）。

Bc型　5件。

标本ⅠT7013－7114⑬：8，夹砂灰黑陶。圆唇。口径31.2、残高6.5厘米（图四六三，11）。

Bd型　20件。

标本ⅠT7011－7112⑬：380，夹砂灰褐陶。尖圆唇。肩部饰重菱纹。口径36、残高6.7厘米（图四六三，12）。

标本ⅠT6809－6910⑬：113，夹砂灰黑陶。尖圆唇。口径21.4、残高3.8厘米（图四六三，14）。

Ca型Ⅰ式　2件。

标本ⅠT7009－7110⑬：157，夹砂灰黑陶。方唇。口径32、残高6.7厘米（图四六三，13）。

Ca型Ⅱ式　2件。

标本ⅠT6615－6716⑬：143，夹砂灰黄陶。方唇。口径28、残高9.2厘米（图四六三，15）。

标本ⅠT7011－7112⑬：187，夹砂灰黑陶。方唇。口径26.4、残高6.4厘米（图四六四，1）。

Cb型Ⅰ式　7件。

标本ⅠT6811－6912⑬：275，夹砂灰黑陶。沿面有凹槽，方唇。口径30.4、残高6.8厘米（图四六四，2）。

标本ⅠT7009－7110⑬：522，夹砂灰黄陶。沿面有凹槽，方唇。口径30.4、残高3.7厘米（图四六四，3）。

Cb型Ⅱ式　7件。

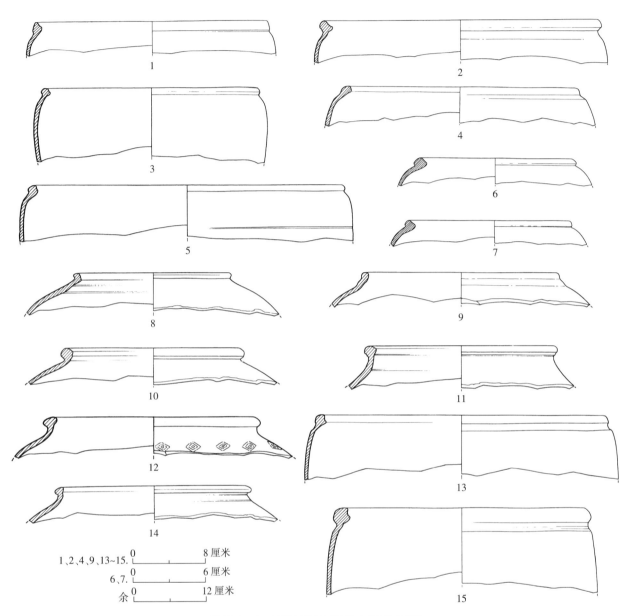

图四六三　西区第 13 层出土陶敛口罐

1、2. Aa 型 I 式（Ⅰ T6811 - 6912⑬：264、Ⅰ T6615 - 6716⑬：58）　3 ~ 5. Aa 型 II 式（Ⅰ T7009 - 7110⑬：117、
Ⅰ T7009 - 7110⑬：405、Ⅰ T7011 - 7112⑬：190）　6、7. Ab 型（Ⅰ T7009 - 7110⑬：506、Ⅰ T7011 - 7112⑬：402）
8. Ba 型（Ⅰ T6511 - 6512⑬：9）　9、10. Bb 型（Ⅰ T6613 - 6714⑬：23、Ⅰ T6615 - 6716⑬：86）　11. Bc 型
（Ⅰ T7013 - 7114⑬：8）　12、14. Bd 型（Ⅰ T7011 - 7112⑬：380、Ⅰ T6809 - 6910⑬：113）　13. Ca 型 I 式
（Ⅰ T7009 - 7110⑬：157）　15. Ca 型 II 式（Ⅰ T6615 - 6716⑬：143）

标本 Ⅰ T6811 - 6912⑬：266，夹砂灰黑陶。沿面有凹槽，方唇。口径 19、残高 3.1 厘米
（图四六四，4）。

标本 Ⅰ T6813 - 6914⑬：73，夹砂灰黑陶。方唇。口径 26、残高 4.2 厘米（图四六四，5）。

Cc 型 II 式　2 件。

标本 Ⅰ T7009 - 7110⑬：514，夹砂灰黑陶。方唇。残高 4.8 厘米（图四六四，6）。

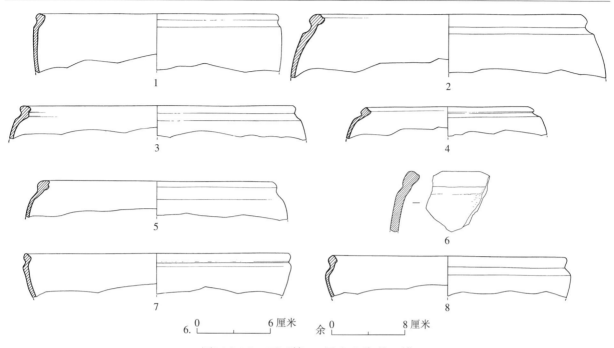

图四六四　西区第13层出土陶敛口罐

1. Ca 型 Ⅱ 式（ⅠT7011 - 7112⑬:187）　2、3. Cb 型 Ⅰ 式（ⅠT6811 - 6912⑬:275、ⅠT7009 - 7110⑬:522）　4、5. Cb 型 Ⅱ 式（ⅠT6811 - 6912⑬:266、ⅠT6813 - 6914⑬:73）　6. Cc 型 Ⅱ 式（ⅠT7009 - 7110⑬:514）　7、8. Da 型（ⅠT7209 - 7210⑬:13、ⅠT6809 - 6910⑬:89）

Da 型　5 件。

标本 ⅠT7209 - 7210⑬:13，夹砂灰黄陶。沿面凹，方唇。口径29、残高4.9厘米（图四六四，7）。

标本 ⅠT6809 - 6910⑬:89，夹砂灰黄陶。方唇。口径26、残高4.3厘米（图四六四，8）。

高领罐　18 件。

Aa 型 Ⅱ 式　1 件。

标本 ⅠT7209 - 7210⑬:56，夹砂灰黑陶。平折沿，圆唇。口径19.6、残高7.2厘米（图四六五，1）。

Aa 型 Ⅲ 式　2 件。

标本 ⅠT6511 - 6512⑬:72，夹砂灰黄陶。斜折沿，圆唇。口径19.4、残高4.6厘米（图四六五，2）。

Ab 型 Ⅱ 式　1 件。

标本 ⅠT6613 - 6714⑬:119，夹砂灰黑陶。平折沿，沿面微凹，方唇。口径30.2、残高5.7厘米（图四六五，4）。

B 型　2 件。

标本 ⅠT6811 - 6912⑬:166，夹砂灰黑陶。翻卷沿，圆唇。口径14.8、残高5厘米（图四六五，3）。

标本 ⅠT6813 - 6914⑬:42，泥质灰陶。翻沿，圆唇。口径14、残高2.5厘米（图四六五，6）。

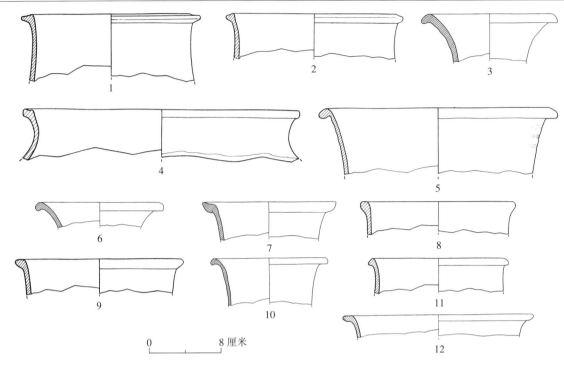

图四六五　西区第13层出土陶高领罐

1. Aa 型 Ⅱ 式（ⅠT7209－7210⑬：56）　2. Aa 型 Ⅲ 式（ⅠT6511－6512⑬：72）　3、6. B 型（ⅠT6811－6912⑬：166、ⅠT6813－6914⑬：42）　4. Ab 型 Ⅱ 式（ⅠT6613－6714⑬：119）　5、10. Fa 型 Ⅰ 式（ⅠT6811－6912⑬：128、ⅠT6613－6714⑬：200）　7. C 型 Ⅰ 式（ⅠT7009－7110⑬：720）　8、9. D 型（ⅠT7009－7110⑬：424、ⅠT6615－6716⑬：123）　11. Fa 型 Ⅱ 式（ⅠT6809－6910⑬：50）　12. Fb 型 Ⅱ 式（ⅠT6611－6712⑬：15）

C 型 Ⅰ 式　2 件。

标本 ⅠT7009－7110⑬：720，夹砂灰黑陶。仰卷沿，圆唇。口径 14.6、残高 3.8 厘米（图四六五，7）。

D 型　3 件。

标本 ⅠT7009－7110⑬：424，夹砂灰黄陶。平卷沿，圆唇。口径 16.8、残高 3.4 厘米（图四六五，8）。

标本 ⅠT6615－6716⑬：123，夹砂灰陶。平卷沿，圆唇。口径 18.4、残高 3.8 厘米（图四六五，9）。

Fa 型 Ⅰ 式　5 件。

标本 ⅠT6811－6912⑬：128，夹砂灰黑陶。翻卷沿，圆唇。口径 26、残高 7 厘米（图四六五，5）。

标本 ⅠT6613－6714⑬：200，泥质灰黄陶。平卷沿，圆唇。口径 12.8、残高 5 厘米（图四六五，10）。

Fa 型 Ⅱ 式　1 件。

标本 ⅠT6809－6910⑬：50，夹砂灰黄陶。斜折沿，圆唇。口径 15、残高 3.8 厘米（图四六五，11）。

Fb 型 Ⅱ 式　1 件。

标本 Ⅰ T6611 - 6712⑬：15，夹砂灰黄陶。平卷沿，圆唇。口径 20.4、残高 2.4 厘米（图四六五，12）。

矮领罐　36 件。

A 型 Ⅰ 式　4 件。

标本 Ⅰ T7011 - 7112⑬：189，夹砂灰黑陶。外斜卷沿，圆唇。上腹部饰一周凹弦纹。口径 19、残高 9 厘米（图四六六，1）。

标本 Ⅰ T7011 - 7112⑬：355，夹砂灰黄陶。外斜卷沿，圆唇。口径 13.6、残高 4.8 厘米（图四六六，2）。

A 型 Ⅱ 式　3 件。

标本 Ⅰ T6811 - 6912⑬：153，夹砂灰黄陶。斜卷沿，圆唇。口径 22、残高 4.3 厘米（图四六六，3）。

B 型 Ⅰ 式　2 件。

标本 Ⅰ T6809 - 6910⑬：2，夹砂灰黑陶。外斜卷沿，圆唇。上腹部饰一周凹弦纹。口径 13.2、肩径 34.2、残高 12 厘米（图四六六，4）。

标本 Ⅰ T6813 - 6914⑬：72，夹砂灰黑陶。斜卷沿，圆唇。口径 22.4、残高 8 厘米（图四六六，5）。

B 型 Ⅱ 式　17 件。

标本 Ⅰ T6811 - 6912⑬：121，夹砂灰黑陶。斜卷沿，圆唇。口径 12.4、残高 5.2 厘米（图四六六，6）。

标本 Ⅰ T7009 - 7110⑬：148，夹砂灰黑陶。外斜卷沿，圆唇。口径 26、残高 3.1 厘米（图四六六，7）。

D 型 Ⅱ 式　3 件。

标本 Ⅰ T7011 - 7112⑬：188，夹砂灰黑陶。平卷沿，圆唇。口径 18.4、残高 6 厘米（图四六六，8）。

F 型　7 件。

标本 Ⅰ T6613 - 6714⑬：107，夹砂灰黑陶。斜卷沿，圆唇。口径 12.8、残高 3.2 厘米（图四六六，9）。

标本 Ⅰ T7009 - 7110⑬：497，夹砂灰黄陶。外斜卷沿，圆唇。口径 11.4、残高 2.7 厘米（图四六六，10）。

标本 Ⅰ T6811 - 6912⑬：159，夹砂灰黄陶。卷沿，圆唇。口径 12.6、残高 5.1 厘米（图四六六，11）。

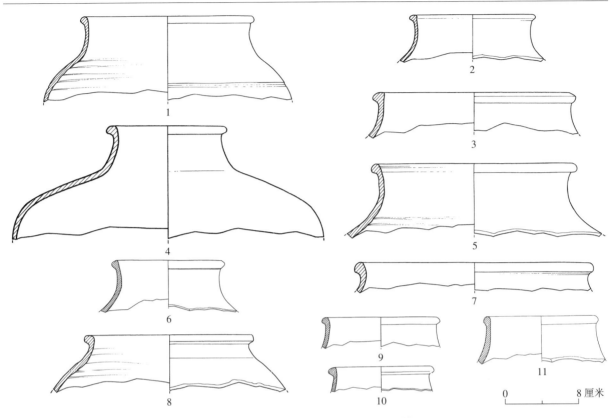

图四六六　西区第13层出土陶矮领罐

1、2. A 型 I 式（Ⅰ T7011－7112⑬：189、Ⅰ T7011－7112⑬：355）　3. A 型 Ⅱ 式（Ⅰ T6811－6912⑬：153）　4、5. B 型 I 式（Ⅰ T6809－6910⑬：2、Ⅰ T6813－6914⑬：72）　6、7. B 型 Ⅱ 式（Ⅰ T6811－6912⑬：121、Ⅰ T7009－7110⑬：148）　8. D 型 Ⅱ 式（Ⅰ T7011－7112⑬：188）　9～11. F 型（Ⅰ T6613－6714⑬：107、Ⅰ T7009－7110⑬：497、Ⅰ T6811－6912⑬：159）

束颈罐　9 件。

Ab 型 Ⅱ 式　1 件。

标本Ⅰ T6615－6716⑬：83，夹砂灰黑陶。方唇。肩部饰成组绳纹和一周凹弦纹。口径 11.6、残高 4.5 厘米（图四六七，1）。

Ba 型　1 件。

标本Ⅰ T6807－6908⑬：30，夹砂灰黑陶。方唇。残高 3.4 厘米（图四六七，2）。

Bb 型　1 件。

标本Ⅰ T7009－7110⑬：128，夹砂灰黑陶。方唇。肩部饰一周凹弦纹。口径 13、残高 3.5 厘米（图四六七，3）。

Bc 型 Ⅱ 式　1 件。

标本Ⅰ T7009－7110⑬：9，夹砂灰黑陶。方唇。口径 15.2、残高 10 厘米（图四六七，5）。

Ca 型 I 式　1 件。

标本Ⅰ T6511－6512⑬：62，夹砂灰黑陶。方唇。口径 11.6、残高 3.2 厘米（图四六七，4）。

Ca 型 Ⅱ 式　1 件。

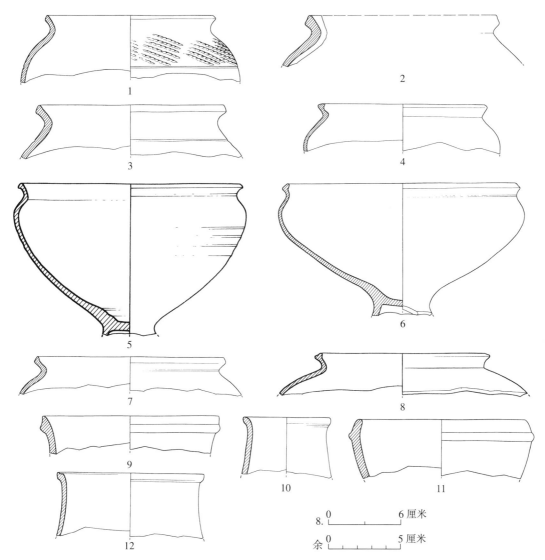

图四六七　西区第 13 层出土陶器

1. Ab 型 Ⅱ 式束颈罐（ⅠT6615 – 6716⑬：83）　2. Ba 型束颈罐（ⅠT6807 – 6908⑬：30）　3. Bb 型束颈罐（ⅠT7009 – 7110⑬：128）　4. Ca 型 Ⅰ 式束颈罐（ⅠT6511 – 6512⑬：62）　5. Bc 型 Ⅱ 式束颈罐（ⅠT7009 – 7110⑬：9）　6. Ca 型 Ⅱ 式束颈罐（ⅠT7211 – 7212⑬：1）　7. Cb 型束颈罐（ⅠT6613 – 6714⑬：116）　8. Cd 型束颈罐（ⅠT6615 – 6716⑬：47）　9. Ad 型壶（ⅠT6615 – 6716⑬：4）　10. Bd 型壶（ⅠT7209 – 7210⑬：48）　11. Ab 型壶（ⅠT6609 – 6710⑬：8）　12. A 型 Ⅰ 式长颈罐（ⅠT7009 – 7110⑬：703）

　　标本 ⅠT7211 – 7212⑬：1，夹砂灰黑陶。方唇。口径 16.2、肩径 16.8、残高 8.7 厘米（图四六七，6）。

　　Cb 型　2 件。

　　标本 ⅠT6613 – 6714⑬：116，夹砂灰黑陶。方唇。口径 13、残高 2.4 厘米（图四六七，7）。

　　Cd 型　1 件。

　　标本 ⅠT6615 – 6716⑬：47，夹砂灰黑陶。方唇。口径 15、残高 3.5 厘米（图四六七，8）。

长颈罐　2 件。A 型 Ⅰ 式。

标本ⅠT7009－7110⑬：703，夹砂灰黑陶。方唇。口径10、残高4.3厘米（图四六七，12）。

壶　3件。

Ab型　1件。

标本ⅠT6609－6710⑬：8，夹砂灰黑陶。圆唇。口径11.5、残高4厘米（图四六七，11）。

Ad型　1件。

标本ⅠT6615－6716⑬：4，夹砂灰陶。圆唇。口径12、残高2.6厘米（图四六七，9）。

Bd型　1件。

标本ⅠT7209－7210⑬：48，泥质灰黑陶。圆唇。口径6、残高4厘米（图四六七，10）。

盆　19件。

Ac型　1件。

标本ⅠT6809－6910⑬：109，夹砂灰黑陶。方唇。唇部压印绳纹。口径36、残高5厘米（图四六八，1）。

Bb型　1件。

标本ⅠT7009－7110⑬：135，夹砂灰黑陶。圆唇。口径26、残高4.8厘米（图四六八，2）。

Cb型　1件。

标本ⅠT6511－6512⑬：60，夹砂灰黑陶。圆唇。腹部饰两周凹弦纹。口径22.2、残高4.4厘米（图四六八，3）。

Cc型　1件。

标本ⅠT6511－6512⑬：55，夹砂灰黑陶。仰卷沿，圆唇。口径26、残高5厘米（图四六八，4）。

Cd型　1件。

标本ⅠT6613－6714⑬：7，夹砂灰黄陶。平卷沿，圆唇。腹部饰一周凹弦纹。口径24、残高6厘米（图四六八，6）。

D型　1件。

标本ⅠT6811－6912⑬：132，夹砂灰黑陶。圆唇。口径34、残高6.6厘米（图四六八，5）。

Ea型Ⅱ式　5件。

标本ⅠT6613－6714⑬：220，夹砂灰黑陶。圆唇。腹部饰一周凹弦纹。口径30、残高3.6厘米（图四六八，7）。

标本ⅠT6511－6512⑬：56，夹砂灰黑陶。圆唇。腹部饰两周凹弦纹。口径32、残高4厘米（图四六八，8）。

Eb型　5件。

标本ⅠT6611－6712⑬：71，夹砂灰黑陶。卷沿。口径41、残高9.6厘米（图四六八，9）。

标本ⅠT7209－7210⑬：50，夹砂灰黑陶。圆唇。口径22、残高3厘米（图四六八，10）。

Ec型　2件。

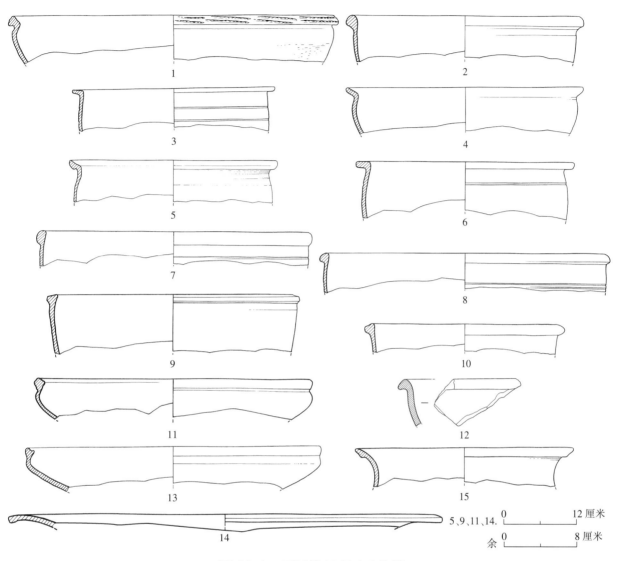

图四六八　西区第 13 层出土陶器

1. Ac 型盆（ⅠT6809－6910⑬：109）　2. Bb 型盆（ⅠT7009－7110⑬：135）　3. Cb 型盆（ⅠT6511－6512⑬：60）
4. Cc 型盆（ⅠT6511－6512⑬：55）　5. D 型盆（ⅠT6811－6912⑬：132）　6. Cd 型盆（ⅠT6613－6714⑬：7）　7、
8. Ea 型Ⅱ式盆（ⅠT6613－6714⑬：220、ⅠT6511－6512⑬：56）　9、10. Eb 型盆（ⅠT6611－6712⑬：71、ⅠT7209－
7210⑬：50）　11、13. Ec 型盆（ⅠT6613－6714⑬：158、ⅠT7209－7210⑬：14）　12. F 型盆（ⅠT6609－6710⑬：
26）　14. Aa 型瓮（ⅠT6809－6910⑬：74）　15. Ac 型瓮（ⅠT6615－6716⑬：77）

　　标本ⅠT6613－6714⑬：158，夹砂灰黄陶。圆唇。口径 46、残高 6.2 厘米（图四六八，11）。

　　标本ⅠT7209－7210⑬：14，夹砂灰黑陶。沿面凹，方唇。口径 32、残高 4.7 厘米（图四六八，13）。

　　F 型　1 件。

　　标本ⅠT6609－6710⑬：26，夹砂灰黑陶。方唇。残高 5 厘米（图四六八，12）。

　　瓮　13 件。

　　Aa 型　1 件。

标本ⅠT6809－6910⑬：74，夹砂灰黑陶。方唇。口径71.6、残高2.1厘米（图四六八，14）。

Ac型　1件。

标本ⅠT6615－6716⑬：77，夹砂灰黑陶。尖圆唇。口径24、残高4厘米（图四六八，15）。

Ba型　2件。

标本ⅠT6615－6716⑬：99，夹砂灰黑陶。圆唇。口径49、残高13.6厘米（图四六九，3）。

Ca型　1件。

标本ⅠT6511－6512⑬：74，夹砂灰陶。圆唇。口径38、残高6.5厘米（图四六九，5）。

Cc型Ⅱ式　2件。

标本ⅠT7011－7112⑬：570，夹砂灰黑陶。圆唇。口径72、残高8.6厘米（图四六九，7）。

Cd型Ⅱ式　1件。

标本ⅠT7009－7110⑬：164，夹砂灰黑陶。圆唇。口径40、残高10.5厘米（图四六九，6）。

Da型Ⅰ式　1件。

标本ⅠT7011－7112⑬：191，夹砂灰褐陶。尖圆唇。口径42、残高5.2厘米（图四六九，1）。

Da型Ⅱ式　3件。

标本ⅠT6811－6912⑬：127，夹砂灰黑陶。尖圆唇。口径30、残高6.2厘米（图四六九，2）。

Da型Ⅲ式　1件。

标本ⅠT7013－7114⑬：30，夹砂灰褐陶。尖圆唇。口径21.2、残高5.3厘米（图四六九，4）。

缸　8件。

Cb型　1件。

标本ⅠT7011－7112⑬：97，夹砂灰黑陶。卷沿。残高5.6厘米（图四六九，8）。

Db型　2件。

标本ⅠT6811－6912⑬：119，夹砂灰黑陶。圆唇。口径48、残高4.8厘米（图四六九，10）。

Ea型　3件。

标本ⅠT7011－7112⑬：382，夹砂灰黑陶。卷沿。口径62、残高10.8厘米（图四六九，9）。

标本ⅠT6809－6910⑬：72，夹砂灰黄陶。卷沿。口径68、残高4.3厘米（图四六九，11）。

Eb型　1件。

标本ⅠT6615－6716⑬：50，夹砂灰黑陶。折沿。口径62、残高5.2厘米（图四六九，12）。

Ec型　1件。

标本ⅠT6811－6912⑬：133，夹砂灰黑陶。折沿。口径62、残高5.2厘米（图四六九，13）。

簋形器　34件。

Aa型Ⅰ式　5件。

标本ⅠT6811－6912⑬：160，夹砂灰黄陶。沿面弧。口径26、残高6.5厘米（图四七〇，1）。

Ab型Ⅰ式　4件。

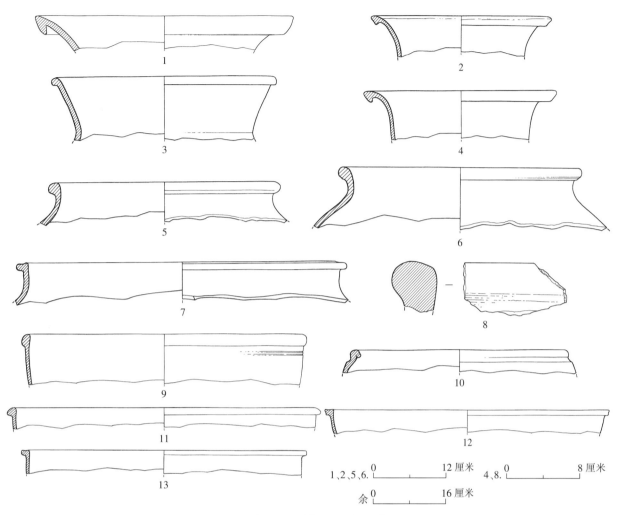

图四六九　西区第 13 层出土陶器

1. Da 型 I 式瓮 （ I T7011 – 7112⑬：191）　　2. Da 型 II 式瓮 （ I T6811 – 6912⑬：127）　　3. Ba 型瓮 （ I T6615 – 6716⑬：99）　　4. Da 型 III 式瓮 （ I T7013 – 7114⑬：30）　　5. Ca 型瓮 （ I T6511 – 6512⑬：74）　　6. Cd 型 II 式瓮 （ I T7009 – 7110⑬：164）　　7. Cc 型 II 式瓮 （ I T7011 – 7112⑬：570）　　8. Cb 型缸 （ I T7011 – 7112⑬：97）　　9、11. Ea 型缸 （ I T7011 – 7112⑬：382、 I T6809 – 6910⑬：72）　　10. Db 型缸 （ I T6811 – 6912⑬：119）　　12. Eb 型缸 （ I T6615 – 6716⑬：50）　　13. Ec 型缸 （ I T6811 – 6912⑬：133）

标本 I T7011 – 7112⑬：377，夹砂灰黄陶。沿面弧。口径 30、残高 15.1 厘米（图四七〇，2）。

标本 I T7011 – 7112⑬：185，夹砂灰黑陶。口径 28.2、残高 11.2 厘米（图四七〇，3）。

Ab 型 II 式　4 件。

标本 I T6613 – 6714⑬：120，夹砂灰黑陶。沿面弧。口径 34、残高 6.5 厘米（图四七〇，4）。

Ac 型 II 式　2 件。

标本 I T6811 – 6912⑬：180，夹砂灰黄陶。沿面凹。口径 32、残高 8.7 厘米（图四七〇，5）。

Ba 型 I 式　4 件。

标本 I T6613 – 6714⑬：110，夹砂灰黄陶。沿面平。口径 26.4、残高 3 厘米（图四七〇，7）。

Ba 型 II 式　12 件。

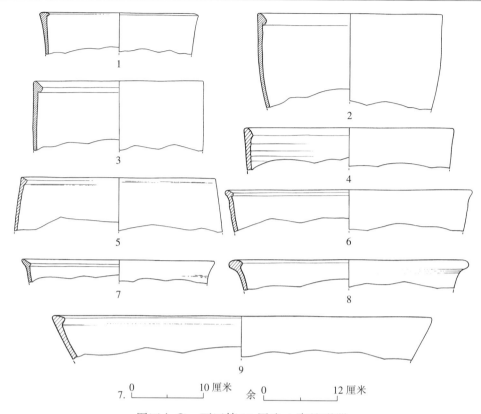

图四七〇　西区第 13 层出土陶簋形器

1. Aa 型 I 式（I T6811－6912⑬：160）　　2、3. Ab 型 I 式（I T7011－7112⑬：377、I T7011－7112⑬：185）
4. Ab 型 II 式（I T6613－6714⑬：120）　5. Ac 型 II 式（I T6811－6912⑬：180）　6、8. Ba 型 II 式（I T6511－
6512⑬：10、I T6811－6912⑬：124）　7. Ba 型 I 式（I T6613－6714⑬：110）　9. C 型 I 式（I T6811－6912
⑬：134）

标本 I T6511－6512⑬：10，夹砂灰黑陶。沿面弧。口径 40、残高 6.3 厘米（图四七〇，6）。

标本 I T6811－6912⑬：124，夹砂灰褐陶。沿面弧。口径 39、残高 4.6 厘米（图四七〇，8）。

C 型 I 式　3 件。

标本 I T6811－6912⑬：134，夹砂灰黑陶。沿面平。口径 62、残高 6.7 厘米（图四七〇，9）。

帽形器　2 件。

标本 I T7213－7214⑬：9，夹砂灰陶。圆唇。口径 9、残高 0.9 厘米（图四七一，3）。

标本 I T7209－7210⑬：18，夹砂灰陶。圆唇。口径 12.8、残高 1.6 厘米（图四七一，4）。

盘　3 件。

A 型　2 件。

标本 I T7009－7110⑬：743，夹砂灰黑陶。圆唇。口径 36、残高 4.2 厘米（图四七一，1）。

B 型　1 件。

标本 I T7215－7216⑬：32，夹砂灰黑陶。圆唇。口径 40、残高 9 厘米（图四七一，2）。

豆盘　5 件。Db 型。

标本 I T6809－6910⑬：57，夹砂灰黄陶。圆唇。残高 5.3 厘米（图四七一，5）。

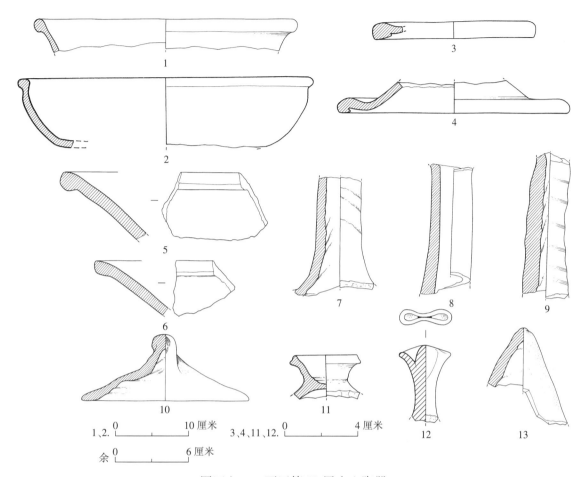

图四七一　西区第 13 层出土陶器

1. A 型盘（ⅠT7009 - 7110⑬：743）　2. B 型盘（ⅠT7215 - 7216⑬：32）　3、4. 帽形器（ⅠT7213 - 7214⑬：9、ⅠT7209 - 7210⑬：18）　5、6. Db 型豆盘（ⅠT6809 - 6910⑬：57、ⅠT6807 - 6908⑬：33）　7、8. Aa 型豆柄（ⅠT6811 - 6912⑬：59、ⅠT7009 - 7110⑬：75）　9. Ad 型豆柄（ⅠT7011 - 7112⑬：96）　10. G 型器盖（ⅠT6412⑬：5）　11. Bb 型器纽（ⅠT6615 - 6716⑬：119）　12. Da 型Ⅰ式器纽（ⅠT7009 - 7110⑬：621）　13. Ea 型器纽（ⅠT6811 - 6912⑬：254）

标本ⅠT6807 - 6908⑬：33，夹砂灰黄陶。方唇。残高 4.2 厘米（图四七一，6）。

豆柄　18 件。

Aa 型　17 件。

标本ⅠT6811 - 6912⑬：59，夹砂灰黑陶。残高 9.5 厘米（图四七一，7）。

标本ⅠT7009 - 7110⑬：75，夹砂灰黑陶。残高 10.6 厘米（图四七一，8）。

Ad 型　1 件。

标本ⅠT7011 - 7112⑬：96，夹砂灰黑陶。残高 11.8 厘米（图四七一，9）。

器盖　1 件。G 型。

标本ⅠT6412⑬：5，夹砂灰黄陶。圆唇。口径 13.6、高 5.3 厘米（图四七一，10）。

器纽　3 件。

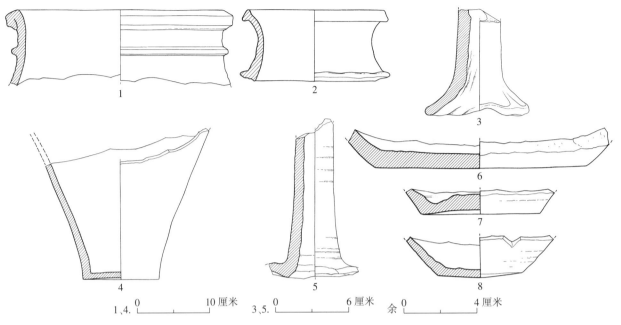

图四七二　西区第 13 层出土陶器

1. Aa 型 I 式器座（ⅠT6813－6914⑬：69）　2. Ab 型 I 式器座（ⅠT7209－7210⑬：19）　3、5. Ca 型器座（ⅠT6811－6912⑬：60、ⅠT6811－6912⑬：178）　4、6. Aa 型器底（ⅠT7009－7110⑬：10、ⅠT7011－7112⑬：378）　7. Ab 型器底（ⅠT7011－7112⑬：181）　8. Ac 型器底（ⅠT7009－7110⑬：708）

Bb 型　1 件。

标本 ⅠT6615－6716⑬：119，夹砂灰黑陶。方唇。纽径 3.9、残高 2.4 厘米（图四七一，11）。

Da 型 I 式　1 件。

标本 ⅠT7009－7110⑬：621，泥质灰黑陶。圆唇。残高 4.1 厘米（图四七一，12）。

Ea 型　1 件。

标本 ⅠT6811－6912⑬：254，夹砂灰黄陶。残高 7.7 厘米（图四七一，13）。

器座　4 件。

Aa 型 I 式　1 件。

标本 ⅠT6813－6914⑬：69，夹砂灰黑陶。中部饰一周凸棱。上径 31、残高 9.7 厘米（图四七二，1）。

Ab 型 I 式　1 件。

标本 ⅠT7209－7210⑬：19，夹砂灰褐陶。上径 8、下径 8、高 3.9 厘米（图四七二，2）。

Ca 型　2 件。

标本 ⅠT6811－6912⑬：60，夹砂灰黑陶。圈足径 8.5、残高 8.4 厘米（图四七二，3）。

标本 ⅠT6811－6912⑬：178，夹砂灰黑陶。残高 12.8 厘米（图四七二，5）。

器底　158 件。

Aa 型　7 件。

标本ⅠT7009-7110⑬：10，夹砂灰黑陶。底径10.3、残高20厘米（图四七二，4）。

标本ⅠT7011-7112⑬：378，夹砂灰黑陶。底径11.6、残高2.2厘米（图四七二，6）。

Ab型　9件。

标本ⅠT7011-7112⑬：181，夹砂灰褐陶。底径6.4、残高1.3厘米（图四七二，7）。

Ac型　3件。

标本ⅠT7009-7110⑬：708，夹砂灰黑陶。底径4.6、残高2.3厘米（图四七二，8）。

Db型　92件。

标本ⅠT7009-7110⑬：677，泥质灰黑陶。底部有戳痕。残高5.1厘米（图四七三，1）。

标本ⅠT6811-6912⑬：255，泥质灰黑陶。底部有戳痕。残高3.4厘米（图四七三，2）。

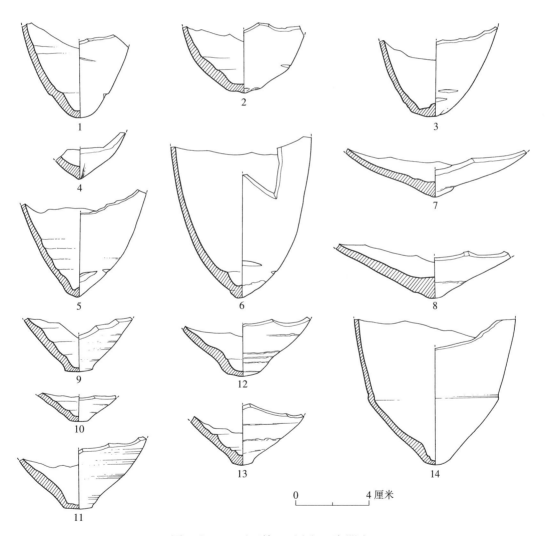

图四七三　西区第13层出土陶器底

1~3. Db型（ⅠT7009-7110⑬：677、ⅠT6811-6912⑬：255、ⅠT6807-6908⑬：8）　4~6. Dc型（ⅠT7215-7216⑬：9、ⅠT6615-6716⑬：115、ⅠT7013-7114⑬：32）　7、8. Dd型（ⅠT6613-6714⑬：148、ⅠT7009-7110⑬：529）　9、10. Ec型（ⅠT6615-6716⑬：108、ⅠT6613-6714⑬：143）　11、12. Ed型Ⅱ式（ⅠT7009-7110⑬：740、ⅠT6809-6910⑬：29）　13、14. Ed型Ⅲ式（ⅠT6811-6912⑬：248、ⅠT7211-7212⑬：16）

标本ⅠT6807 - 6908⑬：8，泥质灰黑陶。底部有戳痕。残高4.7厘米（图四七三，3）。

Dc型　8件。

标本ⅠT7215 - 7216⑬：9，泥质灰黑陶。残高2.4厘米（图四七三，4）。

标本ⅠT7013 - 7114⑬：32，泥质陶，下半部为灰黑色，上半部为灰黄色。底部有戳痕。残高8.4厘米（图四七三，6）。

标本ⅠT6615 - 6716⑬：115，泥质灰黑陶。底部有戳痕。残高5.8厘米（图四七三，5）。

Dd型　21件。

标本ⅠT6613 - 6714⑬：148，泥质灰黑陶。残高2.5厘米（图四七三，7）。

标本ⅠT7009 - 7110⑬：529，夹砂灰黄陶。残高2.9厘米（图四七三，8）。

Ec型　10件。

标本ⅠT6615 - 6716⑬：108，泥质灰黑陶。下腹部有旋痕。底径1.4、残高2.9厘米（图四七三，9）。

标本ⅠT6613 - 6714⑬：143，泥质灰黑陶。底径1、残高1.5厘米（图四七三，10）。

Ed型Ⅱ式　5件。

标本ⅠT7009 - 7110⑬：740，泥质灰黑陶。下腹部有旋痕。底径1.5、残高3.7厘米（图四七三，11）。

标本ⅠT6809 - 6910⑬：29，泥质灰黑陶。下腹部有旋痕。底径1.6、残高3.1厘米（图四七三，12）。

Ed型Ⅲ式　3件。

标本ⅠT6811 - 6912⑬：248，泥质灰黑陶。底径1、残高3.2厘米（图四七三，13）。

标本ⅠT7211 - 7212⑬：16，泥质灰黑陶。下腹部有旋痕。底径1.6、残高7.8厘米（图四七三，14）。

圈足　11件。

Aa型　3件。

标本ⅠT7209 - 7210⑬：723，泥质灰黑陶。饰两个圆形镂孔。圈足径6.5、残高4.2厘米（图四七四，1）。

Bb型　1件。

标本ⅠT6813 - 6914⑬：67，夹砂灰黑陶。圈足径15、残高3.1厘米（图四七四，2）。

Ca型　2件。

标本ⅠT7009 - 7110⑬：399，夹砂灰褐陶。圈足径8、残高4厘米（图四七四，3）。

标本ⅠT6811 - 6912⑬：45，夹砂灰黑陶。饰两个圆形镂孔。圈足径7、残高3.5厘米（图四七四，4）。

Cb型　2件。

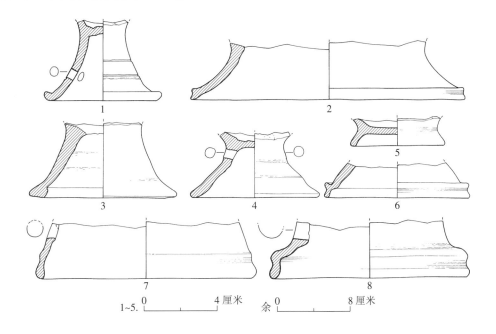

图四七四　西区第 13 层出土陶圈足

1. Aa 型（ⅠT7209 - 7210⑬：723）　2. Bb 型（ⅠT6813 - 6914⑬：67）　3、4. Ca 型（ⅠT7009 - 7110⑬：399、ⅠT6811 - 6912⑬：45）　5. Cc 型Ⅰ式（ⅠT7011 - 7112⑬：137）　6、8. Cd 型Ⅱ式（ⅠT7011 - 7112⑬：82、ⅠT7009 - 7110⑬：76）　7. Cb 型（ⅠT6811 - 6912⑬：280）

标本ⅠT6811 - 6912⑬：280，夹砂灰黑陶。饰一个圆形镂孔。圈足径 24、残高 6 厘米（图四七四，7）。

Cc 型Ⅰ式　1 件。

标本ⅠT7011 - 7112⑬：137，泥质灰黑陶。圈足径 5.2、残高 1.5 厘米（图四七四，5）。

Cd 型Ⅱ式　2 件。

标本ⅠT7009 - 7110⑬：76，夹砂灰黑陶。饰一个圆形镂孔。圈足径 22、残高 6.2 厘米（图四七四，8）。

标本ⅠT7011 - 7112⑬：82，夹砂灰黑陶。圈足径 16、残高 3.8 厘米（图四七四，6）。

（2）玉器

22 件。

璋　1 件。Aa 型。

标本ⅠT6811 - 6912⑬：318，器表呈现紫红色、淡黄色、黑色沁斑，色彩斑斓。整器制作精细。短柄，无阑，仅有齿饰，两侧平直，上部残。柄端不平。柄上部有一穿孔，单面钻。残长 17.8、宽 7.4、厚 0.6 厘米（图四七五，1）。

斧　1 件。B 型。

标本ⅠT6809 - 6910⑬：1，青色，器表有淡黄色、褐色沁斑，半透明。器身较扁薄。整器制作精细，器底磨制平整。长 10.3、宽 3.1 ~ 3.7、厚 1.4 厘米（图四七五，2）。

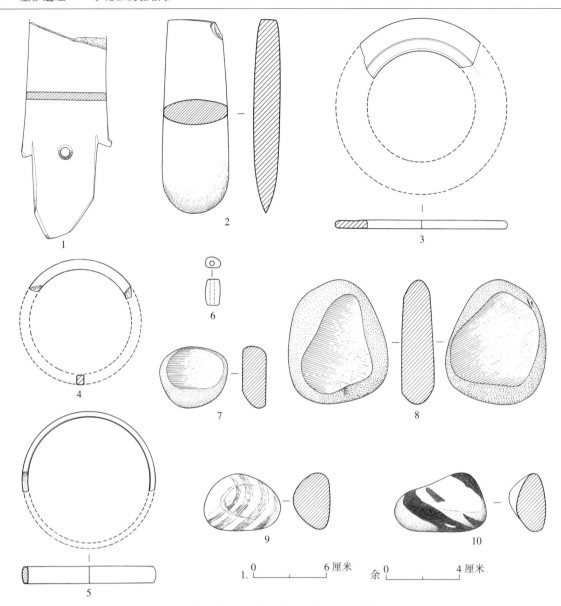

图四七五　西区第13层出土玉器

1. Aa 型玉璋（ⅠT6811－6912⑬：318）　2. B 型玉斧（ⅠT6809－6910⑬：1）　3. Ba 型玉璧（ⅠT6811－6912⑬：320）　4. Ab 型玉环（ⅠT7009－7110⑬：11）　5. B 型玉环（ⅠT6811－6912⑬：1）　6. 绿松石珠（ⅠT7013－7114⑬：1）　7、8. 磨石（ⅠT7209－7210⑬：1、ⅠT7011－7112⑬：1）　9、10. 美石（ⅠT6811－6912⑬：292、ⅠT6611－6712⑬：2－1）

璧　1件。Ba 型。

标本ⅠT6811－6912⑬：320，灰白色，器表有褐色沁斑，不透明。整器制作较为精细。直径9.4、孔径5.8、厚0.5厘米（图四七五，3）。

环　2件。

Ab 型　1件。

标本ⅠT7009－7110⑬：11，灰白色，不透明。整器制作精细。外径6.6、内径5.5、厚0.3厘米（图四七五，4）。

B 型 1 件。

标本ⅠT6811-6912⑬:1,器表呈现紫红色、黑色、黄色沁斑,色彩斑斓。整器制作极为精细。外径7.2、内径6.6、厚0.9厘米(图四七五,5)。

绿松石珠 1 件。

标本ⅠT7013-7114⑬:1,制作较为精细。横剖面呈椭圆形。直径0.6、孔径0.1、高1.4厘米(图四七五,6)。

磨石 3 件。

标本ⅠT7209-7210⑬:1,灰色。平面形状大致呈圆形。直径3.3、厚1.3厘米(图四七五,7)。

标本ⅠT7011-7112⑬:1,灰色。近圆形。长6.6、宽5.5、厚1.8厘米(图四七五,8)。

美石 13 件。

标本ⅠT6811-6912⑬:292,褐色与暗红色相间,多圈暗红色形成环形暗纹。长4.2、宽3、厚2厘米(图四七五,9)。

标本ⅠT6611-6712⑬:2-1,褐黄色夹杂暗红色。长5、宽3.1、厚1.6厘米(图四七五,10)。

(3) 石器

27 件。

矛 1 件。Ab 型。

标本ⅠT6511-6512⑬:85,灰褐色。制作较为精细。有边刃,锋尖残,边刃有擦划痕。残长9、宽5.9、厚0.8厘米(图四七六,1)。

石璋半成品 3 件。Ba 型。

标本ⅠT6811-6912⑬:284,青色。仅存牙部一端,牙尖一高一低。器体宽大,无阑,器表、两侧均保留自然断面,凹凸不平,刃部打磨粗糙。残长13.4、宽6~8.5、厚1.6厘米(图四七六,2)。

斧 1 件。Ba 型。

标本ⅠT6609-6710⑬:2,灰白色。器体较小。整器打磨规整,顶部保留自然断面。刃部较平,两侧锋利。长7、宽2.9~3.3、厚0.9厘米(图四七六,3)。

璧 5 件。Aa 型。

标本ⅠT7009-7110⑬:3,青色,带灰黑色斑点。孔壁留有管钻痕迹。环面及轮边打磨精细。直径14.5、孔径4.8、厚1.7厘米(图四七六,4)。

石璧坯料 17 件。A 型。

标本ⅠT6807-6908⑬:44,灰黑色。破裂面及轮边未经打磨。周缘较薄、中部略厚。直径6.1、厚1.1厘米(图四七六,5)。

标本ⅠT6811-6912⑬:283,黑色。破裂面及轮边未经打磨。周缘较薄、中部略厚。直径8.5、厚0.8厘米(图四七六,6)。

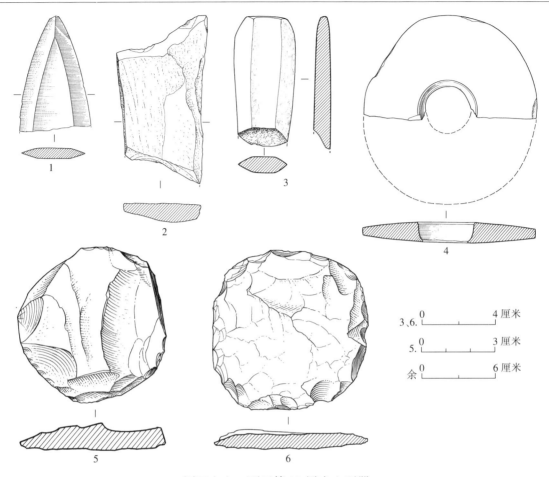

图四七六　西区第 13 层出土石器

1. Ab 型矛（ⅠT6511－6512⑬：85）　2. Ba 型石璋半成品（ⅠT6811－6912⑬：284）　3. Ba 型斧（ⅠT6609－6710⑬：2）　4. Aa 型璧（ⅠT7009－7110⑬：3）　5、6. A 型石璧坯料（ⅠT6807－6908⑬：44、ⅠT6811－6912⑬：283）

（三五）第 12 层下遗迹及出土遗物

开口于该层下遗迹仅有祭祀遗迹一处，L27（见附表一），简述如下。

L27

位于ⅠT6813、ⅠT6913、ⅠT7013、ⅠT6710、ⅠT6810、ⅠT6910 等 12 个探方内。开口于第 12 层下，堆积置于第 13 层层表。该地面堆积有大量遗物集中分布，堆积平面形状呈不规则形，东西长 20.5、南北宽 10 米。堆积内数百颗野猪獠牙和上百只鹿角密集放置在一起，并出土了大量陶器和少量玉器、铜器等（图四七七；彩版一一四至一一八）。

（1）陶器

100 件。

尖底杯　1 件。Da 型Ⅰ式。

标本 L27：1907，夹砂灰黑陶。口径 9.1、残高 8.2 厘米（图四七八，1）。

尖底盏 1件。Bb 型 I 式。

标本 L27：1904，夹砂灰黑陶。尖唇。口径 12.5、残高 4.7 厘米（图四七八，3）。

尖底罐 4件。

Aa 型 2件。

标本 L27：118，夹砂灰黑陶。尖圆唇。口径 7、残高 2.7 厘米（图四七八，2）。

标本 L27：914，夹砂灰黑陶。方唇。口径 8.8、残高 2.6 厘米（图四七八，4）。

Ca 型 II 式 1件。

标本 L27：8，泥质灰陶。腹径 5.4、残高 6.3 厘米（图四七八，5）。

Cb 型 II 式 1件。

标本 L27：36，夹砂灰黑陶。尖圆唇。口径 9.1、残高 3.7 厘米（图四七八，6）。

敛口罐 36件。

Ad 型 2件。

标本 L27：9，夹砂灰黑陶。圆唇。肩部饰乳丁纹。口径 22.4、残高 9.3 厘米（图四七八，7）。

标本 L27：1372，夹砂灰黑陶。圆唇。口径 52、残高 9.1 厘米（图四七九，5）。

Bd 型 18件。

标本 L27：1906，夹砂灰褐陶。圆唇。肩部饰一周重菱纹。口径 26.4、残高 11.4 厘米（图四七九，2）。

标本 L27：1688，夹砂灰黑陶。圆唇。口径 38、残高 4.5 厘米（图四七九，3）。

Ca 型 I 式 2件。

标本 L27：980，夹砂灰黑陶。沿面有凹槽，方唇。口径 17、残高 4.8 厘米（图四七八，11）。

标本 L27：6，夹砂灰黑陶。方唇。口径 31、残高 18 厘米（图四七九，1）。

Cb 型 I 式 7件。

标本 L27：518，夹砂灰褐陶。沿面有凹槽，方唇。口径 26、残高 5.1 厘米（图四七八，9）。

标本 L27：311，夹砂灰黑陶。圆唇。口径 24、残高 3.1 厘米（图四七八，10）。

Cc 型 II 式 1件。

标本 L27：852，夹砂灰黑陶。沿面凹，方唇。口径 30、残高 10.2 厘米（图四七八，12）。

Cd 型 5件。

标本 L27：1909，夹砂灰黑陶。沿面有凹槽，方唇。口径 22、残高 7.2 厘米（图四七八，8）。

Da 型 1件。

标本 L27：1905，夹砂灰黑陶。方唇。口径 15、残高 5.5 厘米（图四七九，4）。

高领罐 2件。Fa 型 II 式。

标本 L27：758，夹砂灰黑陶。卷沿，圆唇。口径 24、残高 5.1 厘米（图四七九，7）。

矮领罐 1件。D 型 II 式。

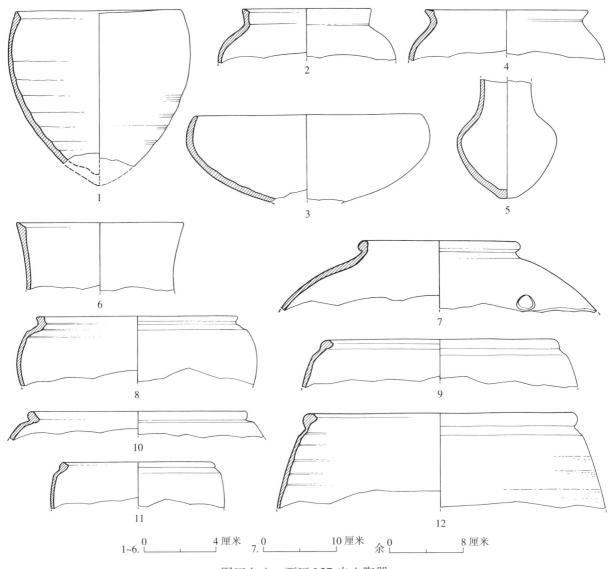

图四七八　西区 L27 出土陶器

1. Da 型 I 式尖底杯（L27：1907）　　2、4. Aa 型尖底罐（L27：118、L27：914）　　3. Bb 型 I 式尖底盏（L27：1904）
5. Ca 型 II 式尖底罐（L27：8）　6. Cb 型 II 式尖底罐（L27：36）　7. Ad 型敛口罐（L27：9）　8. Cd 型敛口罐
（L27：1909）　9、10. Cb 型 I 式敛口罐（L27：518、L27：311）　11. Ca 型 I 式敛口罐（L27：980）　12. Cc 型
II 式敛口罐（L27：852）

标本 L27：44，夹砂灰黑陶。外斜卷沿，圆唇。口径 12.4、残高 3.8 厘米（图四七九，6）。

束颈罐　1 件。E 型。

标本 L27：617，夹砂灰黑陶。尖圆唇。口径 18.4、残高 6.2 厘米（图四七九，8）。

长颈罐　2 件。D 型 I 式。

标本 L27：61，夹砂灰黑陶。方唇。口径 9.1、腹径 14.8、底径 7、高 15.1 厘米（图四八〇，8；彩版一一九，1）。

盆　3 件。

D 型　1 件。

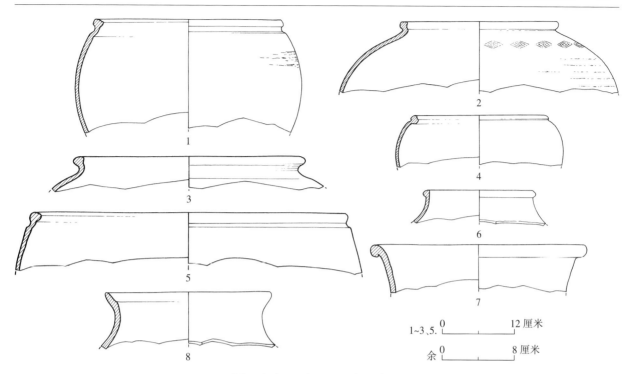

图四七九　西区 L27 出土陶器

1. Ca 型 I 式敛口罐（L27：6）　　2、3. Bd 型敛口罐（L27：1906、L27：1688）　　4. Da 型敛口罐（L27：1905）　　5. Ad 型敛口罐（L27：1372）　　6. D 型 II 式矮领罐（L27：44）　　7. Fa 型 II 式高领罐（L27：758）　　8. E 型束颈罐（L27：617）

标本 L27：357，夹砂灰黑陶。圆唇。口径 32、残高 6 厘米（图四八〇，3）。

Ea 型 II 式　1 件。

标本 L27：1791，夹砂灰黑陶。腹部饰一颗乳丁纹。残高 8.6 厘米（图四八〇，2）。

F 型　1 件。

标本 L27：370，夹砂黑褐陶。圆唇。口径 32、残高 7.1 厘米（图四八〇，4）。

瓮　7 件。

Db 型 II 式　4 件。

标本 L27：1365，夹砂灰黑陶。尖圆唇。口径 37、残高 5.1 厘米（图四八〇，7）。

Dd 型　1 件。

标本 L27：528，夹砂灰黑陶。方唇。口径 19、残高 3 厘米（图四八〇，6）。

De 型 II 式　2 件。

标本 L27：60，夹砂灰黄陶。方唇。口径 32、残高 18 厘米（图四八〇，5）。

缸　4 件。

Da 型　1 件。

标本 L27：1792，夹砂灰黄陶。圆唇。口径 61、残高 6.8 厘米（图四八〇，14）。

Dc 型　3 件。

标本 L27：66，夹砂灰黑陶。圆唇。肩部饰方格纹。口径 78、残高 16 厘米（图四八〇，1）。

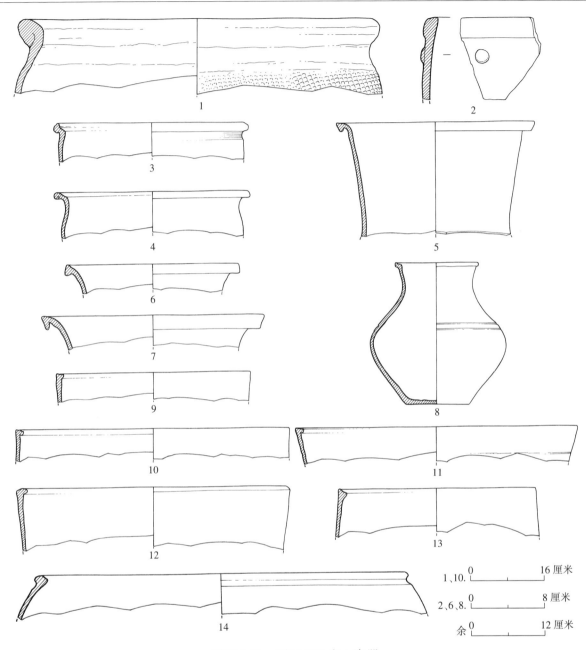

图四八〇　西区 L27 出土陶器

1. Dc 型缸（L27：66）　 2. Ea 型Ⅱ式盆（L27：1791）　 3. D 型盆（L27：357）　 4. F 型盆（L27：370）　 5. De 型Ⅱ
式瓮（L27：60）　 6. Dd 型瓮（L27：528）　 7. Db 型Ⅱ式瓮（L27：1365）　 8. D 型Ⅰ式长颈罐（L27：61）　 9、
10. Aa 型Ⅰ式簋形器（L27：1361、L27：558）　 11、12. Aa 型Ⅱ式簋形器（L27：363、L27：366）　 13. Ac 型Ⅱ式簋
形器（L27：334）　 14. Da 型缸（L27：1792）

簋形器　10 件。

Aa 型Ⅰ式　3 件。

标本 L27：1361，夹砂灰黑陶。沿面凹。口径 32、残高 4.6 厘米（图四八〇，9）。

标本 L27：558，夹砂灰褐陶。沿面微凸。口径 60、残高 6.4 厘米（图四八〇，10）。

Aa 型Ⅱ式　5 件。

标本 L27：363，夹砂灰黑陶。沿面平。口径 46、残高 5.9 厘米（图四八〇，11）。

标本 L27：366，夹砂灰黑陶。沿面凸。口径 45、残高 10 厘米（图四八〇，12）。

Ac 型 II 式 2 件。

标本 L27：334，夹砂灰黑陶。沿面凹。口径 32、残高 7.6 厘米（图四八〇，13）。

盆形器 1 件。B 型。

标本 L27：149，夹砂灰黑陶。方唇。口径 23、残高 4 厘米（图四八一，1）。

船形器 1 件。

标本 L27：1912，泥质灰褐陶。平面形状呈船形，前端为截尖三角形，底部缓平，上部掏空，三角形船头底部有一箭头符号，后端有残缺。长 4.6、宽 2.9、高 2 厘米（图四八一，5）。

豆柄 1 件。Aa 型。

标本 L27：1689，夹砂灰黑陶。柄部饰三周凹弦纹。残高 10.5 厘米（图四八一，3）。

器盖 1 件。Bb 型。

标本 L27：38，夹砂灰黑陶。圆唇。口径 12.6、高 3.1 厘米（图四八一，4）。

器纽 1 件。Eb 型。

标本 L27：15，夹砂灰黄陶。残高 9.5 厘米（图四八一，2）。

器座 1 件。D 型。

标本 L27：600，夹砂灰黄陶。上径 30.4、下径 31、高 2.8 厘米（图四八一，6）。

器底 13 件。

Ab 型 3 件。

标本 L27：1743，泥质灰黑陶。底中部凹。底径 9.1、残高 2.6 厘米（图四八一，7）。

标本 L27：17，夹砂灰黑陶。底径 7、残高 7.9 厘米（图四八一，8）。

Ac 型 1 件。

标本 L27：682，夹砂灰黑陶。底径 5.5、残高 6.7 厘米（图四八一，9）。疑为瓶的器底。

Da 型 4 件。

标本 L27：68，夹砂灰黑陶。腹径 11.9、残高 9.6 厘米（图四八一，10）。

标本 L27：25，夹砂灰黑陶。腹径 11.8、残高 8.3 厘米（图四八一，11）。

Db 型 5 件。

标本 L27：1744，泥质灰黑陶。底部有四道对称戳痕。残高 3.6 厘米（图四八一，12）。

圈足 7 件。

Ca 型 1 件。

标本 L27：1745，夹砂灰黑陶。圈足径 5.6、残高 4.2 厘米（图四八二，1）。

Cd 型 I 式 6 件。

标本 L27：551，夹砂灰褐陶。圈足径 24.2、残高 6.2 厘米（图四八二，2）。

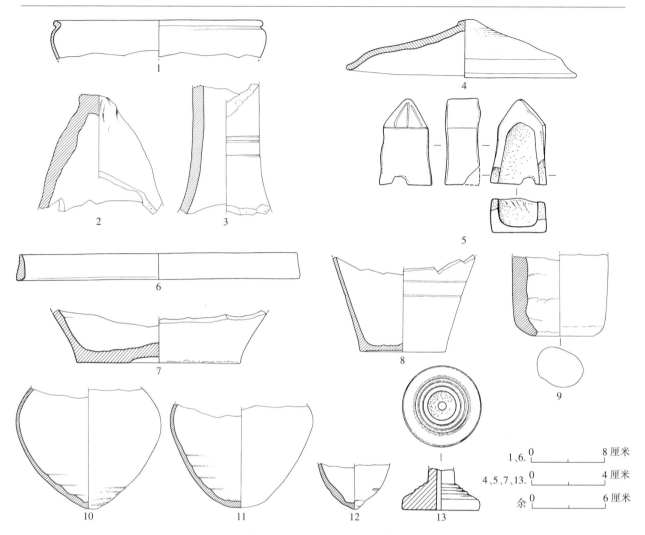

图四八一　西区 L27 出土陶器

1. B 型盆形器（L27:149）　2. Eb 型器纽（L27:15）　3. Aa 型豆柄（L27:1689）　4. Bb 型器盖（L27:38）　5. 船形器（L27:1912）　6. D 型器座（L27:600）　7、8. Ab 型器底（L27:1743、L27:17）　9. Ac 型器底（L27:682）　10、11. Da 型器底（L27:68、L27:25）　12. Db 型器底（L27:1744）　13. Bb 型纺轮（L27:23）

标本 L27:330，夹砂灰黑陶。圈足径 24.2、残高 5.6 厘米（图四八二，3）。

纺轮　2 件。Bb 型。

标本 L27:23，泥质灰褐陶。腰部饰三道凸弦纹。直径 4.2、孔径 0.4、残厚 2.2 厘米（图四八一，13）。

（2）玉器

16 件。

斧　1 件。C 型。

标本 L27:1911，淡黄色，器表有褐色沁斑，不透明。整器制作精细，顶部打磨光滑，刃部锋利。长 7.1、宽 4.6、厚 1.7 厘米（图四八二，4；彩版一一九，3）。

锛　1 件。A 型。

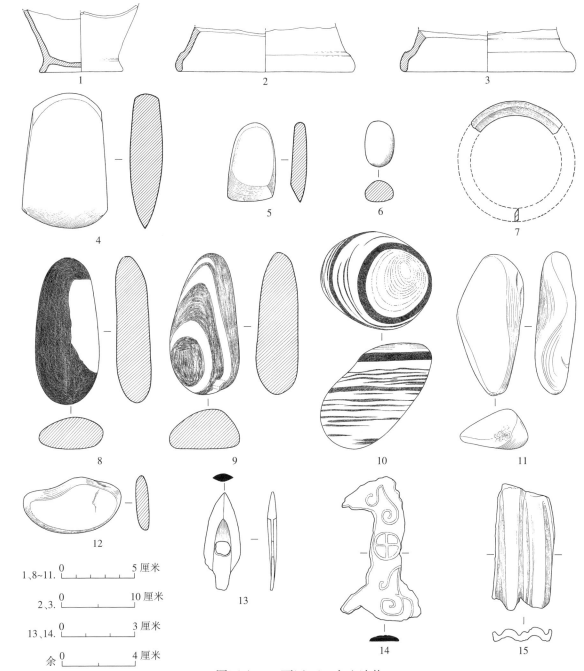

图四八二　西区 L27 出土遗物

1. Ca 型陶圈足（L27：1745）　2、3. Cd 型 I 式陶圈足（L27：551、L27：330）　4. C 型玉斧（L27：1911）　5. A 型玉锛（L27：39）　6、8~10. 美石（L27：1910、L27：1、L27：1821、L27：1839）　7. Ab 型玉环（L27：12）　11、12. 磨石（L27：1845、L27：1823）　13. Aa 型铜镞（L27：13）　14. 铜器尾（L27：2）　15. 动物牙齿（L27：24）

标本 L27：39，器表呈现酱黄色、白色、淡黄色沁斑，色彩斑斓。器体极小，整器制作极为规整，顶部打磨光滑，偏锋，刃部有擦划痕。长 4.2、宽 2.5、厚 0.8 厘米（图四八二，5；彩版一一九，4）。

环　1 件。Ab 型。

标本 L27：12，青色，不透明。制作较为规整。外径 6.5、内径 5、厚 0.75 厘米（图四八二，7）。

美石   9件。

标本 L27：1910，灰白色，透明。打磨极为光滑。器体极小，平面形状呈椭圆形。长 2.4、宽 1.6、厚 1.2 厘米（图四八二，6）。

标本 L27：1，紫红色。长 9.8、宽 4.9、厚 2.4 厘米（图四八二，8）。

标本 L27：1821，深灰色与灰白色相间。长 9.5、宽 4.8、厚 2.6 厘米（图四八二，9）。

标本 L27：1839，灰白色，褐色暗纹。平面形状呈椭圆形。长 9、宽 4.9、厚 6.2 厘米（图四八二，10）。

磨石   4件。

标本 L27：1823，浅青灰色。长 5.4、宽 2.9、厚 0.7 厘米（图四八二，12）。

标本 L27：1845，浅青灰色。长 9、宽 4.4、厚 2.7 厘米（图四八二，11）。

（3）铜器

2件。

镞   1件。Aa 型。

标本 L27：13，锋部尖锐，叶部平面形状呈柳叶形，短铤。长 4.1、厚 0.3 厘米（图四八二，13）。

铜器尾   1件。

标本 L27：2，平面形状呈不规则状。表面有圆形十字纹和几何纹。残长 5.8 厘米（图四八二，14）。

（4）其他

动物牙齿   4件。

标本 L27：24，残长 6.8 厘米（图四八二，15）。

（三六）第 12 层出土遗物

该层出土遗物包含有陶器、玉器、石器和铜器，数量较多。其中包括陶片 6038 片、玉器 14 件、石器 9 件和铜器 3 件。陶器以夹砂陶为主，占 86.01%。夹砂陶中灰黑陶占 63.58%，灰黄陶占 16.56%，灰褐陶占 13.23%，灰陶占 1.39%，红褐陶占 2.04%，黄褐陶占 3.20%；泥质陶中灰黑陶占 37.04%，灰黄陶占 45.09%，灰陶占 11.60%，灰褐陶占 5.80%，黄褐陶占 0.47%。夹砂陶中纹饰陶片占 26.81%，以细线纹、凹弦纹、压印纹为多，分别占 75.72%、8.19% 和 4.96%，另有少量方格纹、戳印纹、重菱纹、刻划纹、粗绳纹等；泥质陶中纹饰陶片占 17.99%，以细线纹和戳印纹为主，分别占 51.32% 和 42.11%，另有极少量凹弦纹、凸棱纹和刻划纹等（表三二）。陶器可辨器形有尖底杯、尖底盏、高领罐、矮领罐、束颈罐、敛口罐、绳纹圜底罐、盘口罐、壶、盆、瓮、缸、簋形器、盘、器纽、器座、纺轮、圈足、豆柄等。玉器种类有斧、凿、璧。石器种类有石璋半成品、斧、石璧坯料。铜器有龙形器纽、挂饰和环形器。

（1）陶器

204件。

表三二　西区第12层陶片统计表

陶质 陶色 纹饰	夹砂陶						小计	百分比（%）	泥质陶							小计	百分比（%）
	灰黑	灰	红褐	灰褐	黄褐	灰黄			灰黑	灰	灰黄	灰褐	青灰	红	黄褐		
素面	2241	69	86	479	143	783	3801	73.19	239	73	339	38			4	693	82.01
细绳纹	2						2	0.04									
粗绳纹	12		1	4		2	19	0.37									
重菱纹	49			1		1	51	0.98									
凹弦纹	62	2	2	26	13	9	114	2.19	3		3					6	0.71
凸棱纹	3		1				4	0.08	1		1					2	0.24
刻划纹	13			1		3	17	0.33	1	1						2	0.24
镂孔				1			1	0.02									
细线纹	803		15	173	9	54	1054	20.30	32	12	26	8				78	9.23
压印纹	67			1		1	69	1.33									
网格纹	12					1	13	0.25									
戳印纹	13	1		1		5	20	0.38	37	12	12	3				64	7.57
乳丁纹	3				1	1	5	0.10									
方格纹	22						22	0.42									
兽面纹			1				1	0.02									
小计	3302	72	106	687	166	860	5193		313	98	381	49			4	845	
百分比（%）	63.58	1.39	2.04	13.23	3.20	16.56		100.00	37.04	11.60	45.09	5.80			0.47		100.00
合计	6038																

尖底杯　7件。

Ca型Ⅰ式　4件。

标本ⅠT6809－6910⑫：1，泥质灰黄陶。尖唇，尖底。底部有戳痕。口径8.5、高12.4厘米（图四八三，1）。

标本ⅠT7009－7110⑫：11，泥质灰黄陶。尖唇。口径8.1、高11.3厘米（图四八三，2）。

标本ⅠT6613－6714⑫：129，夹砂灰黑陶。尖唇。口径8.4、残高3.9厘米（图四八三，5）。

Db型Ⅰ式　2件。

标本ⅠT6609－6710⑫：71，夹砂灰黄陶。尖唇。口径8.4、高10.2厘米（图四八三，3）。

Ea型　1件。

标本ⅠT7013－7114⑫：98，泥质灰黑陶。方唇。口径12.4、残高3厘米（图四八三，6）。

尖底盏　10件。

Ba型Ⅱ式　6件。

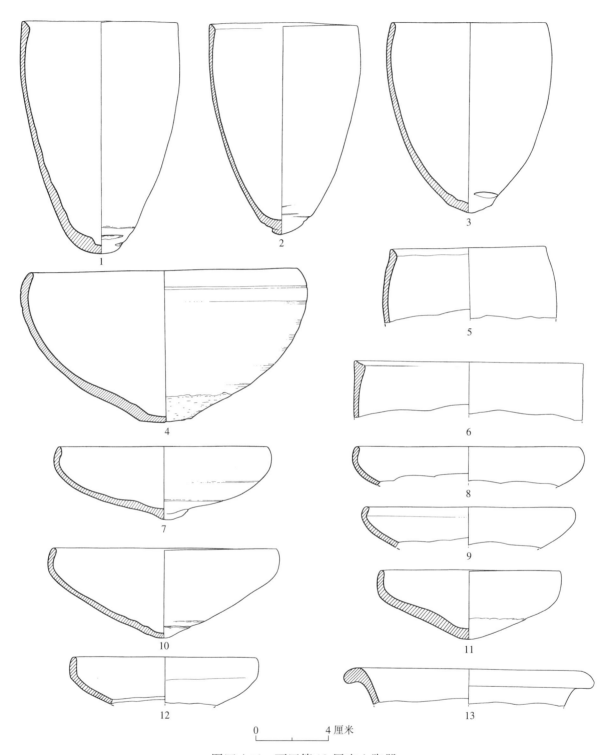

0　　　　　4厘米

图四八三　西区第 12 层出土陶器

1、2、5. Ca 型 Ⅰ式尖底杯（ⅠT6809 - 6910⑫：1、ⅠT7009 - 7110⑫：11、ⅠT6613 - 6714⑫：129） 3. Db 型 Ⅰ式尖底杯（ⅠT6609 - 6710⑫：71） 4. Be 型尖底盏（ⅠT6613 - 6714⑫：154） 6. Ea 型尖底杯（ⅠT7013 - 7114⑫：98）7、8、10. Ba 型 Ⅱ式尖底盏（ⅠT7009 - 7110⑫：16、ⅠT6613 - 6714⑫：117、ⅠT6613 - 6714⑫：119） 9. Bc 型 Ⅱ式尖底盏（ⅠT7013 - 7114⑫：37） 11、12. Bd 型 Ⅱ式尖底盏（ⅠT7009 - 7110⑫：58、ⅠT7013 - 7114⑫：16）13. B 型高领罐（ⅠT7013 - 7114⑫：94）

标本ⅠT7009－7110⑫：16，夹砂灰黑陶。圆唇。口径11.5、肩径12、高3.9厘米（图四八三，7）。

标本ⅠT6613－6714⑫：117，夹砂灰黄陶。圆唇。口径12、肩径12.6、残高2.1厘米（图四八三，8）。

标本ⅠT6613－6714⑫：119，夹砂灰黑陶。圆唇。口径12.3、高4.8厘米（图四八三，10）。

Bc型Ⅱ式　1件。

标本ⅠT7013－7114⑫：37，夹砂灰黑陶。圆唇。口径11.2、肩径11.6、残高2.1厘米（图四八三，9）。

Bd型Ⅱ式　2件。

标本ⅠT7009－7110⑫：58，夹砂灰黑陶。圆唇。口径9.8、高3.6厘米（图四八三，11）。

标本ⅠT7013－7114⑫：16，夹砂灰黑陶。圆唇。口径10、肩径10.4、残高2.6厘米（图四八三，12）。

Be型　1件。

标本ⅠT6613－6714⑫：154，夹砂灰黑陶。圆唇。口径14.8、高8.1厘米（图四八三，4）。

高领罐　1件。B型。

标本ⅠT7013－7114⑫：94，泥质灰黑陶。翻卷沿，圆唇。口径13.6、残高1.9厘米（图四八三，13）。

矮领罐　14件。

A型Ⅱ式　9件。

标本ⅠT6611－6712⑫：132，夹砂灰黄陶。外斜卷沿，圆唇。口径18.6、残高4.5厘米（图四八四，1）。

标本ⅠT6613－6714⑫：33，夹砂灰黄陶。平卷沿，圆唇。口径20、残高5.5厘米（图四八四，2）。

标本ⅠT6611－6712⑫：65，夹砂灰黄陶。平卷沿，圆唇。口径22、残高4.4厘米（图四八四，3）。

B型Ⅱ式　4件。

标本ⅠT6613－6714⑫：23，夹砂灰黑陶。斜折沿，圆唇。口径14.4、残高4.6厘米（图四八四，4）。

C型Ⅱ式　1件。

标本ⅠT7009－7110⑫：72，夹砂灰褐陶。仰卷沿，圆唇。口径22、残高4.7厘米（图四八四，5）。

束颈罐　4件。

Bb型　1件。

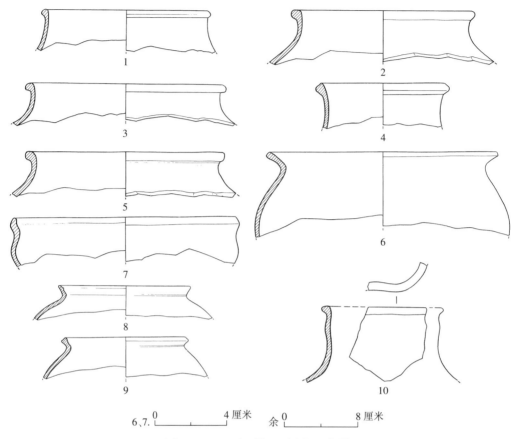

6、7. ┣━━━━━━┫ 4厘米　　余 ┣━━━━━━┫ 8厘米
　　　　0　　　　　　　　　　　0

图四八四　西区第12层出土陶器

1~3. A 型Ⅱ式矮领罐（ⅠT6611－6712⑫：132、ⅠT6613－6714⑫：33、ⅠT6611－6712⑫：65）　　4. B 型Ⅱ式矮领罐
（ⅠT6613－6714⑫：23）　　5. C 型Ⅱ式矮领罐（ⅠT7009－7110⑫：72）　　6. Bb 型束颈罐（ⅠT6613－6714⑫：108）
7. Ca 型Ⅱ式束颈罐（ⅠT6613－6714⑫：66）　　8. Cd 型束颈罐（ⅠT6613－6714⑫：140）　　9. Cb 型束颈罐
（ⅠT6611－6712⑫：136）　　10. Bb 型壶（ⅠT6613－6714⑫：97）

标本ⅠT6613－6714⑫：108，夹砂灰黄陶。方唇。口径12.6、残高4.5厘米（图四八四，6）。

Ca 型Ⅱ式　1件。

标本ⅠT6613－6714⑫：66，夹砂灰黑陶。方唇。口径12.7、残高2.5厘米（图四八四，7）。

Cb 型　1件。

标本ⅠT6611－6712⑫：136，夹砂灰黑陶。方唇。口径14、残高4.5厘米（图四八四，9）。

Cd 型　1件。

标本ⅠT6613－6714⑫：140，夹砂灰黑陶。尖唇。口径14.4、残高3.5厘米（图四八四，8）。

敛口罐　42件。

Aa 型Ⅰ式　1件。

标本ⅠT7013－7114⑫：69，夹砂灰黑陶。方唇。口径29、残高5厘米（图四八五，1）。

Aa 型Ⅱ式　2件。

标本ⅠT6613－6714⑫：150，夹砂灰黑陶。方唇。口径25、残高3.5厘米（图四八五，2）。

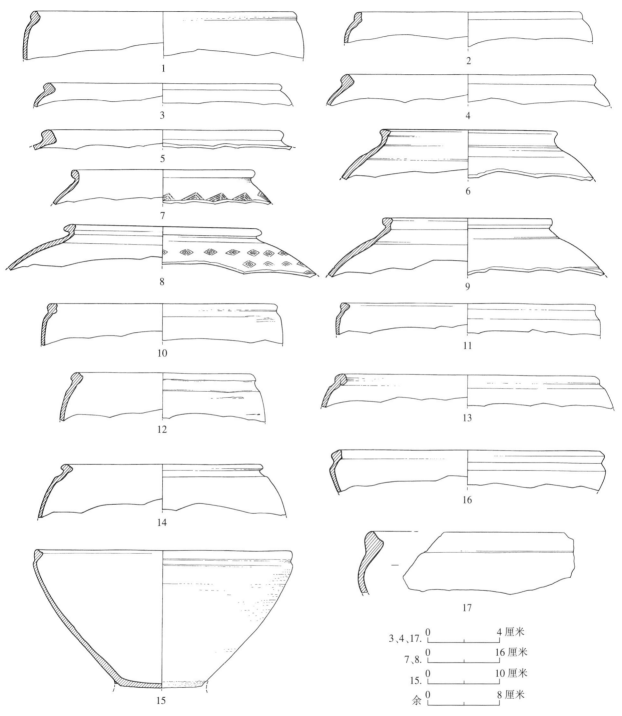

图四八五　西区第12层出土陶敛口罐

1. Aa 型 I 式（ I T7013 – 7114⑫：69）　2. Aa 型 II 式（ I T6613 – 6714⑫：150）　3、4. Ab 型（ I T6813 – 6914⑫：17、 I T6609 – 6710⑫：9）　5、6. Ba 型（ I T6611 – 6712⑫：46、 I T6613 – 6714⑫：122）　7. Bc 型（ I T7013 – 7114⑫： 50）　8、9. Bd 型（ I T6813 – 6914⑫：29、 I T6609 – 6710⑫：7）　10、11. Ca 型 II 式（ I T7013 – 7114⑫：57、 I T6611 – 6712⑫：161）　12、13. Cb 型 II 式（ I T7009 – 7110⑫：71、 I T6611 – 6712⑫：137）　14. Cc 型 II 式（ I T6813 – 6914⑫： 32）　15、16. Da 型（ I T7009 – 7110⑫：103、 I T7013 – 7114⑫：17）　17. Db 型（ I T6609 – 6710⑫：32）

Ab 型　3 件。

标本ⅠT6813－6914⑫：17，夹砂灰黑陶。方唇。口径 13、残高 1.2 厘米（图四八五，3）。

标本ⅠT6609－6710⑫：9，夹砂灰黑陶。方唇。口径 14、残高 1.6 厘米（图四八五，4）。

Ba 型　2 件。

标本ⅠT6611－6712⑫：46，夹砂灰褐陶。方唇。口径 26.4、残高 2 厘米（图四八五，5）。

标本ⅠT6613－6714⑫：122，夹砂灰黑陶。尖唇。口径 19.4、残高 5.3 厘米（图四八五，6）。

Bc 型　11 件。

标本ⅠT7013－7114⑫：50，夹砂灰黑陶。圆唇。肩部饰一周重菱纹。口径 40、残高 7.2 厘米（图四八五，7）。

Bd 型　6 件。

标本ⅠT6813－6914⑫：29，夹砂灰黑陶。尖圆唇。肩部饰较规则两周重菱纹。口径 43、残高 10 厘米（图四八五，8）。

标本ⅠT6609－6710⑫：7，夹砂灰黑陶。方唇。口径 18.6、残高 6.2 厘米（图四八五，9）。

Ca 型Ⅱ式　2 件。

标本ⅠT7013－7114⑫：57，夹砂灰黑陶。沿面凹，方唇。口径 25、残高 4.1 厘米（图四八五，10）。

标本ⅠT6611－6712⑫：161，夹砂灰黑陶。尖圆唇。口径 28、残高 3.2 厘米（图四八五，11）。

Cb 型Ⅱ式　6 件。

标本ⅠT7009－7110⑫：71，夹砂灰黑陶。沿面有凹槽，方唇。口径 20、残高 4.9 厘米（图四八五，12）。

标本ⅠT6611－6712⑫：137，夹砂灰黑陶。沿面有凹槽，方唇。口径 29、残高 3.4 厘米（图四八五，13）。

Cc 型Ⅱ式　2 件。

标本ⅠT6813－6914⑫：32，夹砂灰黑陶。方唇。口径 22、残高 5.2 厘米（图四八五，14）。

Da 型　6 件。

标本ⅠT7009－7110⑫：103，夹砂灰黑陶。沿面凹，方唇。口径 35、残高 18.3 厘米（图四八五，15）。

标本ⅠT7013－7114⑫：17，夹砂灰黑陶。方唇。口径 30、残高 4.1 厘米（图四八五，16）。

Db 型　1 件。

标本ⅠT6609－6710⑫：32，夹砂灰黄陶。方唇。残高 3.2 厘米（图四八五，17）。

绳纹圆底罐　1 件。Ab 型。

标本ⅠT7013－7114⑫：110，夹砂灰黑陶。平卷沿，圆唇。口径 25、残高 5.7 厘米（图四八六，3）。

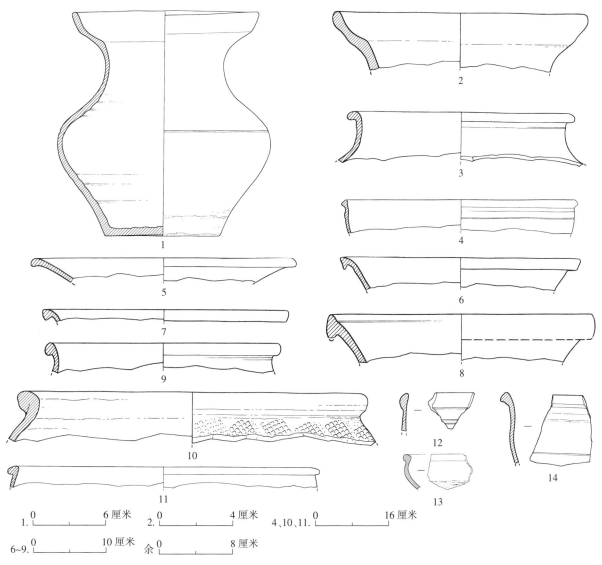

图四八六　西区第 12 层出土陶器

1. A 型 I 式盘口罐（I T7009 – 7110⑫：100）　2. A 型 II 式盘口罐（I T7013 – 7114⑫：63）　3. Ab 型绳纹圜底罐（I T7013 – 7114⑫：110）　4、14. Cb 型盆（I T6609 – 6710⑫：5、I T7009 – 7110⑫：145）　5. Aa 型瓮（I T7009 – 7110⑫：75）　6. Da 型 II 式瓮（I T7013 – 7114⑫：46）　7. De 型 II 式瓮（I T6611 – 6712⑫：39）　8. Db 型 I 式瓮（I T6611 – 6712⑫：126）　9. Cd 型 II 式瓮（I T6613 – 6714⑫：136）　10. Cb 型缸（I T6809 – 6910⑫：18）　11. Ea 型缸（I T6609 – 6710⑫：17）　12. Ea 型 II 式盆（I T6613 – 6714⑫：22）　13. Cd 型盆（I T6613 – 6714⑫：45）

盘口罐　2 件。

A 型 I 式　1 件。

标本 I T7009 – 7110⑫：100，夹砂灰黑陶。圆唇。腹部饰一周凹弦纹。口径 15.4、腹径 17.4、底径 9.5、高 18 厘米（图四八六，1）。

A 型 II 式　1 件。

标本 I T7013 – 7114⑫：63，夹砂灰黑陶。圆唇。口径 14、残高 3 厘米（图四八六，2）。

壶　1 件。Bb 型。

标本ⅠT6613－6714⑫：97，夹砂灰陶。平卷沿，圆唇。残高7.8厘米（图四八四，10）。

盆 4件。

Cb型 2件。

标本ⅠT6609－6710⑫：5，夹砂灰褐陶。折沿。口径52、残高7.2厘米（图四八六，4）。

标本ⅠT7009－7110⑫：145，夹砂灰黄陶。尖圆唇。肩部饰一周凹弦纹。残高7.5厘米（图四八六，14）。

Cd型 1件。

标本ⅠT6613－6714⑫：45，夹砂灰黑陶。方唇。残高3.7厘米（图四八六，13）。

Ea型Ⅱ式 1件。

标本ⅠT6613－6714⑫：22，夹砂灰褐陶。圆唇。肩部饰一周凹弦纹。残高3.8厘米（图四八六，12）。

瓮 5件。

Aa型 1件。

标本ⅠT7009－7110⑫：75，夹砂灰黑陶。圆唇。口径29.2、残高2.6厘米（图四八六，5）。

Cd型Ⅱ式 1件。

标本ⅠT6613－6714⑫：136，夹砂灰褐陶。圆唇。口径32、残高4厘米（图四八六，9）。

Da型Ⅱ式 1件。

标本ⅠT7013－7114⑫：46，夹砂灰褐陶。方唇。口径33.3、残高4.5厘米（图四八六，6）。

Db型Ⅰ式 1件。

标本ⅠT6611－6712⑫：126，夹砂灰黑陶。方唇。口径37、残高6.2厘米（图四八六，8）。

De型Ⅱ式 1件。

标本ⅠT6611－6712⑫：39，夹砂灰褐陶。方唇。口径33.6、残高1.5厘米（图四八六，7）。

缸 5件。

Cb型 3件。

标本ⅠT6809－6910⑫：18，夹砂灰褐陶。卷沿。腹部饰菱形方格纹。口径76、残高10.9厘米（图四八六，10）。

Ea型 2件。

标本ⅠT6609－6710⑫：17，夹砂灰黑陶。卷沿。口径68、残高4.1厘米（图四八六，11）。

簋形器 25件。

Aa型Ⅱ式 4件。

标本ⅠT6613－6714⑫：12，夹砂灰黑陶。沿面平。口径42、残高6厘米（图四八七，1）。

Ab型Ⅰ式 1件。

标本ⅠT6613－6714⑫：10，夹砂灰黑陶。沿面凹。残高6.7厘米（图四八七，2）。

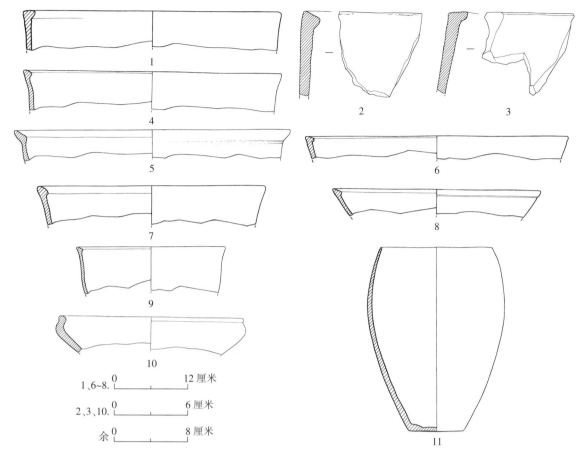

图四八七　西区第 12 层出土陶器

1. Aa 型 Ⅱ式簋形器（ⅠT6613－6714⑫：12）　　2. Ab 型 Ⅰ式簋形器（ⅠT6613－6714⑫：10）　　3. Ac 型 Ⅰ式簋形器（ⅠT6813－6914⑫：47）　　4、5、9. Ba 型 Ⅰ式簋形器（ⅠT6613－6714⑫：133、ⅠT6613－6714⑫：46、ⅠT7013－7114⑫：10）　　6、7. Ba 型 Ⅱ式簋形器（ⅠT7009－7110⑫：43、ⅠT6611－6712⑫：125）　　8. C 型 Ⅰ式簋形器（ⅠT7009－7110⑫：101）　　10. B 型盆形器（ⅠT6809－6910⑫：6）　　11. Ab 型杯（ⅠT6613－6714⑫：159）

Ac 型 Ⅰ式　2 件。

标本 ⅠT6813－6914⑫：47，夹砂灰黑陶。沿面平。残高 6.4 厘米（图四八七，3）。

Ba 型 Ⅰ式　10 件。

标本 ⅠT7013－7114⑫：10，夹砂灰黑陶。沿面凹。口径 16、残高 4.8 厘米（图四八七，9）。

标本 ⅠT6613－6714⑫：133，夹砂灰黑陶。沿面弧。口径 28、残高 4 厘米（图四八七，4）。

标本 ⅠT6613－6714⑫：46，夹砂灰黑陶。沿面斜直。口径 30、残高 3.1 厘米（图四八七，5）。

Ba 型 Ⅱ式　7 件。

标本 ⅠT7009－7110⑫：43，夹砂灰黑陶。沿面平。口径 43、残高 3.3 厘米（图四八七，6）。

标本 ⅠT6611－6712⑫：125，夹砂灰黑陶。沿面弧。口径 37、残高 6.2 厘米（图四八七，7）。

C 型 Ⅰ式　1 件。

标本 ⅠT7009－7110⑫：101，夹砂灰黑陶。沿面斜直。口径 34、残高 4.1 厘米（图四八七，8）。

杯　1 件。Ab 型。

标本 I T6613 – 6714⑫：159，泥质灰黄陶。敛口，尖唇，弧腹，平底。口径 12.7、底径 6.1、高 19.1 厘米（图四八七，11；彩版一一九，2）。

盆形器 1 件。B 型。

标本 I T6809 – 6910⑫：6，夹砂灰黑陶。圆唇。口径 15.2、残高 3 厘米（图四八七，10）。

盘 1 件。A 型。

标本 I T7009 – 7110⑫：99，夹砂灰黑陶。圆唇。口径 48.5、高 8 厘米（图四八八，1）。

豆柄 7 件。Aa 型。

标本 I T6811 – 6912⑫：6，夹砂灰黄陶。近圈足处饰两周凹弦纹。残高 7.2 厘米（图四八八，7）。

标本 I T6609 – 6710⑫：58，夹砂灰黄陶。残高 8 厘米（图四八八，8）。

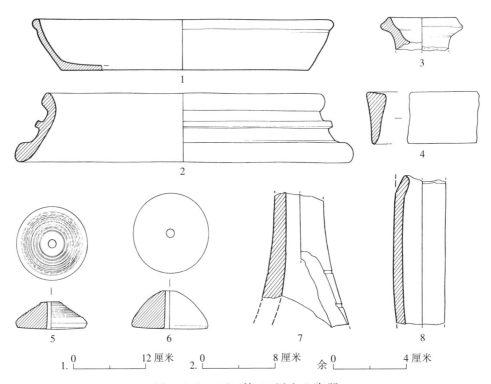

图四八八 西区第 12 层出土陶器

1. A 型盘（I T7009 – 7110⑫：99） 2. Aa 型 II 式器座（I T6613 – 6714⑫：151） 3. Bc 型器纽（I T6611 – 6712⑫：48） 4. D 型器座（I T6611 – 6712⑫：76） 5. Ba 型纺轮（I T7209 – 7210 ⑫：102） 6. D 型纺轮（I T7009 – 7110⑫：20） 7、8. Aa 型豆柄（I T6811 – 6912⑫：6、I T6609 – 6710⑫：58）

器纽 1 件。Bc 型。

标本 I T6611 – 6712⑫：48，夹砂灰褐陶。方唇。纽径 4.5、残高 1.9 厘米（图四八八，3）。

器座 3 件。

Aa 型 II 式 1 件。

标本 I T6613 – 6714⑫：151，夹砂灰黑陶。腰部有凸棱。上径 31.2、下径 37.6、高 7.3 厘米

（图四八八，2）。

D 型　2 件。

标本 Ⅰ T6611 – 6712⑫∶76，夹砂灰褐陶。高 2.7 厘米（图四八八，4）。

器底　61 件。

Aa 型　2 件。

标本 Ⅰ T6611 – 6712⑫∶164，夹砂灰黑陶。底径 14、残高 3.2 厘米（图四八九，1）。

Ab 型　8 件。

标本 Ⅰ T6611 – 6712⑫∶50，夹砂灰黑陶。底径 6、残高 2 厘米（图四八九，3）。

标本 Ⅰ T6613 – 6714⑫∶114，夹砂灰黑陶。底径 8、残高 1.9 厘米（图四八九，2）。

Ac 型　4 件。

标本 Ⅰ T6613 – 6714⑫∶34，夹砂灰黑陶。底径 5、残高 1.4 厘米（图四八九，4）。

Db 型　25 件。

标本 Ⅰ T6813 – 6914⑫∶22，夹砂灰黑陶。残高 4 厘米（图四八九，5）。

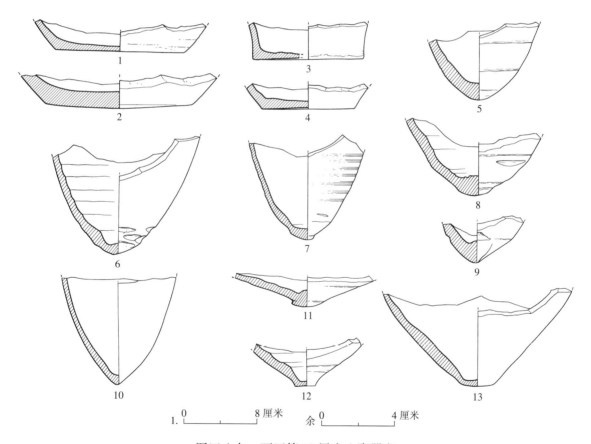

图四八九　西区第 12 层出土陶器底

1. Aa 型（Ⅰ T6611 – 6712⑫∶164）　　2、3. Ab 型（Ⅰ T6613 – 6714⑫∶114、Ⅰ T6611 – 6712⑫∶50）　4. Ac 型
（Ⅰ T6613 – 6714⑫∶34）　　5 ~ 8. Db 型（Ⅰ T6813 – 6914⑫∶22、Ⅰ T7013 – 7114⑫∶134、Ⅰ T6613 – 6714⑫∶70、
Ⅰ T6613 – 6714⑫∶36）　9、10. Dc 型（Ⅰ T6611 – 6712⑫∶108、Ⅰ T7013 – 7114⑫∶138）　11. Dd 型（Ⅰ T7013 –
7114⑫∶59）　12. Ec 型（Ⅰ T6813 – 6914⑫∶20）　13. Ed 型 Ⅱ 式（Ⅰ T6609 – 6710⑫∶39）

标本ⅠT7013－7114⑫：134，泥质陶，下半部为灰黑色，上半部为灰黄色。底部有四道对称戳痕。残高6.3厘米（图四八九，6）。

标本ⅠT6613－6714⑫：70，泥质灰黑陶。近底部有细旋痕，底部有戳痕。残高5.6厘米（图四八九，7）。

标本ⅠT6613－6714⑫：36，夹砂灰黑陶。底部有戳痕。残高4.1厘米（图四八九，8）。

Dc型　6件。

标本ⅠT6611－6712⑫：108，泥质灰黑陶。底部有戳痕。残高2.6厘米（图四八九，9）。

标本ⅠT7013－7114⑫：138，泥质灰黑陶。残高5.6厘米（图四八九，10）。

Dd型　6件。

标本ⅠT7013－7114⑫：59，夹砂灰黑陶。残高1.7厘米（图四八九，11）。

Ec型　9件。

标本ⅠT6813－6914⑫：20，泥质灰黑陶。底径1.1、残高2.5厘米（图四八九，12）。

Ed型Ⅱ式　1件。

标本ⅠT6609－6710⑫：39，泥质灰黑陶。底径1.8、残高5.2厘米（图四八九，13）。

圈足　6件。

Ca型　2件。

标本ⅠT6609－6710⑫：4，夹砂灰褐陶。圈足径11.3、残高4.8厘米（图四九〇，1）。

标本ⅠT6611－6712⑫：140，夹砂灰褐陶。饰有两周凹弦纹。圈足径10、残高4.5厘米（图四九〇，2）。

Cb型　1件。

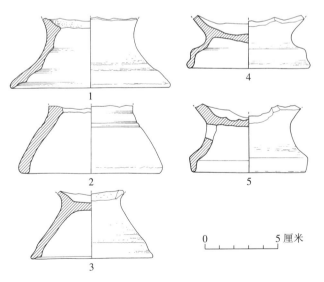

图四九〇　西区第12层出土陶圈足

1、2. Ca型（ⅠT6609－6710⑫：4、ⅠT6611－6712⑫：140）　3. Cb型（ⅠT6613－6714⑫：82）　4、5. Cd型Ⅰ式（ⅠT7013－7114⑫：133、ⅠT7013－7114⑫：34）

标本ⅠT6613－6714⑫：82，夹砂灰褐陶。圈足径8.5、残高4.4厘米（图四九〇，3）。

Cd型Ⅰ式　3件。

标本ⅠT7013－7114⑫：133，泥质灰黑陶。圈足径8.4、残高3.5厘米（图四九〇，4）。

标本ⅠT7013－7114⑫：34，夹砂灰黑陶。圈足径8、残高4.7厘米（图四九〇，5）。

纺轮　2件。

Ba型　1件。

标本ⅠT7209－7210⑫：102，泥质灰黑陶。腰部饰凹弦纹。直径3.9、孔径0.4、厚1.5厘米（图四八八，5；彩版一一九，5）。

D型　1件。

标本ⅠT7009－7110⑫：20，泥质灰黑陶。直径4.2、孔径0.4、厚2厘米（图四八八，6）。

（2）玉器

14件。

斧　1件。C型。

标本ⅠT6611－6712⑫：32，青色，不透明。整器制作精细，顶部打磨光滑。刃部锋利。长3.6、宽3~3.5、厚0.7厘米（图四九一，3）。

凿　1件。Ac型。

标本ⅠT6613－6714⑫：5，酱黄色，不透明。器体极小。整器制作较为规整，器顶磨尖，但不平齐。刃部残，较钝。长5.2、宽1.5、厚0.4厘米（图四九一，4）。

璧　2件。

Ac型　1件。

标本ⅠT7009－7110⑫：1，器表呈现酱黄色、墨色、白色沁斑，色彩斑斓。整器制作精细。直径7.4、孔径5.4、厚0.6厘米（图四九一，5）。

Af型　1件。

标本ⅠT7011－7112⑫：13，器表呈现紫红色、墨色、白色沁斑，色彩斑斓。整器制作精细。直径12、孔径5.8、厚0.5厘米（图四九一，6）。

美石　7件。

标本ⅠT6611－6712⑫：11，深灰色。平面形状呈角状。厚1.8厘米（图四九二，7）。

标本ⅠT6609－6710⑫：2，酱红色。平面形状呈椭圆形。长8、宽3.4、厚1.8厘米（图四九二，5）。

磨石　3件。

标本ⅠT6611－6712⑫：24，暗红色。一面磨制平整，另一面稍加磨制并有划痕。长9.4、宽4.1、厚2.7厘米（图四九二，4）。

标本ⅠT7009－7110⑫：4，酱红色。长7.9、宽5.7、厚3厘米（图四九二，6）。

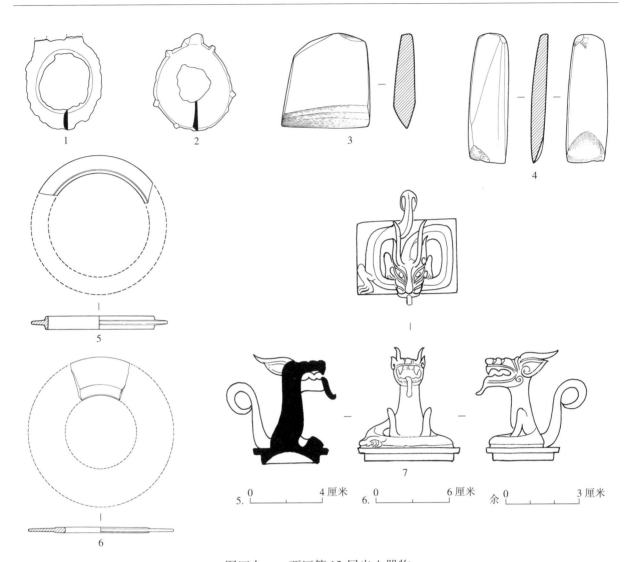

图四九一　西区第 12 层出土器物

1. B 型铜环形器（ⅠT7009 – 7110⑫：3）　2. A 型铜挂饰（ⅠT7011 – 7112⑫：4）　3. C 型玉斧（ⅠT6611 – 6712⑫：32）　4. Ac 型玉凿（ⅠT6613 – 6714⑫：5）　5. Ac 型玉璧（ⅠT7009 – 7110⑫：1）　6. Af 型玉璧（ⅠT7011 – 7112⑫：13）　7. 铜龙形器纽（ⅠT7009 – 7110⑫：18）

（3）石器

9 件。

石璋半成品　1 件。Ba 型。

标本ⅠT6611 – 6712⑫：200，青色。器体宽大。无阑。仅存牙部一段，牙部打制成型，牙一高一低。器表、两侧均保留自然断面，凹凸不平，刃部打磨粗糙。残长 16.1、宽 8～9、厚 1.8 厘米（图四九二，1）。

斧　1 件。Ba 型。

标本ⅠT6611 – 6712⑫：30，黑色。器体宽大。整器制作较为规整，顶部经打磨。长 16.9、宽 7.5、厚 2.9 厘米（图四九二，2）。

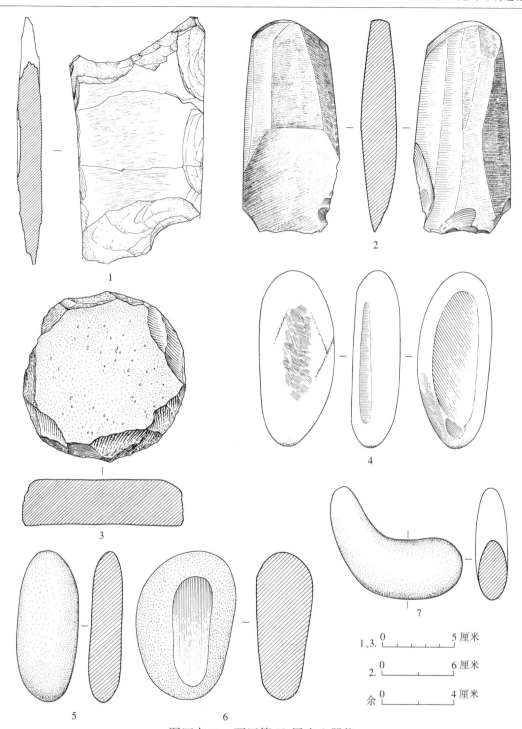

图四九二　西区第12层出土器物

1. Ba 型石璋半成品（ⅠT6611－6712⑫：200）　2. Ba 型石斧（ⅠT6611－6712⑫：30）　3. A 型石璧坯料
（ⅠT7009－7110⑫：10）　4、6. 磨石（ⅠT6611－6712⑫：24、ⅠT7009－7110⑫：4）　5、7. 美石
（ⅠT6609－6710⑫：2、ⅠT6611－6712⑫：11）

石璧坯料　7件。A 型。

标本ⅠT7009－7110⑫：10，灰黑色。从卵石上打下的一块。两面都是自然光面，较平整。直径10.6、厚3厘米（图四九二，3）。

（4）铜器

3件。

龙形器纽　1件。

标本ⅠT7009-7110⑫:18，器纽由上部的龙形装饰和下部的方形底座两部分构成。底座呈横长方形，四周呈曲尺状，中空，顶部外平内圜，素面。底座上的龙形装饰系圆雕而成，龙的角、眼、耳、嘴、身、爪等部位一应俱全，形象生动，立体感强。龙高3.5厘米。头顶有一对对称的大角，似牛角，向后斜立，角尖上翘，角的根部和角尖较细，近角尖处微凹，凹陷处较粗。两角之间没有鬃毛。角的斜下方分别有一只耳朵，双耳的造型不同。左耳向斜后方竖立，耳郭边缘较直，近三角形，近耳道处向内卷曲。右耳整体圆弧，呈倒"C"形，耳尖下垂。面部中央为棱状鼻梁，上下宽中间窄，从额头延伸至上颌。鼻梁上部左右两侧有一对眼睛，叶状眼眶，圆形眼珠，整体似人眼。张口露齿，下颌有短须向前飘浮。龙身细长，呈盘曲状，尾端卷曲。龙身正面中间有凸起的棱，背面紧贴底座，平整，剖面呈圆角三角形。龙的前肢作站立状，龙爪张开，平撑于底座上；后肢弯曲，平置于底座上，龙爪呈抱拳状，肘曲处有翼状凸起。顶部长4、宽2.8厘米，下口长3.5、宽2.3厘米，通高4.2厘米（图四九一，7；彩版一二〇、一二一）。

挂饰　1件。A型。

标本ⅠT7011-7112⑫:4，平面一端凸出，周缘有数个毛刺，未加修整，铸造缺陷多。直径3.4厘米（图四九一，2）。

环形器　1件。B型。

标本ⅠT7009-7110⑫:3，制作粗糙，周缘未处理，一端有环纽。外径3.4、内径2厘米（图四九一，1）。

（三七）第11层下遗迹及出土遗物

开口于该层下遗迹有灰坑1个，为H2309（见附表一）。简述如下。

H2309

位于ⅠT6711北部，部分延伸至ⅠT6611东隔梁下及ⅠT6712南部。开口于第11层下，打破第12层。平面呈不规则椭圆形，弧壁，圜底。长径4.58、短径3.48、深0.52米。坑内填土分两层：第1层为黄褐色黏砂土，土质松软，无遗物，最深处0.36米；第2层为灰色淤泥土，黏性强，土质松软，最深处0.2米，包含物有陶片、石锛、美石、石璧坯料（图四九三）。

（1）陶器

8件。

敛口罐　2件。

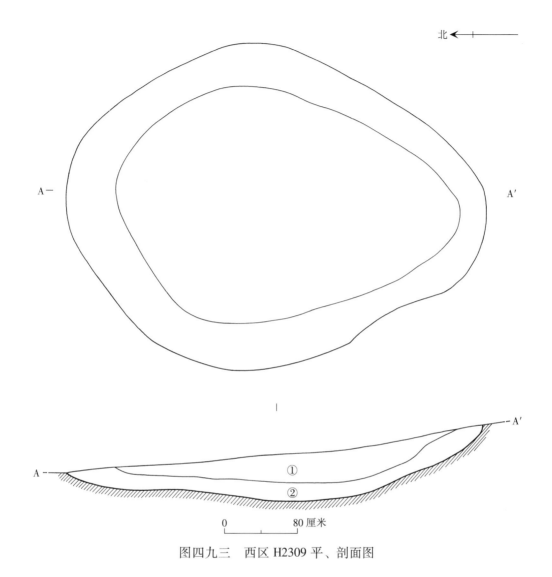

图四九三 西区 H2309 平、剖面图

Bb 型 1 件。

标本 H2309：9，夹砂灰黑陶。方唇。口径 22、残高 4 厘米（图四九四，1）。

Cc 型 I 式 1 件。

标本 H2309：11，夹砂灰黑陶。方唇。口径 60、残高 7 厘米（图四九四，2）。

高领罐 1 件。C 型 II 式。

标本 H2309：12，夹砂灰褐陶。圆唇。口径 28、残高 4.9 厘米（图四九四，3）。

簋形器 1 件。Ba 型 II 式。

标本 H2309：16，夹砂灰黑陶。沿面弧。口径 25、残高 4.8 厘米（图四九四，4）。

器底 2 件。

Ab 型 1 件。

标本 H2309：13，夹砂灰黑陶。底径 7、残高 1.3 厘米（图四九四，5）。

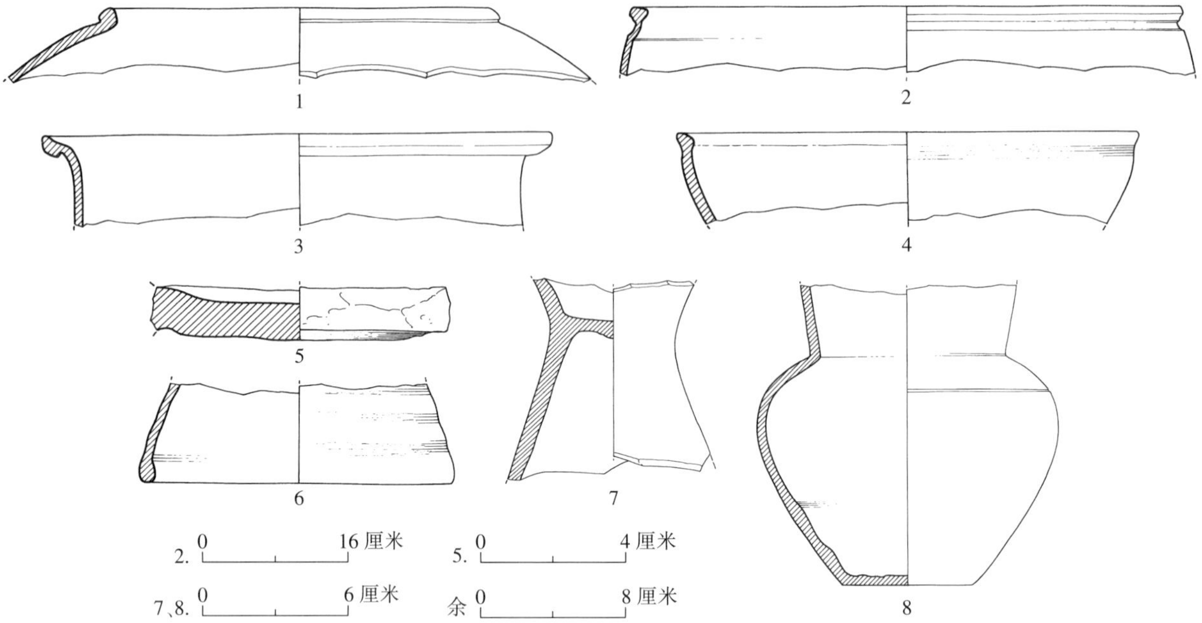

图四九四　西区 H2309 出土陶器

1. Bb 型敛口罐（H2309：9）　2. Cc 型 I 式敛口罐（H2309：11）　3. C 型 II 式高领罐（H2309：12）　4. Ba 型 II 式簋形器（H2309：16）　5. Ab 型器底（H2309：13）　6. Bb 型圈足（H2309：17）　7. Ab 型圈足（H2309：14）　8. Ac 型器底（H2309：4）

Ac 型　1 件。

标本 H2309：4，夹砂灰黑陶。底径 5.3、腹径 12.3、残高 12 厘米（图四九四，8）。该器底为长颈罐的器底。

圈足　2 件。

Ab 型　1 件。

标本 H2309：14，夹砂黑褐陶。残高 8 厘米（图四九四，7）。

Bb 型　1 件。

标本 H2309：17，夹砂红褐陶。底径 17.4、残高 5.4 厘米（图四九四，6）。

（2）玉器

3 件。

美石　3 件。

标本 H2309：8，深褐色。长 3.3、宽 2.5、厚 1.6 厘米（图四九五，2）。

标本 H2309：5，浅青灰色。长 6.5、宽 3.1、厚 2.6 厘米（图四九五，3）。

（3）石器

2 件。

石锛　1 件。Aa 型。

标本 H2309：6，灰色。顶端保留自然断面，器表、两侧、刃部均打磨光滑。长 6、宽 3、厚 0.8

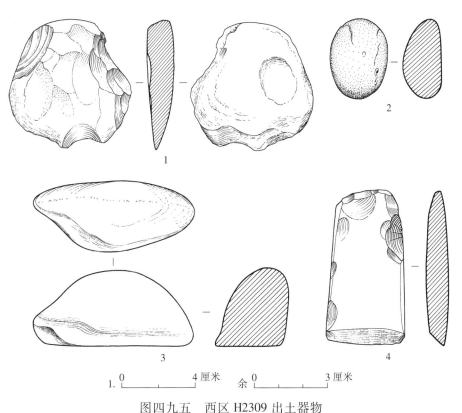

图四九五　西区 H2309 出土器物

1. D 型石璧坯料（H2309∶23）　　2、3. 美石（H2309∶8、H2309∶5）　　4. Aa 型石锛（H2309∶6）

厘米（图四九五，4）。

石璧坯料　1 件。D 型。

标本 H2309∶23，灰黑色。破裂面及轮边未经打磨。直径 6.9、厚 1.5 厘米（图四九五，1）。

（三八）第 11 层出土遗物

该层出土遗物有陶器、玉器、石器和铜器，数量丰富。其中陶片 22302 片、玉器 10 件、石器 6 件、铜器 1 件。陶器中以夹砂陶为大宗，占 97.84%。夹砂陶中灰黑陶占 75.08%，灰黄陶占 4.22%，灰褐陶占 9.33%，灰陶占 0.46%，红褐陶占 7.49%，黄褐陶占 3.42%；泥质陶中灰黑陶占 41.16%，灰黄陶占 30.35%，灰陶占 22.25%，灰褐陶占 3.53%，黄褐陶占 2.29%，红陶占 0.42%。夹砂陶中纹饰陶片占 12.03%，以细线纹、凹弦纹、粗绳纹、方格纹为多，分别占 67.12%、14.32%、10.32% 和 3.73%，另有少量细绳纹、重菱纹、戳印纹、网格纹、压印纹，极少量凸棱纹、刻划纹、乳丁纹、附加堆纹等；泥质陶中纹饰陶片极少，仅有 3 片压印纹、2 片戳印纹及乳丁纹、凸棱纹各 1 片（表三三）。陶器可辨器形有尖底杯、尖底盏、敛口罐、高领罐、矮领罐、束颈罐、绳纹圜底罐、壶、盆、瓮、缸、釜、簋形器、杯、豆柄、器纽、器座、圈足、纺轮等。玉器种类有斧、璧、环等。石器种类有锛、石璧坯料。铜器仅有 1 件残件。

表三三　西区第11层陶片统计表

纹饰＼陶色＼陶质	夹砂陶						小计	百分比（%）	泥质陶						小计	百分比（%）
	灰黑	灰	红褐	灰褐	黄褐	灰黄			灰黑	灰	灰黄	灰褐	红	黄褐		
素面	14373	100	1350	1804	679	890	19196	87.97	191	107	146	17	2	11	474	98.54
细绳纹	13		8	3		1	25	0.11								
粗绳纹	206		36	12	7	10	271	1.24								
重菱纹	18			2	4		24	0.11								
凹弦纹	264		54	31	13	14	376	1.72								
凸棱纹	2				1		3	0.01	1						1	0.21
刻划纹	2			1			3	0.01								
细线纹	1360		183	178	38	3	1762	8.08								
压印纹	11			1			12	0.06	3						3	0.62
网格纹	16						16	0.07								
戳印纹	17		3	1			21	0.10	2						2	0.42
瓦棱纹	6						6	0.03								
乳丁纹	2			1	2	1	6	0.03	1						1	0.21
方格纹	92			4	2		98	0.45								
附加堆纹	1				1		2	0.01								
小计	16383	100	1634	2037	747	920	21821		198	107	146	17	2	11	481	
百分比（%）	75.08	0.46	7.49	9.33	3.42	4.22		100.00	41.16	22.25	30.35	3.53	0.42	2.29		100.00
合计	22302															

（1）陶器

443件。

尖底杯　6件。Ca型Ⅱ式。

标本ⅠT6813－6914⑪：475，泥质灰黄陶。口径7.2、残高2.6厘米（图四九六，1）。

尖底盏　48件。

Ba型Ⅱ式　3件。

标本ⅠT6813－6914⑪：400，夹砂灰黑陶。圆唇。口径8.8、肩径9.4、残高1.9厘米（图四九六，2）。

Ba型Ⅲ式　9件。

标本ⅠT6813－6914⑪：404，夹砂灰黑陶。圆唇。口径12.4、肩径13、残高2.1厘米（图四九六，3）。

标本ⅠT6813－6914⑪：398，夹砂灰黑陶。圆唇。口径12.1、肩径13.1、残高2.4厘米（图四九六，4）。

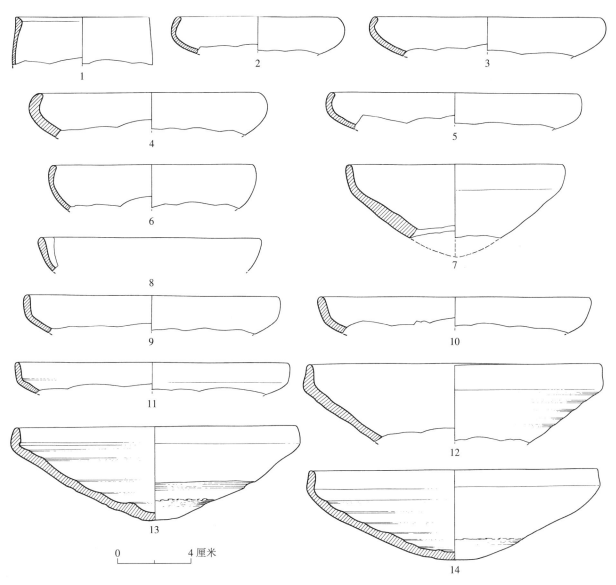

图四九六 西区第11层出土陶器

1. Ca 型Ⅱ式尖底杯（ⅠT6813－6914⑪：475） 2. Ba 型Ⅱ式尖底盏（ⅠT6813－6914⑪：400） 3～5. Ba 型Ⅲ式尖底盏（ⅠT6813－6914⑪：404、ⅠT6813－6914⑪：398、ⅠT6813－6914⑪：401） 6. Bb 型Ⅱ式尖底盏（ⅠT6813－6914⑪：399） 7、8. Bd 型Ⅰ式尖底盏（ⅠT6611－6712⑪：149、ⅠT6813－6914⑪：327） 9～11. Bd 型Ⅱ式尖底盏（ⅠT6613－6714⑪：253、ⅠT6613－6714⑪：256、ⅠT6813－6914⑪：329） 12～14. Ca 型Ⅰ式尖底盏（ⅠT6611－6712⑪：152、ⅠT6813－6914⑪：1、ⅠT6813－6914⑪：2）

　　标本ⅠT6813－6914⑪：401，夹砂灰黑陶。圆唇。口径13.6、肩径14.2、残高1.9厘米（图四九六，5）。

　　Bb 型Ⅱ式　2件。

　　标本ⅠT6813－6914⑪：399，夹砂灰黄陶。圆唇。口径10.9、肩径11.4、残高2.4厘米（图四九六，6）。

　　Bd 型Ⅰ式　4件。

标本ⅠT6611－6712⑪：149，夹砂灰黑陶。圆唇。口径11.8、残高3.9厘米（图四九六，7）。

标本ⅠT6813－6914⑪：327，夹砂灰黑陶。圆唇。残高1.8厘米（图四九六，8）。

Bd型Ⅱ式　6件。

标本ⅠT6613－6714⑪：253，夹砂灰黑陶。圆唇。口径14、残高1.9厘米（图四九六，9）。

标本ⅠT6613－6714⑪：256，夹砂灰黑陶。圆唇。口径15、残高1.8厘米（图四九六，10）。

标本ⅠT6813－6914⑪：329，夹砂灰黑陶。圆唇。口径15、残高1.7厘米（图四九六，11）。

Ca型Ⅰ式　4件。

标本ⅠT6611－6712⑪：152，夹砂灰黑陶。圆唇。下腹部有细旋痕。口径16.4、残高4.2厘米（图四九六，12）。

标本ⅠT6813－6914⑪：1，夹砂灰黑陶。圆唇。下腹饰一道凹痕。口径15.2、高5厘米（图四九六，13）。

标本ⅠT6813－6914⑪：2，夹砂灰黑陶。圆唇。口径15.8、高4.8厘米（图四九六，14）。

Ca型Ⅱ式　1件。

标本ⅠT6613－6714⑪：370，夹砂灰黑陶。圆唇。口径20、残高2.1厘米（图四九七，1）。

Cb型Ⅰ式　11件。

标本ⅠT6613－6714⑪：268，夹砂灰黑陶。圆唇。口径15、残高2.7厘米（图四九七，2）。

标本ⅠT6613－6714⑪：258，夹砂灰黑陶。圆唇。口径16.8、残高2.2厘米（图四九七，3）。

标本ⅠT6613－6714⑪：255，夹砂灰黑陶。圆唇。口径16、残高2.8厘米（图四九七，4）。

Cb型Ⅱ式　8件。

标本ⅠT6813－6914⑪：322，夹砂灰黑陶。圆唇。口径15.8、残高2.3厘米（图四九七，5）。

标本ⅠT6611－6712⑪：150，夹砂灰黑陶。圆唇。口径15.8、残高2.8厘米（图四九七，6）。

标本ⅠT6613－6714⑪：266，夹砂灰黑陶。圆唇。口径16、残高1.9厘米（图四九七，7）。

小平底罐　1件。Bc型Ⅲ式。

标本ⅠT6811－6912⑪：2，夹砂灰黄陶。口径12.2、残高3厘米（图四九七，8）。

敛口罐　136件。

Aa型Ⅰ式　1件。

标本ⅠT6609－6710⑪：34，夹砂灰黑陶。沿面有凹槽，方唇。口径34、残高6厘米（图四九八，1）。

Aa型Ⅱ式　4件。

标本ⅠT6813－6914⑪：27，夹砂灰黑陶。沿面有凹槽，方唇。口径18、残高3.5厘米（图四九八，3）。

标本ⅠT6609－6710⑪：27，夹砂灰黑陶。方唇。口径11.4、残高1.6厘米（图四九八，4）。

Bb型　37件。

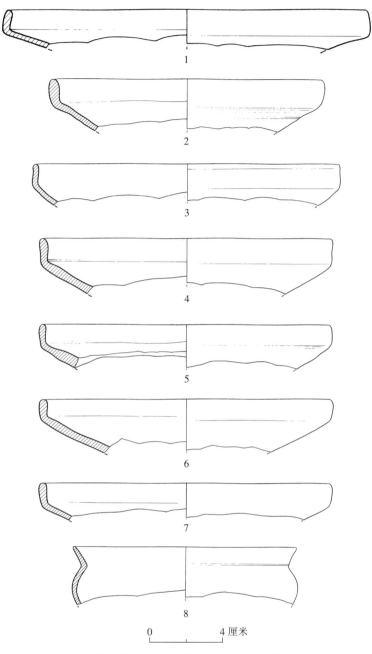

图四九七 西区第11层出土陶器

1. Ca 型 Ⅱ 式尖底盏（Ⅰ T6613 – 6714⑪：370） 2 ~ 4. Cb 型 Ⅰ 式尖底盏（Ⅰ T6613 – 6714⑪：268、
Ⅰ T6613 – 6714⑪：258、Ⅰ T6613 – 6714⑪：255） 5 ~ 7. Cb 型 Ⅱ 式尖底盏（Ⅰ T6813 – 6914⑪：322、
Ⅰ T6611 – 6712⑪：150、Ⅰ T6613 – 6714⑪：266） 8. Bc 型 Ⅲ 式小平底罐（Ⅰ T6811 – 6912⑪：2）

标本 Ⅰ T6613 – 6714⑪：35，夹砂灰黑陶。方唇。口径 25、残高 3.6 厘米（图四九八，7）。

标本 Ⅰ T6613 – 6714⑪：39，夹砂灰黑陶。圆唇。口径 27、残高 6.8 厘米（图四九八，9）。

Bc 型 2 件。

标本 Ⅰ T6613 – 6714⑪：311，夹砂灰褐陶。圆唇。口径 24.6、残高 4.1 厘米（图四九八，8）。

标本 Ⅰ T6813 – 6914⑪：61，夹砂灰褐陶。圆唇。口径 24.2、残高 6.2 厘米（图四九八，10）。

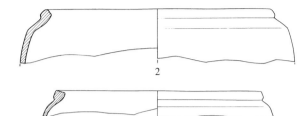

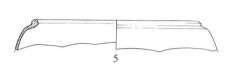

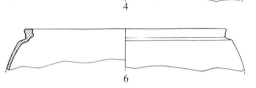

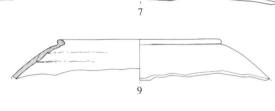

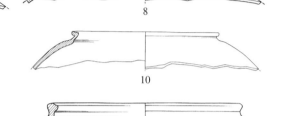

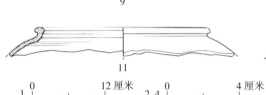

1. 0　　　12 厘米　　2、4. 0　　　4 厘米　　8~12. 0　　　12 厘米　　余 0　　　8 厘米

图四九八　西区第 11 层出土陶敛口罐

1. Aa 型 I 式（ⅠT6609－6710⑪：34）　2、5、6. Cc 型 II 式（ⅠT6613－6714⑪：246、ⅠT6813－6914⑪：294、ⅠT6813－6914⑪：73）　3、4. Aa 型 II 式（ⅠT6813－6914⑪：27、ⅠT6609－6710⑪：27）　7、9. Bb 型（ⅠT6613－6714⑪：35、ⅠT6613－6714⑪：39）　8、10. Bc 型（ⅠT6613－6714⑪：311、ⅠT6813－6914⑪：61）　11、12. Bd 型（ⅠT6611－6712⑪：129、ⅠT6813－6914⑪：441）

Bd 型　53 件。

标本ⅠT6611－6712⑪：129，夹砂灰黑陶。圆唇。口径 28.8、残高 4.6 厘米（图四九八，11）。

标本ⅠT6813－6914⑪：441，夹砂灰黄陶。尖圆唇。口径 31.4、残高 7 厘米（图四九八，12）。

Ca 型 II 式　4 件。

标本ⅠT6813－6914⑪：295，夹砂灰褐陶。沿面有凹槽，方唇。口径 28、残高 5.3 厘米（图四九九，3）。

Cb 型 II 式　7 件。

标本ⅠT6613－6714⑪：86，夹砂灰褐陶。沿面有凹槽，方唇。口径 22、残高 5.7 厘米（图四九九，1）。

标本ⅠT6813－6914⑪：509，夹砂灰黑陶。沿面有凹槽，方唇。口径 12.8、残高 2.9 厘米（图四九九，2）。

Cc 型 I 式　1 件。

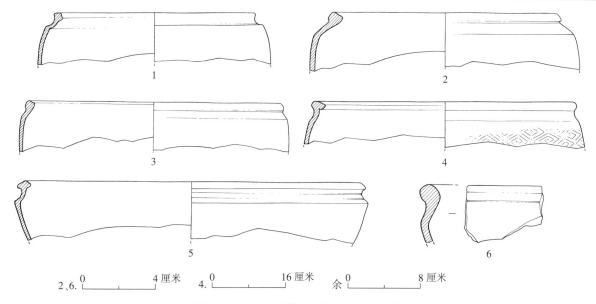

图四九九　西区第 11 层出土陶敛口罐

1、2. Cb 型 Ⅱ 式（ⅠT6613 - 6714⑪：86、ⅠT6813 - 6914⑪：509）　3. Ca 型 Ⅱ 式（ⅠT6813 - 6914⑪：295）
4. Cc 型 Ⅰ 式（ⅠT6613 - 6714⑪：116）　5、6. Da 型（ⅠT6813 - 6914⑪：83、ⅠT6613 - 6714⑪：91）

标本ⅠT6613 - 6714⑪：116，夹砂灰褐陶。尖唇。腹部饰重菱纹。口径 58、残高 9.6 厘米（图四九九，4）。

Cc 型 Ⅱ 式　22 件。

标本ⅠT6613 - 6714⑪：246，夹砂灰黑陶。方唇。口径 12.8、残高 2.6 厘米（图四九八，2）。

标本ⅠT6813 - 6914⑪：294，夹砂灰黑陶。沿面有凹槽，方唇。口径 18.6、残高 3.3 厘米（图四九八，5）。

标本ⅠT6813 - 6914⑪：73，夹砂灰黑陶。沿面有凹槽，方唇。口径 22、残高 4.5 厘米（图四九八，6）。

Da 型　5 件。

标本ⅠT6813 - 6914⑪：83，夹砂灰黑陶。方唇。口径 38、残高 6.2 厘米（图四九九，5）。

标本ⅠT6613 - 6714⑪：91，夹砂灰黑陶。圆唇。残高 3 厘米（图四九九，6）。

高领罐　2 件。

Aa 型 Ⅱ 式　1 件。

标本ⅠT7015 - 7116⑪：105，夹砂灰黑陶。圆唇。口径 15.2、残高 6.2 厘米（图五〇〇，1）。

B 型　1 件。

标本ⅠT6611 - 6712⑪：126，夹砂灰褐陶。平卷沿，圆唇。领部饰两周凹弦纹。口径 20、残高 7.3 厘米（图五〇〇，2）。

矮领罐　2 件。

B 型 Ⅱ 式　1 件。

标本ⅠT6813－6914⑪：50，夹砂灰黑陶。仰卷沿，圆唇。口径19、残高3.9厘米（图五○○，3）。

F型　1件。

标本ⅠT6813－6914⑪：237，夹砂灰黑陶。平卷沿，圆唇。口径12.6、残高2.5厘米（图五○○，4）。

束颈罐　2件。

Ca型Ⅰ式　1件。

标本ⅠT6611－6712⑪：31，夹砂灰黑陶。方唇。口径14、残高3.5厘米（图五○○，5）。

Ca型Ⅱ式　1件。

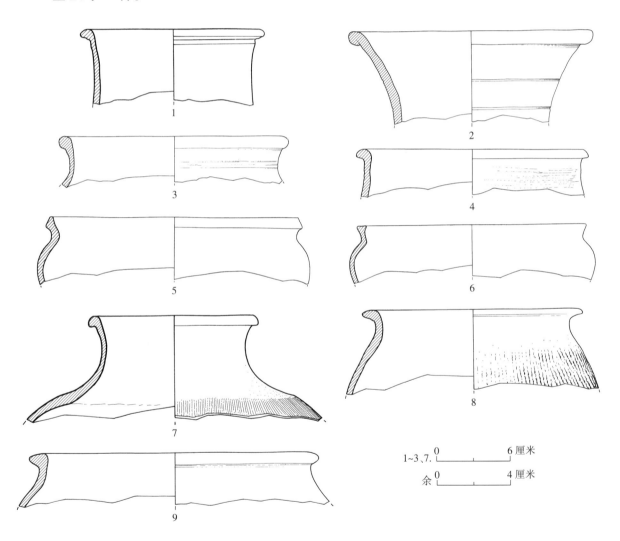

图五○○　西区第11层出土陶器

1. Aa型Ⅱ式高领罐（ⅠT7015－7116⑪：105）　2. B型高领罐（ⅠT6611－6712⑪：126）　3. B型Ⅱ式矮领罐（ⅠT6813－6914⑪：50）　4. F型矮领罐（ⅠT6813－6914⑪：237）　5. Ca型Ⅰ式束颈罐（ⅠT6611－6712⑪：31）　6. Ca型Ⅱ式束颈罐（ⅠT6609－6710⑪：28）　7. Aa型绳纹圜底罐（ⅠT6613－6714⑪：93）　8. Cb型绳纹圜底罐（ⅠT6613－6714⑪：133）　9. Ca型绳纹圜底罐（ⅠT6813－6914⑪：301）

标本ⅠT6609-6710⑪:28，夹砂灰黑陶。口径12.5、残高3.1厘米（图五〇〇，6）。

绳纹圆底罐　3件。

Aa 型　1件。

标本ⅠT6613-6714⑪:93，夹砂灰黑陶。平卷沿，圆唇。肩部饰竖向细线纹。口径13.8、残高8.2厘米（图五〇〇，7）。

Ca 型　1件。

标本ⅠT6813-6914⑪:301，夹砂灰黑陶。平折沿，圆唇。口径16、残高2.8厘米（图五〇〇，9）。

Cb 型　1件。

标本ⅠT6613-6714⑪:133，夹砂灰褐陶。平卷沿，圆唇。肩部饰竖向细绳纹。口径12、残高4.2厘米（图五〇〇，8）。

盘口罐　1件。B 型。

标本ⅠT6813-6914⑪:87，夹砂灰黑陶。尖圆唇。口径14.6、残高1.8厘米（图五〇一，1）。

壶　2件。Ad 型。

标本ⅠT6609-6710⑪:29，夹砂灰黄陶。圆唇。口径12、残高3.1厘米（图五〇一，2）。

盆　5件。

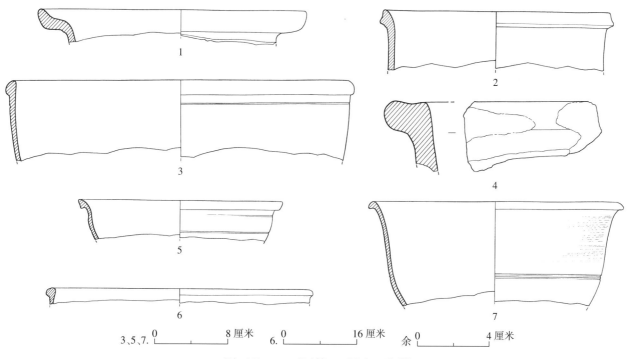

图五〇一　西区第11层出土陶器

1. B 型盘口罐（ⅠT6813-6914⑪:87）　2. Ad 型壶（ⅠT6609-6710⑪:29）　3. Eb 型盆（ⅠT6813-6914⑪:193）
4. Cd 型盆（ⅠT6811-6912⑪:14）　5、7. F 型盆（ⅠT6613-6714⑪:134、ⅠT6613-6714⑪:135）　6. Ea 型缸
（ⅠT6613-6714⑪:124）

Cd 型　1 件。

标本ⅠT6811 – 6912⑪：14，夹砂灰黑陶。卷沿。沿面凹。残高 3.7 厘米（图五〇一，4）。

Eb 型　2 件。

标本ⅠT6813 – 6914⑪：193，夹砂灰褐陶，圆唇。口径 38、残高 8.5 厘米（图五〇一，3）。

F 型　2 件。

标本ⅠT6613 – 6714⑪：134，夹砂灰黑陶。方唇。腹部饰两圈凹弦纹。口径 22、残高 4.2 厘米（图五〇一，5）。

标本ⅠT6613 – 6714⑪：135，夹砂灰黑陶。圆唇。腹部饰两周凹弦纹。口径 28、残高 11 厘米（图五〇一，7）。

瓮　24 件。

Da 型Ⅰ式　11 件。

标本ⅠT6813 – 6914⑪：305，夹砂灰黑陶。圆唇。口径 43、残高 5.5 厘米（图五〇二，1）。

标本ⅠT6611 – 6712⑪：161，夹砂灰黑陶。圆唇。口径 40、残高 5.7 厘米（图五〇二，2）。

Da 型Ⅱ式　8 件。

标本ⅠT6813 – 6914⑪：386，夹砂灰褐陶。方唇。口径 32、残高 6.5 厘米（图五〇二，3）。

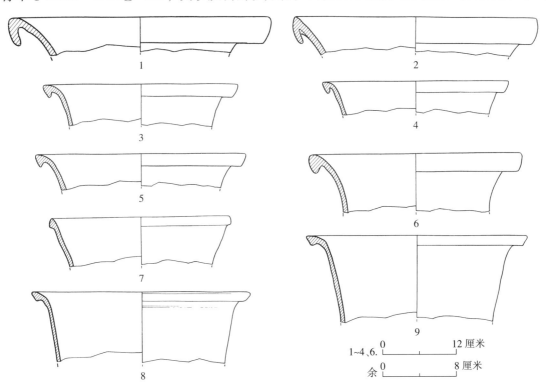

图五〇二　西区第 11 层出土陶瓮

1、2. Da 型Ⅰ式（ⅠT6813 – 6914⑪：305、ⅠT6611 – 6712⑪：161）　3、4. Da 型Ⅱ式（ⅠT6813 – 6914⑪：386、ⅠT6813 – 6914⑪：416）　5. Da 型Ⅲ式（ⅠT6611 – 6712⑪：155）　6、8. Db 型Ⅰ式（ⅠT6813 – 6914⑪：306、ⅠT6613 – 6714⑪：232）　7. Dd 型（ⅠT6813 – 6914⑪：45）　9. De 型Ⅱ式（ⅠT6813 – 6914⑪：65）

标本ⅠT6813－6914⑪：416，夹砂灰褐陶。方唇。口径30.4、残高5厘米（图五○二，4）。

Da型Ⅲ式　1件。

标本ⅠT6611－6712⑪：155，夹砂灰黄陶。方唇。口径23、残高3.6厘米（图五○二，5）。

Db型Ⅰ式　2件。

标本ⅠT6813－6914⑪：306，夹砂黄褐陶。方唇。口径35、残高9.4厘米（图五○二，6）。

标本ⅠT6613－6714⑪：232，夹砂灰黑陶。方唇。口径24、残高7.8厘米（图五○二，8）。

Dd型　1件。

标本ⅠT6813－6914⑪：45，夹砂灰黑陶。方唇。口径20、残高5厘米（图五○二，7）。

De型Ⅱ式　1件。

标本ⅠT6813－6914⑪：65，夹砂灰褐陶。卷沿，方唇。口径24.2、残高9.2厘米（图五○二，9）。

缸　2件。Ea型。

标本ⅠT6613－6714⑪：124，夹砂灰黑陶。卷沿，圆唇。口径58、残高3.1厘米（图五○一，6）。

釜　1件。B型。

标本ⅠT6613－6714⑪：127，夹砂灰褐陶。侈口，无沿，圆唇。口径16、残高2.4厘米（图五○三，1）。

簋形器　133件。

Ab型Ⅱ式　26件。

标本ⅠT6813－6914⑪：620，夹砂灰褐陶。沿面平。口径42、残高9.8厘米（图五○三，2）。

标本ⅠT6813－6914⑪：341，夹砂灰黑陶。沿面弧。口径62、残高6.3厘米（图五○三，3）。

Ac型Ⅱ式　7件。

标本ⅠT6613－6714⑪：57，夹砂灰黑陶。沿面弧。口径35、残高5厘米（图五○三，4）。

标本ⅠT6813－6914⑪：345，夹砂灰褐陶。沿面凸。残高6.3厘米（图五○三，5）。

Ba型Ⅰ式　15件。

标本ⅠT6813－6914⑪：373，夹砂灰黑陶。沿面弧。口径31、残高7.3厘米（图五○三，6）。

标本ⅠT6613－6714⑪：76，夹砂灰黑陶。沿面斜直。口径36、残高6.3厘米（图五○三，7）。

Ba型Ⅱ式　10件。

标本ⅠT6613－6714⑪：84，夹砂灰黑陶。沿面弧。口径21.6、圈足径11.5、高21厘米（图五○三，8）。

标本ⅠT6613－6714⑪：69，夹砂灰黑陶。沿面弧。口径28、残高8.9厘米（图五○三，9）。

Bb型Ⅰ式　5件。

标本ⅠT6613－6714⑪：349，夹砂灰褐陶。沿面弧。内壁有制作时留下的轮制痕迹。口径25、

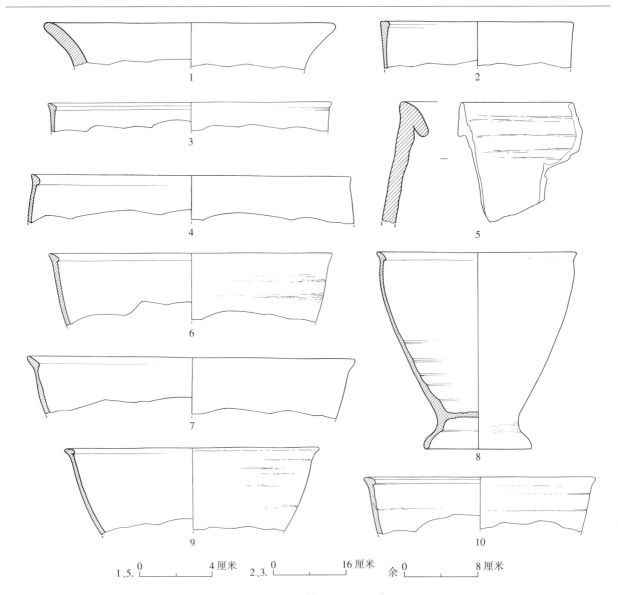

图五〇三　西区第 11 层出土陶器

1. B 型釜（ⅠT6613－6714⑪：127）　　2、3. Ab 型Ⅱ式簋形器（ⅠT6813－6914⑪：620、ⅠT6813－6914⑪：341）
4、5. Ac 型Ⅱ式簋形器（ⅠT6613－6714⑪：57、ⅠT6813－6914⑪：345）　　6、7. Ba 型Ⅰ式簋形器（ⅠT6813－
6914⑪：373、ⅠT6613－6714⑪：76）　　8、9. Ba 型Ⅱ式簋形器（ⅠT6613－6714⑪：84、ⅠT6613－6714⑪：69）
10. Bb 型Ⅰ式簋形器（ⅠT6613－6714⑪：349）

残高 5.7 厘米（图五〇三，10）。

　　Bb 型Ⅱ式　56 件。

　　标本ⅠT6813－6914⑪：518，夹砂灰黑陶。沿面微弧。口径 14、残高 2.6 厘米（图五〇四，1）。

　　标本ⅠT6613－6714⑪：315，夹砂灰黑陶。沿面斜直。口径 46、残高 10.9 厘米（图五〇四，2）。

　　标本ⅠT6613－6714⑪：338，夹砂灰黑陶。沿面弧。口径 48、残高 6.3 厘米（图五〇四，3）。

　　C 型Ⅰ式　3 件。

　　标本ⅠT6613－6714⑪：331，夹砂灰黑陶。沿面斜直。口径 26、残高 5.8 厘米（图五〇四，4）。

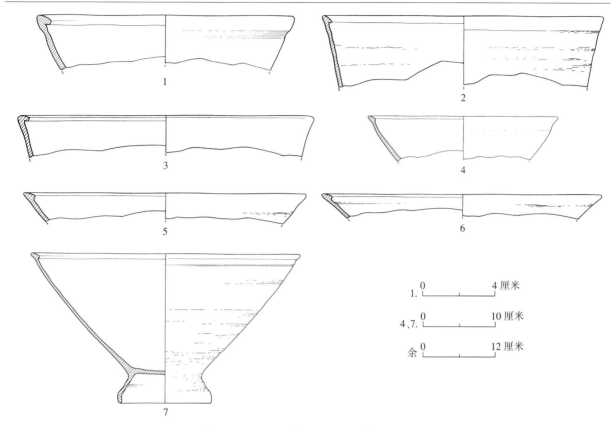

图五○四　西区第 11 层出土陶簋形器

1~3. Bb 型 Ⅱ 式（Ⅰ T6813－6914⑪：518、Ⅰ T6613－6714⑪：315、Ⅰ T6813－6914⑪：338）　4. C 型 Ⅰ 式
（Ⅰ T6613－6714⑪：331）　5~7. C 型 Ⅱ 式（Ⅰ T6613－6714⑪：332、Ⅰ T6613－6714⑪：333、Ⅰ T6611－
6712⑪：21）

C 型 Ⅱ 式　11 件。

标本 Ⅰ T6613－6714⑪：332，夹砂灰黑陶。沿面斜直。口径 46、残高 4.6 厘米（图五○四，5）。

标本 Ⅰ T6611－6712⑪：21，夹砂灰黑陶。沿面弧。口径 37、圈足径 13、高 19.6 厘米
（图五○四，7）。

标本 Ⅰ T6613－6714⑪：333，夹砂灰黑陶。沿面斜直。口径 46、残高 3.8 厘米（图五○四，6）。

杯　1 件。Bb 型。

标本 Ⅰ T6613－6714⑪：94，泥质灰黄陶。腹径 9.6、圈足径 5.8、残高 10.2 厘米
（图五○五，1）。

豆柄　7 件。

Aa 型　3 件。

标本 Ⅰ T6811－6912⑪：8，泥质灰黄陶。残高 9.7 厘米（图五○五，2）。

Ab 型　2 件。

标本 Ⅰ T6611－6712⑪：138，夹砂灰黑陶。残高 17.6 厘米（图五○五，3）。

标本 Ⅰ T6613－6714⑪：251，泥质灰黄陶。残高 11.9 厘米（图五○五，4）。

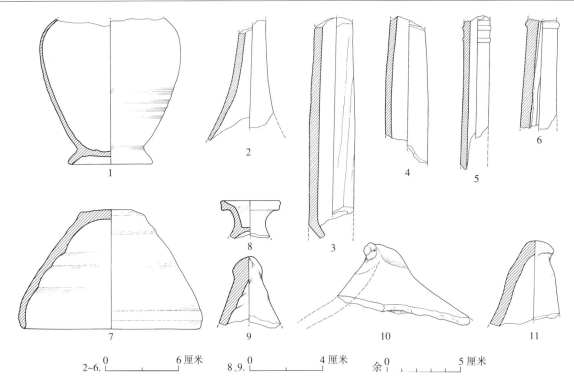

图五○五　西区第 11 层出土陶器

1. Bb 型杯（ⅠT6613－6714⑪：94）　2. Aa 型豆柄（ⅠT6811－6912⑪：8）　3、4. Ab 型豆柄（ⅠT6611－6712⑪：138、ⅠT6613－6714⑪：251）　5、6. Ac 型豆柄（ⅠT6811－6912⑪：7、ⅠT6611－6712⑪：137）　7. F 型器盖（ⅠT6613－6714⑪：46）　8. Bc 型器纽（ⅠT6813－6914⑪：132）　9. Ea 型器纽（ⅠT6613－6714⑪：132）　10、11. Eb 型器纽（ⅠT6611－6712⑪：89、ⅠT6813－6914⑪：231）

Ac 型　2 件。

标本ⅠT6811－6912⑪：7，泥质灰黑陶。残高 12.3 厘米（图五○五，5）。

标本ⅠT6611－6712⑪：137，泥质灰黑陶。残高 8.7 厘米（图五○五，6）。

器盖　1 件。F 型。

标本ⅠT6613－6714⑪：46，夹砂灰黑陶。口径 12.6、高 7.9 厘米（图五○五，7）。

器纽　4 件。

Bc 型　1 件。

标本ⅠT6813－6914⑪：132，夹砂灰黑陶。方唇。纽径 3.2、残高 1.8 厘米（图五○五，8）。

Ea 型　1 件。

标本ⅠT6613－6714⑪：132，夹砂灰陶。残高 3.8 厘米（图五○五，9）。

Eb 型　2 件。

标本ⅠT6611－6712⑪：89，夹砂灰陶。残高 5.4 厘米（图五○五，10）。

标本ⅠT6813－6914⑪：231，夹砂灰黄陶。残高 5.7 厘米（图五○五，11）。

器座　1 件。Ab 型Ⅱ式。

标本ⅠT6813－6914⑪：229，夹砂灰褐陶。上径 10、下径 12.5、高 3.9 厘米（图五○六，1）。

器底 48 件。

Ab 型 13 件。

标本ⅠT6813 – 6914⑪：621，夹砂灰黑陶。底径 6、残高 5.4 厘米（图五〇六，2）。

标本ⅠT6613 – 6714⑪：159，夹砂灰黑陶。底径 8.5、残高 6.9 厘米（图五〇六，3）。

Da 型 2 件。

标本ⅠT6613 – 6714⑪：278，夹砂灰黑陶。底部有戳痕。残高 3.8 厘米（图五〇六，4）。

Db 型 27 件。

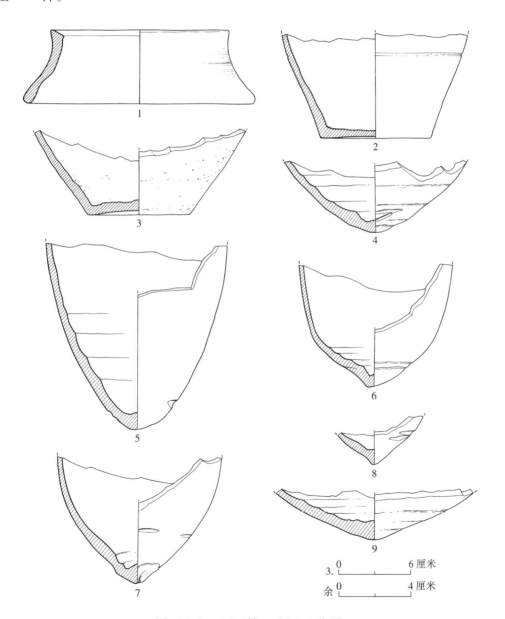

图五〇六 西区第 11 层出土陶器

1. Ab 型Ⅱ式器座 （ⅠT6813 – 6914⑪：229） 2、3. Ab 型器底 （ⅠT6813 – 6914⑪：621、ⅠT6613 – 6714⑪：159）
4. Da 型器底 （ⅠT6613 – 6714⑪：278） 5 ~ 7. Db 型器底 （ⅠT6813 – 6914⑪：464、ⅠT6811 – 6912⑪：4、ⅠT6609 – 6710⑪：37） 8. Dc 型器底 （ⅠT6611 – 6712⑪：142） 9. Dd 型器底 （ⅠT6613 – 6714⑪：271）

标本ⅠT6813 - 6914⑪:464,夹砂灰黄陶。底部有戳痕。残高9.9厘米（图五〇六,5）。

标本ⅠT6811 - 6912⑪:4,泥质灰黑陶。残高6.6厘米（图五〇六,6）。

标本ⅠT6609 - 6710⑪:37,夹砂灰黄陶。底部有戳痕。残高6.7厘米（图五〇六,7）。

Dc型 2件。

标本ⅠT6611 - 6712⑪:142,泥质灰黑陶。底部有戳痕。残高2.6厘米（图五〇六,8）。

Dd型 4件。

标本ⅠT6613 - 6714⑪:271,夹砂灰褐陶。残高2.8厘米（图五〇六,9）。

圈足 10件。

Bb型 1件。

标本ⅠT6613 - 6714⑪:107,夹砂灰褐陶。圈足径8.6、残高3.5厘米（图五〇七,1）。

Ca型 3件。

标本ⅠT6813 - 6914⑪:221,夹砂灰黑陶。圈足径7.2、残高3.8厘米（图五〇七,2）。

Cb型 2件。

标本ⅠT6813 - 6914⑪:66,夹砂灰黑陶。饰圆形镂孔。圈足径24、残高8.2厘米（图五

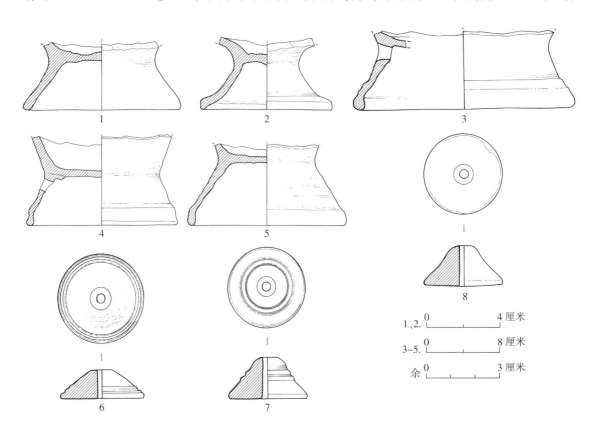

图五〇七 西区第11层出土陶器

1. Bb型圈足（ⅠT6613 - 6714⑪:107） 2. Ca型圈足（ⅠT6813 - 6914⑪:221） 3. Cb型圈足（ⅠT6813 - 6914
⑪:66） 4、5. Cd型Ⅰ式圈足（ⅠT6613 - 6714⑪:459、ⅠT6613 - 6714⑪:49） 6. Ba型纺轮（ⅠT6813 - 6914
⑪:19） 7、8. Bb型纺轮（ⅠT6613 - 6714⑪:1、ⅠT6613 - 6714⑪:19）

○七，3）。

Cd 型 I 式 4 件。

标本 I T6613 – 6714⑪：459，夹砂灰褐陶。饰一个圆形镂孔。圈足径 16.5、残高 9.8 厘米（图五○七，4）。

标本 I T6613 – 6714⑪：49，夹砂灰黑陶。圈足径 17.5、残高 8.7 厘米（图五○七，5）。

纺轮 3 件。

Ba 型 1 件。

标本 I T6813 – 6914⑪：19，泥质灰黑陶。腰部饰两道凸弦纹。直径 3.4、高 1.2 厘米（图五○七，6）。

Bb 型 2 件。

标本 I T6613 – 6714⑪：1，泥质灰黑陶。腰部饰两道凹弦纹。直径 3.2、孔径 0.3、厚 1.6 厘米（图五○七，7）。

标本 I T6613 – 6714⑪：19，泥质褐陶。直径 3.2、孔径 0.3、厚 1.6 厘米（图五○七，8）。

（2）玉器

10 件。

斧 1 件。A 型。

标本 I T6609 – 6710⑪：40，黑色，不透明。整器制作极为精细，顶部、两侧打磨平整。刃部有使用痕迹。器身近顶部处有两个单面钻穿孔。长 20.8、宽 5.3～6.6、厚 0.7、孔径 0.8 厘米（图五○八，1）。

璧 1 件。Af 型。

标本 I T6813 – 6914⑪：8，灰白色，不透明，器表有紫红色沁斑。制作较为精细。直径 11、孔径 5.5、厚 0.3～0.5 厘米（图五○八，7）。

环 1 件。Ab 型。

标本 I T6613 – 6714⑪：3，青色，不透明。环面横剖面呈扁平形。外径 3.6、内径 3.3、厚 0.1 厘米（图五○八，3）。

美石 7 件。

标本 I T6611 – 6712⑪：9，深灰色。长 7.3、宽 3.6、厚 1 厘米（图五○八，5）。

标本 I T6611 – 6712⑪：12，深灰色。长 7.2、宽 4.6、厚 1.9 厘米（图五○八，6）。

（3）石器

6 件。

锛 1 件。Ba 型。

标本 I T6813 – 6914⑪：6，青色。制作较为精细，顶部、两侧及器表均打磨。刃部锋利。长 6.4、宽 2.2～3、厚 1.1 厘米（图五○八，4）。

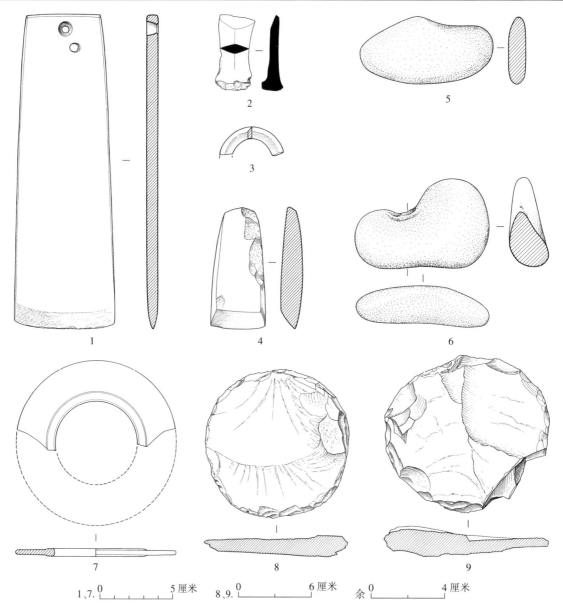

图五○八　西区第11层出土器物

1. A 型玉斧（ⅠT6609－6710⑪：40）　2. 铜器残件（ⅠT6613－6714⑪：18）　3. Ab 型玉环（ⅠT6613－6714⑪：3）　4. Ba 型石锛（ⅠT6813－6914⑪：6）　5、6. 美石（ⅠT6611－6712⑪：9、ⅠT6611－6712⑪：12）　7. Af 型玉璧（ⅠT6813－6914⑪：8）　8、9. A 型石璧坯料（ⅠT6611－6712⑪：8、ⅠT6609－6710⑪：48）

石璧坯料　5件。A 型。

标本ⅠT6611－6712⑪：8，灰黑色。破裂面及轮边未经打磨。直径11.7、厚1.6厘米（图五○八，8）。

标本ⅠT6609－6710⑪：48，灰黑色。直径13.4、厚2.2厘米（图五○八，9）。

（4）铜器

1件。

铜器残件　1件。

标本ⅠT6613-6714⑪:18，平面形状呈柱状，束腰；横截面呈菱形；一端残断。残长4、残宽2厘米（图五〇八，2）。

（三九）第10层下遗迹及出土遗物

开口于该层下遗迹仅有灰坑1个，为H2319（见附表一），简述如下。

H2319

位于ⅠT6716北部，部分叠压于北隔梁下。开口于第10层下，打破第15层。平面形状不规则，弧壁，近圜底。南北长1.4、东西宽1.24、深0.52米。坑内填土为黑灰色砂黏土，含草木灰烬，湿度重，结构疏松。包含物中有大量陶片及动物牙齿、兽骨（图五〇九）。

陶器

3件。

敛口罐　2件。Ad型。

标本H2319:4，夹砂灰黑陶。尖圆唇。口径22、残高3.2厘米（图五一〇，1）。

器底　1件。Ab型。

标本H2319:5，夹砂灰黑陶。底径8.9、残高2.5厘米（图五一〇，2）。

（四〇）第10层出土遗物

该层出土遗物有陶器、玉器、石器和铜器，数量和种类丰富。其中陶片62563片、玉器14件、石器2件、铜器10件。陶器中以夹砂陶为大宗，占96.87%。夹砂陶中灰黑陶占68.31%，灰黄陶占6.92%，灰褐陶占15.13%，灰陶占1.23%，红褐陶占5.98%，黄褐陶占2.43%；泥质陶中灰黑陶占32.79%，灰黄陶占34.52%，灰陶占16.32%，灰褐陶

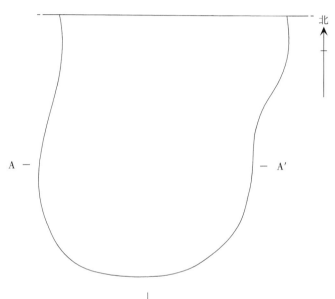

图五〇九　西区H2319平、剖面图

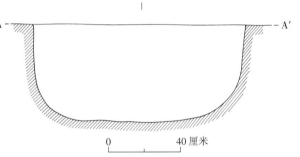
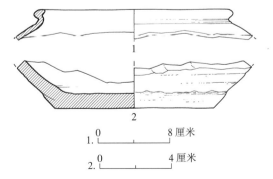

图五一〇　西区H2319出土陶器
1. Ad型敛口罐（H2319:4）　2. Ab型器底（H2319:5）

表三四 西区第10层陶片统计表

陶质\陶色\纹饰	夹砂陶						小计	百分比（%）	泥质陶							小计	百分比（%）
	灰黑	灰	红褐	灰褐	黄褐	灰黄			灰黑	灰	灰黄	灰褐	青灰	红	黄褐		
素面	32345	660	2614	5966	1148	3546	46279	76.37	445	271	603	186	3	20	40	1568	79.96
细绳纹	175	1	22	82	10	3	293	0.48									
粗绳纹	1967	11	385	940	87	113	3503	5.78				1		1		2	0.10
重菱纹	132	1	14	29	6	6	188	0.31									
凹弦纹	729	10	85	258	57	65	1204	1.99	7	3	10	7	1			28	1.43
凸棱纹	108		19	17	7	6	157	0.26	11	3	5	6				25	1.27
刻划纹	28		1	9	1	2	41	0.07	11			6				21	1.07
镂孔	1		2	1		1	5	0.01									
细线纹	5529	63	473	1831	150	432	8478	13.99	118	39	33	40	2		6	238	12.14
压印纹	223		1	18	1	2	245	0.40									
网格纹	17						17	0.03									
戳印纹	90		4	4	1	10	109	0.18	51	3	20	3				77	3.93
瓦棱纹	6			4	1		11	0.02									
乳丁纹	24	1	4	8		7	44	0.07		1		1				2	0.10
方格纹	19		2	3		2	26	0.04									
附加堆纹					1		1	0.00									
圆圈纹	1						1	0.00									
小计	41394	747	3626	9170	1469	4196	60602		643	320	677	248	6	21	46	1961	
百分比（%）	68.31	1.23	5.98	15.13	2.43	6.92		100.00	32.79	16.32	34.52	12.65	0.31	1.07	2.34		100.00
合计	62563																

占12.65%，黄褐陶占2.34%，红陶占1.07%，青灰陶占0.31%。夹砂陶中纹饰陶片占23.63%，以细线纹、粗绳纹、凹弦纹、细绳纹为多，分别占59.19%、24.46%、8.41%和2.05%，另有少量重菱纹、压印纹、凸棱纹、戳印纹、刻划纹、乳丁纹，极少量网格纹、方格纹、瓦棱纹、附加堆纹等；泥质陶中纹饰陶片占20.04%，以细线纹和戳印纹为多，分别占60.56%和19.59%，另有少量凹弦纹、凸棱纹、刻划纹，极少量粗绳纹和乳丁纹（表三四）。陶器可辨器形有尖底杯、尖底盏、尖底罐、敛口罐、高领罐、矮领罐、束颈罐、壶、盆、瓮、绳纹圜底罐、釜、长颈罐、篦形器、盘、器纽、器座、盆形器、网坠、圈足、豆柄等。玉器种类有凿、斧、锛形器、戈等。石器种类有斧、凿。铜器种类有戈、挂饰、镞、圆角方孔形器等。

（1）陶器

1768件。

尖底杯 11件。

Ad型 2件。

标本ⅠT6613－6714⑩：648，夹砂灰黑陶。口径10.8、残高5.2厘米（图五一一，1）。

标本ⅠT6613－6714⑩：649，泥质灰黑陶。下腹部有一周粗弦纹。口径13、残高10.2厘米（图五一一，2）。

Ca型Ⅰ式　1件。

标本ⅠT6613－6714⑩：575，夹砂灰黑陶。口径9、残高4.4厘米（图五一一，3）。

Ca型Ⅱ式　3件。

标本ⅠT6813－6914⑩：124，夹砂灰黑陶。口径7.2、残高3.2厘米（图五一一，4）。

标本ⅠT6514⑩：75，夹砂陶，下半部为灰黑色，上半部为灰黄色。口径7.9、残高8.7厘米

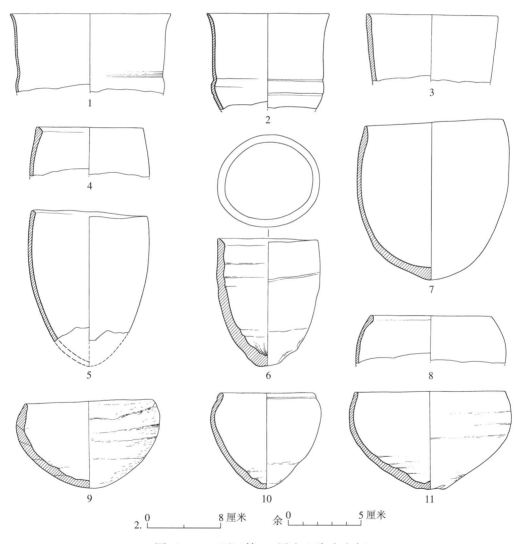

图五一一　西区第10层出土陶尖底杯

1、2. Ad型（ⅠT6613－6714⑩：648、ⅠT6613－6714⑩：649）　3. Ca型Ⅰ式（ⅠT6613－6714⑩：575）　4～6. Ca型Ⅱ式（ⅠT6813－6914⑩：124、ⅠT6514⑩：75、ⅠT6815－6916⑩：1）　7. Db型Ⅱ式（ⅠT6613－6714⑩：27）　8、9、11. Dc型Ⅱ式（ⅠT6813－6914⑩：141、ⅠT6511－6512⑩：7、ⅠT6511－6512⑩：56）　10. Dd型（ⅠT7213－7214⑩：1）

（图五一一，5）。

标本ⅠT6815－6916⑩：1，夹砂灰陶。器壁较厚。口径6.9、高8.5厘米（图五一一，6）。

Db型Ⅱ式 1件。

标本ⅠT6613－6714⑩：27，夹砂灰褐陶。口径9.6、高10.6厘米（图五一一，7）。

Dc型Ⅱ式 3件。

标本ⅠT6511－6512⑩：7，泥质红褐陶。口径9、高5.6厘米（图五一一，9）。

标本ⅠT6511－6512⑩：56，夹砂灰黑陶。敛口，圆唇。口径10.4、高6.5厘米（图五一一，11）。

标本ⅠT6813－6914⑩：141，夹砂灰黑陶。口径8.3、残高3.3厘米（图五一一，8）。

Dd型 1件。

标本ⅠT7213－7214⑩：1，夹砂灰黄陶。敛口，圆唇。口径6.5、高6.6厘米（图五一一，10）。

尖底盏 191件。

Ba型Ⅰ式 5件。

标本ⅠT7215－7216⑩：5，泥质灰黑陶。圆唇。口径11.2、肩径12.2、高5厘米（图五一二，1）。

标本ⅠT7215－7216⑩：4，夹砂灰黄陶。圆唇。口径12.8、高5.6厘米（图五一二，2）。

Ba型Ⅱ式 7件。

标本ⅠT7215－7216⑩：1，夹砂灰黑陶。圆唇。下腹饰一道凹痕。口径12.4、肩径13、高4.1厘米（图五一二，3）。

标本ⅠT7215－7216⑩：3，夹砂灰黑陶。圆唇。口径13、肩径13.8、高5厘米（图五一二，4）。

Ba型Ⅲ式 2件。

标本ⅠT7213－7214⑩：229，夹砂灰黑陶。圆唇。口径9、残高2厘米（图五一二，8）。

Bb型Ⅱ式 8件。

标本ⅠT6611－6712⑩：753，夹砂灰黑陶。圆唇。口径15.2、残高3.5厘米（图五一二，5）。

标本ⅠT7213－7214⑩：230，夹砂灰黑陶。圆唇。残高2.5厘米（图五一二，6）。

标本ⅠT6611－6712⑩：755，夹砂灰黑陶。圆唇。口径18、残高2.5厘米（图五一二，7）。

Bb型Ⅲ式 10件。

标本ⅠT7013－7114⑩：38，夹砂灰黑陶。圆唇。口径12.8、肩径13.2、残高2.1厘米（图五一二，10）。

标本ⅠT6613－6714⑩：532，夹砂灰黑陶。圆唇。口径15.6、肩径16、残高2.3厘米（图五一二，11）。

Bc型Ⅰ式 3件。

标本ⅠT6613－6714⑩：527，夹砂灰褐陶。圆唇。口径13、残高2.6厘米（图五一二，9）。

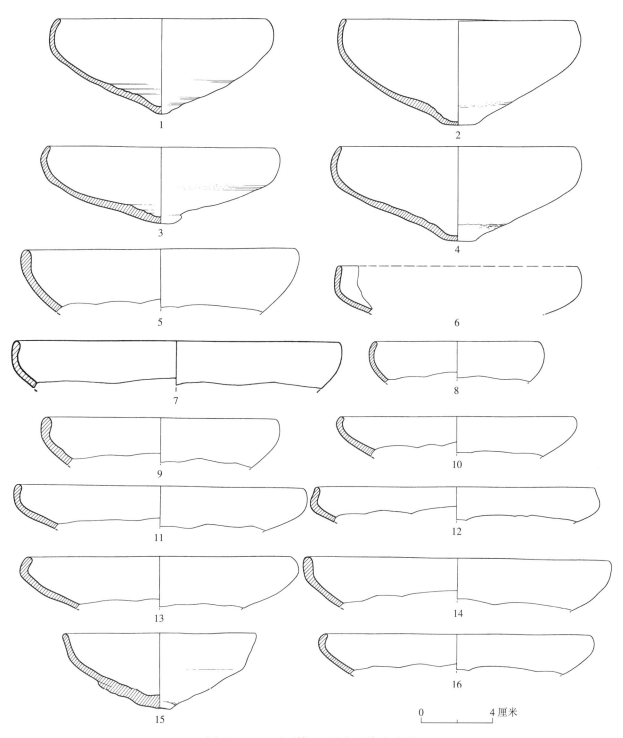

图五一二　西区第 10 层出土陶尖底盏

1、2. Ba 型 I 式（I T7215 – 7216⑩：5、I T7215 – 7216⑩：4）　　3、4. Ba 型 II 式（I T7215 – 7216⑩：1、I T7215 – 7216⑩：3）　　5 ~ 7. Bb 型 II 式（I T6611 – 6712⑩：753、I T7213 – 7214⑩：230、I T6611 – 6712⑩：755）　　8. Ba 型 III 式（I T7213 – 7214⑩：229）　　9. Bc 型 I 式（I T6613 – 6714⑩：527）　　10、11. Bb 型 III 式（I T7013 – 7114⑩：38、I T6613 – 6714⑩：532）　　12、13、16. Bc 型 II 式（I T6615 – 6716⑩：50、I T6513⑩：1520、I T6811 – 6912⑩：316）　　14、15. Bd 型 I 式（I T6614 – 6714⑩：520、I T6413⑩：145）

Bc 型Ⅱ式　17 件。

标本 ⅠT6615 - 6716⑩：50，夹砂灰黑陶。圆唇。口径15.4、肩径15.8、残高1.8 厘米（图五一二，12）。

标本 ⅠT6513⑩：1520，夹砂灰黑陶。圆唇。下腹内凹。口径14.4、肩径15.2、残高2.8 厘米（图五一二，13）。

标本 ⅠT6811 - 6912⑩：316，夹砂灰黑陶。圆唇。口径14.5、肩径15、残高2.1 厘米（图五一二，16）。

Bd 型Ⅰ式　7 件。

标本 ⅠT6614 - 6714⑩：520，夹砂灰黑陶。圆唇。口径17、残高2.6 厘米（图五一二，14）。

标本 ⅠT6413⑩：145，夹砂灰黑陶。圆唇。口径10.6、高4 厘米（图五一二，15）。

标本 ⅠT6513⑩：1333，夹砂灰褐陶。圆唇。口径15、残高3 厘米（图五一三，1）。

Bd 型Ⅱ式　8 件。

标本 ⅠT6611 - 6712⑩：571，夹砂灰黑陶。圆唇。口径14、残高2.6 厘米（图五一三，2）。

标本 ⅠT6813 - 6914⑩：146，夹砂灰黄陶。圆唇。口径16.6、肩径17、残高2.2 厘米（图五一三，3）。

标本 ⅠT6613 - 6714⑩：593，夹砂灰黑陶。圆唇。口径15、残高1.6 厘米（图五一三，4）。

标本 ⅠT6511 - 6512⑩：47，夹砂灰黑陶。圆唇。下腹内收。口径15.2、高3.3 厘米（图五一三，5）。

Ca 型Ⅰ式　7 件。

标本 ⅠT6412⑩：4，夹砂灰黑陶。尖圆唇。上腹内凹。口径15、高5 厘米（图五一三，6）。

标本 ⅠT6513⑩：106，夹砂灰黑陶。圆唇。口径16.4、肩径17.4、残高2.4 厘米（图五一三，7）。

Ca 型Ⅱ式　8 件。

标本 ⅠT6611 - 6712⑩：557，夹砂灰黑陶。尖圆唇。口径17.9、残高4.1 厘米（图五一三，9）。

标本 ⅠT6412⑩：427，夹砂灰黑陶。圆唇。口径15.4、残高2.3 厘米（图五一三，8）。

标本 ⅠT6413⑩：694，夹砂灰黑陶。圆唇。口径15.8、高4 厘米（图五一三，10）。

Cb 型Ⅰ式　22 件。

标本 ⅠT6611 - 6712⑩：542，夹砂灰黑陶。圆唇。下腹内凹。口径15.2、高5 厘米（图五一三，11）。

标本 ⅠT6413⑩：14，夹砂灰黑陶。圆唇。下腹内凹。口径16.6、高5.3 厘米（图五一三，12）。

标本 ⅠT6511 - 6512⑩：50，夹砂灰黑陶。圆唇。上腹内凹，下腹呈波浪状。近底处饰螺旋纹。口径16、高4.8 厘米（图五一三，13）。

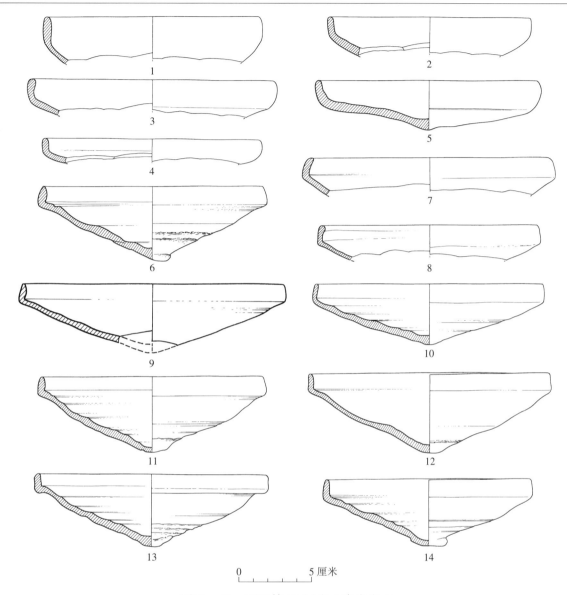

图五一三 西区第 10 层出土陶尖底盏

1. Bd 型 Ⅰ式（ⅠT6513⑩：1333） 2～5. Bd 型 Ⅱ式（ⅠT6611－6712⑩：571、ⅠT6813－6914⑩：146、ⅠT6613－6714⑩：593、ⅠT6511－6512⑩：47） 6、7. Ca 型 Ⅰ式（ⅠT6412⑩：4、ⅠT6513⑩：106） 8～10. Ca 型 Ⅱ式（ⅠT6412⑩：427、ⅠT6611－6712⑩：557、ⅠT6413⑩：694） 11～14. Cb 型 Ⅰ式（ⅠT6611－6712⑩：542、ⅠT6413⑩：14、ⅠT6511－6512⑩：50、ⅠT6412⑩：2）

标本ⅠT6412⑩：2，夹砂灰黑陶。圆唇。上腹内凹。下腹饰螺旋纹。口径 14.2、高 4.4 厘米（图五一三，14）。

Cb 型 Ⅱ式 47 件。

标本ⅠT6413⑩：12，夹砂灰黑陶。圆唇。口径 15、高 4.3 厘米（图五一四，1）。

标本ⅠT6611－6712⑩：559，夹砂灰黑陶。圆唇。下腹内凹。口径 16、肩径 16.2、高 3.8 厘米（图五一四，2）。

标本ⅠT6513⑩：1523，夹砂灰黑陶。圆唇。口径 15、残高 2.4 厘米（图五一四，3）。

标本ⅠT6613 – 6714⑩：659，夹砂灰黑陶。圆唇。口径17、残高2.1厘米（图五一四，4）。

Cc型Ⅰ式　10件。

标本ⅠT6613 – 6714⑩：525，夹砂灰黑陶。圆唇。口径13.6、残高2.5厘米（图五一四，6）。

标本ⅠT7013 – 7114⑩：1，夹砂灰黑陶。圆唇。口径12.6、高5.6厘米（图五一四，5）。

标本ⅠT6513⑩：1339，夹砂灰褐陶。圆唇。口径13、残高2.5厘米（图五一四，7）。

Cc型Ⅱ式　30件。

标本ⅠT6513⑩：1521，夹砂灰黑陶。圆唇。上腹内凹。口径17、残高2.6厘米（图五一四，8）。

标本ⅠT6511 – 6512⑩：52，夹砂灰黑陶。圆唇。口径16.2、高3.6厘米（图五一四，10）。

标本ⅠT6613 – 6714⑩：524，夹砂灰黑陶。圆唇。下腹内凹。口径14.8、残高2.5厘米（图五一四，9）。

标本ⅠT6613 – 6714⑩：519，夹砂灰褐陶。圆唇。口径12、残高2.6厘米（图五一四，11）。

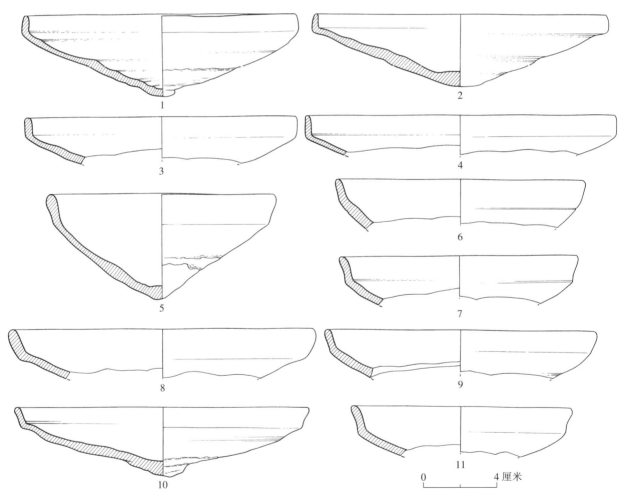

图五一四　西区第10层出土陶尖底盏

1～4. Cb型Ⅱ式（ⅠT6413⑩：12、ⅠT6611 – 6712⑩：559、ⅠT6513⑩：1523、ⅠT6613 – 6714⑩：659）　　5～7. Cc型Ⅰ式（ⅠT7013 – 7114⑩：1、ⅠT6613 – 6714⑩：525、ⅠT6513⑩：1339）　　8～11. Cc型Ⅱ式（ⅠT6513⑩：1521、ⅠT6613 – 6714⑩：524、ⅠT6511 – 6512⑩：52、ⅠT6613 – 6714⑩：519）

尖底罐　3件。

Ca 型 II 式　2件。

标本 I T6513⑩：853，夹砂灰黑陶。尖圆唇。口径9.2、残高3厘米（图五一五，3）。

标本 I T6813 – 6914⑩：591，夹砂灰黑陶。尖圆唇。口径8.4、残高2.4厘米（图五一五，4）。

Cb 型 I 式　1件。

标本 I T6413⑩：17，夹砂灰黑陶。方唇。口径10、肩径12、高14.5厘米（图五一五，1）。

小平底罐　1件。Bb 型。

标本 I T6412⑩：214，夹砂灰黑陶。圆唇。口径12.6、残高4.6厘米（图五一五，14）。

敛口罐　350件。

Ab 型　3件。

标本 I T7215 – 7216⑩：156，夹砂灰黑陶。沿面凹，方唇。口径33、残高16厘米（图五一五，2）。

Ac 型　15件。

标本 I T6611 – 6712⑩：795，夹砂灰黑陶。圆唇。口径26.6、残高4.8厘米（图五一五，7）。

标本 I T6413⑩：252，夹砂灰黑陶。尖圆唇。口径20.4、残高4.6厘米（图五一五，6）。

Ba 型　7件。

标本 I T6513⑩：152，夹砂灰黑陶。方唇。口径11、残高1.7厘米（图五一五，9）。

标本 I T6815 – 6916⑩：49，夹砂灰黑陶。方唇。口径12、残高2.9厘米（图五一五，8）。

Bb 型　29件。

标本 I T6815 – 6916⑩：65，夹砂灰黑陶。方唇。口径24、残高6厘米（图五一五，5）。

标本 I T6813 – 6914⑩：102，夹砂灰黑陶。方唇。沿面有凹槽。口径29、残高7.5厘米（图五一五，10）。

标本 I T6413⑩：547，夹砂灰黑陶。方唇。口径25、残高4.2厘米（图五一五，11）。

Bc 型　51件。

标本 I T6811 – 6912⑩：189，夹砂灰黑陶。圆唇。口径26.4、残高5.2厘米（图五一五，12）。

标本 I T6815 – 6916⑩：47，夹砂灰黑陶。圆唇。口径28.4、残高4.8厘米（图五一五，13）。

标本 I T7215 – 7216⑩：126，夹砂灰褐陶。圆唇。口径20.4、残高3.8厘米（图五一六，1）。

Bd 型　126件。

标本 I T6813 – 6914⑩：22，夹砂灰黑陶。圆唇。口径29.9、残高5厘米（图五一六，2）。

标本 I T6513⑩：1602，夹砂灰黄陶。圆唇。口径21、残高4厘米（图五一六，3）。

标本 I T6511 – 6512⑩：298，夹砂灰褐陶。圆唇。口径30、残高5.2厘米（图五一六，4）。

Ca 型 I 式　30件。

标本 I T6611 – 6712⑩：780，夹砂灰褐陶。沿面有凹槽，方唇。口径31、残高4厘米（图

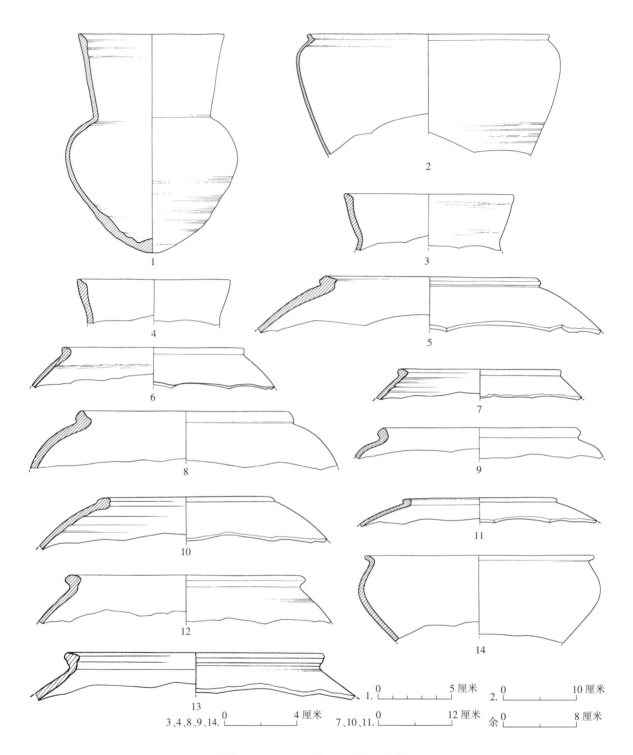

图五一五　西区第 10 层出土陶器

1. Cb 型 Ⅰ 式尖底罐（ⅠT6413⑩：17）　2. Ab 型敛口罐（ⅠT7215－7216⑩：156）　3、4. Ca 型 Ⅱ 式尖底罐
（ⅠT6513⑩：853、ⅠT6813－6914⑩：591）　5、10、11. Bb 型敛口罐（ⅠT6815－6916⑩：65、ⅠT6813－6914
⑩：102、ⅠT6413⑩：547）　6、7. Ac 型敛口罐（ⅠT6413⑩：252、ⅠT6611－6712⑩：795）　8、9. Ba 型敛口
罐（ⅠT6815－6916⑩：49、ⅠT6513⑩：152）　12、13. Bc 型敛口罐（ⅠT6811－6912⑩：189、ⅠT6815－
6916⑩：47）　14. Bb 型小平底罐（ⅠT6412⑩：214）

五一六，5）。

标本ⅠT6811 – 6912⑩：278，夹砂灰褐陶。沿面有凹槽，方唇。口径 33.4、残高 5.6 厘米（图五一六，6）。

标本ⅠT6611 – 6712⑩：490，夹砂灰黑陶。沿面有凹槽，方唇。口径 35、残高 12 厘米（图五一六，7）。

Ca 型Ⅱ式　16 件。

标本ⅠT6611 – 6712⑩：486，夹砂灰黑陶。尖圆唇。口径 11、残高 2.8 厘米（图五一七，1）。

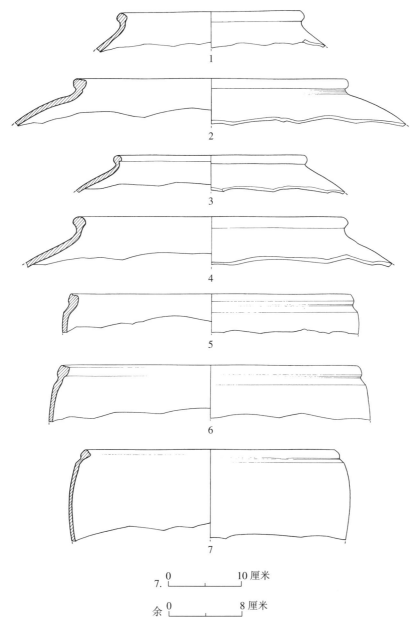

7. 0 ⎯⎯⎯ 10 厘米

余 0 ⎯⎯⎯ 8 厘米

图五一六　西区第 10 层出土陶敛口罐

1. Bc 型（ⅠT7215 – 7216⑩：126）　2 ~ 4. Bd 型（ⅠT6813 – 6914⑩：22、ⅠT6513⑩：1602、ⅠT6511 – 6512⑩：298）
5 ~ 7. Ca 型Ⅰ式（ⅠT6611 – 6712⑩：780、ⅠT6811 – 6912⑩：278、ⅠT6611 – 6712⑩：490）

标本ⅠT6511－6512⑩：177，夹砂灰褐陶。沿面有凹槽，方唇。口径20.4、残高5.5厘米（图五一七，2）。

标本ⅠT6412⑩：265，夹砂灰黑陶。口径25、残高6厘米（图五一七，3）。

Cb型Ⅰ式　1件。

标本ⅠT7215－7216⑩：89，夹砂灰黑陶。方唇。口径22、残高6.5厘米（图五一七，4）。

Cb型Ⅱ式　23件。

标本ⅠT6613－6714⑩：43，夹砂灰褐陶。沿面凹，方唇。口径22、残高4.6厘米（图五一七，5）。

标本ⅠT6513⑩：1510，夹砂灰黑陶。沿面有凹槽，方唇。口径21、残高2.8厘米（图五一七，6）。

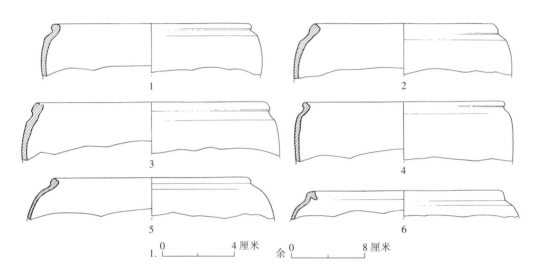

图五一七　西区第10层出土陶敛口罐
1～3. Ca型Ⅱ式（ⅠT6611－6712⑩：486、ⅠT6511－6512⑩：177、ⅠT6412⑩：265）　4. Cb型Ⅰ式
（ⅠT7215－7216⑩：89）　5、6. Cb型Ⅱ式（ⅠT6613－6714⑩：43、ⅠT6513⑩：1510）

Cc型Ⅰ式　13件。

标本ⅠT6611－6712⑩：53，夹砂灰褐陶。尖唇。腹部饰成组重菱纹。口径56、残高10厘米（图五一八，3）。

标本ⅠT6611－6712⑩：111，夹砂灰黑陶。沿面有凹槽，方唇。口径37、残高6.4厘米（图五一八，5）。

Cc型Ⅱ式　13件。

标本ⅠT6811－6912⑩：539，夹砂灰褐陶。沿面有凹槽，方唇。口径28、残高3.6厘米（图五一八，1）。

Cd型　10件。

标本ⅠT6511－6512⑩：206，夹砂灰黑陶。沿面有凹槽，方唇。口径14、残高2.8厘米（图

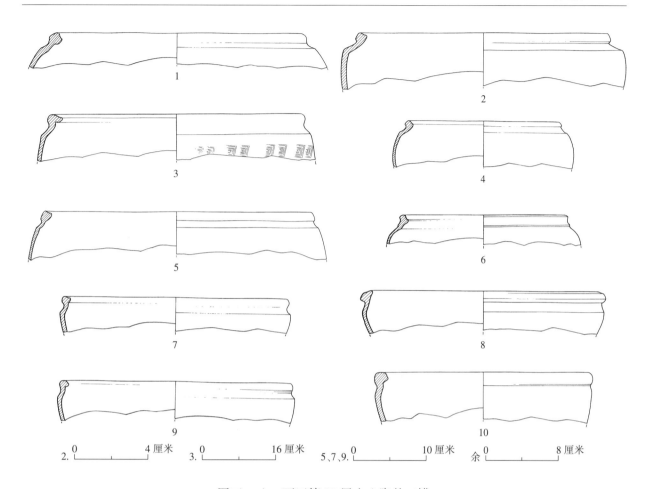

图五一八　西区第10层出土陶敛口罐

1. Cc 型 Ⅱ 式（ⅠT6811－6912⑩：539）　　2、4、6. Cd 型（ⅠT6511－6512⑩：206、ⅠT6513⑩：1542、ⅠT6513⑩：1544）　　3、5. Cc 型 Ⅰ 式（ⅠT6611－6712⑩：53、ⅠT6611－6712⑩：111）　　7、8. Da 型（ⅠT6413⑩：253、ⅠT6613－6714⑩：60）　　9、10. Db 型（ⅠT7015－7116⑩：174、ⅠT6811－6912⑩：172）

五一八，2）。

标本ⅠT6513⑩：1542，夹砂灰黑陶。沿面有凹槽，方唇。口径17.4、残高4.9厘米（图五一八，4）。

标本ⅠT6513⑩：1544，夹砂灰黑陶。沿面凹，方唇。口径18.6、残高3.1厘米（图五一八，6）。

Da 型　10 件。

标本ⅠT6413⑩：253，夹砂灰黑陶。沿面凹，方唇。口径31、残高4.4厘米（图五一八，7）。

标本ⅠT6613－6714⑩：60，夹砂灰黑陶。尖唇。口径27、残高4.3厘米（图五一八，8）。

Db 型　3 件。

标本ⅠT7015－7116⑩：174，夹砂灰黑陶。尖圆唇。口径32、残高5.1厘米（图五一八，9）。

标本ⅠT6811－6912⑩：172，夹砂灰黑陶。沿面凹，方唇。口径24、残高5.2厘米（图五一八，10）。

高领罐 9 件。

Aa 型Ⅲ式 2 件。

标本ⅠT6815－6916⑩：137，夹砂灰黄陶。斜折沿，圆唇。口径 14.4、残高 7 厘米（图五一九，1）。

B 型 1 件。

标本ⅠT6611－6712⑩：199，夹砂灰黑陶。翻卷沿，圆唇。口径 13、残高 8.1 厘米（图五一九，2）。

C 型Ⅱ式 4 件。

标本ⅠT7013－7114⑩：43，夹砂灰黑陶。仰卷沿，沿面微凹，圆唇。口径 13.4、残高 4.4 厘米（图五一九，3）。

标本ⅠT7015－7116⑩：31，夹砂灰黄陶。仰卷沿，沿面微凹，方唇。口径 10、残高 3 厘米（图五一九，4）。

Fa 型Ⅰ式 1 件。

标本ⅠT6815－6916⑩：139，夹砂灰黑陶。方唇。口径 16.4、残高 6.2 厘米（图五一九，5）。

Fa 型Ⅱ式 1 件。

标本ⅠT6611－6712⑩：116，夹砂灰黑陶。翻卷沿，圆唇。口径 11.4、残高 5.5 厘米（图五一九，6）。

矮领罐 37 件。

A 型Ⅱ式 5 件。

标本ⅠT6811－6912⑩：478，夹砂灰褐陶。外斜折沿，圆唇。口径 17.2、残高 6.1 厘米（图五一九，7）。

标本ⅠT6611－6712⑩：714，夹砂灰黄陶。外翻卷沿，圆唇。口径 19.4、残高 4 厘米（图五一九，8）。

B 型Ⅱ式 8 件。

标本ⅠT6412⑩：253，夹砂灰黑陶。外斜折沿，圆唇。口径 13、残高 4.5 厘米（图五一九，9）。

标本ⅠT6615－6716⑩：81，夹砂灰黑陶。仰卷沿，圆唇。口径 19、残高 4.6 厘米（图五一九，10）。

C 型Ⅰ式 1 件。

标本ⅠT6511－6512⑩：419，夹砂灰黑陶。圆唇。口径 11.7、残高 5.4 厘米（图五一九，14）。

C 型Ⅱ式 9 件。

标本ⅠT6513⑩：1582，夹砂灰黄陶。仰卷沿，方唇。口径 13、残高 3.6 厘米（图五一九，11）。

标本ⅠT6613－6714⑩：567，夹砂灰黑陶。翻卷沿，圆唇。口径 21、残高 4.5 厘米（图五一九，12）。

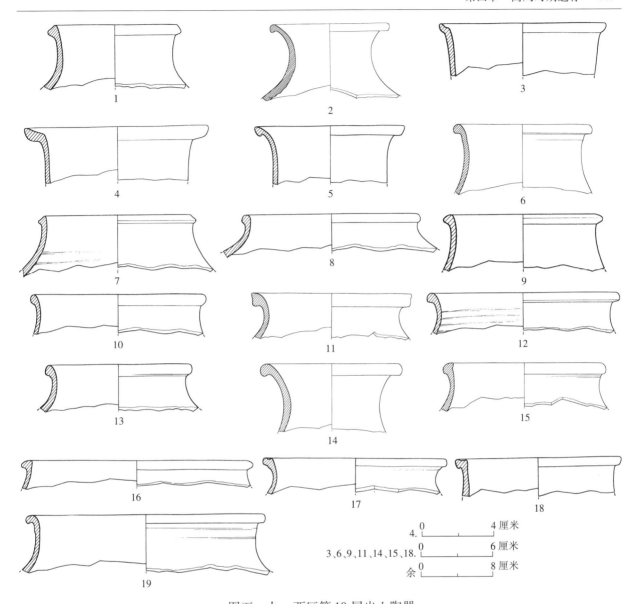

图五一九　西区第 10 层出土陶器

1. Aa 型 Ⅲ 式高领罐（Ⅰ T6815 – 6916⑩：137）　2. B 型高领罐（Ⅰ T6611 – 6712⑩：199）　3、4. C 型 Ⅱ 式高领罐（Ⅰ T7013 – 7114⑩：43、Ⅰ T7015 – 7116⑩：31）　5. Fa 型 Ⅰ 式高领罐（Ⅰ T6815 – 6916⑩：139）　6. Fa 型 Ⅱ 式高领罐（Ⅰ T6611 – 6712⑩：116）　7、8. A 型 Ⅱ 式矮领罐（Ⅰ T6811 – 6912⑩：478、Ⅰ T6611 – 6712⑩：714）　9、10. B 型 Ⅱ 式矮领罐（Ⅰ T6412⑩：253、Ⅰ T6615 – 6716⑩：81）　11 ~ 13. C 型 Ⅱ 式矮领罐（Ⅰ T6513⑩：1582、Ⅰ T6613 – 6714⑩：567、Ⅰ T6615 – 6716⑩：95）　14. C 型 Ⅰ 式矮领罐（Ⅰ T6511 – 6512⑩：419）　15、16. D 型 Ⅱ 式矮领罐（Ⅰ T7213 – 7214⑩：220、Ⅰ T7213 – 7214⑩：221）　17、18. E 型矮领罐（Ⅰ T6613 – 6714⑩：47、Ⅰ T7213 – 7214⑩：13）　19. F 型矮领罐（Ⅰ T7013 – 7114⑩：115）

标本 Ⅰ T6615 – 6716⑩：95，夹砂灰黑陶。仰卷沿，圆唇。口径 16、残高 5.1 厘米（图五一九，13）。

D 型 Ⅱ 式　9 件。

标本 Ⅰ T7213 – 7214⑩：220，夹砂灰黑陶。外斜卷沿，圆唇。口径 13.4、残高 3.7 厘米（图五一九，15）。

标本ⅠT7213 – 7214⑩：221，夹砂灰黑陶。外斜卷沿，圆唇。口径25.2、残高2.7厘米（图五一九，16）。

E型　4件。

标本ⅠT6613 – 6714⑩：47，夹砂灰黑陶。平折沿，沿面微凹，圆唇。口径20、残高3.8厘米（图五一九，17）。

标本ⅠT7213 – 7214⑩：13，夹砂灰黑陶。平折沿，沿面微凹，圆唇。口径13.4、残高3厘米（图五一九，18）。

F型　1件。

标本ⅠT7013 – 7114⑩：115，夹砂灰黑陶。口径26.2、残高6.6厘米（图五一九，19）。

束颈罐　4件。

Bb型　1件。

标本ⅠT6815 – 6916⑩：125，夹砂灰黑陶。方唇。口径14.4、残高2.7厘米（图五二〇，1）。

Bc型Ⅰ式　1件。

标本ⅠT7015 – 7116⑩：4，夹砂灰黄陶。方唇。口径11、肩径14.2、残高12.1厘米（图五二〇，4）。

Cb型　1件。

标本ⅠT7213 – 7214⑩：111，夹砂灰黑陶。方唇。口径12、残高2.1厘米（图五二〇，2）。

Da型　1件。

标本ⅠT6412⑩：201，夹砂灰黑陶。口径40、残高4.8厘米（图五二〇，3）。

绳纹圆底罐　44件。

Aa型　10件。

标本ⅠT6511 – 6512⑩：293，夹砂灰褐陶。外斜卷沿，圆唇。肩部饰竖向粗绳纹。口径16、残高7.4厘米（图五二〇，9）。

标本ⅠT6412⑩：9，夹砂灰黑陶。外斜卷沿，圆唇。肩部饰竖向粗绳纹。口径18、残高7.2厘米（图五二〇，10）。

Ab型　19件。

标本ⅠT6511 – 6512⑩：361，夹砂灰褐陶。平卷沿，圆唇。肩部饰竖向粗绳纹。口径31.6、残高8.8厘米（图五二〇，5）。

标本ⅠT6513⑩：1774，夹砂灰黄陶。平卷沿，圆唇。肩部饰竖向粗绳纹。口径28、残高8.1厘米（图五二〇，6）。

标本ⅠT7015 – 7116⑩：197，夹砂灰黑陶。平卷沿，圆唇。肩部饰竖向粗绳纹。口径27、残高6.3厘米（图五二〇，7）。

标本ⅠT6611 – 6712⑩：715，夹砂灰褐陶。平卷沿，圆唇。肩部饰竖向粗绳纹。口径17.6、

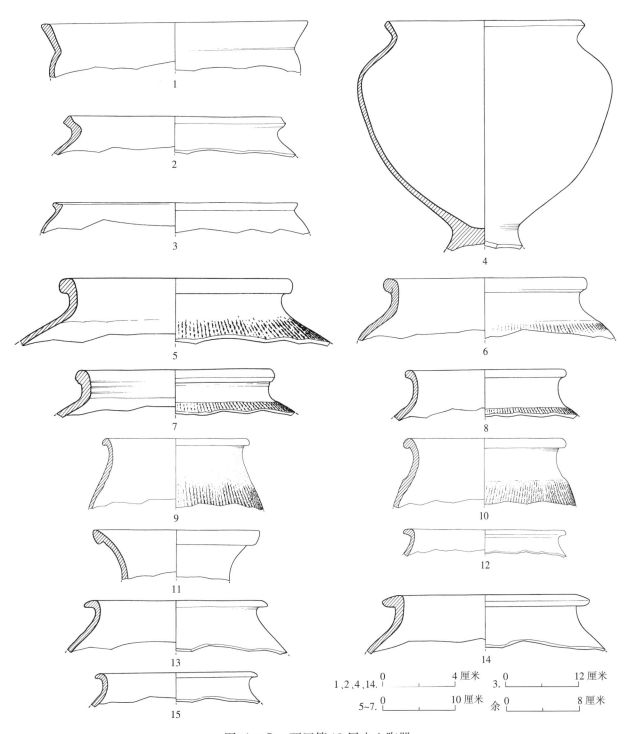

图五二〇　西区第 10 层出土陶器

1. Bb 型束颈罐（ⅠT6815－6916⑩：125）　2. Cb 型束颈罐（ⅠT7213－7214⑩：111）　3. Da 型束颈罐（ⅠT6412⑩：201）　4. Bc 型Ⅰ式束颈罐（ⅠT7015－7116⑩：4）　5～8. Ab 型绳纹圜底罐（ⅠT6511－6512⑩：361、ⅠT6513⑩：1774、ⅠT7015－7116⑩：197、ⅠT6611－6712⑩：715）　9、10. Aa 型绳纹圜底罐（ⅠT6511－6512⑩：293、ⅠT6412⑩：9）　11. B 型绳纹圜底罐（ⅠT6513⑩：1663）　12、13、15. Ca 型绳纹圜底罐（ⅠT6413⑩：599、ⅠT6511－6512⑩：303、ⅠT6511－6512⑩：299）　14. Cb 型绳纹圜底罐（ⅠT6511－6512⑩：300）

残高5.5厘米（图五二〇，8）。

B型　3件。

标本 I T6513⑩：1663，夹砂灰褐陶。圆唇。口径18、残高5.2厘米（图五二〇，11）。

Ca型　11件。

标本 I T6413⑩：599，夹砂灰黑陶。平卷沿，圆唇。口径18、残高2.7厘米（图五二〇，12）。

标本 I T6511－6512⑩：303，夹砂灰褐陶。平卷沿，圆唇。口径20、残高5.4厘米（图五二〇，13）。

标本 I T6511－6512⑩：299，夹砂灰褐陶。平卷沿，圆唇。口径17.6、残高3.2厘米（图五二〇，15）。

Cb型　1件。

标本 I T6511－6512⑩：300，夹砂灰黄陶。平卷沿，圆唇。口径11.4、残高3厘米（图五二〇，14）。

长颈罐　18件。

A型 I 式　1件。

标本 I T6613－6714⑩：155，夹砂灰黑陶。翻卷沿，圆唇。口径7.6、残高2.6厘米（图五二一，5）。

B型　13件。

标本 I T6513⑩：213，夹砂灰褐陶。尖圆唇。口径23.4、残高6.3厘米（图五二一，1）。

标本 I T6511－6512⑩：381，夹砂灰黄陶。尖圆唇。口径18.4、残高5.7厘米（图五二一，2）。

标本 I T6413⑩：485，夹砂灰黑陶。尖圆唇。口径20.9、残高6.6厘米（图五二一，3）。

标本 I T6613－6714⑩：547，夹砂灰黑陶。尖圆唇。内壁有制作时留下的轮制痕迹。口径19、残高5.2厘米（图五二一，4）。

标本 I T6511－6512⑩：2，夹砂灰黑陶。腹部饰一周凹弦纹。腹径16.3、底径6.7、残高16.6厘米（图五二一，7）。

Ca型　1件。

标本 I T6511－6512⑩：5，夹砂灰黑陶。方唇。口径7.4、腹径8.7、残高8.4厘米（图五二一，6；彩版一二二，1）。

Cb型　2件。

标本 I T6511－6512⑩：2004，夹砂灰黑陶。尖圆唇。口径10.2、腹径16.1、残高14.3厘米（图五二一，8）。

标本 I T6511－6512⑩：6，夹砂灰黑陶。尖圆唇。口径10.8、残高16.4厘米（图五二一，15）。

Cc型　1件。

标本 I T6514⑩：54，夹砂灰黑陶。圆唇。口径9.6、残高4厘米（图五二一，9）。

1～3、4、7、8、15. ┌─────────┐ 0　　　　　　8厘米

余 0　　　　　　6厘米

图五二一　西区第 10 层出土陶器

1～4、7. B 型长颈罐（ⅠT6513⑩：213、ⅠT6511－6512⑩：381、ⅠT6413⑩：485、ⅠT6613－6714⑩：547、
ⅠT6511－6512⑩：2）　5. A 型Ⅰ式长颈罐（ⅠT6613－6714⑩：155）　6. Ca 型长颈罐（ⅠT6511－6512
⑩：5）　8、15. Cb 型长颈罐（ⅠT6511－6512⑩：2004、ⅠT6511－6512⑩：6）　9. Cc 型长颈罐
（ⅠT6514⑩：54）　10、11. A 型Ⅱ式盘口罐（ⅠT6813－6914⑩：26、ⅠT6413⑩：2）　12～14. B 型盘口
罐（ⅠT6511－6512⑩：927、ⅠT6513⑩：1522、ⅠT6611－6712⑩：366）

盘口罐　7件。

A 型 Ⅱ 式　2件。

标本 ⅠT6413⑩:2,夹砂灰黑陶。尖圆唇。腹部饰成组纵向细绳纹。口径9.3、腹径14.5、底径7、高14.7厘米(图五二一,11;彩版一二二,2)。

标本 ⅠT6813-6914⑩:26,夹砂灰黄陶。尖圆唇。口径8、残高4.7厘米(图五二一,10)。

B 型　5件。

标本 ⅠT6511-6512⑩:927,夹砂灰黑陶。尖圆唇。口径12.6、残高5.5厘米(图五二一,12)。

标本 ⅠT6513⑩:1522,夹砂灰黑陶。尖圆唇。口径10.8、残高3.2厘米(图五二一,13)。

标本 ⅠT6611-6712⑩:366,夹砂灰黑陶。尖圆唇。口径11、残高5厘米(图五二一,14)。

壶　5件。

Ad 型　2件。

标本 ⅠT7213-7214⑩:212,夹砂灰黑陶。外斜折沿,圆唇。残高3.6厘米(图五二二,1)。

标本 ⅠT6613-6714⑩:674,夹砂灰黑陶。平卷沿,圆唇。残高4.6厘米(图五二二,2)。

Af 型　2件。

标本 ⅠT6811-6912⑩:331,夹砂灰黑陶。圆唇。口径11.6、残高2.7厘米(图五二二,4)。

标本 ⅠT7213-7214⑩:163,夹砂灰陶。圆唇。口径12.4、残高2.6厘米(图五二二,5)。

Cb 型　1件。

标本 ⅠT6413⑩:231,夹砂灰黑陶。平卷沿,圆唇。口径9、残高4厘米(图五二二,3)。

盆　29件。

Bb 型　1件。

标本 ⅠT6611-6712⑩:369,夹砂灰黄陶。折沿。残高5.6厘米(图五二三,8)。

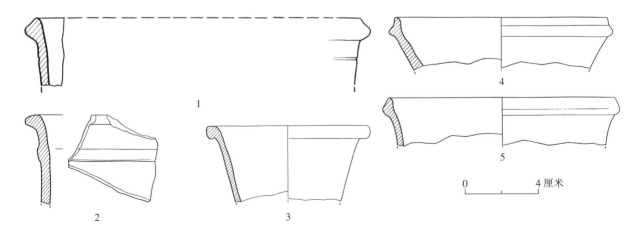

图五二二　西区第10层出土陶壶

1、2. Ad 型(ⅠT7213-7214⑩:212、ⅠT6613-6714⑩:674)　3. Cb 型(ⅠT6413⑩:231)　4、5. Af 型(ⅠT6811-6912⑩:331、ⅠT7213-7214⑩:163)

Ca 型 1 件。

标本 I T6815 - 6916⑩：127，夹砂灰黑陶。仰卷沿，圆唇。残高 4 厘米（图五二三，1）。

Cb 型 5 件。

标本 I T6511 - 6512⑩：226，夹砂灰黑陶。方唇。口径 26、残高 4.1 厘米（图五二三，3）。

标本 I T6513⑩：1545，夹砂灰黑陶。方唇。口径 24、残高 6 厘米（图五二三，2）。

Cc 型 1 件。

标本 I T6613 - 6714⑩：337，泥质灰黄陶。仰卷沿，圆唇。腹部饰两周凹弦纹。口径 20、残高 4.5 厘米（图五二三，4）。

Cd 型 3 件。

标本 I T6613 - 6714⑩：338，夹砂灰黑陶。外斜折沿，圆唇。口径 24、残高 4.4 厘米（图五二三，5）。

标本 I T6413⑩：254，夹砂灰黑陶。卷沿，圆唇。口径 23、残高 5 厘米（图五二三，6）。

Ea 型 I 式 2 件。

标本 I T6511 - 6512⑩：1979，夹砂灰黄陶。圆唇。腹部饰一周凹弦纹。口径 36、残高 4.3 厘米（图五二三，7）。

Eb 型 3 件。

标本 I T6613 - 6714⑩：326，夹砂灰黑陶。圆唇。腹部饰一周凹弦纹。残高 4.5 厘米（图五二三，9）。

Ec 型 1 件。

标本 I T7013 - 7114⑩：264，夹砂灰黑陶。方唇。口径 32、残高 6 厘米（图五二三，10）。

F 型 12 件。

标本 I T6513⑩：1261，夹砂灰黑陶。方唇。口径 31、残高 6 厘米（图五二三，11）。

标本 I T6611 - 6712⑩：178，夹砂灰黑陶。圆唇。口径 38、残高 8.2 厘米（图五二三，12）。

瓮 76 件。

Ba 型 7 件。

标本 I T6613 - 6714⑩：624，夹砂灰黑陶。圆唇。口径 32、残高 4.7 厘米（图五二四，1）。

Ca 型 2 件。

标本 I T6611 - 6712⑩：65，夹砂灰黑陶。圆唇。口径 26、残高 5.7 厘米（图五二四，2）。

Cd 型 II 式 13 件。

标本 I T6511 - 6512⑩：61，夹砂灰黑陶。圆唇。口径 29.3、残高 5.6 厘米（图五二四，3）。

标本 I T7013 - 7114⑩：278，夹砂灰褐陶。圆唇。口径 29、残高 6 厘米（图五二四，4）。

标本 I T6412⑩：208，夹砂灰褐陶。圆唇。口径 30、残高 5 厘米（图五二四，5）。

Da 型 I 式 5 件。

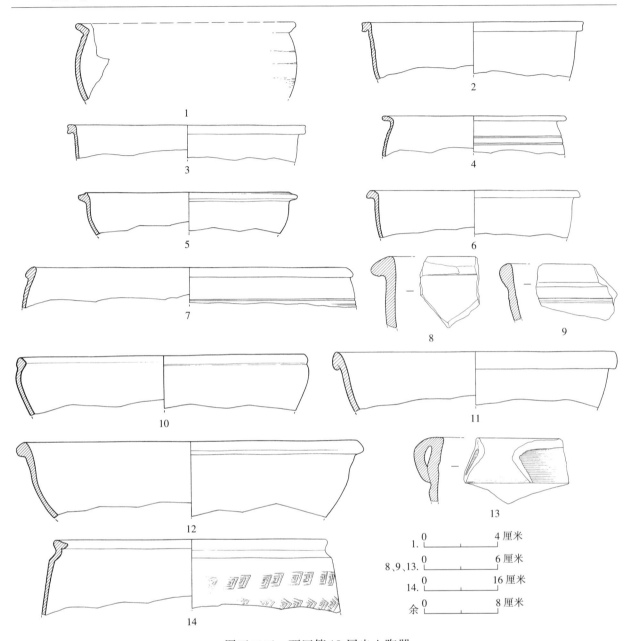

图五二三 西区第10层出土陶器

1. Ca 型盆（ⅠT6815 - 6916⑩：127） 2、3. Cb 型盆（ⅠT6513⑩：1545、ⅠT6511 - 6512⑩：226） 4. Cc 型盆
（ⅠT6613 - 6714⑩：337） 5、6. Cd 型盆（ⅠT6613 - 6714⑩：338、ⅠT6413⑩：254） 7. Ea 型Ⅰ式盆（ⅠT6511 -
6512⑩：1979） 8. Bb 型盆（ⅠT6611 - 6712⑩：369） 9. Eb 型盆（ⅠT6613 - 6714⑩：326） 10. Ec 型盆
（ⅠT7013 - 7114⑩：264） 11、12. F 型盆（ⅠT6513⑩：1261、ⅠT6611 - 6712⑩：178） 13. Ea 型缸
（ⅠT6813 - 6914⑩：84） 14. Db 型缸（ⅠT6413⑩：683）

标本ⅠT6611 - 6712⑩：73，夹砂灰黄陶。方唇。口径 34、残高 5.9 厘米（图五二四，6）。

Da 型Ⅱ式 5 件。

标本ⅠT6412⑩：285，夹砂黄褐陶。方唇。口径 28、残高 5.4 厘米（图五二四，7）。

Db 型Ⅱ式 10 件。

标本ⅠT6611 - 6712⑩：735，夹砂灰黑陶。方唇。口径 41.6、残高 12.2 厘米（图五二四，8）。

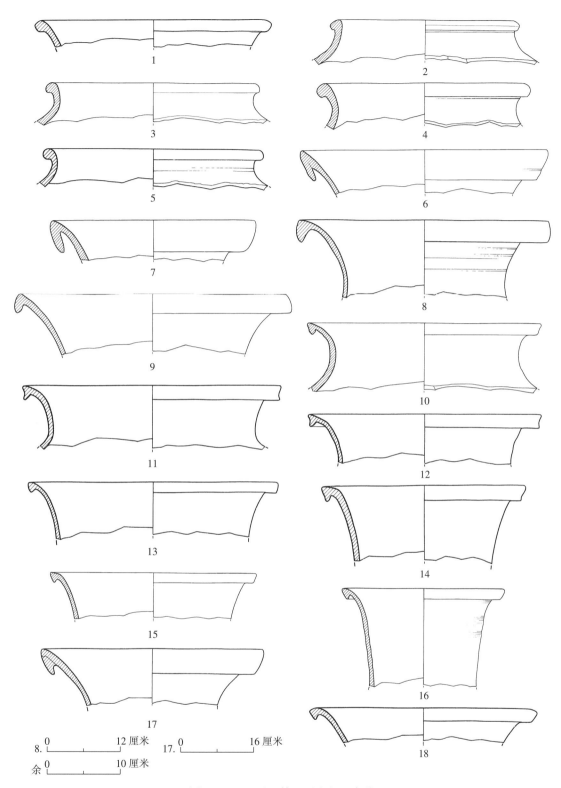

图五二四　西区第 10 层出土陶瓮

1. Ba 型（ⅠT6613－6714⑩：624）　2. Ca 型（ⅠT6611－6712⑩：65）　3～5. Cd 型Ⅱ式（ⅠT6511－6512⑩：61、
ⅠT7013－7114⑩：278、ⅠT6412⑩：208）　6. Da 型Ⅰ式（ⅠT6611－6712⑩：73）　7. Da 型Ⅱ式（ⅠT6412⑩：285）
8、9、17. Db 型Ⅱ式（ⅠT6611－6712⑩：735、ⅠT6611－6712⑩：75、ⅠT6613－6714⑩：627）　10～12. Dc 型Ⅰ式
（ⅠT6511－6512⑩：344、ⅠT6513⑩：1793、ⅠT6613－6714⑩：544）　13、14、18. De 型Ⅰ式（ⅠT6613－6714⑩：
626、ⅠT6811－6912⑩：537、ⅠT6513⑩：1772）　15、16. De 型Ⅱ式（ⅠT6611－6712⑩：69、ⅠT6813－6914⑩：417）

标本 I T6611 - 6712⑩:75，夹砂灰黑陶。方唇。口径 38、残高 7.7 厘米（图五二四，9）。

标本 I T6613 - 6714⑩:627，夹砂灰黑陶。口径 48.4、残高 12.4 厘米（图五二四，17）。

Dc 型 I 式　4 件。

标本 I T6511 - 6512⑩:344，夹砂灰黑陶。方唇。口径 32、残高 9 厘米（图五二四，10）。

标本 I T6513⑩:1793，夹砂灰褐陶。方唇。口径 35、残高 8 厘米（图五二四，11）。

标本 I T6613 - 6714⑩:544，夹砂灰黑陶。方唇。口径 32、残高 6.3 厘米（图五二四，12）。

De 型 I 式　12 件。

标本 I T6613 - 6714⑩:626，夹砂灰褐陶。方唇。口径 34.3、残高 7.5 厘米（图五二四，13）。

标本 I T6513⑩:1772，夹砂灰黑陶。方唇。口径 31.2、残高 4.3 厘米（图五二四，18）。

标本 I T6811 - 6912⑩:537，夹砂灰褐陶。方唇。口径 28.3、残高 10.3 厘米（图五二四，14）。

De 型 II 式　18 件。

标本 I T6611 - 6712⑩:69，夹砂灰黑陶。方唇。口径 28、残高 6.1 厘米（图五二四，15）。

标本 I T6813 - 6914⑩:417，夹砂灰黑陶。方唇。口径 22.4、残高 13.2 厘米（图五二四，16）。

缸　2 件。

Db 型　1 件。

标本 I T6413⑩:683，夹砂灰黑陶。尖唇。腹部饰成组重菱纹。口径 60、残高 15.2 厘米（图五二三，14）。

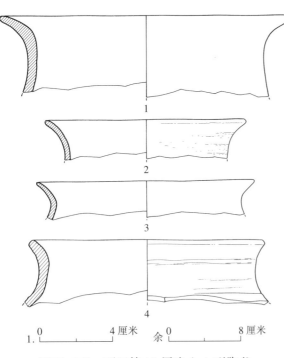

图五二五　西区第 10 层出土 A 型陶釜
1. I T6511 - 6512⑩:393　2. I T6613 - 6714⑩:360
3. I T6611 - 6712⑩:367　4. I T6615 - 6716⑩:153

Ea 型　1 件。

标本 I T6813 - 6914⑩:84，夹砂灰陶。折沿。残高 5 厘米（图五二三，13）。

釜　11 件。A 型。

标本 I T6511 - 6512⑩:393，夹砂灰褐陶。无沿，圆唇。口径 16、残高 4.4 厘米（图五二五，1）。

标本 I T6613 - 6714⑩:360，夹砂灰黑陶。无沿，圆唇。口径 22、残高 4.2 厘米（图五二五，2）。

标本 I T6611 - 6712⑩:367，夹砂灰褐陶。无沿，圆唇。口径 24、残高 4 厘米（图五二五，3）。

标本 I T6615 - 6716⑩:153，夹砂灰褐陶。无沿，圆唇。口径 26、残高 7 厘米（图五二五，4）。

簋形器　746 件。

Aa 型 I 式　50 件。

标本ⅠT6813－6914⑩：63，夹砂灰黑陶。沿面平。口径38、残高8.3厘米（图五二六，1）。

标本ⅠT6613－6714⑩：91，夹砂灰褐陶。沿面平。口径36、残高4.5厘米（图五二六，3）。

Ab型Ⅰ式　11件。

标本ⅠT6513⑩：598，夹砂灰黑陶。沿面弧。口径60、残高12厘米（图五二六，2）。

Ab型Ⅱ式　76件。

标本ⅠT6511－6512⑩：455，夹砂灰黑陶。沿面弧。口径38、残高8厘米（图五二六，4）。

标本ⅠT6511－6512⑩：540，夹砂灰黑陶。沿面弧。口径31、残高4.5厘米（图五二六，6）。

标本ⅠT6611－6712⑩：88，夹砂灰褐陶。沿面弧。口径32、残高7厘米（图五二六，5）。

Ba型Ⅰ式　180件。

标本ⅠT6811－6912⑩：280，夹砂灰黑陶。沿面弧。内外壁有制作时留下的轮制痕迹。口径30、残高6.5厘米（图五二六，7）。

标本ⅠT6613－6714⑩：556，夹砂灰黑陶。沿面平。口径27、残高9厘米（图五二六，8）。

Ba型Ⅱ式　16件。

标本ⅠT6611－6712⑩：594，夹砂灰黑陶。内外壁均有轮制痕迹。口径22.4、残高11.8厘米

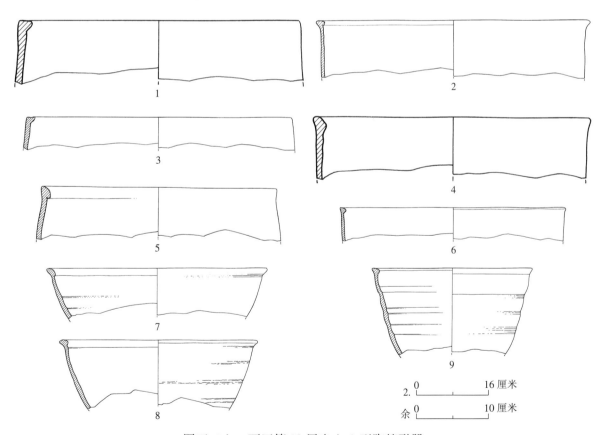

图五二六　西区第10层出土A型陶簋形器

1、3. Aa型Ⅰ式（ⅠT6813－6914⑩：63、ⅠT6613－6714⑩：91）　2. Ab型Ⅰ式（ⅠT6513⑩：598）　4~6. Ab型Ⅱ式（ⅠT6511－6512⑩：455、ⅠT6611－6712⑩：88、ⅠT6511－6512⑩：540）　7、8. Ba型Ⅰ式（ⅠT6811－6912⑩：280、ⅠT6613－6714⑩：556）　9. Ba型Ⅱ式（ⅠT6611－6712⑩：594）

（图五二六，9）。

标本 I T6413⑩：693，夹砂灰黑陶。沿面弧。口径23、残高19厘米（图五二七，1）。

Bb 型 I 式　315件。

标本 I T6413⑩：682，夹砂灰黑陶。沿面平。内壁有制作时留下的轮制痕迹。口径24、残高9.8厘米（图五二七，3）。

标本 I T6813 - 6914⑩：176，夹砂灰黑陶。沿面弧。口径29.4、残高7.6厘米（图五二七，2）。

标本 I T6412⑩：560，夹砂灰黑陶。沿面弧。口径27、残高8.7厘米（图五二七，4）。

标本 I T6511 - 6512⑩：474，夹砂灰黑陶。沿面弧。外壁饰一周凹槽。口径26、残高6.8厘米（图五二七，5）。

C 型 I 式　40件。

标本 I T7215 - 7216⑩：134，夹砂灰黑陶。沿面弧。口径18.4、残高5厘米（图五二七，6）。

标本 I T6811 - 6912⑩：131，夹砂灰黑陶。沿面平。口径23、残高3厘米（图五二七，8）。

标本 I T6511 - 6512⑩：54，夹砂灰黑陶。口径24、残高14.2厘米（图五二七，10）。

C 型 II 式　58件。

标本 I T6613 - 6714⑩：123，夹砂灰褐陶。沿面平。口径34、残高5.2厘米（图五二七，7）。

标本 I T6511 - 6512⑩：562，夹砂灰黑陶。沿面平。器壁呈波浪状。口径29、残高5.2厘米（图五二七，9）。

盘　2件。A 型。

标本 I T6815 - 6916⑩：66，夹砂灰黑陶。圆唇。口径56.2、高8.5厘米（图五二八，1）。

标本 I T7215 - 7216⑩：141，夹砂灰黑陶。圆唇。内壁饰划纹，像某种图案，较为精细。口径45、残高4.5厘米（图五二八，2）。

钵形器　1件。

标本 I T6511 - 6512⑩：48，夹砂灰黑陶。敛口，圆唇，溜肩，圆鼓腹，平底。口径8.4、底径5、高6.7厘米（图五二七，11）。

盆形器　3件。

A 型　1件。

标本 I T6513⑩：1352，夹砂灰黄陶。圆唇。口径10.6、残高4.4厘米（图五二八，3）。

Cb 型　2件。

标本 I T6611 - 6712⑩：136，夹砂灰黑陶。圆唇。腹部饰两周凹弦纹。口径17、残高6.5厘米（图五二八，4）。

豆柄　21件。Aa 型。

标本 I T6813 - 6914⑩：119，夹砂灰黑陶。残高10.6厘米（图五二八，5）。

标本 I T6413⑩：667，夹砂灰黑陶。残高13.3厘米（图五二八，6）。

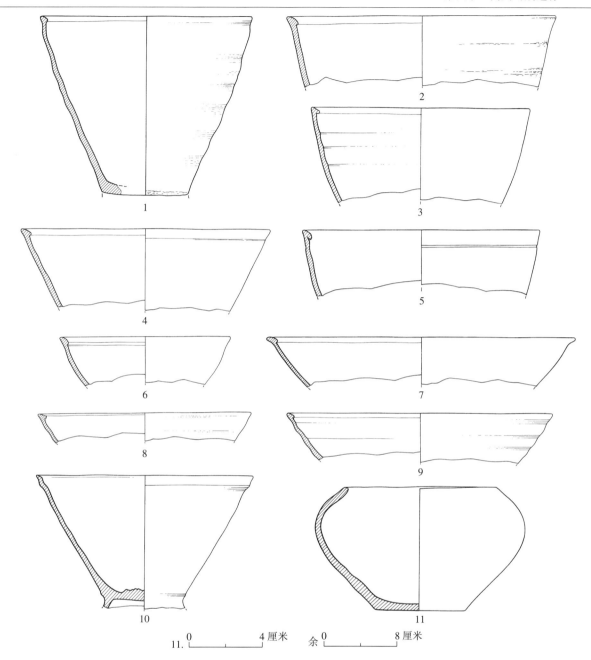

图五二七　西区第10层出土陶器

1. Ba 型Ⅱ式簋形器（ⅠT6413⑩：693）　2～5. Bb 型Ⅰ式簋形器（ⅠT6813－6914⑩：176、ⅠT6413⑩：682、ⅠT6412⑩：560、ⅠT6511－6512⑩：474）　6、8、10. C 型Ⅰ式簋形器（ⅠT7215－7216⑩：134、ⅠT6811－6912⑩：131、ⅠT6511－6512⑩：54）　7、9. C 型Ⅱ式簋形器（ⅠT6613－6714⑩：123、ⅠT6511－6512⑩：562）　11. 钵形器（ⅠT6511－6512⑩：48）

器盖　12 件。

F 型　1 件。

标本ⅠT6611－6712⑩：77，夹砂灰黑陶。圆唇。纽径5、口径12、高7厘米（图五二九，1；彩版一二二，3）。

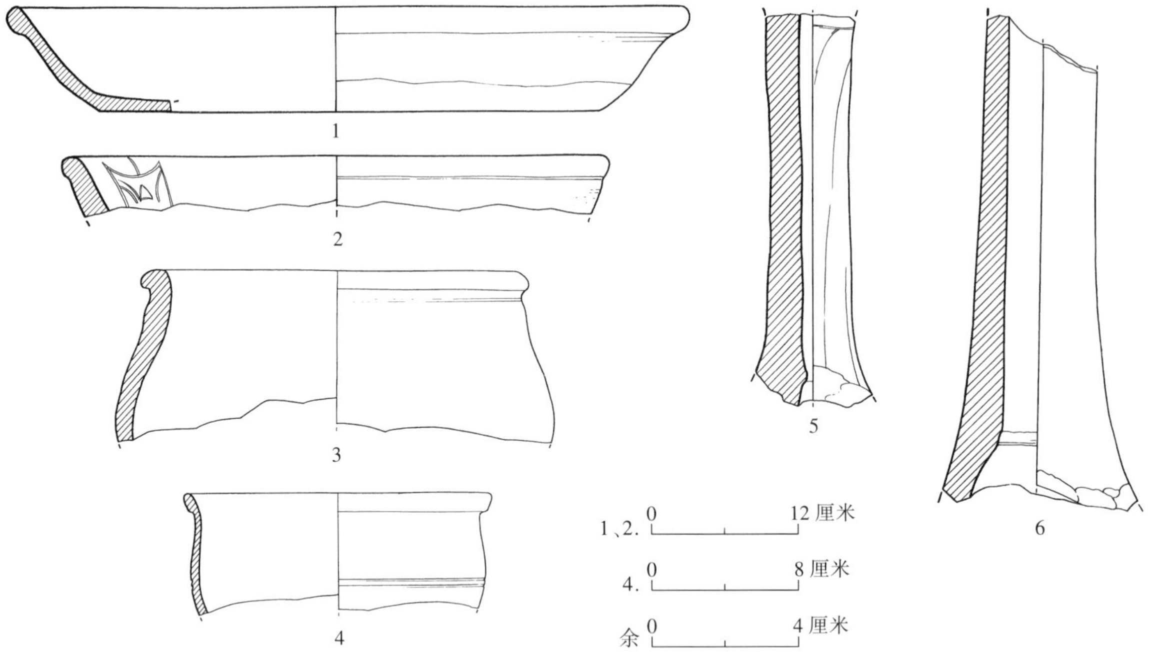

图五二八　西区第 10 层出土陶器

1、2. A 型盘（Ⅰ T6815 – 6916⑩：66、Ⅰ T7215 – 7216⑩：141）　　3. A 型盆形器（Ⅰ T6513⑩：1352）　　4. Cb 型
盆形器（Ⅰ T6611 – 6712⑩：136）　　5、6. Aa 型豆柄（Ⅰ T6813 – 6914⑩：119、Ⅰ T6413⑩：667）

G 型　11 件。

标本 Ⅰ T6511 – 6512⑩：57，夹砂灰黄陶。圆唇。口径 13.6、高 7.2 厘米（图五二九，2；彩
版一二二，4）。

标本 Ⅰ T6513⑩：13，夹砂灰陶。圆唇。口径 14.3、高 6.9 厘米（图五二九，3；彩版一二二，5）。

标本 Ⅰ T6513⑩：8，夹砂灰陶。圆唇。口径 15、高 6 厘米（图五二九，4）。

标本 Ⅰ T6513⑩：1620，夹砂灰黄陶。圆唇。口径 11.8、高 7.8 厘米（图五二九，5）。

标本 Ⅰ T6513⑩：1767，夹砂灰陶。圆唇。口径 13.1、高 7.1 厘米（图五二九，6）。

器纽　12 件。

Bb 型　1 件。

标本 Ⅰ T6513⑩：1003，夹砂灰褐陶。方唇。纽径 4、残高 1.7 厘米（图五二九，7）。

Bc 型　4 件。

标本 Ⅰ T6611 – 6712⑩：184，夹砂灰褐陶。方唇。纽径 3.5、残高 2 厘米（图五二九，8）。

Ea 型　1 件。

标本 Ⅰ T6513⑩：1815，夹砂灰黄陶。残高 3 厘米（图五二九，9）。

Eb 型　6 件。

标本 Ⅰ T6611 – 6712⑩：179，夹砂灰陶。残高 4.2 厘米（图五二九，10）。

标本 Ⅰ T6613 – 6714⑩：142，夹砂灰黄陶。圆唇。口径 15、残高 4.1 厘米（图五二九，11）。

器座　3 件。

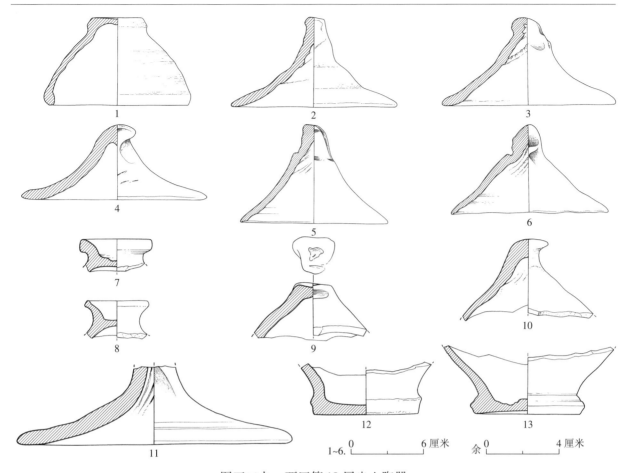

图五二九 西区第10层出土陶器

1. F型器盖（ⅠT6611－6712⑩：77） 2~6. G型器盖（ⅠT6511－6512⑩：57、ⅠT6513⑩：13、ⅠT6513⑩：8、ⅠT6513⑩：1620、ⅠT6513⑩：1767） 7. Bb型器纽（ⅠT6513⑩：1003） 8. Bc型器纽（ⅠT6611－6712⑩：184） 9. Ea型器纽（ⅠT6513⑩：1815） 10、11. Eb型器纽（ⅠT6611－6712⑩：179、ⅠT6613－6714⑩：142） 12、13. C型器底（ⅠT6613－6714⑩：191、ⅠT6611－6712⑩：82）

Ab型Ⅱ式 1件。

标本ⅠT7215－7216⑩：82，夹砂灰黑陶。下径27、残高4.3厘米（图五三○，1）。

B型 2件。

标本ⅠT7013－7114⑩：111，夹砂灰黑陶。中部饰一周凹弦纹。上径16、残高7.8厘米（图五三○，2）。

器底 147件。

Aa型 9件。

标本ⅠT6611－6712⑩：269，夹砂灰褐陶。底径11、残高2.3厘米（图五三○，3）。

Ab型 24件。

标本ⅠT6511－6512⑩：1，夹砂灰黑陶。底部不规整。腹径30.8、底径9.8、残高21.3厘米（图五三○，4）。

标本ⅠT6513⑩：1729，夹砂灰褐陶。底部内凹。底径9.2、残高2.2厘米（图五三○，5）。

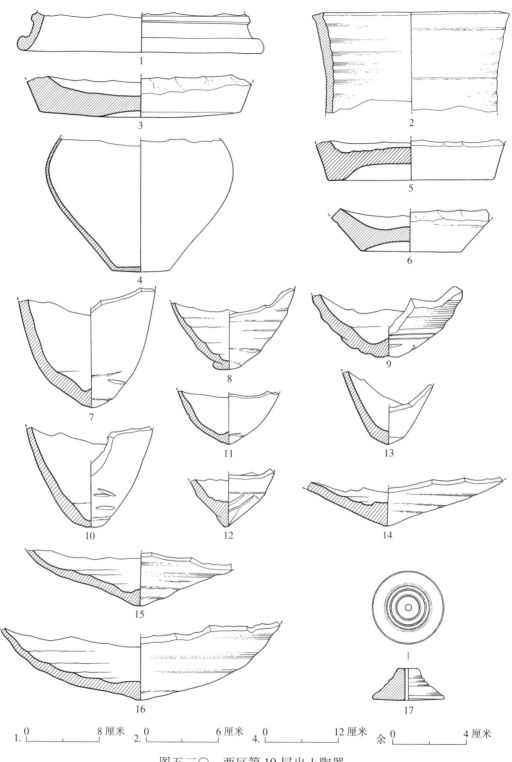

图五三○　西区第 10 层出土陶器

1. Ab 型 Ⅱ 式器座（ⅠT7215－7216⑩：82）　2. B 型器座（ⅠT7013－7114⑩：111）　3. Aa 型器底（ⅠT6611－6712
⑩：269）　4、5. Ab 型器底（ⅠT6511－6512⑩：1、ⅠT6513⑩：1729）　6. Ac 型器底（ⅠT6611－6712⑩：164）
7～10. Db 型器底（ⅠT7015－7116⑩：34、ⅠT7215－7216⑩：100、ⅠT6611－6712⑩：468、ⅠT6611－6712⑩：718）
11～13. Dc 型器底（ⅠT6811－6912⑩：431、ⅠT6813－6914⑩：129、ⅠT6815－6916⑩：74）　14. Df 型器底
（ⅠT6613－6714⑩：658）　15、16. Dd 型器底（ⅠT6513⑩：1067、ⅠT6813－6914⑩：158）　17. Bb 型纺轮
（ⅠT6613－6714⑩：25）

Ac 型 12 件。

标本 ⅠT6611 – 6712⑩：164，夹砂灰黑陶。底径5.5、残高2.3厘米（图五三〇，6）。

C 型 8 件。

标本 ⅠT6613 – 6714⑩：191，夹砂灰黑陶。底径6、残高2.7厘米（图五二九，12）。

标本 ⅠT6611 – 6712⑩：82，夹砂灰黑陶。底径6.4、残高3.5厘米（图五二九，13）。

Db 型 18 件。

标本 ⅠT7015 – 7116⑩：34，夹砂灰黑陶。底部有四道对称戳痕。残高6.4厘米（图五三〇，7）。

标本 ⅠT7215 – 7216⑩：100，夹砂灰黑陶。底部有两道对称戳痕。残高4.3厘米（图五三〇，8）。

标本 ⅠT6611 – 6712⑩：468，夹砂灰黑陶。下腹部有旋痕。残高3.8厘米（图五三〇，9）。

标本 ⅠT6611 – 6712⑩：718，泥质灰黑陶。底部有戳痕。残高5.3厘米（图五三〇，10）。

Dc 型 10 件。

标本 ⅠT6811 – 6912⑩：431，泥质灰黑陶。残高2.8厘米（图五三〇，11）。

标本 ⅠT6813 – 6914⑩：129，泥质灰黑陶。底部有四道对称戳痕。残高3.1厘米（图五三〇，12）。

标本 ⅠT6815 – 6916⑩：74，泥质灰黑陶。残高3.9厘米（图五三〇，13）。

Dd 型 6 件。

标本 ⅠT6513⑩：1067，夹砂灰黑陶。下腹部有细旋痕，近底处饰一道凹痕。残高2.9厘米（图五三〇，15）。

标本 ⅠT6813 – 6914⑩：158，夹砂灰黑陶。下腹呈波浪状。残高4.1厘米（图五三〇，16）。

Df 型 60 件。

标本 ⅠT6613 – 6714⑩：658，夹砂灰黑陶。近底部有细旋痕。残高2.8厘米（图五三〇，14）。

圈足 19 件。

Ab 型 3 件。

标本 ⅠT6611 – 6712⑩：258，夹砂灰褐陶。圈足径6.2、残高4厘米（图五三一，2）。

Bb 型 3 件。

标本 ⅠT6611 – 6712⑩：80，夹砂灰黑陶。圈足径16.8、残高7厘米（图五三一，1）。

Ca 型 5 件。

标本 ⅠT6511 – 6512⑩：55，夹砂灰黑陶。圈足径9.7、残高10.6厘米（图五三一，3）。

标本 ⅠT6513⑩：1724，夹砂灰褐陶。圈足径12、残高4.6厘米（图五三一，4）。

Cd 型Ⅰ式 6 件。

标本 ⅠT6611 – 6712⑩：79，夹砂灰黑陶。足部饰一个圆形镂孔。圈足径9、残高3.5厘米（图五三一，5）。

标本 ⅠT6613 – 6714⑩：314，夹砂灰褐陶。圈足径22、残高6.7厘米（图五三一，6）。

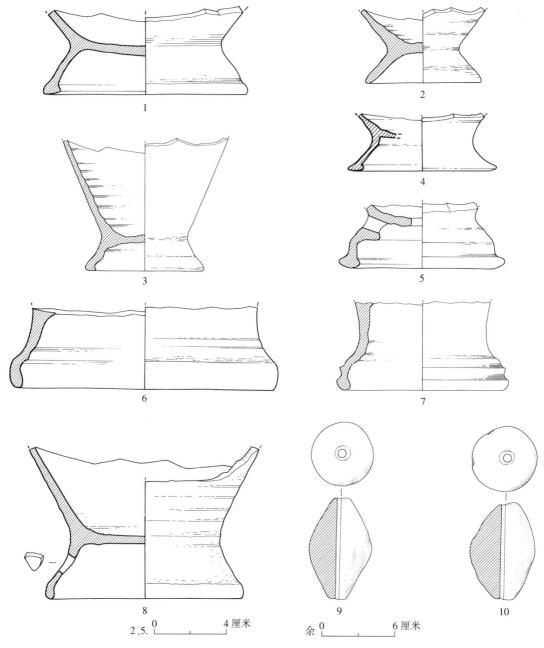

图五三一　西区第 10 层出土陶器

1. Bb 型圈足（ⅠT6611－6712⑩：80）　2. Ab 型圈足（ⅠT6611－6712⑩：258）　3、4. Ca 型圈足（ⅠT6511－6512 ⑩：55、ⅠT6513⑩：1724）　5、6、8. Cd 型Ⅰ式圈足（ⅠT6611－6712⑩：79、ⅠT6613－6714⑩：314、ⅠT6413⑩：3）
7. Cd 型Ⅱ式圈足（ⅠT6611－6712⑩：76）　9、10. 网坠（ⅠT6611－6712⑩：35、ⅠT6611－6712⑩：36）

标本ⅠT6413⑩：3，夹砂灰黑陶。饰一个三角形镂孔。圈足径 16.5、残高 12 厘米（图五三一，8）。

Cd 型Ⅱ式　2 件。

标本ⅠT6611－6712⑩：76，夹砂灰黑陶。圈足径 14、残高 7 厘米（图五三一，7；彩版一二二，6）。

网坠　3 件。纺锤形。

标本ⅠT6611－6712⑩：35，夹砂灰黄陶。表皮较光滑。直径 5.1、长 8.2 厘米（图五三一，

9；彩版一二三，3）。

标本ⅠT6611－6712⑩：36，夹砂灰陶。表皮较光滑。直径5.3、长7.8厘米（图五三一，10；彩版一二三，4）。

纺轮 1件。Bb型。

标本ⅠT6613－6714⑩：25，泥质灰黑陶。腰部饰两周凸弦纹。直径3.9、孔径0.3、厚1.7厘米（图五三〇，17）。

（2）玉器

14件。

戈 1件。Aa型。

标本ⅠT6813－6914⑩：2，白色，有紫红色、褐色、淡黄色沁斑。制作精细。单阑。援部上有两排穿孔，每组两个，对称分布。锋尖较钝。残长17.8、宽6.2、厚0.8、孔径0.6厘米（图五三二，1；彩版一二三，1）。

斧 1件。B型。

标本ⅠT6813－6914⑩：1，器表呈现紫红色、墨色、深黄色沁斑，色彩斑斓。整器制作极为精细。顶部、两侧边打磨平整，整体似一棱角分明的立方体。长9.5、宽2.6~4.3、厚1.3厘米（图五三二，3；彩版一二三，2）。

锛形器 1件。A型。

标本ⅠT6613－6714⑩：26，墨绿色，不透明。制作极为精细。顶部残，偏锋。残长9.2、宽4.3~4.9、厚1.5厘米（图五三二，4）。

凿 1件。Ca型。

标本ⅠT6813－6914⑩：10，黑色，不透明。平面呈上窄下宽的长梯形，平刃。整器制作精细，顶部经打磨，两侧有明显的切割痕迹。横剖面呈长方形。刃口锋利。长10.2、宽1.8~3.2、厚1.1厘米（图五三二，5）。

美石 10件。

标本ⅠT6813－6914⑩：222，青色。整器打磨极为精细。长8.2、宽4.2、厚1.7厘米（图五三三，7）。

标本ⅠT6613－6714⑩：739，青色，器表有黑色条形纹路，打磨光滑。长6.1、宽3.5、厚1.7厘米（图五三三，11）。

（3）石器

2件。

斧 1件。Ba型。

标本ⅠT6613－6714⑩：24，青色。整器制作精细。顶部保留自然断面、两面微凸。刃部锋利，有擦划痕。长8.2、宽4.9~5.5、厚1.9厘米（图五三二，2）。

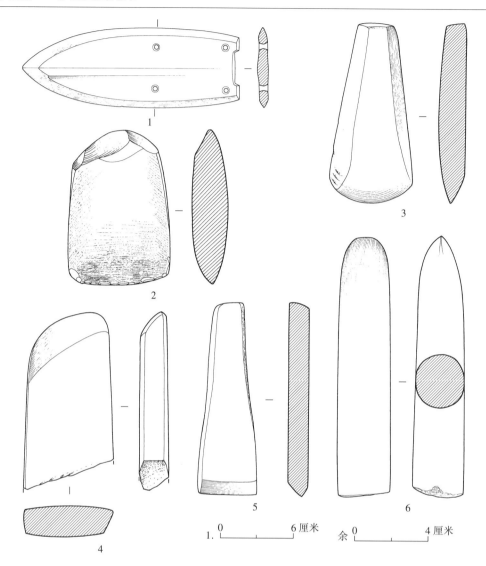

图五三二　西区第 10 层出土玉、石器

1. Aa 型玉戈（ⅠT6813－6914⑩：2）　2. Ba 型石斧（ⅠT6613－6714⑩：24）　3. B 型玉斧（ⅠT6813－6914⑩：1）　4. A 型玉锛形器（ⅠT6613－6714⑩：26）　5. Ca 型玉凿（ⅠT6813－6914⑩：10）　6. Ca型石凿（ⅠT7215－7216⑩：2）

凿　1 件。Ca 型。形状与玉凿 Ca 型相同。

标本ⅠT7215－7216⑩：2，青色。横剖面呈圆形。器身制作精细。顶部保留平整切割痕迹，刃部较钝。长 13.8、直径 2.8 厘米（图五三二，6）。

（4）铜器

10 件。

戈　2 件。

Bb 型　1 件。

标本ⅠT7013－7114⑩：4，无阑，援两侧齿饰不明显，援本部穿孔较大，锋部尖锐。长 7、宽 1.6 厘米（图五三三，1）。

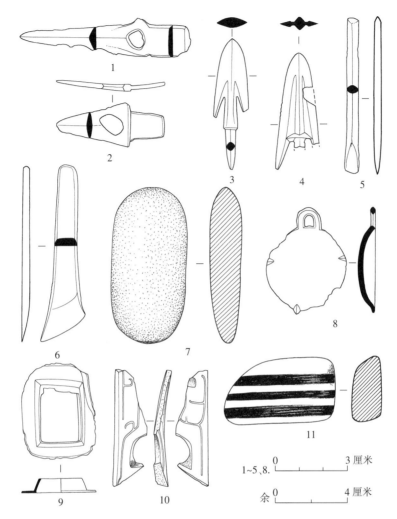

图五三三　西区第 10 层出土器物

1. Bb 型铜戈（ⅠT7013 – 7114⑩：4）　2. Cb 型铜戈（ⅠT7013 – 7114⑩：2）　3. C 型铜镞（ⅠT7015 – 7116⑩：3）　4. Ba 型铜镞（ⅠT7013 – 7114⑩：6）　5. 铜削形器（？）（ⅠT7013 – 7114⑩：3）　6. 铜刀刻刀（ⅠT7207 – 7208⑩：1）　7、11. 美石（ⅠT6813 – 6914⑩：222、ⅠT6613 – 6714⑩：739）　8. A 型铜挂饰（ⅠT6613 – 6714⑩：29）　9. Aa 型Ⅰ式铜圆角方孔形器（ⅠT7015 – 7116⑩：1）　10. 铜器残片（ⅠT7015 – 7116⑩：2）

Cb 型　1 件。

标本ⅠT7013 – 7114⑩：2，三角形援，长方形内，援内部有穿孔，锋部缓收。长 4.4、宽 1.6 厘米（图五三三，2）。

镞　3 件。

Ba 型　2 件。

标本ⅠT7013 – 7114⑩：6，长 4.8、宽 1.5 厘米（图五三三，4）。

C 型　1 件。

标本ⅠT7015 – 7116⑩：3，长铤。长 5.2、宽 1.7 厘米（图五三三，3）。

刻刀　1件。

标本ⅠT7207-7208⑩:1,弧形刃,刃部宽于器身,刃部极为锋利。长9.5、宽2.1、厚0.4厘米(图五三三,6)。

挂饰　1件。A型。

标本ⅠT6613-6714⑩:29,直径3.3、纽径0.5厘米(图五三三,8)。

圆角方孔形器　1件。Aa型Ⅰ式。

标本ⅠT7015-7116⑩:1,长5.2、宽4、孔径2.1、高0.8厘米(图五三三,9)。

削形器（?）　1件。

标本ⅠT7013-7114⑩:3,平面呈三棱长条状,横截面呈椭圆形;一端弧刃。长6.3、宽0.5、厚0.2厘米(图五三三,5)。

铜器残片　1件。

标本ⅠT7015-7116⑩:2,器表凹凸不平。表面饰有几何勾连纹。残长6.2、宽1.8、厚0.6厘米(图五三三,10)。

（四）第9层下遗迹及出土遗物

开口于该层下遗迹有灰坑2个、祭祀遗迹2个,分别为H2297、H2298、L28、L30(图五三四;见附表一),简述如下。

1. H2297

位于ⅠT7215东部,开口于第9层下,打破第14层。平面呈椭圆形,坑壁略弧,平底。长径0.9、短径0.6、深0.12米。坑内填土为灰褐色黏砂土,土质疏松。包含物有少量陶片及1件铜刻刀(图五三五;彩版一二三,5)。

铜器

1件。

刻刀　1件。

标本H2297:1,长柄状,直柄,截面呈水滴状;半弧刃,上弧刃呈尖锋凸起,下弧刃与柄部形成凹折。长17.3、宽1.2、厚0.4厘米(图五三五,1)。

2. H2298

位于ⅠT7216东南,叠压于ⅠT7215北隔梁下,延伸至ⅠT7215内。开口于第9层下,打破第14层。平面形状不规则,弧壁,斜坡状底。南北长3.5、东西宽1.8、深0.05~0.25米。坑内填土为灰黑色砂土,夹杂少许炭屑颗粒,结构疏松。包含物有少量陶片及卵石,陶器可辨器形有束颈罐、瓮等(图五三六;彩版一二三,6)。

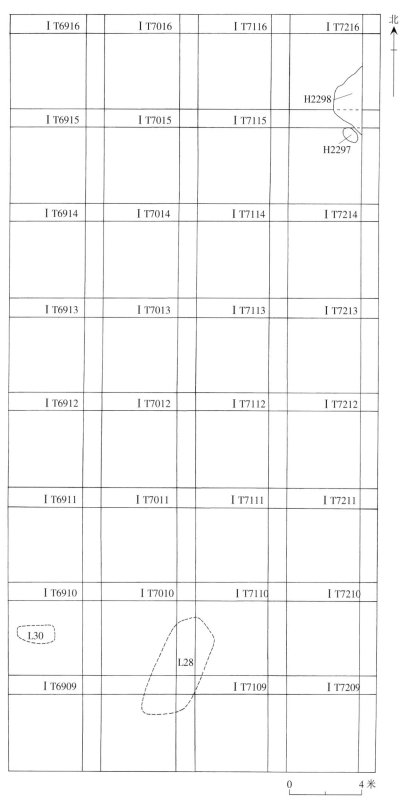

图五三四　西区第 9 层下遗迹平面分布图

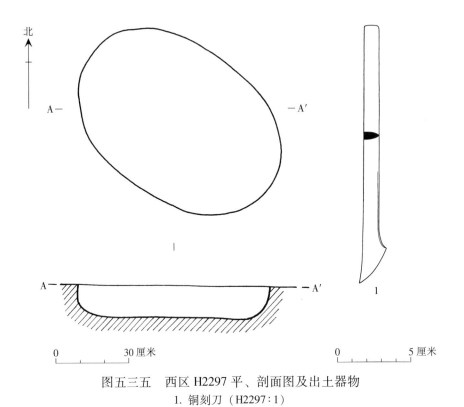

图五三五　西区 H2297 平、剖面图及出土器物
1. 铜刻刀（H2297∶1）

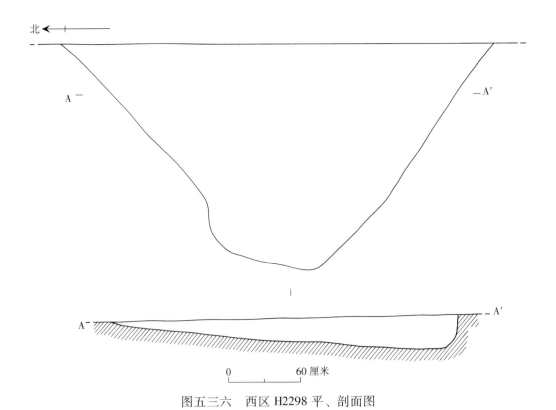

图五三六　西区 H2298 平、剖面图

陶器

2 件。

束颈罐　1 件。Cd 型。

标本 H2298 : 7，夹砂灰黑陶。方唇。口径 16、残高 3 厘米（图五三七，2）。

瓮　1 件。Cd 型 II 式。

标本 H2298 : 2，夹砂灰褐陶。圆唇。口径 32、残高 3.1 厘米（图五三七，1）。

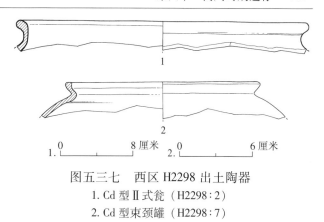

图五三七　西区 H2298 出土陶器
1. Cd 型 II 式瓮（H2298 : 2）
2. Cd 型束颈罐（H2298 : 7）

3. L28

位于 I T7009、I T7109、I T7010、I T7110 内，开口于第 9 层下，打破第 13 层。平面大致呈椭圆形，南北长径 5.6、东西短径 2.2~2.4、深 0.15 米。坑内填青灰色土，微含细砂，结构紧密。出土遗物 147 件，包括陶器 137 件、石器 7 件、动物骨头 3 件，其中尖底杯高达 104 件，51 件略微完整（图五三八；彩版一二四；彩版一二五，1）。

陶器

74 件。

尖底杯　51 件。

Ca 型 I 式　1 件。

标本 L28 : 138，泥质陶，下半部为灰黑色，上半部为灰黄色。口径 8.1、高 12.8 厘米（图五三九，1；彩版一二五，2）。

Ca 型 II 式　5 件。

标本 L28 : 22，泥质灰黄陶。口径 8.3、高 11 厘米（图五三九，2）。

标本 L28 : 88，泥质灰黄陶。口径 7.8、高 11.5 厘米（图五三九，3）。

标本 L28 : 110，泥质灰黑陶。口径 8.2、高 12 厘米（图五三九，4）。

Cb 型 I 式　1 件。

标本 L28 : 37，泥质灰黄陶，内外壁皆施黑衣。尖底。口径 7.9、高 11.7 厘米（图五三九，5；彩版一二五，3）。

Cb 型 II 式　38 件。

标本 L28 : 99，泥质灰黄陶，内外壁皆施黑衣。尖底。口径 8、高 11.8 厘米（图五三九，6）。

标本 L28 : 45，泥质陶，下半部为灰黑色，上半部为灰黄色。口径 7.8、高 10 厘米（图五三九，7）。

Da 型 II 式　3 件。

标本 L28 : 25，泥质灰黑陶。口径 7.4、高 9.5 厘米（图五三九，8）。

北

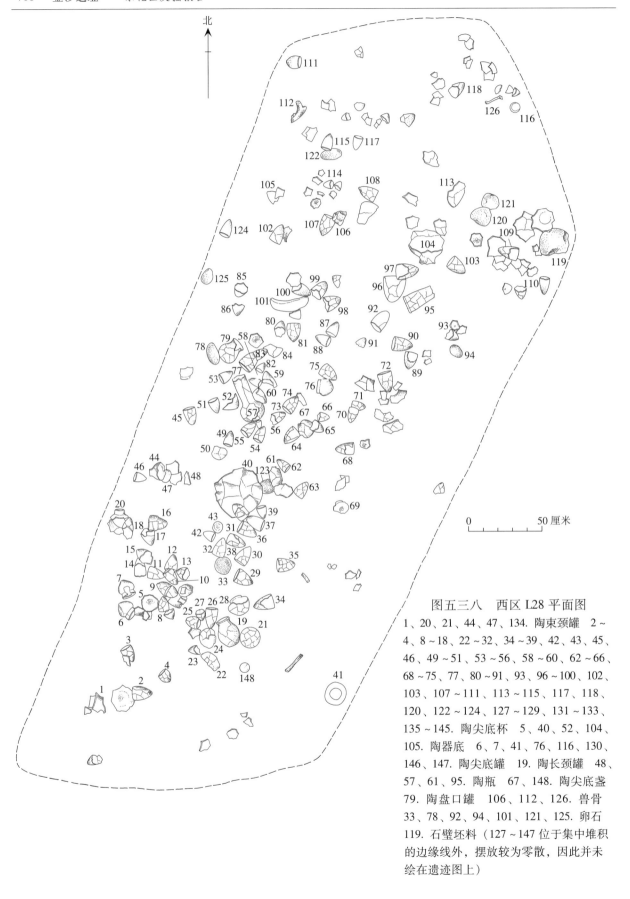

0　　　　　　　　50 厘米

图五三八　西区 L28 平面图
1、20、21、44、47、134. 陶束颈罐　2 ～
4、8 ～ 18、22 ～ 32、34 ～ 39、42、43、45、
46、49 ～ 51、53 ～ 56、58 ～ 60、62 ～ 66、
68 ～ 75、77、80 ～ 91、93、96 ～ 100、102、
103、107 ～ 111、113 ～ 115、117、118、
120、122 ～ 124、127 ～ 129、131 ～ 133、
135 ～ 145. 陶尖底杯　5、40、52、104、
105. 陶器底　6、7、41、76、116、130、
146、147. 陶尖底罐　19. 陶长颈罐　48、
57、61、95. 陶瓶　67、148. 陶尖底盏
79. 陶盘口罐　106、112、126. 兽骨
33、78、92、94、101、121、125. 卵石
119. 石璧坯料（127 ～ 147 位于集中堆积
的边缘线外，摆放较为零散，因此并未
绘在遗迹图上）

标本 L28：44 - 2，泥质陶，下半部为灰黑色，上半部为灰黄色。口径 8、高 7.4 厘米（图五三九，10）。

Ea 型　1 件。

标本 L28：96，夹砂黑褐陶。器壁较厚。口径 11.7、高 14.5 厘米（图五三九，9；彩版一二五，4）。

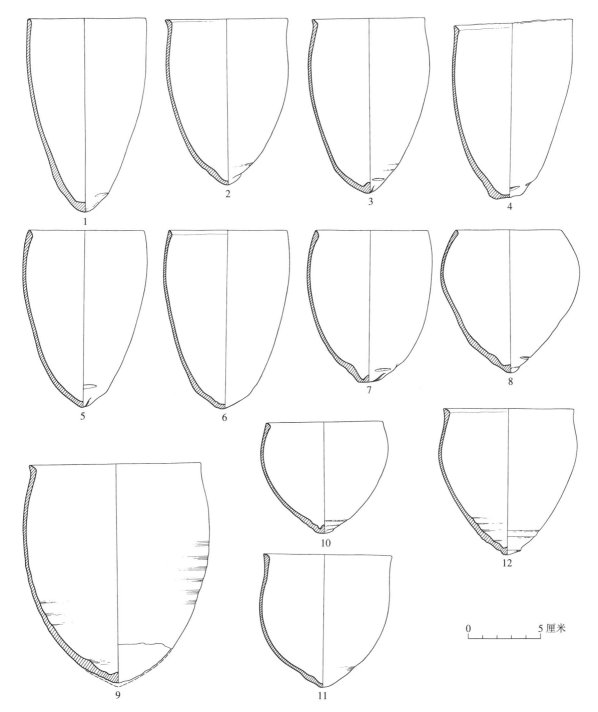

图五三九　西区 L28 出土陶尖底杯

1. Ca 型 I 式（L28：138）　　2 ~ 4. Ca 型 II 式（L28：22、L28：88、L28：110）　　5. Cb 型 I 式（L28：37）　　6、7. Cb 型 II 式
（L28：99、L28：45）　　8、10. Da 型 II 式（L28：25、L28：44 - 2）　　9. Ea 型（L28：96）　　11、12. Eb 型（L28：9、L28：91）

Eb 型　2 件。

标本 L28：9，泥质陶，下半部为灰黑色，上半部为灰黄色。口径 8.7、高 8.8 厘米（图五三九，11；彩版一二六，1）。

标本 L28：91，泥质灰黑陶。口径 9、高 9.8 厘米（图五三九，12）。

尖底盏　1 件。Ba 型 II 式。

标本 L28：148，夹砂灰黑陶。圆唇。口径 10.2、高 3.5 厘米（图五四〇，5）。

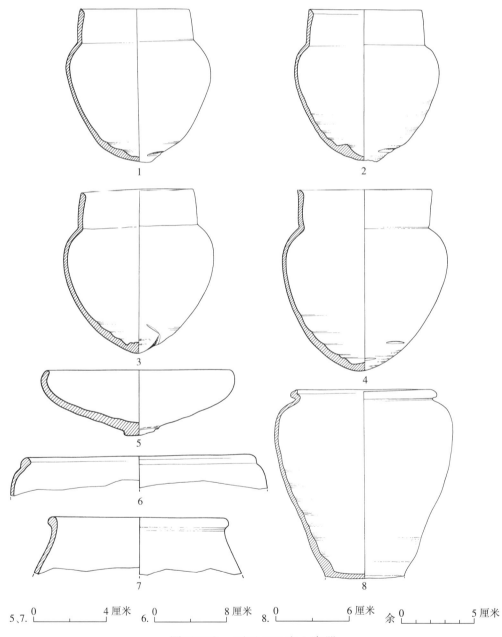

图五四〇　西区 L28 出土陶器

1~4. B 型 II 式尖底罐（L28：67、L28：108、L28：111、L28：5）　5. Ba 型 II 式尖底盏（L28：148）　6. Aa 型 I 式敛口罐（L28：368）　7. A 型 II 式矮领罐（L28：366）　8. Ae 型敛口罐（L28：116）

尖底罐 6件。B型Ⅱ式。

标本 L28：67，夹砂灰黑陶。尖圆唇。口径7.5、肩径10、高10.2厘米（图五四○，1；彩版一二六，2）。

标本 L28：108，夹砂灰黑陶。尖圆唇。口径8、肩径10、残高10.3厘米（图五四○，2）。

标本 L28：5，夹砂灰黑陶。尖圆唇。口径9.1、肩径11.2、高12厘米（图五四○，4；彩版一二六，3）。

标本 L28：111，夹砂灰黑陶。尖圆唇。口径7.9、肩径10.4、高10.9厘米（图五四○，3；彩版一二六，4）。

敛口罐 2件。

Aa型Ⅰ式 1件。

标本 L28：368，夹砂灰陶。方唇。口径26、残高3.5厘米（图五四○，6）。

Ae型 1件。

标本 L28：116，夹砂灰黑陶。圆唇。口径12、肩径14.7、残高15厘米（图五四○，8）。

矮领罐 1件。A型Ⅱ式。

标本 L28：366，夹砂灰黑陶。斜卷沿，圆唇。口径10、残高3厘米（图五四○，7）。

束颈罐 1件。Bb型。

标本 L28：134，夹砂灰黑陶。方唇。口径9.5、肩径11.2、圈足径6.8、高13厘米（图五四一，1；彩版一二六，5）。

长颈罐 4件。

A型Ⅱ式 1件。

标本 L28：79，夹砂灰黑陶。方唇。口径9、腹径14、底径5.7、高16厘米（图五四一，2）。

D型Ⅰ式 2件。

标本 L28：19，夹砂灰黑陶。方唇。口径10.5、腹径14.2、残高17.1厘米（图五四一，3；彩版一二六，6）。

D型Ⅱ式 1件。

标本 L28：44－1，泥质灰黄陶。方唇。口径7.9、腹径11.4、底径4.8、高12厘米（图五四一，4）。

瓶 2件。B型。

标本 L28：57，夹砂灰黄陶。腹径15.3、残高27.3厘米（图五四一，6）。

标本 L28：95，夹砂灰黄陶。残高23.4厘米（图五四一，5）。

器底 6件。

Da型 2件。

标本 L28：28，夹砂灰黑陶。腹径15.5、残高12厘米（图五四一，11）。

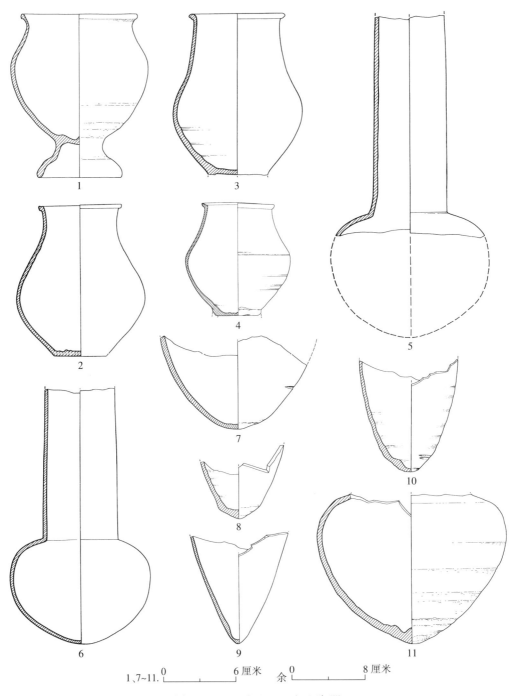

图五四一　西区 L28 出土陶器

1. Bb 型束颈罐（L28：134）　　2. A 型 Ⅱ 式长颈罐（L28：79）　　3. D 型 Ⅰ 式长颈罐（L28：19）　　4. D 型 Ⅱ 式长颈罐
（L28：44－1）　　5、6. B 型瓶（L28：95、L28：57）　　7、11. Da 型器底（L28：50、L28：28）　　8、10. Db 型器底（L28：
139、L28：81）　　9. Dc 型器底（L28：59）

标本 L28：50，夹砂灰黑陶。残高 7.5 厘米（图五四一，7）。

Db 型　3 件。

标本 L28：139，泥质灰黑陶。残高 5.5 厘米（图五四一，8）。

标本 L28：81，泥质陶，下半部为灰黑色，上半部为灰黄色。底部有四道对称戳痕。残高 8.9 厘米（图五四一，10）。

Dc 型 1 件。

标本 L28：59，夹砂灰黑陶。残高 8.7 厘米（图五四一，9）。

4. L30

位于ⅠT6910 中部，开口于第 9 层下，暴露于第 13 层层表。发掘至第 13 层层表，大量遗物密集分布，依据遗物堆积大致画出遗迹外框线，平面形状不规则，东西最长 1.9、南北最宽 0.9 米。出土器物有野猪獠牙 9 颗、鹿角 2 支、玉器（璧、琮）4 件（图五四二；彩版一二七，1）。

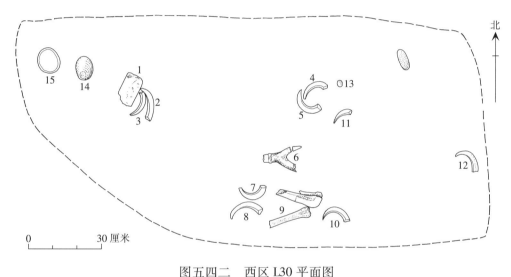

图五四二 西区 L30 平面图
1. 玉器 2～5、7、8、10～12. 野猪獠牙 6. 鹿角 9. 兽骨 13、14. 卵石 15. 陶片

（四二）第 9 层出土遗物

该层出土遗物有陶器、玉器、石器和铜器，数量和种类较为丰富，其中陶片 10045 片、玉器 17 件、石器 14 件。陶器中以夹砂陶为大宗，占 88.28%。夹砂陶中灰黑陶占 64.72%，灰黄陶占 10.54%，灰褐陶占 14.17%，灰陶占 2.31%，红褐陶占 4.83%，黄褐陶占 3.43%；泥质陶中灰黑陶占 34.92%，灰黄陶占 42.06%，灰陶占 14.95%，灰褐陶占 7.99%，青灰陶占 0.08%。夹砂陶中纹饰陶片占 21.39%，以细线纹、粗绳纹、凹弦纹、压印纹为多，分别占 62.36%、10.86%、10.28% 和 9.38%，另有少量重菱纹、凸棱纹、戳印纹、刻划纹、乳丁纹、网格纹、方格纹等；泥质陶中纹饰陶片占 12.66%，以戳印纹和细线纹为多，分别占 67.79% 和 19.46%，另有少量凹弦纹和凸棱纹（表三五）。陶器可辨器形有尖底杯、尖底盏、尖底罐、小平底罐、敛口罐、高领罐、矮领罐、束颈罐、长颈罐、壶、盆、瓮、簋形器、器座、器纽、器底、豆盘、豆柄等。玉器有玉凿、磨石、美石。石器种类有石璋半成品、石璧坯料等。

表三五　西区第9层陶片统计表

纹饰 \ 陶色 \ 陶质	夹砂陶						小计	百分比（%）	泥质陶					小计	百分比（%）
	灰黑	灰	红褐	灰褐	黄褐	灰黄			灰黑	灰	灰黄	灰褐	青灰		
素面	4411	195	332	908	270	855	6971	78.61	324	158	461	84	1	1028	87.34
细绳纹	1		3	2	1		7	0.08							
粗绳纹	110		15	58	10	13	206	2.32							
重菱纹	8					1	9	0.10							
凹弦纹	131		12	36	9	7	195	2.20	3	2	3			8	0.68
凸棱纹	9	1	2		1	1	14	0.16	5	1	5			11	0.94
刻划纹	14					1	15	0.17							
细线纹	809	8	62	241	11	52	1183	13.34	8	5	9	7		29	2.46
压印纹	168	1	1	7	1		178	2.01							
网格纹	12				1		13	0.15							
戳印纹	58			4		4	66	0.74	71	10	17	3		101	8.58
乳丁纹	3		1	1		1	6	0.07							
方格纹	4						4	0.04							
云雷纹	1						1	0.01							
小计	5739	205	428	1257	304	935	8868		411	176	495	94	1	1177	
百分比（%）	64.72	2.31	4.83	14.17	3.43	10.54		100.00	34.92	14.95	42.06	7.99	0.08		100.00
合计	10045														

（1）陶器

152件。

尖底杯　1件。Bb型Ⅱ式。

标本ⅠT7209－7210⑨：29，泥质灰黑陶。口径8.8、残高1.7厘米（图五四三，4）。

尖底盏　10件。

Ba型Ⅲ式　1件。

标本ⅠT7207－7208⑨：13，泥质灰黑陶。圆唇。口径9.8、肩径10.2、残高1.6厘米（图五四三，2）。

Bb型Ⅱ式　1件。

标本ⅠT6811－6912⑨：82，夹砂灰黑陶。圆唇。口径15.6、肩径16、残高1.9厘米（图五四三，1）。

Bc型Ⅱ式　2件。

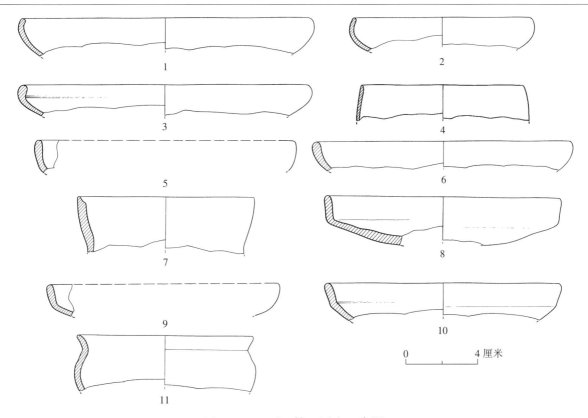

图五四三　西区第 9 层出土陶器

1. Bb 型 Ⅱ 式尖底盏（Ⅰ T6811 - 6912⑨:82）　2. Ba 型 Ⅲ 式尖底盏（Ⅰ T7207 - 7208⑨:13）　3. Bc 型 Ⅱ 式尖底盏（Ⅰ T6609 - 6710⑨:47）　4. Bb 型 Ⅱ 式尖底杯（Ⅰ T7209 - 7210⑨:29）　5、6. Bd 型 Ⅱ 式尖底盏（Ⅰ T6609 - 6710⑨:46、Ⅰ T6811 - 6912⑨:150）　8. Cb 型 Ⅱ 式尖底盏（Ⅰ T7211 - 7212⑨:24）　7. Ca 型 Ⅱ 式尖底罐（Ⅰ T6811 - 6912⑨:170）　9、10. Cc 型 Ⅱ 式尖底盏（Ⅰ T6611 - 6712⑨:103、Ⅰ T6609 - 6710⑨:49）　11. Ca 型 Ⅱ 式小平底罐（Ⅰ T7207 - 7208⑨:26）

标本 Ⅰ T6609 - 6710⑨:47，夹砂灰黑陶。圆唇。口径 15.8、肩径 16、残高 1.6 厘米（图五四三，3）。

Bd 型 Ⅱ 式　2 件。

标本 Ⅰ T6609 - 6710⑨:46，夹砂灰黑陶。圆唇。残高 1.6 厘米（图五四三，5）。

标本 Ⅰ T6811 - 6912⑨:150，夹砂灰黑陶。圆唇。口径 14.4、残高 1.4 厘米（图五四三，6）。

Cb 型 Ⅱ 式　2 件。

标本 Ⅰ T7211 - 7212⑨:24，夹砂灰黑陶。圆唇。口径 13、残高 2.4 厘米（图五四三，8）。

Cc 型 Ⅱ 式　2 件。

标本 Ⅰ T6611 - 6712⑨:103，夹砂灰黑陶。圆唇。残高 1.8 厘米（图五四三，9）。

标本 Ⅰ T6609 - 6710⑨:49，夹砂灰黑陶。圆唇。口径 13、残高 1.9 厘米（图五四三，10）。

尖底罐　1 件。Ca 型 Ⅱ 式。

标本 Ⅰ T6811 - 6912⑨:170，夹砂灰黑陶。尖圆唇。口径 9.6、残高 2.9 厘米（图五四三，7）。

小平底罐　1 件。Ca 型 Ⅱ 式。

标本 I T7207－7208⑨：26，夹砂灰黑陶。尖圆唇。口径9.6、肩径9.8、残高2.8厘米（图五四三，11）。

敛口罐 31件。

Aa型Ⅱ式 1件。

标本 I T7009－7110⑨：211，夹砂灰褐陶。沿面凹，方唇。残高5.9厘米（图五四四，1）。

Ab型 1件。

标本 I T7011－7112⑨：166，夹砂灰陶。方唇。口径28、残高3厘米（图五四四，3）。

Ac型 1件。

标本 I T7007－7108⑨：65，夹砂灰黑陶。方唇。口径40、残高7.2厘米（图五四四，2）。

Bb型 9件。

标本 I T7209－7210⑨：118，夹砂灰黑陶。方唇。口径23、残高1.6厘米（图五四四，4）。

标本 I T6609－6710⑨：36，夹砂灰黑陶。方唇。口径25.8、残高2厘米（图五四四，5）。

标本 I T6611－6712⑨：124，夹砂灰黑陶。方唇。口径23、残高2.8厘米（图五四四，6）。

Bc型 6件。

标本 I T6811－6912⑨：110，夹砂灰黑陶。尖圆唇。口径32.2、残高4.9厘米（图五四四，7）。

标本 I T7011－7112⑨：176，夹砂灰黄陶。圆唇。口径18、残高3.9厘米（图五四四，8）。

Bd型 1件。

标本 I T7007－7108⑨：62，夹砂灰黑陶。圆唇。口径18、残高4.6厘米（图五四四，13）。

Ca型Ⅱ式 1件。

标本 I T7009－7110⑨：200，夹砂灰黄陶。沿面有凹槽，方唇。口径30、残高4厘米（图五四四，9）。

Cb型Ⅱ式 2件。

标本 I T6609－6710⑨：53，夹砂灰黄陶。尖圆唇。口径50.6、残高6.2厘米（图五四四，11）。

标本 I T7007－7108⑨：138，夹砂灰黑陶。沿面有凹槽，方唇。口径30、残高3.6厘米（图五四四，10）。

Cc型Ⅱ式 6件。

标本 I T6811－6912⑨：112，夹砂灰黑陶。沿面有凹槽，方唇。口径32、残高4.6厘米（图五四四，14）。

标本 I T7011－7112⑨：190，夹砂灰褐陶。沿面有凹槽，方唇。口径31、残高4.4厘米（图五四四，16）。

标本 I T6611－6712⑨：128，夹砂灰黑陶。方唇。口径42、残高6.9厘米（图五四四，17）。

Cd型 1件。

标本 I T7007－7108⑨：111，夹砂灰黑陶。沿面有凹槽，方唇。口径13、残高2.4厘米（图

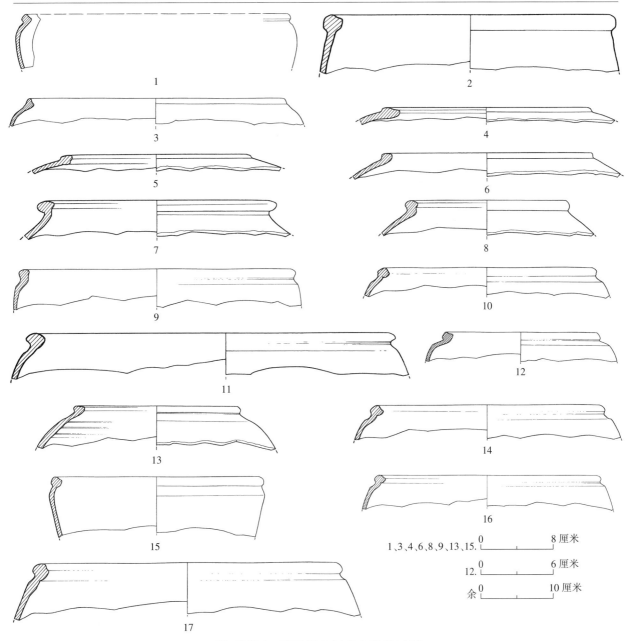

图五四四　西区第9层出土陶敛口罐

1. Aa 型 Ⅱ 式（ⅠT7009 - 7110⑨：211）　2. Ac 型（ⅠT7007 - 7108⑨：65）　3. Ab 型（ⅠT7011 - 7112⑨：166）
4 ~ 6. Bb 型（ⅠT7209 - 7210⑨：118、ⅠT6609 - 6710⑨：36、ⅠT6611 - 6712⑨：124）　7、8. Bc 型（ⅠT6811 -
6912⑨：110、ⅠT7011 - 7112⑨：176）　9. Ca 型 Ⅱ 式（ⅠT7009 - 7110⑨：200）　10、11. Cb 型 Ⅱ 式（ⅠT7007 -
7108⑨：138、ⅠT6609 - 6710⑨：53）　12. Cd 型（ⅠT7007 - 7108⑨：111）　13. Bd 型（ⅠT7007 - 7108⑨：62）
14、16、17. Cc 型 Ⅱ 式（ⅠT6811 - 6912⑨：112、ⅠT7011 - 7112⑨：190、ⅠT6611 - 6712⑨：128）　15. Da 型
（ⅠT7009 - 7110⑨：206）

五四四，12）。

Da 型　2 件。

标本 ⅠT7009 - 7110⑨：206，夹砂灰黑陶。沿面凹，方唇。口径 23、残高 6.4 厘米（图
五四四，15）。

高领罐　2件。

C型Ⅱ式　1件。

标本ⅠT6809－6910⑨：119，夹砂灰黑陶。平卷沿，沿面微凹，圆唇。口径11、残高3.7厘米（图五四五，2）。

Fb型Ⅱ式　1件。

标本ⅠT6809－6910⑨：130，夹砂灰黑陶。平卷沿，圆唇。口径14.8、残高6.6厘米（图五四五，1）。

矮领罐　7件。

B型Ⅱ式　4件。

标本ⅠT7009－7110⑨：90，夹砂灰黄陶。斜折沿，圆唇。口径18、残高4.1厘米（图五四五，3）。

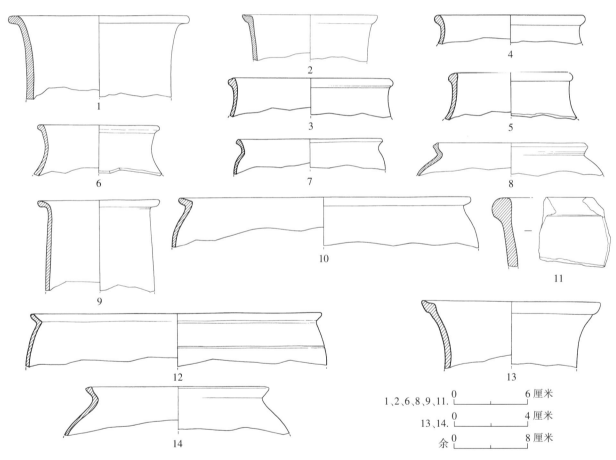

图五四五　西区第9层出土陶器

1. Fb型Ⅱ式高领罐（ⅠT6809－6910⑨：130）　2. C型Ⅱ式高领罐（ⅠT6809－6910⑨：119）　3、4. B型Ⅱ式矮领罐（ⅠT7009－7110⑨：90、ⅠT6809－6910⑨：102）　5. D型Ⅱ式矮领罐（ⅠT6809－6910⑨：126）　6. F型矮领罐（ⅠT6809－6910⑨：162）　7. Bc型Ⅱ式束颈罐（ⅠT7207－7208⑨：51）　8. Cd型束颈罐（ⅠT7213－7214⑨：61）　9. Ae型壶（ⅠT6809－6910⑨：158）　10、12. Cc型盆（ⅠT7213－7214⑨：36、ⅠT6809－6910⑨：166）　11. Eb型盆（ⅠT7009－7110⑨：104）　13. D型Ⅰ式长颈罐（ⅠT6811－6912⑨：196）　14. Ce型束颈罐（ⅠT7209－7210⑨：88）

标本ⅠT6809 - 6910⑨：102，夹砂灰黄陶。仰卷沿，圆唇。口径 16.4、残高 3.1 厘米（图五四五，4）。

D 型Ⅱ式　2 件。

标本ⅠT6809 - 6910⑨：126，夹砂灰黑陶。斜卷沿，圆唇。口径 13.6、残高 4.9 厘米（图五四五，5）。

F 型　1 件。

标本ⅠT6809 - 6910⑨：162，泥质灰黑陶。平卷沿，圆唇。口径 10、残高 4 厘米（图五四五，6）。

束颈罐　3 件。

Bc 型Ⅱ式　1 件。

标本ⅠT7207 - 7208⑨：51，夹砂灰黑陶。方唇。口径 16、残高 3.3 厘米（图五四五，7）。

Cd 型　1 件。

标本ⅠT7213 - 7214⑨：61，夹砂灰黑陶。方唇。口径 12.6、残高 2.6 厘米（图五四五，8）。

Ce 型　1 件。

标本ⅠT7209 - 7210⑨：88，夹砂灰黑陶。方唇。口径 10.1、残高 2.7 厘米（图五四五，14）。

长颈罐　1 件。D 型Ⅰ式。

标本ⅠT6811 - 6912⑨：196，夹砂灰黑陶。口径 9.8、残高 3.6 厘米（图五四五，13）。

壶　2 件。Ae 型。

标本ⅠT6809 - 6910⑨：158，泥质灰黑陶。平卷沿，圆唇。口径 10、残高 7.2 厘米（图五四五，9）。

盆　3 件。

Cc 型　2 件。

标本ⅠT7213 - 7214⑨：36，夹砂灰黑陶。平卷沿，圆唇。口径 32、残高 5.7 厘米（图五四五，10）。

标本ⅠT6809 - 6910⑨：166，夹砂灰黄陶。仰卷沿，圆唇。腹部饰一周凹弦纹。口径 32、残高 5.7 厘米（图五四五，12）。

Eb 型　1 件。

标本ⅠT7009 - 7110⑨：104，夹砂灰黑陶。卷沿。残高 5.4 厘米（图五四五，11）。

瓮　8 件。

Cd 型Ⅱ式　3 件。

标本ⅠT7007 - 7108⑨：105，夹砂灰黄陶。圆唇。口径 42、残高 5 厘米（图五四六，3）。

标本ⅠT7009 - 7110⑨：115，夹砂灰黑陶。圆唇。口径 40、残高 4.4 厘米（图五四六，5）。

Da 型Ⅱ式　1 件。

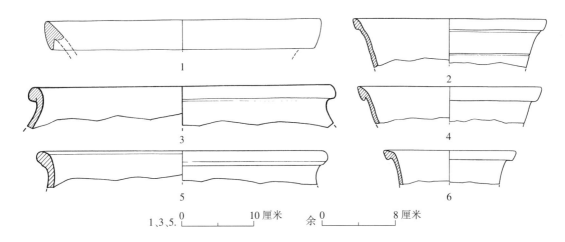

图五四六　西区第9层出土陶瓮

1. Da 型Ⅱ式（ⅠT6809－6910⑨：132）　　2、4. Dd 型（ⅠT6811－6912⑨：204、ⅠT7211－7212⑨：25）
3、5. Cd 型Ⅱ式（ⅠT7007－7108⑨：105、ⅠT7009－7110⑨：115）　　6. Dc 型Ⅱ式（ⅠT6811－6912⑨：198）

标本ⅠT6809－6910⑨：132，夹砂灰褐陶。方唇。口径38、残高4厘米（图五四六，1）。

Dc 型Ⅱ式　1件。

标本ⅠT6811－6912⑨：198，夹砂灰黑陶。方唇。口径14.4、残高3.6厘米（图五四六，6）。

Dd 型　3件。

标本ⅠT6811－6912⑨：204，夹砂灰黑陶。尖圆唇。颈部饰一周凹弦纹。口径21、残高5.1厘米（图五四六，2）。

标本ⅠT7211－7212⑨：25，夹砂灰褐陶。方唇。口径20、残高3.9厘米（图五四六，4）。

簋形器　35件。

Aa 型Ⅱ式　1件。

标本ⅠT7007－7108⑨：193，夹砂灰黑陶。沿面弧。口径50、残高8.1厘米（图五四七，1）。

Ab 型Ⅱ式　7件。

标本ⅠT6811－6912⑨：117，夹砂灰黑陶。沿面弧。口径48、残高6.6厘米（图五四七，3）。

标本ⅠT7011－7112⑨：187，夹砂灰黑陶。沿面有凹槽。口径38、残高9.4厘米（图五四七，2）。

Ac 型Ⅱ式　2件。

标本ⅠT7207－7208⑨：39，夹砂灰黑陶。沿面平。口径38、残高9.4厘米（图五四七，4）。

Ba 型Ⅱ式　16件。

标本ⅠT6807－6908⑨：35，夹砂灰黑陶。沿面弧。口径30、残高7.4厘米（图五四七，5）。

标本ⅠT7007－7108⑨：120，夹砂灰黑陶。沿面弧。口径26、残高3.5厘米（图五四七，6）。

Bb 型Ⅱ式　4件。

标本ⅠT7211－7212⑨：21，夹砂灰黑陶。沿面凹。口径25.2、残高3厘米（图五四七，7）。

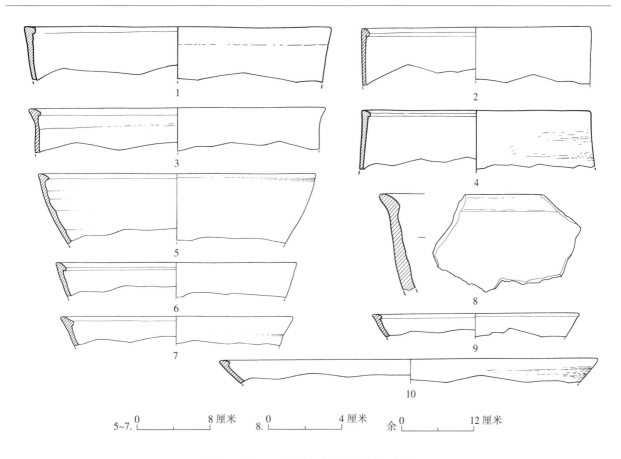

图五四七 西区第9层出土陶簋形器

1. Aa 型Ⅱ式（ⅠT7007-7108⑨：193） 2、3. Ab 型Ⅱ式（ⅠT7011-7112⑨：187、ⅠT6811-6912⑨：117）
4. Ac 型Ⅱ式（ⅠT7207-7208⑨：39） 5、6. Ba 型Ⅱ式（ⅠT6807-6908⑨：35、ⅠT7007-7108⑨：120） 7、
8. Bb 型Ⅱ式（ⅠT7211-7212⑨：21、ⅠT7207-7208⑨：41） 9. C 型Ⅰ式（ⅠT7211-7212⑨：33） 10. C 型Ⅱ式
（ⅠT6811-6912⑨：108）

标本ⅠT7207-7208⑨：41，夹砂灰黑陶。沿面凸。内壁有制作时留下的轮制痕迹。残高5.1
厘米（图五四七，8）。

C 型Ⅰ式　1件。

标本ⅠT7211-7212⑨：33，夹砂灰黑陶。沿面平。口径34.3、残高3.9厘米（图五四七，9）。

C 型Ⅱ式　4件。

标本ⅠT6811-6912⑨：108，夹砂灰黑陶。沿面平。口径62、残高3.7厘米（图五四七，10）。

豆盘　1件。Ba 型。

标本ⅠT7207-7208⑨：12，泥质灰黑陶。残高5.9厘米（图五四八，13）。

豆柄　9件。Aa 型。

标本ⅠT7007-7108⑨：115，夹砂灰黑陶。饰云雷纹。残高14.8厘米（图五四八，11）。

标本ⅠT7007-7108⑨：116，夹砂灰黑陶。残高8.6厘米（图五四八，12）。

器纽　2件。Ba 型。

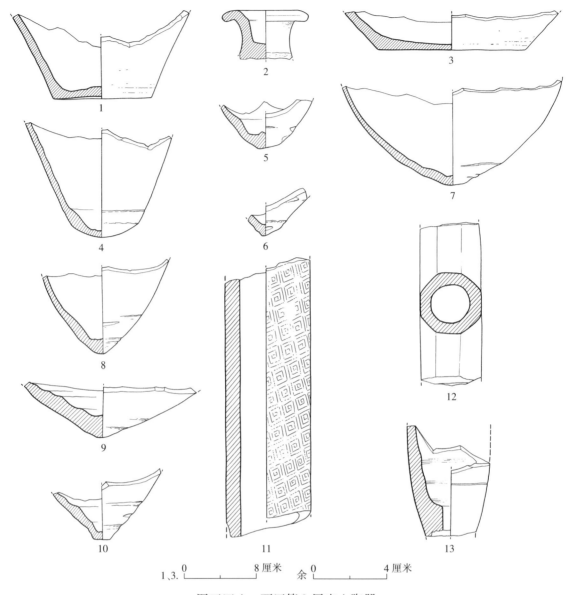

图五四八　西区第9层出土陶器

1、3. Aa 型器底（ⅠT7007－7108⑨：70、ⅠT6809－6910⑨：72）　2. Ba 型器纽（ⅠT6809－6910⑨：61）　　4、5. Db 型器底（ⅠT7209－7210⑨：37、ⅠT7207－7208⑨：42）　6、8. Dc 型器底（ⅠT7211－7212⑨：3、ⅠT6809－6910⑨：155）　7、9. De 型器底（ⅠT6809－6910⑨：26、ⅠT7009－7110⑨：116）　10. Ec 型器底（ⅠT7009－7110⑨：50）　11、12. Aa 型豆柄（ⅠT7007－7108⑨：115、ⅠT7007－7108⑨：116）　13. Ba 型豆盘（ⅠT7207－7208⑨：12）

　　标本ⅠT6809－6910⑨：61，夹砂灰黄陶。纽径4.7、残高2.6厘米（图五四八，2）。

器底　35件。

Aa 型　13件。

　　标本ⅠT7007－7108⑨：70，夹砂灰黑陶。底径10.4、残高9.2厘米（图五四八，1）。

　　标本ⅠT6809－6910⑨：72，夹砂灰黑陶。底径16、残高4.2厘米（图五四八，3）。

Db 型　12件。

标本ⅠT7209－7210⑨：37，泥质灰黑陶。残高6.1厘米（图五四八，4）。

标本ⅠT7207－7208⑨：42，泥质灰黑陶。残高2.6厘米（图五四八，5）。

Dc型　5件。

标本ⅠT7211－7212⑨：3，泥质灰黑陶。残高2.5厘米（图五四八，6）。

标本ⅠT6809－6910⑨：155，泥质灰黑陶。残高5.1厘米（图五四八，8）。

De型　3件。

标本ⅠT6809－6910⑨：26，夹砂黑褐陶。残高5.5厘米（图五四八，7）。

标本ⅠT7009－7110⑨：116，夹砂灰黑陶。残高2.8厘米（图五四八，9）。

Ec型　2件。

标本ⅠT7009－7110⑨：50，泥质灰黑陶。近底部有戳痕。残高3.7厘米（图五四八，10）。

（2）玉器

17件。

凿　1件。Bb型。

标本ⅠT7209－7210⑨：13，灰白色。条状，顶部残断，舌形弧刃。残长6.7、宽2.2、厚1.2厘米（图五四九，4）。

磨石　2件。

标本ⅠT7011－7112⑨：34，酱红色。长9.6、宽6.9、厚5厘米（图五四九，1）。

标本ⅠT7007－7108⑨：178，深褐色。长5.3、宽4.6、厚3.7厘米（图五四九，2）。

美石　14件。

标本ⅠT7209－7210⑨：2，青色。长4、宽1.9、厚1厘米（图五四九，3）。

标本ⅠT7209－7210⑨：5，酱红色。长6.5、宽6、厚2.2厘米（图五四九，5）。

（3）石器

14件。

石璋半成品　1件。Ba型。

标本ⅠT6809－6910⑨：1，灰黑色。半成品。器体宽大，无阑，两侧均保留自然断面，器表打磨较为光滑。两端残断。残长14.2、宽4.9、厚1.5厘米（图五五〇，1；彩版一二七，2）。

石璧坯料　13件。A型。

标本ⅠT7007－7108⑨：158，灰黑色。破裂面及轮边未经打磨。周缘较薄，中部略厚。直径14.3、厚2.4厘米（图五五〇，2）。

标本ⅠT6809－6910⑨：176，灰黑色。破裂面及轮边未经打磨。周缘较薄，中部略厚。直径8.8、厚1.8厘米（图五五〇，4）。

标本ⅠT6809－6910⑨：191，灰黑色。破裂面及轮边未经打磨。周缘较薄，中部略厚。直径8.2、厚1.1厘米（图五五〇，5）。

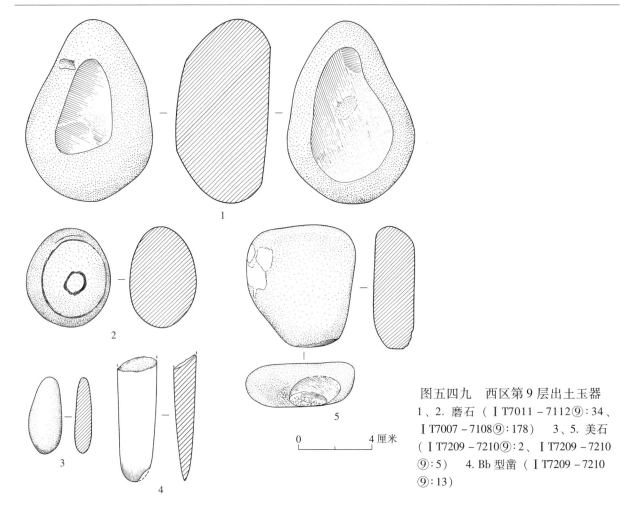

图五四九　西区第9层出土玉器
1、2. 磨石（ⅠT7011－7112⑨：34、ⅠT7007－7108⑨：178）　3、5. 美石（ⅠT7209－7210⑨：2、ⅠT7209－7210⑨：5）　4. Bb型凿（ⅠT7209－7210⑨：13）

标本ⅠT6807－6908⑨：46，灰黑色。破裂面及轮边未经打磨。周缘较薄，中部略厚。直径14.3、厚1.4厘米（图五五〇，7）。

标本ⅠT7007－7108⑨：11，灰黑色。破裂面及轮边未经打磨。直径8.3、厚0.6厘米（图五五〇，6）。

标本ⅠT6815－6916⑨：60，灰黑色。破裂面及轮边未经打磨。周缘较薄，中部略厚。直径8.6、厚1.6厘米（图五五〇，3）。

（四三）第8层下遗迹及出土遗物

该层下遗迹有灰坑1个。

H2300

位于ⅠT7107西北部，叠压于ⅠT7007东隔梁下，延伸至ⅠT7007内。开口于第8层下，打破第9层。平面大致呈不规则椭圆形，直壁，平底。长径4.7、短径2.6、深0.6米。填土中上部为黄褐色砂土，夹杂大量斑点，土质较硬；坑边底部为灰褐色砂土，夹杂细沙、灰烬等，土质

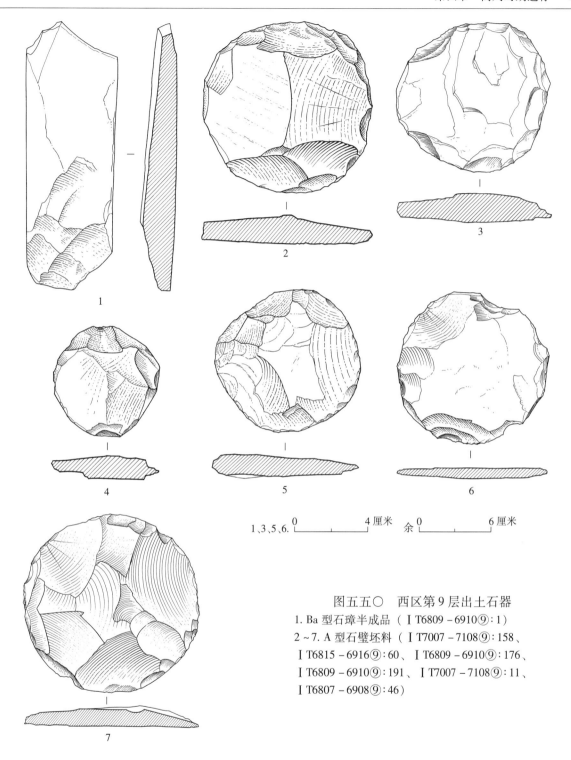

图五五〇　西区第9层出土石器
1. Ba 型石璋半成品（ⅠT6809－6910⑨：1）
2～7. A 型石璧坯料（ⅠT7007－7108⑨：158、
　ⅠT6815－6916⑨：60、ⅠT6809－6910⑨：176、
　ⅠT6809－6910⑨：191、ⅠT7007－7108⑨：11、
　ⅠT6807－6908⑨：46）

松软。包含物有少量陶片及 1 件玉锛、7 件石璧坯料、11 件美石（图五五一；彩版一二七，3）。

（1）玉器

12 件。

锛　1 件。A 型。

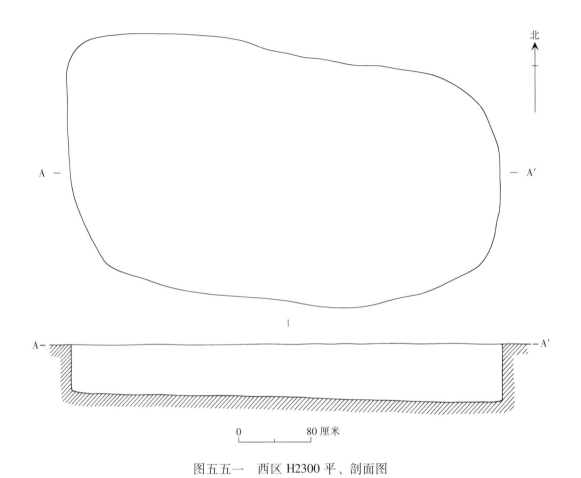

图五五一　西区 H2300 平、剖面图

标本 H2300∶1，黄色，半透明。整器打磨极为光滑。长 5.5、宽 1.9、厚 0.3 厘米（图五五二，5；彩版一二七，4）。

美石　11 件。

标本 H2300∶4，平面形状呈椭圆形，表面有蛇形纹理。长 9.6、宽 4.9、厚 2 厘米（图五五二，3）。

（2）石器

7 件。

石璧坯料　7 件。A 型。

标本 H2300∶14，黑色。破裂面及轮边未经打磨。周缘较薄，中部略厚。直径 10.3、厚 1 厘米（图五五二，2）。

标本 H2300∶18，灰黑色。破裂面及轮边未经打磨。周缘较薄，中部略厚。直径 25、厚 2.6 厘米（图五五二，1）。

标本 H2300∶21，灰黑色。破裂面及轮边未经打磨。周缘较薄，中部略厚。直径 6.1、厚 0.6 厘米（图五五二，4）。

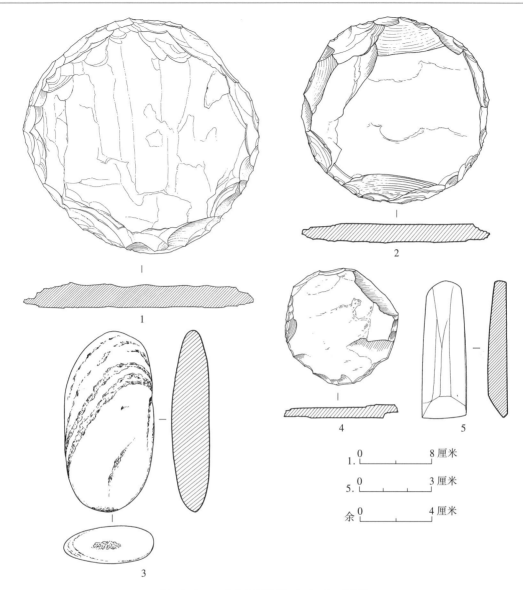

图五五二 西区 H2300 出土玉、石器

1、2、4. A 型石璧坯料（H2300∶18、H2300∶14、H2300∶21） 3. 美石（H2300∶4） 5. A 型玉锛（H2300∶1）

（四四）第 8 层出土遗物

该层出土遗物有陶器、玉器、石器和铜器，陶片数量较多，其中陶片 3483 片、玉器 8 件、石器 7 件和铜器 3 件。陶器中以夹砂陶为大宗，占 95.55%。夹砂陶中灰黑陶占 60.28%，灰黄陶占 10.55%，灰褐陶占 18.18%，灰陶占 1.26%，红褐陶占 6.73%，黄褐陶占 3.00%；泥质陶中灰黑陶占 25.16%，灰黄陶占 42.58%，灰陶占 14.19%，灰褐陶占 17.42%，黄褐陶占 0.65%。夹砂陶中纹饰陶片占 31.58%，以细线纹、粗绳纹、压印纹、凹弦纹为多，分别占 63.56%、19.31%、7.42% 和 6.76%，另有少量重菱纹、凸棱纹、戳印纹、刻划纹、乳丁纹、网格纹、方格纹、瓦棱纹等；泥质陶中纹饰陶片占 12.26%，纹饰种类较少，仅见细线纹、戳印纹和凹弦纹，分别占

表三六　西区第8层陶片统计表

陶质\陶色\纹饰	夹砂陶						小计	百分比（%）	泥质陶					小计	百分比（%）
	灰黑	灰	红褐	灰褐	黄褐	灰黄			灰黑	灰	灰黄	灰褐	黄褐		
素面	1301	38	168	390	80	300	2277	68.42	34	17	57	27	1	136	87.74
细绳纹	1				.	1	2	0.06							
粗绳纹	129	1	17	33	14	9	203	6.10							
重菱纹				2			2	0.06							
凹弦纹	50		6	12		3	71	2.13	1	2	1			4	2.58
凸棱纹	1			1		1	3	0.09							
刻划纹	4		1	1		1	7	0.21							
细线纹	438	3	31	156	5	35	668	20.07	1	3	5			9	5.81
压印纹	68			8	1	1	78	2.35							
网格纹	3						3	0.09							
戳印纹	6						6	0.18	3		3			6	3.87
瓦棱纹	1		1				2	0.06							
乳丁纹	3						3	0.09							
方格纹				2			2	0.06							
云雷纹	1						1	0.03							
小计	2006	42	224	605	100	351	3328		39	22	66	27	1	155	
百分比（%）	60.28	1.26	6.73	18.18	3.00	10.55		100.00	25.16	14.19	42.58	17.42	0.65		100.00
合计	3483														

47.37%、31.58%和21.05%（表三六）。陶器可辨器形有尖底杯、尖底盏、尖底罐、敛口罐、高领罐、矮领罐、盆、瓮、簋形器、器底、圈足、豆盘、豆柄等。石器种类有璧和石璧坯料。铜器种类仅有镞。

（1）陶器

97件。

尖底杯　1件。Ca型Ⅱ式。

标本ⅠT7215-7216⑧：3，泥质灰黄陶。口径7.8、残高3.6厘米（图五五三，1）。

尖底盏　5件。

Bb型Ⅱ式　2件。

标本ⅠT6615-6716⑧：9，夹砂灰黑陶。圆唇。口径12.2、肩径12.6、残高2.3厘米（图五五三，2）。

Bd型Ⅰ式　2件。

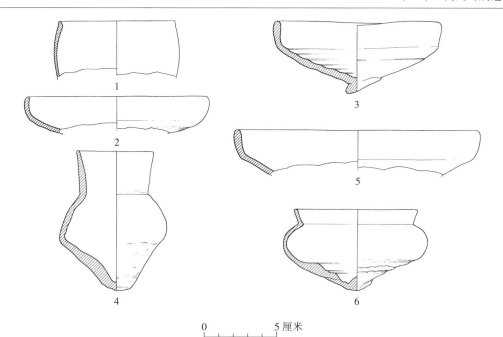

图五五三 西区第 8 层出土陶器

1. Ca 型 Ⅱ 式尖底杯（ⅠT7215－7216⑧:3） 2. Bb 型 Ⅱ 式尖底盏（ⅠT6615－6716⑧:9） 3. Bd 型 Ⅱ 式
尖底盏（ⅠT7007－7108⑧:69） 4. Ca 型 Ⅰ 式尖底罐（ⅠT7007－7108⑧:18） 5. Bd 型 Ⅰ 式尖底盏
（ⅠT6609－6710⑧:75） 6. Aa 型尖底罐（ⅠT7215－7216⑧:4）

标本 ⅠT6609－6710⑧:75，夹砂灰黑陶。圆唇。口径 17、残高 2.8 厘米（图五五三，5）。

Bd 型 Ⅱ 式 1 件。

标本 ⅠT7007－7108⑧:69，夹砂灰黑陶。圆唇。口径 11、肩径 11.4、高 4.8 厘米（图五五三，3）。

尖底罐 2 件。

Aa 型 1 件。

标本 ⅠT7215－7216⑧:4，夹砂灰黑陶。方唇。口径 8.4、肩径 9.8、高 5.4 厘米（图五五三，6）。

Ca 型 Ⅰ 式 1 件。

标本 ⅠT7007－7108⑧:18，夹砂灰黄陶。圆唇。口径 5.2、肩径 7.3、高 9.3 厘米（图五五三，4；彩版一二八，1）。

敛口罐 18 件。

Ac 型 5 件。

标本 ⅠT6811－6912⑧:54，夹砂灰黑陶。圆唇。口径 19、残高 4.3 厘米（图五五四，1）。

标本 ⅠT6611－6712⑧:81，夹砂灰褐陶。方唇。口径 18.8、残高 4.1 厘米（图五五四，2）。

Bb 型 2 件。

标本 ⅠT6611－6712⑧:144，夹砂灰黑陶。方唇。口径 26、残高 3.6 厘米（图五五四，3）。

Bc 型 2 件。

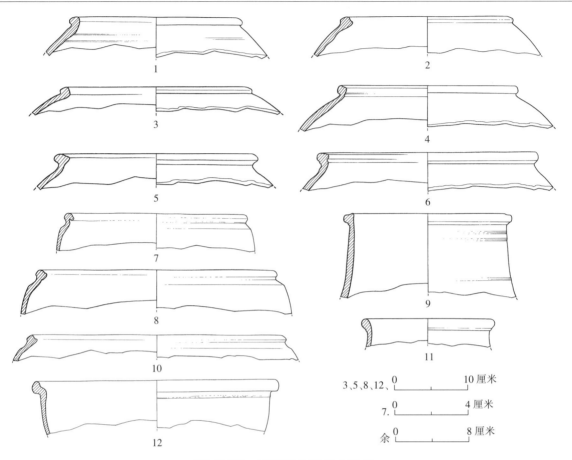

图五五四　西区第8层出土陶器

1、2. Ac 型敛口罐（ⅠT6811－6912⑧：54、ⅠT6611－6712⑧：81）　3. Bb 型敛口罐（ⅠT6611－6712⑧：144）
4. Bc 型敛口罐（ⅠT7009－7110⑧：10）　5、6. Bd 型敛口罐（ⅠT6811－6912⑧：96、ⅠT6609－6710⑧：92）
7. Ca 型Ⅱ式敛口罐（ⅠT7007－7108⑧：20）　8、10. Cb 型Ⅱ式敛口罐（ⅠT6611－6712⑧：78、ⅠT6609－6710
⑧：44）　9. Aa 型Ⅱ式高领罐（ⅠT6811－6912⑧：98）　11. B 型Ⅱ式矮领罐（ⅠT6611－6712⑧：39）　12. D
型盆（ⅠT6811－6912⑧：102）

标本ⅠT7009－7110⑧：10，夹砂灰黑陶。圆唇。口径 19.6、残高 4.5 厘米（图五五四，4）。

Bd 型　4 件。

标本ⅠT6811－6912⑧：96，夹砂灰黑陶。尖圆唇。口径 28、残高 4.3 厘米（图五五四，5）。

标本ⅠT6609－6710⑧：92，夹砂灰黑陶。圆唇。口径 24、残高 4.1 厘米（图五五四，6）。

Ca 型Ⅱ式　1 件。

标本ⅠT7007－7108⑧：20，夹砂灰黄陶。沿面有凹槽，方唇。口径 10、残高 2 厘米（图五五四，7）。

Cb 型Ⅱ式　4 件。

标本ⅠT6611－6712⑧：78，夹砂灰黑陶。圆唇。口径 33、残高 5.6 厘米（图五五四，8）。

标本ⅠT6609－6710⑧：44，夹砂灰黑陶。沿面有凹槽，方唇。口径 28.4、残高 2.5 厘米（图五五四，10）。

高领罐　1件。Aa 型Ⅱ式。

标本ⅠT6811 – 6912⑧∶98，夹砂灰黑陶。平折沿，圆唇。领部饰有凹弦纹。口径 18、残高 8.8 厘米（图五五四，9）。

矮领罐　1件。B 型Ⅱ式。

标本ⅠT6611 – 6712⑧∶39，夹砂灰褐陶。仰卷沿，圆唇。口径 14.4、残高 2.9 厘米（图五五四，11）。

盆　1件。D 型。

标本ⅠT6811 – 6912⑧∶102，夹砂灰黑陶。圆唇。口径 34、残高 7 厘米（图五五四，12）。

瓮　7件。

Cd 型Ⅱ式　4件。

标本ⅠT7007 – 7108⑧∶30，夹砂灰黑陶。圆唇。口径 26.6、残高 4.3 厘米（图五五五，2）。

标本ⅠT7007 – 7108⑧∶56，夹砂灰黑陶。圆唇。口径 30、残高 4.7 厘米（图五五五，5）。

Da 型Ⅱ式　2件。

标本ⅠT6811 – 6912⑧∶22，夹砂灰褐陶。方唇。口径 31.2、残高 5.8 厘米（图五五五，1）。

Dd 型　1件。

标本ⅠT7207 – 7208⑧∶48，夹砂黄褐陶。方唇。口径 32、残高 7.6 厘米（图五五五，3）。

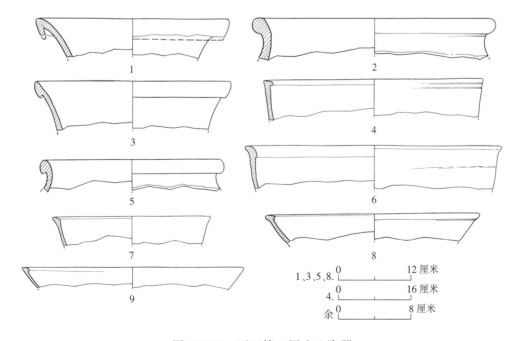

图五五五　西区第 8 层出土陶器

1. Da 型Ⅱ式瓮（ⅠT6811 – 6912⑧∶22）　2、5. Cd 型Ⅱ式瓮（ⅠT7007 – 7108⑧∶30、ⅠT7007 – 7108⑧∶56）
3. Dd 型瓮（ⅠT7207 – 7208⑧∶48）　4. Aa 型Ⅱ式簋形器（ⅠT6609 – 6710⑧∶98）　6. Bb 型Ⅱ式簋形器
（ⅠT7007 – 7108⑧∶61）　7. Ba 型Ⅱ式簋形器（ⅠT6611 – 6712⑧∶36）　8. C 型Ⅱ式簋形器（ⅠT6611 – 6712
⑧∶5）　9. C 型Ⅰ式簋形器（ⅠT6811 – 6912⑧∶87）

簋形器 39 件。

Aa 型 II 式 20 件。

标本 I T6609 – 6710⑧：98，夹砂灰黑陶。沿面平。口径 48、残高 8.2 厘米（图五五五，4）。

Ba 型 II 式 6 件。

标本 I T6611 – 6712⑧：36，夹砂灰褐陶。沿面平。口径 17、残高 3 厘米（图五五五，7）。

Bb 型 II 式 5 件。

标本 I T7007 – 7108⑧：61，夹砂灰黑陶。沿面弧。口径 28、残高 4.6 厘米（图五五五，6）。

C 型 I 式 5 件。

标本 I T6811 – 6912⑧：87，夹砂灰黑陶。沿面平。口径 24、残高 2.2 厘米（图五五五，9）。

C 型 II 式 3 件。

标本 I T6611 – 6712⑧：5，夹砂灰黑陶。沿面弧。口径 35、残高 4.4 厘米（图五五五，8）。

豆盘 1 件。Ba 型。

标本 I T6807 – 6908⑧：31，泥质灰黑陶。残高 5.7 厘米（图五五六，5）。

豆柄 4 件。

Aa 型 3 件。

标本 I T7007 – 7108⑧：24，夹砂灰黑陶。残高 6.8 厘米（图五五六，7）。

标本 I T6811 – 6912⑧：64，夹砂灰黑陶。饰云雷纹。残高 18.5 厘米（图五五六，8）。

Ab 型 1 件。

标本 I T6611 – 6712⑧：79，夹砂灰黄陶。残高 13.8 厘米（图五五六，9）。

器底 13 件。

Aa 型 3 件。

标本 I T6811 – 6912⑧：52，夹砂灰黑陶。底径 12、残高 6 厘米（图五五六，1）。

Ab 型 2 件。

标本 I T6611 – 6712⑧：8，夹砂灰黑陶。底径 6、残高 2.1 厘米（图五五六，2）。

C 型 1 件。

标本 I T6611 – 6712⑧：49，夹砂灰黑陶。底径 7.2、残高 3 厘米（图五五六，11）。

Db 型 7 件。

标本 I T7007 – 7108⑧：70，夹砂灰黑陶。残高 4.8 厘米（图五五六，3）。

标本 I T6809 – 6910⑧：21，泥质灰黑陶。残高 4.4 厘米（图五五六，4）。

标本 I T6809 – 6910⑧：9，夹砂灰黑陶。残高 3.4 厘米（图五五六，6）。

圈足 2 件。Ba 型。

标本 I T6811 – 6912⑧：12，夹砂灰褐陶。圈足径 18、残高 6.6 厘米（图五五六，10）。

纺轮 2 件。Bb 型。

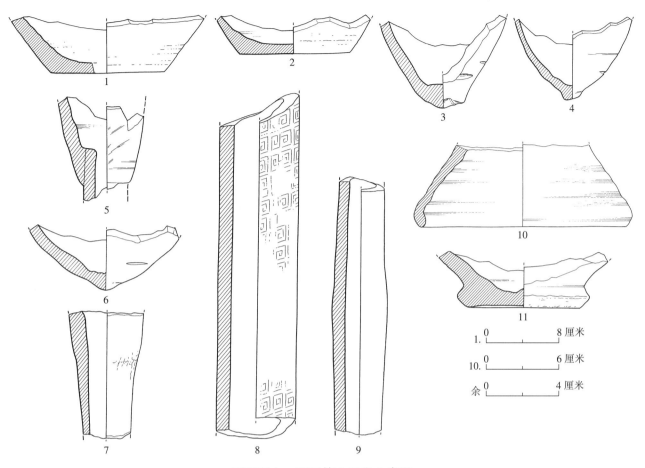

图五五六 西区第 8 层出土陶器

1. Aa 型器底（ⅠT6811 – 6912⑧：52） 2. Ab 型器底（ⅠT6611 – 6712⑧：8） 3、4、6. Db 型器底（ⅠT7007 – 7108⑧：70、ⅠT6809 – 6910⑧：21、ⅠT6809 – 6910⑧：9） 5. Ba 型豆盘（ⅠT6807 – 6908⑧：31） 7、8. Aa 型豆柄（ⅠT7007 – 7108⑧：24、ⅠT6811 – 6912⑧：64） 9. Ab 型豆柄（ⅠT6611 – 6712⑧：79） 10. Ba 型圈足（ⅠT6811 – 6912⑧：12） 11. C 型器底（ⅠT6611 – 6712⑧：49）

标本ⅠT6611 – 6712⑧：1，直径 3.4、孔径 0.3、厚 1.4 厘米（图五五七，3）。

（2）玉器

8 件。

美石 8 件。

标本ⅠT6809 – 6910⑧：4，黄褐色夹杂暗红色。长 5.9、宽 5.7、厚 2.3 厘米（图五五七，1）。

标本ⅠT6809 – 6910⑧：7，青色。长 8.3、宽 3.2、厚 2.1 厘米（图五五七，2）。

（3）石器

7 件。

璧 3 件。

Aa 型 2 件。

标本ⅠT6809 – 6910⑧：1，灰白色。孔壁留有管钻痕迹。环面及轮边打磨精细。直径 9.3、孔径

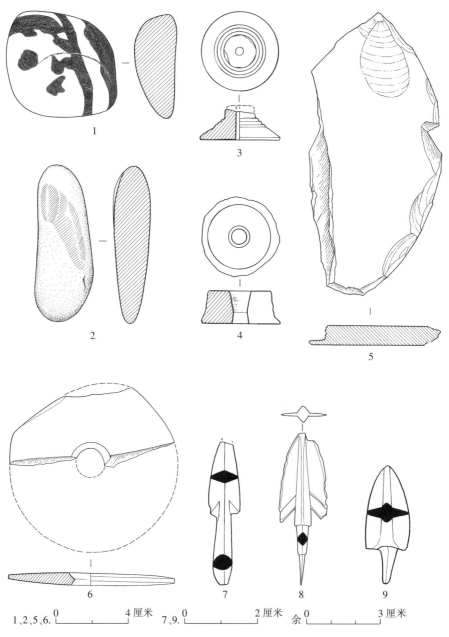

图五五七　西区第8层出土器物

1、2. 美石（ⅠT6809-6910⑧：4、ⅠT6809-6910⑧：7）　3. Bb 型陶纺轮（ⅠT6611-6712⑧：1）　4. C 型石璧
（ⅠT6613-6714⑧：1）　5. A 型石璧坯料（ⅠT6412⑧：7）　6. Aa 型石璧（ⅠT6809-6910⑧：1）　7. Aa 型铜镞
（ⅠT6412⑧：2）　8、9. Ba 型铜镞（ⅠT7007-7108⑧：17、ⅠT6412⑧：1）

2.1、厚 0.6 厘米（图五五七，6；彩版一二八，3）。

C 型　1 件。

标本ⅠT6613-6714⑧：1，青色。直径 2.7~3.4、孔径 0.7、厚 1.3 厘米（图五五七，4）。

石璧坯料　4 件。A 型。

标本ⅠT6412⑧：7，灰黑色。剖裂面及轮边粗打磨。周缘较薄，中部略厚。残长 15.1、残宽

7.1、厚 1 厘米（图五五七，5；彩版一二八，4）。

（4）铜器

3 件。

镞　3 件。

Aa 型　1 件。

标本 Ⅰ T6412⑧：2，锋残，长铤。残长 3.7 厘米（图五五七，7；彩版一二八，5）。

Ba 型　2 件。

标本 Ⅰ T7007－7108⑧：17，双翼突出，长铤；中部起脊。长 6.1、宽 2 厘米（图五五七，8）。

标本 Ⅰ T6412⑧：1，短铤。长 3.2、宽 1.3 厘米（图五五七，9；彩版一二八，6）。

（四五）第 7 层出土遗物

该层出土遗物有陶器、玉器、石器和铜器，数量较少。其中出土 1165 片陶片，10 件玉器，10 件石器和 8 件铜器。陶器中以夹砂陶为大宗，占 95.11%。夹砂陶中灰黑陶占 59.12%，灰黄陶占

表三七　西区第 7 层陶片统计表

陶质 陶色 纹饰	夹砂陶						小计	百分比（%）	泥质陶				小计	百分比（%）
	灰黑	灰	红褐	灰褐	黄褐	灰黄			灰黑	灰	灰黄	黄褐		
素面	462	3	49	117	51	86	768	69.32	8	12	19	1	40	70.18
细绳纹	1						1	0.09			1		1	1.75
粗绳纹	40		19	20	6	5	90	8.12						
重菱纹			2	3	1	1	7	0.63						
凹弦纹	11		1	4			16	1.45			2		2	3.51
凸棱纹	2						2	0.18						
刻划纹	3					2	5	0.45						
细线纹	120	2	12	51	3	13	201	18.14	4	1	1	1	7	12.28
压印纹	9						9	0.81						
网格纹	4					2	6	0.54	1				1	1.75
戳印纹	3						3	0.27	3	3			6	10.53
小计	655	5	83	195	61	109	1108		16	16	23	2	57	
百分比（%）	59.12	0.45	7.49	17.60	5.50	9.84		100.00	28.07	28.07	40.35	3.51		100.00
合计	1165													

9.84%，灰褐陶占 17.60%，灰陶占 0.45%，红褐陶占 7.49%，黄褐陶占 5.50%；泥质陶中灰黑陶占 28.07%，灰黄陶占 40.35%，灰陶占 28.07%，黄褐陶占 3.51%。夹砂陶中纹饰陶片占 30.69%，以细线纹、粗绳纹为多，分别占 59.12% 和 26.48%，另有少量凹弦纹、重菱纹、压印纹、网格纹，极少量戳印纹、凸棱纹、细绳纹、刻划纹等；泥质陶中纹饰陶片占 29.82%，纹饰种类较少，以细线纹、戳印纹为主，分别占 41.18% 和 35.29%，另有极少量凹弦纹、粗绳纹和网格纹等（表三七）。陶器可辨器形有尖底盏、尖底罐、敛口罐、高领罐、矮领罐、束颈罐、缸、瓮、釜、豆柄、簋形器、器底、纺轮、圈足等。玉器种类有锥形器、环、璧等。石器种类有斧、凿、璧等。铜器种类有镞、锥形器等。

（1）陶器

46 件。

尖底盏　1 件。Bb 型Ⅲ式。

标本Ⅰ T7215 - 7216⑦：19，夹砂灰黑陶。圆唇。口径 10.2、残高 1.9 厘米（图五五八，1）。

尖底罐　1 件。Ab 型。

标本Ⅰ T7215 - 7216⑦：22，夹砂灰黑陶。方唇。口径 15.6、残高 2.5 厘米（图五五八，2）。

敛口罐　2 件。

Bb 型　1 件。

标本Ⅰ T6609 - 6710⑦：8，夹砂灰黑陶。口径 17、残高 2.2 厘米（图五五八，3）。

Ca 型Ⅱ式　1 件。

标本Ⅰ T6609 - 6710⑦：73，夹砂灰黑陶。方唇。口径 36、残高 7.2 厘米（图五五八，4）。

高领罐　1 件。Fa 型Ⅱ式。

标本Ⅰ T6609 - 6710⑦：44，夹砂灰褐陶。卷沿，圆唇。领部饰两周凹弦纹。口径 18、残高 7.8 厘米（图五五八，7）。

矮领罐　2 件。A 型Ⅱ式。

标本Ⅰ T6609 - 6710⑦：63，夹砂灰黑陶。斜折沿，圆唇。口径 17.6、残高 4.5 厘米（图五五八，5）。

标本Ⅰ T6807 - 6908⑦：18，夹砂灰黄陶。平卷沿，圆唇。残高 4.8 厘米（图五五八，6）。

束颈罐　1 件。Ba 型。

标本Ⅰ T6609 - 6710⑦：34，夹砂灰黑陶。口径 14.7、残高 3 厘米（图五五八，9）。

绳纹圜底罐　2 件。Aa 型。

标本Ⅰ T7011 - 7112⑦：3，夹砂灰黑陶。平卷沿，圆唇。肩部饰竖向粗绳纹。口径 29、残高 9.3 厘米（图五五八，8）。

瓮　3 件。

Cd 型Ⅱ式　1 件。

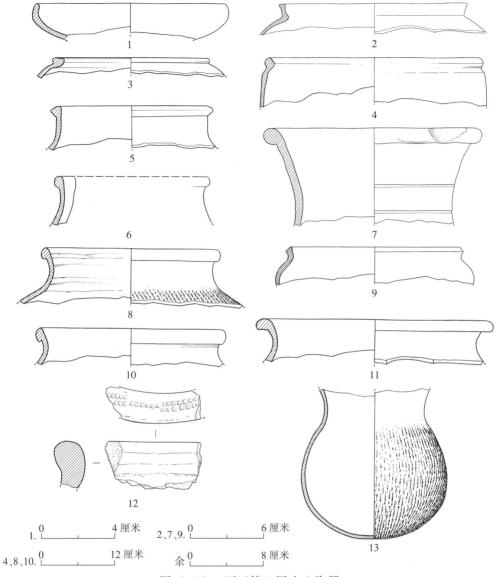

图五五八 西区第 7 层出土陶器

1. Bb 型Ⅲ式尖底盏（ⅠT7215－7216⑦：19） 2. Ab 型尖底罐（ⅠT7215－7216⑦：22） 3. Bb 型敛口罐
（ⅠT6609－6710⑦：8） 4. Ca 型Ⅱ式敛口罐（ⅠT6609－6710⑦：73） 5、6. A 型Ⅱ式矮领罐（ⅠT6609－
6710⑦：63、ⅠT6807－6908⑦：18） 7. Fa 型Ⅱ式高领罐（ⅠT6609－6710⑦：44） 8. Aa 型绳纹圜底罐
（ⅠT7011－7112⑦：3） 9. Ba 型束颈罐（ⅠT6609－6710⑦：34） 10. Cd 型Ⅱ式瓮（ⅠT7011－7112⑦：4）
11. Dc 型Ⅱ式瓮（ⅠT6807－6908⑦：28） 12. Cb 型缸（ⅠT6609－6710⑦：72） 13. A 型釜（ⅠT7007－
7108⑦：5）

标本ⅠT7011－7112⑦：4，夹砂灰褐陶。圆唇。口径 31、残高 6 厘米（图五五八，10）。

Dc 型Ⅱ式 2 件。

标本ⅠT6807－6908⑦：28，夹砂灰黑陶。圆唇。口径 26、残高 4.7 厘米（图五五八，11）。

缸 3 件。Cb 型。

标本ⅠT6609－6710⑦：72，夹砂灰黑陶。卷沿，圆唇。沿面压印方格纹。残高 5 厘米（图
五五八，12）。

釜　1件。A型。

标本ⅠT7007－7108⑦：5，夹砂灰黑陶。通体饰竖向粗绳纹。腹径16、残高16厘米（图五五八，13；彩版一二八，2）。

簋形器　2件。

Ab型Ⅱ式　1件。

标本ⅠT6609－6710⑦：10，夹砂灰黑陶。沿面弧。内外壁有制作时留下的轮制痕迹。残高8.7厘米（图五五九，1）。

C型Ⅱ式　1件。

标本ⅠT7009－7110⑦：9，夹砂灰黑陶。沿面弧。残高3.7厘米（图五五九，2）。

豆柄　5件。

Aa型　4件。

标本ⅠT6609－6710⑦：90，夹砂灰褐陶。残高7.2厘米（图五五九，7）。

Ac型　1件。

标本ⅠT6809－6910⑦：35，泥质灰黄陶。残高15.2厘米（图五五九，8）。

器底　8件。

C型　1件。

标本ⅠT6609－6710⑦：99，夹砂灰黑陶。底径5.7、残高4厘米（图五五九，3）。

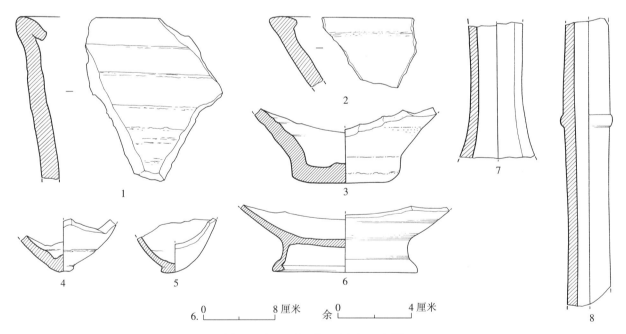

图五五九　西区第7层出土陶器

1. Ab型Ⅱ式簋形器（ⅠT6609－6710⑦：10）　2. C型Ⅱ式簋形器（ⅠT7009－7110⑦：9）　3. C型器底（ⅠT6609－6710⑦：99）　4、5. Db型器底（ⅠT7205－7206⑦：8、ⅠT7215－7216⑦：1）　6. Ca型圈足（ⅠT6609－6710⑦：3）　7. Aa型豆柄（ⅠT6609－6710⑦：90）　8. Ac型豆柄（ⅠT6809－6910⑦：35）

Db 型 7 件。

标本ⅠT7205 – 7206⑦：8，夹砂灰黑陶。残高 2.8 厘米（图五五九，4）。

标本ⅠT7215 – 7216⑦：1，泥质灰黑陶。残高 2.9 厘米（图五五九，5）。

圈足 1 件。Ca 型。

标本ⅠT6609 – 6710⑦：3，夹砂灰黑陶。圈足径 15.7、残高 7.1 厘米（图五五九，6）。

纺轮 13 件。

Ba 型 7 件。

标本ⅠT6413⑦：8，泥质灰黑陶。腰部饰两周凸棱。直径 3.5、孔径 0.4、厚 2 厘米（图五六〇，1；彩版一二九，1）。

标本ⅠT6514⑦：2，泥质灰黑陶。腰部饰两周凸棱。直径 3.4、孔径 0.3、厚 2.1 厘米（图五六〇，15）。

标本ⅠT6511 – 6512⑦：58，泥质灰黑陶。腰部饰两周凹弦纹。直径 3.3、孔径 0.4、厚 1.9 厘米（图五六〇，2）。

标本ⅠT6613 – 6714⑦：2，泥质灰黑陶。腰部饰两周凸棱。直径 3.2、孔径 0.4、厚 1.4 厘米（图五六〇，8）。

Bb 型 4 件。

标本ⅠT6513⑦：4，泥质灰黑陶。直径 3.6、孔径 0.3、厚 1.5 厘米（图五六〇，3；彩版一二九，2）。

标本ⅠT6513⑦：11，泥质灰黑陶。腰部饰三周凸棱。直径 3.5、孔径 0.3、厚 1.6 厘米（图五六〇，4）。

标本ⅠT6511 – 6512⑦：11，泥质灰黑陶。腰部饰两周凸棱。直径 3.4、孔径 0.3、厚 1.3 厘米（图五六〇，5）。

D 型 2 件。

标本ⅠT6611 – 6712⑦：13，泥质灰黑陶。直径 3.2、孔径 0.5、厚 1.3 厘米（图五六〇，6）。

标本ⅠT6611 – 6712⑦：9，泥质灰黑陶。腰部饰两周凸棱。直径 3.3、孔径 0.4、厚 1 厘米（图五六〇，7）。

（2）玉器

10 件。

锥形器 1 件。

标本ⅠT6511 – 6512⑦：1，灰白色，夹黑色、红色沁斑。表面磨光。平面近纺锤形，断面呈圆角长方形。中部较粗，两端较细。长 7.7、宽 1.4、厚 1 厘米，重 17.1 克（图五六〇，9；彩版一二八，7）。

璧 3 件。

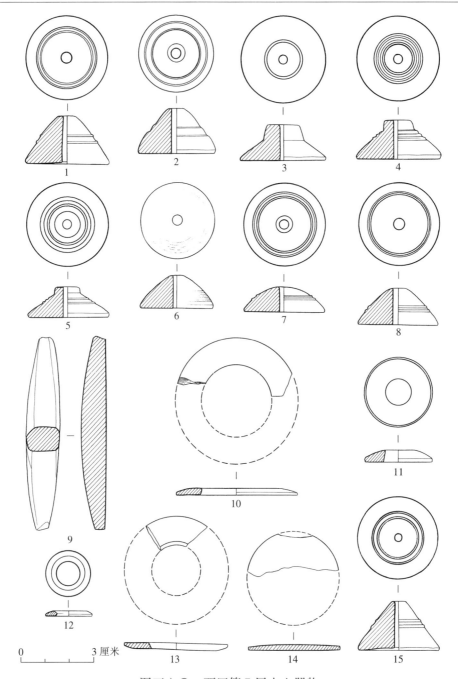

图五六〇　西区第 7 层出土器物

1、2、8、15. Ba 型陶纺轮（ⅠT6413⑦:8、ⅠT6511–6512⑦:58、ⅠT6613–6714⑦:2、ⅠT6514⑦:2）　3 ~
5. Bb 型陶纺轮（ⅠT6513⑦:4、ⅠT6513⑦:11、ⅠT6511–6512⑦:11）　6、7. D 型陶纺轮（ⅠT6611–6712
⑦:13、ⅠT6611–6712⑦:9）　9. 玉锥形器（ⅠT6511–6512⑦:1）　10、12、13. B 型玉环（ⅠT6413⑦:7、
ⅠT6511–6512⑦:16、ⅠT6613–6714⑦:8）　11. Bb 型玉璧（ⅠT6513⑦:3）　14. Ba 型玉璧（ⅠT6511–
6512⑦:17）

Ba 型　2 件。

标本ⅠT6511–6512⑦:17，青色。仅存一段，内缘未见。表面打磨。直径 3.7、厚 0.2 厘米，
重 2.1 克（图五六〇，14）。

Bb 型　1 件。

标本ⅠT6513⑦：3，玉色泛青。一小段残缺。表面打磨，孔单面钻通，风化较严重。平面呈圆环形。环面略窄，一面平，一面中部略凸，外缘呈凸脊面。直径 2.8、孔径 1.1、厚 0.5 厘米，重 3.1 克（图五六〇，11；彩版一二九，3）。

环　3 件。B 型。

标本ⅠT6413⑦：7，灰白色，夹黑色沁斑。表面磨光，孔对钻。环面较窄，外缘呈凸脊面。外径 5、内径 2.9、厚 0.3 厘米（图五六〇，10）。

标本ⅠT6511 – 6512⑦：16，青色。仅存半边。表面打磨，孔对钻。平面呈圆环形。环面略窄，外缘呈凸脊面。外径 1.8、内径 0.8、厚 0.2 厘米，重 0.4 克（图五六〇，12；彩版一二九，4）。

标本ⅠT6613 – 6714⑦：8，仅存一小段。表面磨光，孔单面钻通。平面呈圆环形。环面较宽，外缘呈凸脊面。外径 4.3、内径 2、厚 0.3 厘米，重 1.1 克（图五六〇，13）。

玉石　2 件。

标本ⅠT6513⑦：1，利用玉料切割成型，并经过打磨抛光处理，制作非常规整。中部有一道切割痕迹。平面近椭圆形，扁平。长 9.3、宽 3.1、厚 1.1 厘米（图五六一，1）。

标本ⅠT6609 – 6710⑦：5，灰色，杂有大量锈斑。打磨粗糙。长 12.7、宽 2.6、厚 1.9 厘米（图五六一，2）。

磨石　1 件。

标本ⅠT6413⑦：11，在自然卵石的两面进行打磨，从而形成平台。长 11.1、宽 4.8、厚 1.2 厘米（图五六一，3）。

（3）石器

10 件。

斧　2 件。

Ba 型　1 件。

标本ⅠT6611 – 6712⑦：22，表面磨光，器身有多处破损，刃部打击痕迹较多。平面近长方形。顶部保留自然面，中部略凸，侧边平直，弧刃。长 16.3、宽 8.5、厚 3 厘米，重 613.4 克（图五六二，1；彩版一二九，6）。

D 型　1 件。

标本ⅠT6511 – 6512⑦：44，一面磨光，顶部有打制痕迹，刃部有较多使用痕迹。平面呈"8"字形，中部修整成亚腰状。顶部呈弧形，中部鼓凸，边缘较薄，刃部较宽，弧刃。长 17.8、宽 11、厚 2.7 厘米，重 563.8 克（图五六二，2；彩版一二九，7）。

凿　1 件。D 型。

标本ⅠT6513⑦：20，青色，夹黄色沁斑。表面磨光，两侧边各有一道磨制凹槽。平面呈长方形，断面呈长方形。顶部平整，侧边平直，未开刃。长 4.8、宽 1.9、厚 1.3 厘米，重 19.6 克（图

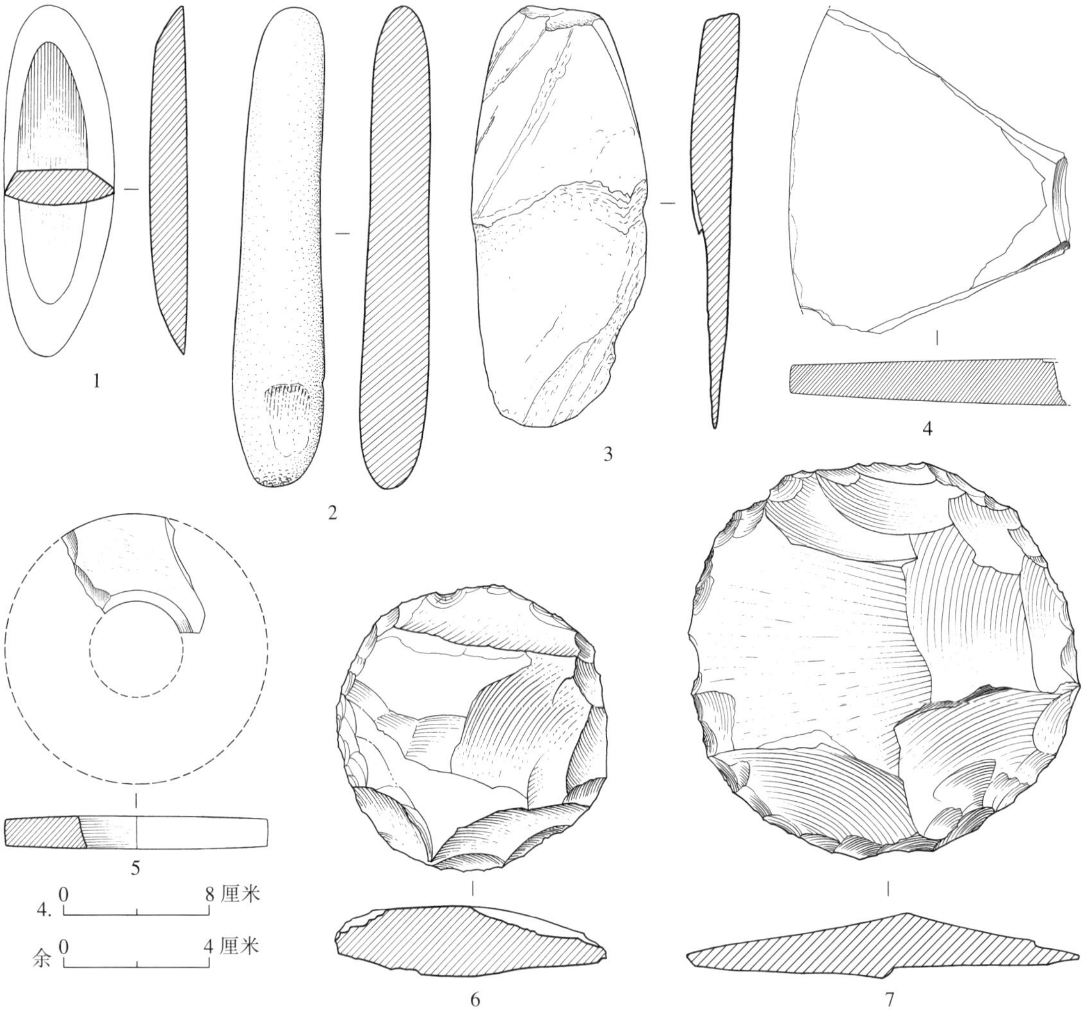

图五六一　西区第7层出土玉、石器

1、2. 玉石（ⅠT6513⑦：1、ⅠT6609－6710⑦：5）　3. 磨石（ⅠT6413⑦：11）　4、5. Aa 型石璧
（ⅠT6613－6714⑦：20、ⅠT6413⑦：4）　6、7. A 型石璧坯料（ⅠT7005－7106⑦：1、ⅠT6413⑦：22）

五六三，1；彩版一二九，5）。

璧　3件。Aa 型。

标本ⅠT6413⑦：4，仅存一小段。表面磨光，孔单面钻通。环面较窄，外缘呈方形。直径
7.4、孔径2.5、厚0.9厘米，重12.2克（图五六一，5）。

标本ⅠT6613－6714⑦：20，黑色。破裂面及环面打磨精细。残长17.1、厚2.5厘米（图五六
一，4）。

石璧坯料　4件。A 型。

标本ⅠT7005－7106⑦：1，灰黑色。破裂面及轮边未经打磨。周缘较薄，中部略厚。直径
7.4、厚1.9厘米（图五六一，6）。

标本ⅠT6413⑦：22，灰黑色。平面呈圆形，扁平。直径10.7、厚1.2厘米，重151.5克（图
五六一，7；彩版一三〇，5）。

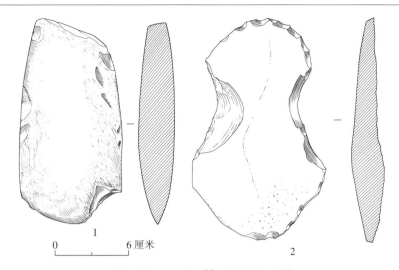

图五六二　西区第7层出土石斧
1. Ba 型（ⅠT6611 - 6712⑦：22）　2. D 型（ⅠT6511 - 6512⑦：44）

（4）铜器

8件。

镞　5件。

Ab 型　2件。

标本ⅠT6513⑦：22，尖锋，双翼不突出，短铤，脊部呈菱形。长4.5、宽1.4、厚0.7厘米，重5.8克（图五六三，2；彩版一三〇，1）。

Ac 型　1件。

标本ⅠT6413⑦：1，尖锋，双翼，中脊凸起，长铤。长4.3、宽1.2、厚0.8厘米（图五六三，3；彩版一三〇，2）。

Ba 型　1件。

标本ⅠT6513⑦：5，尖锋，双翼，中脊凸起，长铤。长6.2、宽1.4、厚0.6厘米，重4.9克（图五六三，5；彩版一三〇，4）。

Bb 型　1件。

标本ⅠT6412⑦：1，尖圆锋，双翼，中部凹陷，短铤。长3.1、宽1.6、厚0.3厘米，重2.7克（图五六三，4；彩版一三〇，3）。

锥形器　2件。

Aa 型　1件。

标本ⅠT6611 - 6712⑦：12，仅存中部一段。器身呈扁长条状，平面呈长方形，断面近三角形。一侧略扁。残长6.4、宽0.9、厚0.45厘米（图五六三，6；彩版一三〇，6）。

C 型　1件。

标本ⅠT6613 - 6714⑦：1，仅存末端处一段。平面呈长方形，断面近圆形。近中部有一分叉，

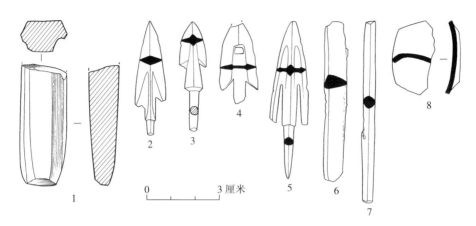

图五六三　西区第7层出土器物

1. D 型石凿（ⅠT6513⑦：20）　2. Ab 型铜镞（ⅠT6513⑦：22）　3. Ac 型铜镞（ⅠT6413⑦：1）　4. Bb 型
铜镞（ⅠT6412⑦：1）　5. Ba 型铜镞（ⅠT6513⑦：5）　6. Aa 型铜锥形器（ⅠT6611‒6712⑦：12）　7. C
型铜锥形器（ⅠT6613‒6714⑦：1）　8. 铜器残片（ⅠT6809‒6910⑦：2）

残存部分极短。残长7.3、宽0.6、厚0.4厘米，重3.2克（图五六三，7；彩版一三〇，7）。

铜器残片　1件。

标本ⅠT6809‒6910⑦：2，残长2.9、宽1.8、厚0.2厘米（图五六三，8）。

（四六）第6层下遗迹及出土遗物

第6层下遗迹仅L64（见附表一）。

L64

位于ⅠT6512、ⅠT6612、ⅠT6513、ⅠT6613四个探方交界处，开口于第6层下，卜甲集中放置于第7层层表。共计出土19片卜甲，其中6片较大。第7层表土为灰黑色砂土，含沙量重，包含有大量灰烬（彩版一三一、一三二）。

卜甲　6件。

标本L64：1，为整片的龟腹甲，圆形钻孔，部分孔内有十字形凿痕，多数孔有灼烧痕迹，四周产生放射状裂纹。钻孔主要分布在四周，规律不明显。长58.4、宽32.1厘米（图五六四，1；彩版一三三，1）。

标本L64：2，为大片的龟腹甲，大部残损。圆形钻孔，大小不一，孔内均有十字形凿痕。部分孔内有灼烧痕迹，少数孔四周产生裂纹。残长30.7、宽13.8厘米（图五六五，1）。

标本L64：3，为整片的龟背甲，圆形钻孔，部分孔内有十字形凿痕，多数孔有灼烧痕迹，四周产生放射状裂纹。钻孔大小均匀，呈片状分布。长36.8、宽26.4厘米（彩版一三三，2）。

标本L64：4，为小片的龟腹甲，下部残损。圆形钻孔，较均匀地分列腹中线两侧，内均有十字形凿痕。部分孔内有灼烧痕迹，大部分孔周围有裂纹。残长9.5、宽10.1厘米（图五六五，2）。

1　　　　　　　　　　　　　　　　　　　　　2

0 ⊢——————⊣ 8厘米

图五六四　西区 L64 出土卜甲

1. L64:1　2. L64:6

标本 L64:5，为大片的龟腹甲，大部分残损。圆形钻孔，孔内均有十字形凿痕。孔周围均无裂纹。残长 14.7、宽 15.2 厘米（图五六五，3）。

标本 L64:6，为大片的龟腹甲，大部分残损。圆形钻孔，钻孔周围无裂纹，大小均匀。残长 36.4、宽 26.4 厘米（图五六四，2）。

（四七）第 6 层出土遗物

该层出土遗物有陶器、玉器、石器、铜器、骨角器，陶片数量较多，计有 3137 片陶片；另有 4 件玉器、5 件铜器和 1 件骨角器。陶器中以夹砂陶为大宗，占 97.42%。夹砂陶中灰黑陶占 57.20%，

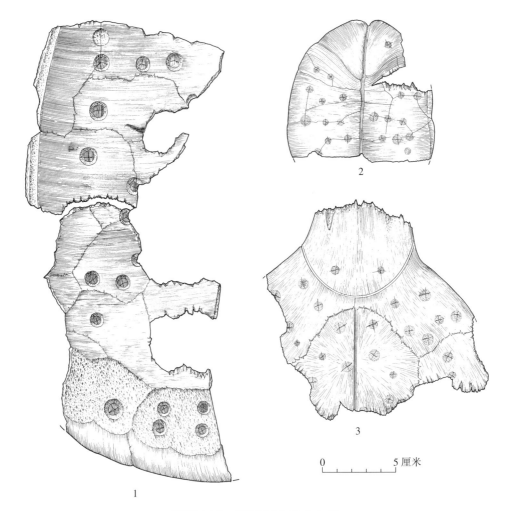

图五六五　西区 L64 出土卜甲
1. L64：2　2. L64：4　3. L64：5

灰黄陶占 7.13%，灰褐陶占 24.25%，灰陶占 0.39%，红褐陶占 8.05%，黄褐陶占 2.98%；泥质陶中灰黑陶占 30.87%，灰黄陶占 35.80%，灰褐陶占 24.69%，灰陶占 7.41%，灰白陶占 1.23%。纹饰较发达，夹砂陶中纹饰陶片达 38.35%，以粗绳纹、细线纹、凹弦纹为多，分别占 54.95%、34.13% 和 4.86%，另有少量压印纹、细绳纹，极少量重菱纹、刻划纹、网格纹、戳印纹等；泥质陶中纹饰陶片占 23.46%，纹饰种类较少，以粗绳纹、戳印纹为主，分别占 52.63% 和 31.58%，另有极少量凹弦纹、凸棱纹和细线纹等（表三八）。陶器可辨器形有尖底盏、敛口罐、矮领罐、绳纹圜底罐、盆、瓮、簋形器、盘、圈足、豆柄等。玉器种类有璧、美石。铜器种类有镞、铃等。骨角器仅有鹿角。

（1）陶器

70 件。

尖底盏　3 件。Cc 型 Ⅱ 式。

标本 Ⅰ T6514⑥：5，夹砂灰黑陶。圆唇。口径 13、残高 1.9 厘米（图五六六，1）。

标本 Ⅰ T6613 – 6714⑥：48，夹砂灰黑陶。圆唇。残高 1.8 厘米（图五六六，2）。

表三八　西区第6层陶片统计表

纹饰＼陶色＼陶质	夹砂陶						小计	百分比（%）	泥质陶					小计	百分比（%）
	灰黑	灰	红褐	灰褐	黄褐	灰黄			灰黑	灰	灰黄	灰褐	灰白		
素面	1161	6	119	373	57	168	1884	61.65	23	5	28	5	1	62	76.55
细绳纹	5			10			15	0.49							
粗绳纹	307	6	81	217	11	22	644	21.07		1		9		10	12.35
重菱纹	1		3	2			6	0.20							
凹弦纹	37		7	7	4	2	57	1.87				1		1	1.23
凸棱纹	1						1	0.03				1		1	1.23
刻划纹	4			2			6	0.20							
细线纹	197		35	125	19	24	400	13.09				1		1	1.23
压印纹	28		1	5			34	1.11							
网格纹	4						4	0.13							
戳印纹	2					1	3	0.10	2		1	3		6	7.41
瓦棱纹						1	1	0.03							
乳丁纹	1						1	0.03							
小计	1748	12	246	741	91	218	3056		25	6	29	20	1	81	
百分比（%）	57.20	0.39	8.05	24.25	2.98	7.13		100.00	30.87	7.41	35.80	24.69	1.23		100.00
合计	3137														

标本ⅠT7213－7214⑥：6，夹砂灰黑陶。圆唇。口径14、残高2厘米（图五六六，3）。

敛口罐　9件。

Bb型　1件。

标本ⅠT6414⑥：6，夹砂灰黑陶。方唇。口径18、残高2.7厘米（图五六六，4）。

Bc型　6件。

标本ⅠT7209－7210⑥：11，夹砂灰黑陶。圆唇。口径24.4、残高3.1厘米（图五六六，5）。

标本ⅠT6813－6914⑥：12，夹砂灰黑陶。尖圆唇。口径17.2、残高2.7厘米（图五六六，6）。

标本ⅠT7205－7206⑥：11，夹砂灰黑陶。口径24.6、残高3.6厘米（图五六六，9）。

Bd型　1件。

标本ⅠT6613－6714⑥：37，夹砂灰褐陶。圆唇。口径25.4、残高7.9厘米（图五六六，7）。

Ca型Ⅱ式　1件。

标本ⅠT6811－6912⑥：29，夹砂灰黑陶。圆唇。残高3.6厘米（图五六六，11）。

矮领罐　1件。B型Ⅱ式。

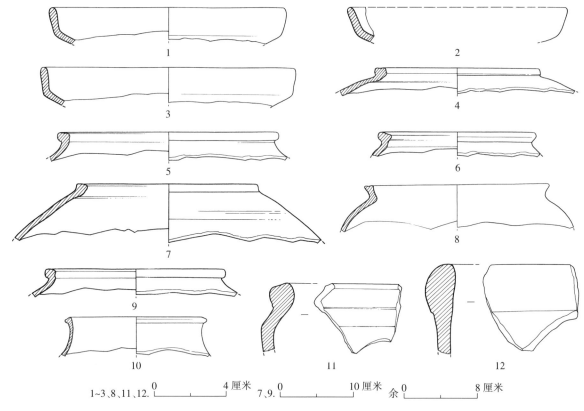

图五六六　西区第6层出土陶器

1～3. Cc 型 II 式尖底盏（I T6514⑥：5、I T6613－6714⑥：48、I T7213－7214⑥：6）　4. Bb 型敛口罐
（I T6414⑥：6）　5、6、9. Bc 型敛口罐（I T7209－7210⑥：11、I T6813－6914⑥：12、I T7205－7206
⑥：11）　7. Bd 型敛口罐（I T6613－6714⑥：37）　8. Db 型束颈罐（I T7211－7212⑥：30）　10. B 型
II 式矮领罐（I T7211－7212⑥：32）　11. Ca 型 II 式敛口罐（I T6811－6912⑥：29）　12. Ea 型 II 式盆
（I T6613－6714⑥：35）

标本 I T7211－7212⑥：32，夹砂灰黑陶。斜折沿，圆唇。口径 15.6、残高 4.4 厘米
（图五六六，10）。

束颈罐　1 件。Db 型。

标本 I T7211－7212⑥：30，夹砂灰黑陶。口径 10.1、残高 2.5 厘米（图五六六，8）。

绳纹圆底罐　7 件。Ab 型。

标本 I T6613－6714⑥：2，夹砂灰黑陶。平卷沿，圆唇。肩部饰竖向粗绳纹。口径 22、残高
10 厘米（图五六七，1）。

标本 I T7011－7112⑥：10，夹砂灰褐陶。平卷沿，圆唇。肩部饰竖向粗绳纹。口径 17、残高
5.8 厘米（图五六七，4）。

标本 I T6609－6710⑥：76，夹砂灰褐陶。圆唇。内壁有细旋痕。口径 31、残高 8.5 厘米（图
五六七，2）。

盆　1 件。Ea 型 II 式。

标本 I T6613－6714⑥：35，夹砂灰黑陶。残高 4.6 厘米（图五六六，12）。

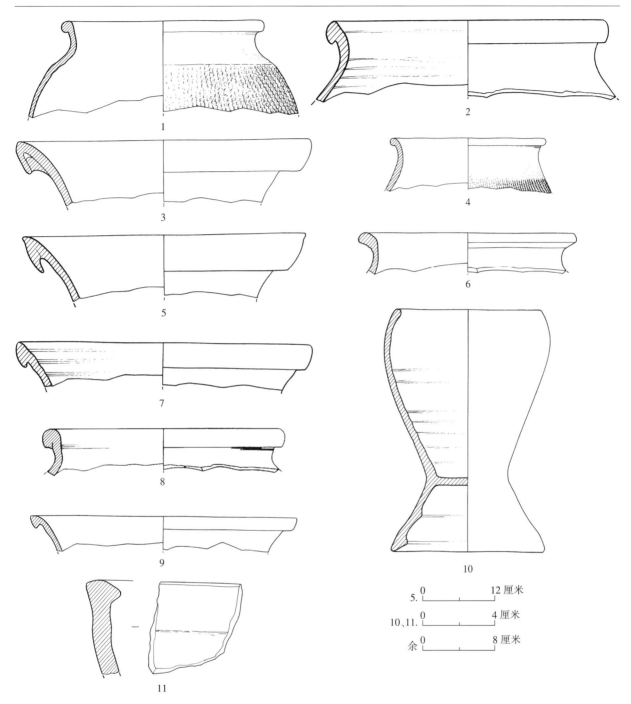

图五六七　西区第 6 层出土陶器

1、2、4. Ab 型绳纹圜底罐 （ⅠT6613－6714⑥：2、ⅠT6609－6710⑥：76、ⅠT7011－7112⑥：10）　3. Da 型Ⅱ式瓮 （ⅠT6511－6512⑥：8）　5. Da 型Ⅰ式瓮 （ⅠT6413⑥：10）　6、8. Cd 型Ⅱ式瓮 （ⅠT6807－6908⑥：10、ⅠT6511－6512⑥：6）　7. Dd 型瓮 （ⅠT7009－7110⑥：23）　9. Db 型Ⅱ式瓮 （ⅠT7205－7206⑥：9）　10. Ba 型杯 （ⅠT7209－7210⑥：8）　11. Ba 型Ⅱ式簋形器 （ⅠT6414⑥：5）

瓮　10 件。

Cd 型Ⅱ式　5 件。

标本 ⅠT6511－6512⑥：6，夹砂灰黑陶。圆唇。口径 26、残高 4.4 厘米（图五六七，8）。

标本ⅠT6807－6908⑥：10，夹砂灰黑陶。圆唇。口径24、残高4.3厘米（图五六七，6）。

Da型Ⅰ式　1件。

标本ⅠT6413⑥：10，夹砂灰黑陶。方唇。口径46、残高10厘米（图五六七，5）。

Da型Ⅱ式　2件。

标本ⅠT6511－6512⑥：8，夹砂灰褐陶。方唇。口径32、残高6.7厘米（图五六七，3）。

Db型Ⅱ式　1件。

标本ⅠT7205－7206⑥：9，夹砂灰褐陶。口径29.2、残高4.2厘米（图五六七，9）。

Dd型　1件。

标本ⅠT7009－7110⑥：23，夹砂灰黑陶。方唇。口径32、残高4.6厘米（图五六七，7）。

杯　1件。Ba型。

标本ⅠT7209－7210⑥：8，夹砂灰黑陶。口径7.9、圈足径8.4、高12.8厘米（图五六七，10）。

簋形器　21件。

Ba型Ⅱ式　4件。

标本ⅠT6414⑥：5，夹砂灰黑陶。沿面弧。残高4.9厘米（图五六七，11）。

标本ⅠT6813－6914⑥：11，夹砂灰黑陶。沿面平。残高3.4厘米（图五六八，2）。

Bb型Ⅱ式　15件。

标本ⅠT6613－6714⑥：8，夹砂灰黑陶。沿面弧。内、外壁有制作时留下的轮制痕迹。口径25、残高4.9厘米（图五六八，1）。

标本ⅠT6613－6714⑥：21，夹砂灰黑陶。沿面弧。口径27、残高3.4厘米（图五六八，3）。

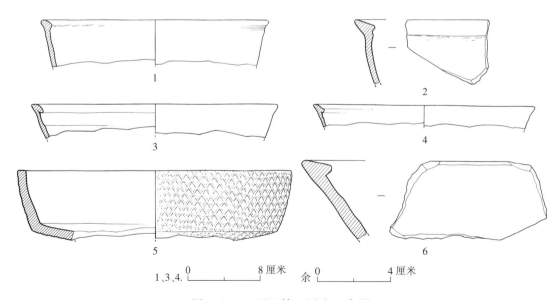

图五六八　西区第6层出土陶器

1、3、4. Bb型Ⅱ式簋形器（ⅠT6613－6714⑥：8、ⅠT6613－6714⑥：21、ⅠT6413⑥：6）　2. Ba型Ⅱ式簋形器（ⅠT6813－6914⑥：11）　5. D型盘（ⅠT7011－7112⑥：13）　6. C型Ⅱ式簋形器（ⅠT6414⑥：44）

标本Ⅰ T6413⑥：6，夹砂灰黑陶。沿面平。口径24、残高2.3厘米（图五六八，4）。

C型Ⅱ式　2件。

标本Ⅰ T6414⑥：44，夹砂灰黑陶。沿面平。内壁有制作时留下的轮制痕迹。残高4.1厘米（图五六八，6）。

盘　1件。D型。

标本Ⅰ T7011－7112⑥：13，夹砂灰黄陶，质地较硬。无沿，方唇。通体饰网格纹。口径15、残高3.6厘米（图五六八，5）。

豆柄　3件。Aa型。

标本Ⅰ T6811－6912⑥：4，泥质灰黄陶。残高8.6厘米（图五六九，7）。

标本Ⅰ T7211－7212⑥：38，夹砂灰黑陶。残高13厘米（图五六九，8）。

器底　11件。

Ac型　2件。

标本Ⅰ T6613－6714⑥：17，夹砂灰黑陶。底径5.7、残高1.5厘米（图五六九，1）。

Da型　1件。

标本Ⅰ T6414⑥：12，夹砂黑褐陶。残高3厘米（图五六九，2）。

Db型　8件。

标本Ⅰ T7215－7216⑥：5，夹砂灰黑陶。残高2.8厘米（图五六九，3）。

标本Ⅰ T7211－7212⑥：5，泥质灰黑陶。残高3.7厘米（图五六九，5）。

标本Ⅰ T7213－7214⑥：18，泥质灰黑陶。残高1.8厘米（图五六九，6）。

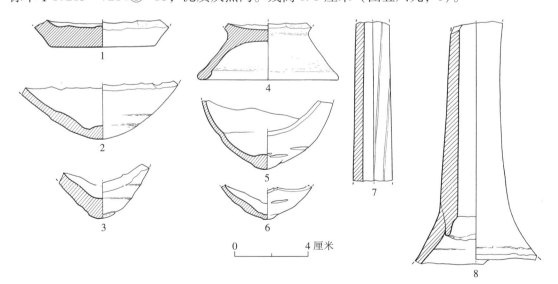

图五六九　西区第6层出土陶器

1. Ac型器底（Ⅰ T6613－6714⑥：17）　2. Da型器底（Ⅰ T6414⑥：12）　3、5、6. Db型器底（Ⅰ T7215－7216⑥：5、Ⅰ T7211－7212⑥：5、Ⅰ T7213－7214⑥：18）　4. Cb型圈足（Ⅰ T6613－6714⑥：25）　7、8. Aa型豆柄（Ⅰ T6811－6912⑥：4、Ⅰ T7211－7212⑥：38）

圈足　1件。Cb 型。

标本ⅠT6613 - 6714⑥：25，夹砂灰黑陶。圈足径 7.8、残高 3 厘米（图五六九，4）。

（2）玉器

4 件。

璧　1件。Af 型。

标本ⅠT6807 - 6908⑥：38，器表呈现黑色、淡黄色沁斑。制作较为规整。外缘残。残长 5.8 厘米（图五七〇，2）。

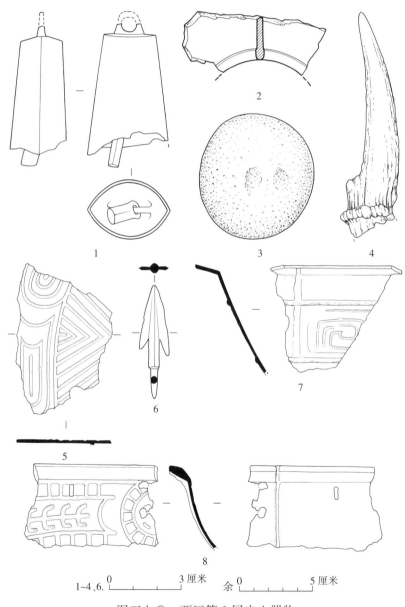

图五七〇　西区第 6 层出土器物

1. Aa 型铜铃（ⅠT7207 - 7208⑥：3）　2. Af 型玉璧（ⅠT6807 - 6908⑥：38）　3. 美石（ⅠT6609 - 6710 ⑥：2）　4. 鹿角（ⅠT7209 - 7210⑥：3）　5、7、8. 铜容器（ⅠT6611 - 6712⑥：1 - 2、ⅠT6611 - 6712 ⑥：1 - 1、ⅠT6611 - 6712⑥：1 - 3）　6. Ba 型铜镞（ⅠT7205 - 7206⑥：1）

美石 3件。

标本 I T6609 - 6710⑥:2，呈球形，表面有砸窝。直径4.9厘米（图五七〇，3）。

（3）铜器

5件。

镞 1件。Ba型。

标本 I T7205 - 7206⑥:1，长4.5、宽1.3厘米（图五七〇，6）。

铃 1件。Aa型。

标本 I T7207 - 7208⑥:3，横剖面呈合瓦形。平顶上有环形纽。口部内凹，有铃舌。残高5.1、宽3.5厘米（图五七〇，1）。

铜容器 3件。

标本 I T6611 - 6712⑥:1 - 1，簋形。侈口，宽折沿，深弧腹。腹部有两条平行凸棱纹，从沿部的纵向凸棱纹将平行凸棱纹分割，平行凸棱纹之间饰有兽面纹。残长9、残高6.9、厚0.15厘米（图五七〇，7）。

标本 I T6611 - 6712⑥:1 - 2，表面装饰有窃曲重环纹和三角折线几何纹。残长9.9、残宽6.6、厚0.2厘米（图五七〇，5）。

标本 I T6611 - 6712⑥:1 - 3，簋形。侈口，窄沿，浅腹。腹部饰有两条平行方格纹带，间断有圆形方格点纹和"出"字纹饰。残长9.2、残高5.5、厚0.5厘米（图五七〇，8）。

（4）骨角器

鹿角 1件。

标本 I T7209 - 7210⑥:3，长8.9厘米（图五七〇，4）。

（四八）第5层下遗迹及出土遗物

开口于该层下遗迹有 H2296 和 H2308（见附表一），分述如下。

1. H2296

位于 I T7210 西北部。开口于第5层下，打破第6层，西部被晚期坑打破。平面大致呈椭圆形，直壁，平底。长径2.6、残短径约1.8、深0.58米。填土为灰褐色黏性砂土，土质松软，结构紧密。包含物有陶尖底盏、敛口罐、矮领罐、盘口罐、瓮等及1块玉琮残片、2件磨石（图五七一）。

（1）陶器

14件。

尖底盏 1件。Cc型Ⅱ式。

标本 H2296:38，夹砂灰黑陶。圆唇。口径12、残高2厘米（图五七二，1）。

敛口罐 2件。Ca型Ⅱ式。

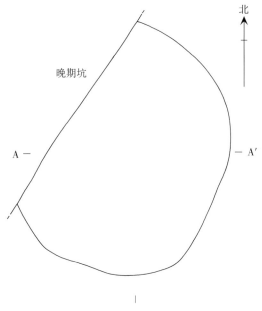

北

晚期坑

A —　　　　— A′

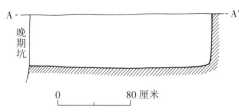

A -　　　　- A′

晚期坑

0　　　　80厘米

图五七一　西区 H2296 平、剖面图

标本 H2296：29，夹砂灰黑陶。方唇。口径 26、残高 5.3 厘米（图五七二，2）。

标本 H2296：28，夹砂灰黑陶。方唇。口径 26、残高 6.3 厘米（图五七二，3）。

矮领罐　1 件。B 型 II 式。

标本 H2296：26，夹砂灰黑陶。仰卷沿，圆唇。口径 16、残高 3.6 厘米（图五七二，4）。

盘口罐　2 件。A 型 I 式。

标本 H2296：9，夹砂灰黑陶。圆唇。口径 12.8、残高 2.7 厘米（图五七二，7）。

瓮　2 件。Dd 型。

标本 H2296：4，夹砂灰黑陶。圆唇。口径 31、残高 4.1 厘米（图五七二，5）。

釜　1 件。A 型。

标本 H2296：24，夹砂灰黑陶。无沿，尖圆唇。口径 34、残高 5.8 厘米（图五七二，6）。

器底　4 件。

Aa 型　1 件。

标本 H2296：15，夹砂灰黑陶。底径 11、残高 1.2 厘米（图五七二，8）。

Ab 型　1 件。

标本 H2296：19，夹砂灰黑陶。腹径 15.6、底径 9.3、残高 12.1 厘米（图五七二，9）。

Db 型　2 件。

标本 H2296：33，泥质灰黄陶。残高 2.6 厘米（图五七二，10）。

圈足　1 件。Bb 型。

标本 H2296：13，夹砂灰黑陶。圈足径 8.8、残高 4.9 厘米（图五七二，11）。

（2）玉器

3 件。

磨石　2 件。

标本 H2296：40，黑色。平面呈椭圆形。长 10.2、宽 8.3、厚 1.7 厘米（图五七三，2）。

琮　1 件。Bb 型。

标本 H2296：1，灰色。正方柱体，圆形射口。素面。长 9.5、宽 6.9、高 8.2、孔径 6.4 厘米（图五七三，1）。

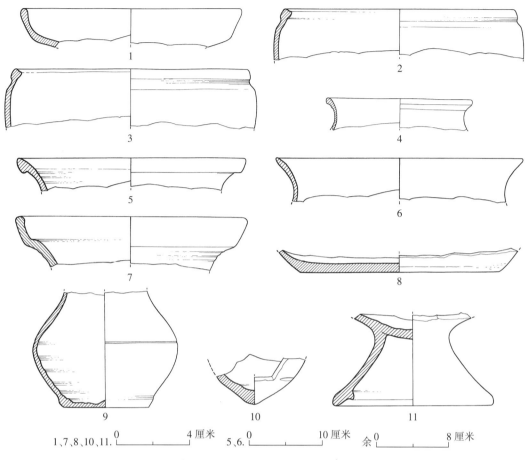

图五七二　西区 H2296 出土陶器

1. Cc 型 Ⅱ 式尖底盏（H2296：38）　2、3. Ca 型 Ⅱ 式敛口罐（H2296：29、H2296：28）　4. B 型 Ⅱ 式矮领罐（H2296：26）　5. Dd 型瓮（H2296：4）　6. A 型釜（H2296：24）　7. A 型 Ⅰ 式盘口罐（H2296：9）　8. Aa 型器底（H2296：15）　9. Ab 型器底（H2296：19）　10. Db 型器底（H2296：33）　11. Bb 型圈足（H2296：13）

2. H2308

位于 Ⅰ T7208 南部。开口于第 5 层下，打破第 6 层。平面形状不规则，长 1.6、宽 1.3 米。坑内填黑褐色沙土，含较多灰烬，结构疏松。出土较多陶片及少许兽骨。

陶器

3 件。

绳纹圆底罐　1 件。Cc 型。

标本 H2308：6，夹砂灰黑陶。无沿，圆唇。口径 32、残高 5 厘米（图五七三，4）。

盆　2 件。Ba 型。

标本 H2308：7，夹砂灰黑陶。圆唇。口径 47.6、残高 9.5 厘米（图五七三，3）。

（四九）第 5 层出土遗物

该层出土遗物有陶器和石器，数量和种类均较少。其中出土 1283 片陶片，1 件玉器和 29 件

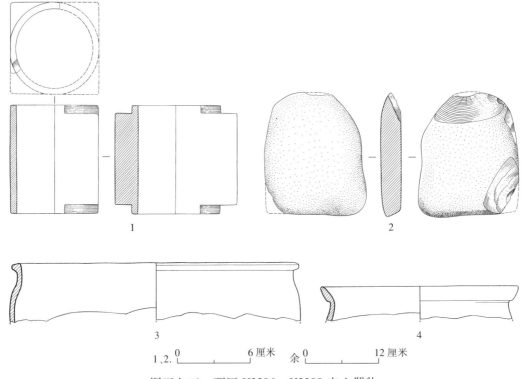

图五七三　西区 H2296、H2308 出土器物

1. Bb 型玉琮（H2296：1）　2. 磨石（H2296：40）　3. Ba 型陶盆（H2308：7）　4. Cc 型陶绳纹圜底罐（H2308：6）

石器。陶器中以夹砂陶为大宗，占 95.25%。夹砂陶中灰黑陶占 61.05%，灰黄陶占 6.22%，灰褐陶占 22.34%，灰陶占 0.82%，红褐陶占 6.71%，黄褐陶占 2.86%；泥质陶中灰黑陶占 4.92%，灰黄陶占 95.08%。纹饰较发达，夹砂陶中纹饰陶片达 37.40%，以粗绳纹、细线纹为多，分别占 51.20% 和 34.14%，另有少量凹弦纹、压印纹，极少量重菱纹、戳印纹、瓦棱纹、乳丁纹等；泥质陶中纹饰陶片占 48.78%，纹饰种类较少，以细线纹为主，占 75.00%，另有极少量凹弦纹和凸棱纹（表三九）。陶器可辨器形有尖底杯、尖底盏、敛口罐、矮领罐、盆、瓮、绳纹圜底罐、豆柄等。玉器仅有美石。石器种类有璧和石璧坯料。

（1）陶器

29 件。

尖底杯　1 件。Ca 型 Ⅱ 式。

标本 Ⅰ T7205 – 7206⑤：5，夹砂灰黄陶。残高 3.3 厘米（图五七四，1）。

尖底盏　2 件。Cc 型 Ⅱ 式。

标本 Ⅰ T7011 – 7112⑤：22，夹砂灰黑陶。圆唇。口径 12.6、残高 3 厘米（图五七四，2）。

标本 Ⅰ T7211 – 7212⑤：14，夹砂灰黑陶。圆唇。口径 13.2、残高 2 厘米（图五七四，3）。

敛口罐　5 件。

Bb 型　3 件。

表三九　西区第 5 层陶片统计表

纹饰＼陶质陶色	夹砂陶						小计	百分比（％）	泥质陶		小计	百分比（％）
	灰黑	灰	红褐	灰褐	黄褐	灰黄			灰黑	灰黄		
素面	460	8	54	165	23	55	765	62.60		41	41	67.21
细绳纹	3		1				4	0.33				
粗绳纹	149		15	58	1	11	234	19.15				
重菱纹	1				2	2	5	0.41				
凹弦纹	12		2	8	3		25	2.05		4	4	6.56
凸棱纹	3						3	0.24		1	1	1.64
镂孔		1					1	0.08				
细线纹	95	1	10	37	5	8	156	12.77	3	12	15	24.59
压印纹	12			1			13	1.06				
戳印纹	6						6	0.49				
瓦棱纹	2			5			7	0.57				
乳丁纹	3						3	0.25				
小计	746	10	82	273	35	76	1222		3	58	61	
百分比（％）	61.05	0.82	6.71	22.34	2.86	6.22		100.00	4.92	95.08		100.00
合计	1283											

标本ⅠT7011－7112⑤：54，夹砂灰黑陶。方唇。肩部饰重菱纹。口径 30、残高 5.4 厘米（图五七四，4）。

标本ⅠT7011－7112⑤：34，夹砂灰黑陶。方唇。口径 23、残高 3.2 厘米（图五七四，5）。

Bc 型　1 件。

标本ⅠT7205－7206⑤：16，夹砂灰黑陶。圆唇。口径 22.4、残高 4 厘米（图五七四，6）。

Bd 型　1 件。

标本ⅠT6811－6912⑤：39，夹砂灰褐陶。尖圆唇。口径 17.6、残高 3.8 厘米（图五七四，7）。

矮领罐　2 件。D 型Ⅱ式。

标本ⅠT7011－7112⑤：1，夹砂灰黑陶。斜折沿，方唇。口径 14、残高 5.5 厘米（图五七四，9）。

标本ⅠT6811－6912⑤：3，夹砂灰黑陶。圆唇。口径 13.1、残高 3.6 厘米（图五七四，8）。

绳纹圆底罐　4 件。

Aa 型　2 件。

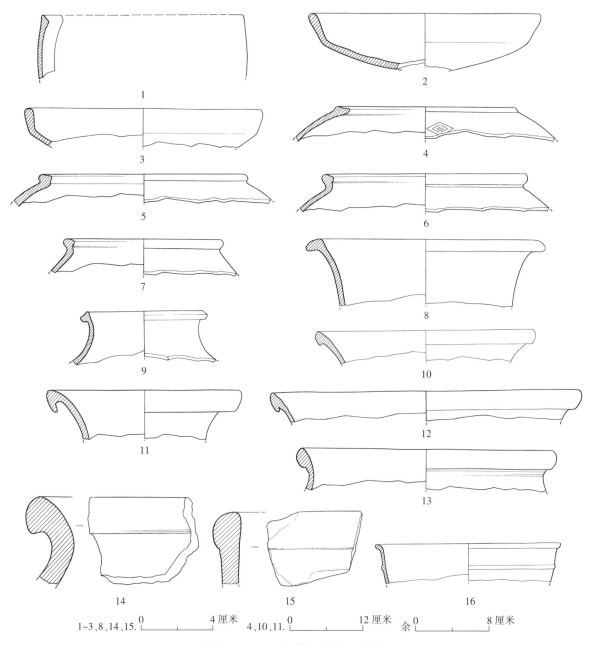

图五七四 西区第5层出土陶器

1. Ca 型Ⅱ式尖底杯（ⅠT7205－7206⑤：5）   2、3. Cc 型Ⅱ式尖底盏（ⅠT7011－7112⑤：22、ⅠT7211－7212⑤：14）
4、5. Bb 型敛口罐（ⅠT7011－7112⑤：54、ⅠT7011－7112⑤：34） 6. Bc 型敛口罐（ⅠT7205－7206⑤：16） 7. Bd
型敛口罐（ⅠT6811－6912⑤：39） 8、9. D 型Ⅱ式矮领罐（ⅠT6811－6912⑤：3、ⅠT7011－7112⑤：1） 10. Da 型
Ⅱ式瓮（ⅠT6611－6712⑤：3） 11、12. Dd 型瓮（ⅠT6611－6712⑤：19、ⅠT7011－7112⑤：50） 13、14. Cd 型Ⅱ
式瓮（ⅠT7011－7112⑤：40、ⅠT6811－6912⑤：46） 15. Ea 型Ⅱ式盆（ⅠT6811－6912⑤：34） 16. Cc 型盆
（ⅠT7205－7206⑤：1）

标本ⅠT6611－6712⑤：9，夹砂灰黑陶。圆唇。口径26、残高5厘米（图五七五，1）。

标本ⅠT7205－7206⑤：15，夹砂灰黄陶。方唇。口径30、残高4.4厘米（图五七五，2）。

Cc 型 2件。

标本 Ⅰ T7011 - 7112⑤：53，夹砂灰黑陶。仰折沿，方唇。肩部饰竖向粗绳纹。口径24、残高5.7厘米（图五七五，3）。

盘口罐 1件。A型Ⅱ式。

标本 Ⅰ T7009 - 7110⑤：26，夹砂灰黑陶。圆唇。腹部饰一周凹弦纹。口径10.9、腹径12.6、底径8.7、高11.6厘米（图五七五，10）。

盆 2件。

Cc型 1件。

标本 Ⅰ T7205 - 7206⑤：1，泥质灰黄陶。仰卷沿，圆唇。腹部饰一周凸棱纹。口径20、残高4.2厘米（图五七四，16）。

Ea型Ⅱ式 1件。

标本 Ⅰ T6811 - 6912⑤：34，夹砂灰黑陶。残高3.8厘米（图五七四，15）。

瓮 7件。

Cd型Ⅱ式 4件。

标本 Ⅰ T7011 - 7112⑤：40，夹砂灰黑陶。圆唇。口径28.4、残高4.3厘米（图五七四，13）。

标本 Ⅰ T6811 - 6912⑤：46，夹砂灰褐陶。圆唇。残高4.6厘米（图五七四，14）。

Da型Ⅱ式 1件。

标本 Ⅰ T6611 - 6712⑤：3，夹砂灰褐陶。方唇。口径36、残高5.2厘米（图五七四，10）。

Dd型 2件。

标本 Ⅰ T6611 - 6712⑤：19，夹砂灰黑陶。方唇。口径32、残高7.8厘米（图五七四，11）。

标本 Ⅰ T7011 - 7112⑤：50，夹砂灰黑陶。方唇。口径34、残高2.9厘米（图五七四，12）。

豆柄 2件。Aa型。

标本 Ⅰ T6611 - 6712⑤：10，夹砂灰黑陶。近圈足处饰两周凹弦纹。残高8.3厘米（图五七五，9）。

标本 Ⅰ T6811 - 6912⑤：51，夹砂灰黑陶。残高12.8厘米（图五七五，8）。

器底 3件。

Aa型 1件。

标本 Ⅰ T6811 - 6912⑤：48，夹砂灰黑陶。底径10、残高3.3厘米（图五七五，4）。

Ab型 1件。

标本 Ⅰ T7011 - 7112⑤：35，夹砂灰黑陶。底径7、残高4.2厘米（图五七五，5）。

Db型 1件。

标本 Ⅰ T7205 - 7206⑤：17，夹砂灰黑陶。残高3.8厘米（图五七五，6）。

（2）玉器

1件。

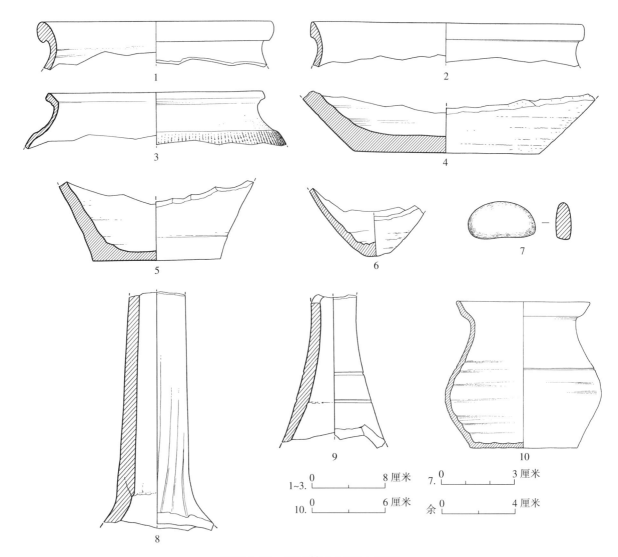

图五七五　西区第 5 层出土器物

1、2. Aa 型陶绳纹圜底罐（ⅠT6611－6712⑤：9、ⅠT7205－7206⑤：15）　3. Cc 型陶绳纹圜底罐（ⅠT7011－7112⑤：53）　4. Aa 型陶器底（ⅠT6811－6912⑤：48）　5. Ab 型陶器底（ⅠT7011－7112⑤：35）　6. Db 型陶器底（ⅠT7205－7206⑤：17）　7. 美石（ⅠT7211－7112⑤：1）　8、9. Aa 型陶豆柄（ⅠT6811－6912⑤：51、ⅠT6611－6712⑤：10）　10. A 型Ⅱ式陶盘口罐（ⅠT7009－7110⑤：26）

美石　1 件。

标本 ⅠT7211－7112⑤：1，平面呈蚌状。长 2.8、宽 1.4、厚 0.6 厘米（图五七五，7）。

（3）石器

29 件。

璧　2 件。

Aa 型　1 件。

标本 ⅠT6809－6910⑤：1，灰黑色。破裂面及轮边打磨平整。周缘较薄，中部略厚。直径 54.4、外孔径 6.8、内孔径 3.3、厚 8 厘米（图五七六，2；彩版一三四，1）。

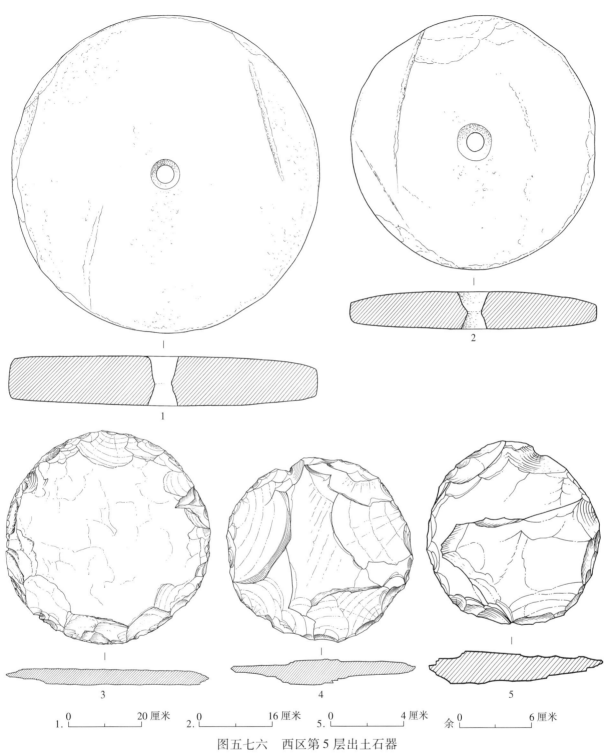

图五七六　西区第 5 层出土石器

1. Bb 型石璧（ⅠT6809－6910⑤：2）　　2. Aa 型石璧（ⅠT6809－6910⑤：1）　　3～5. A 型石璧坯料（ⅠT6609－6710
⑤：24、ⅠT6609－6710⑤：23、ⅠT6609－6710⑤：33）

Bb 型　1 件。

标本ⅠT6809－6910⑤：2，青灰色。器形大而厚重。此器正中有带圆形穿孔的圆环，穿孔居
中，穿孔很小而环面宽。器表凹凸不平。直径85、孔径9、厚10.5厘米（图五七六，1；彩版一

三四，2）。

石璧坯料 27件。A型。

标本ⅠT6609－6710⑤：24，灰黑色。破裂面及轮边未经打磨。周缘较薄，中部略厚。直径16.5、厚1.2厘米（图五七六，3）。

标本ⅠT6609－6710⑤：23，黑色。破裂面及轮边未经打磨。周缘较薄，中部略厚。直径15、厚2厘米（图五七六，4）。

标本ⅠT6609－6710⑤：33，灰黑色。破裂面及轮边未经打磨。周缘较薄，中部略厚。直径10.2、厚1.5厘米（图五七六，5）。

二 分期

依据地层叠压或打破关系以及陶器器物组合演变关系，将该区商周时期堆积分为连续发展的五期（表四〇）。

第一期包括第19～34层及H2313、H2320、H2336、L31～L50、L52～L59，依据演变关系可将其分为早、中、晚连续三段。

早段遗存包括第32～34层及H2313、H2320、H2336，该段出土遗物较少，陶器仅见Ab型Ⅰ式、Ac型小平底罐，Aa型Ⅰ式高领罐，Aa型壶，Aa、Ab、Ac型瓮，Ac、Ae、Ba型盆，A、Ba、Ca型桶形器，Bc、Cc、Da型豆盘，Aa、Ab、Bb型豆柄等，不见束颈罐、敛口罐、缸、瓮形器等。

中段遗存包括第21～31层、L32～L50、L52～L59。陶器见Aa型Ⅰ式、Ab型Ⅰ式、Ac、Ad型Ⅰ式、Ad型Ⅱ式、Be型Ⅰ式小平底罐，Aa型Ⅱ式、D型高领罐，Aa、Ab、Ac、Ba、Ca型瓮，Aa、Ac型Ⅰ式、Ac型Ⅱ式、Ad型Ⅰ式、Ad型Ⅱ式、Bb型束颈罐，Aa型壶，Aa型Ⅰ式敛口罐，Aa、Ab、Ac、Ad、Ea型Ⅰ式、Ec型盆，A、Ba、Cb、Cc型桶形器，Aa型Ⅰ式、Aa型Ⅱ式、Ab、B型缸，Aa、Ab、B、Da、Db型瓮形器，Ba、Bc、Ca、Cc、Da、Db型豆盘，Aa、Ab、Ac、Ad、Ba、Bb、Bc型豆柄等。陶器上纹饰绳纹常见，瓮形器、桶形器、D型豆盘、A型豆柄发达，A型小平底罐、A型瓮多见。

晚段包括第19、20层及开口于19层下的遗迹L31。该段陶器有Ab型Ⅰ式、Ab型Ⅱ式、Ad型Ⅰ式、Ba型Ⅰ式、Ba型Ⅱ式、Bb、Bc型Ⅰ式小平底罐，Aa型Ⅰ式、C型Ⅱ式、Fa型Ⅰ式高领罐，Ab型壶，Aa、Ab、Ac、Ba、Cb型Ⅰ式瓮，Ac、Ca、Cc型盆，Ba、Bb型桶形器，Aa型Ⅰ式、Aa型Ⅱ式、E型缸，Ad、B、Ca、Da、Db、Ea、Eb型瓮形器，Aa、Ab型Ⅱ式、Ac型Ⅱ式、Ad型Ⅰ式、Ad型Ⅱ式束颈罐，Bb、Cc、Da、Db型豆盘，A型豆柄依然较多。该段新出现，C、Fa型Ⅰ式高领罐，Ab型壶（不见Aa型壶），Cb型Ⅰ式瓮，Ca、Cc型盆，E型瓮形器等。瓮形器、豆形器（豆盘、豆柄）仍然较多，但较之第一期有所下降；A型缸较少发现，桶形器数量剧减，敛口罐未见，不见尖底器（如尖底杯、尖底盏等）和圜底器。

第二期遗存包括第16～18层及开口于第18a层下和第16层下灰坑，依据发展演变关系可将其分为早、晚两段。

早段遗存包括第 18a、18b 层及开口于第 18a 层下灰坑 H2307、H2310、H2311、H2312、H2337。该段遗存陶器有 Ab 型 I 式、Ab 型 II 式、Ad 型 I 式、Ba 型 I 式、Bb、Bc 型 I 式、Bc 型 II 式、Bd、Be 型 I 式、Ca 型 I 式、Cb 型 I 式小平底罐，Aa 型 I 式、Aa 型 II 式、Ab 型 I 式、C 型 I 式、D、Fa 型 I 式、Fa 型 II 式、Fb 型 I 式、Fb 型 II 式、Fc 型高领罐，Ab、Ad、Af、Bc 型壶，Aa、Ab、Ba、Bb、Cb 型 I 式瓮，Ab、Ac、Ae、Ca、Cb、Cc、Cd、Ea 型 I 式盆，Ba 型桶形器，Ca 型缸，Ac、B、Ca、Cb、Da、Db、Ea、Eb 型瓮形器，Aa、Ab 型 I 式、Ab 型 II 式、Ac 型 I 式、Ac 型 II 式、Ad 型 II 式、Af、Ba、Bb、Bd 型 I 式、Da、E 型束颈罐，Ba、Cc、Da、Db 型豆盘，Aa、Ab、Ac、Ad 型豆柄，Aa 型 I 式、Ac、Ae、Bb、Bc、Ca 型 I 式敛口罐，A 型 I 式、B 型 I 式、D 型 I 式、E 型矮领罐，Aa 型 I 式、Aa 型 II 式、Ab 型 I 式尖底盏，Aa 型 I 式、Aa 型 II 式、Ba 型 I 式尖底杯，Aa 型 I 式、C 型瓶，A、B 型瓠形器等。该段陶器中 C 型盆多见、瓮形器依然发达，桶形器和 D 型豆盘少见；新出现 C 型小平底罐，A 型 I 式、B 型 I 式、D 型 I 式矮领罐，Aa 型 I 式、C 型瓶，Bd 型 I 式、Da、E 型束颈罐，A、B 型瓠形器。敛口罐数量和种类增多，开始出现 A 型尖底盏、尖底杯。

晚段遗存包括第 16、17 层及开口于 16 层下的 H2299、H2301、H2306、H2318、L51、L61。陶器有 Ad 型 II 式、Ba 型 II 式、Bb、Bc 型 I 式、Bc 型 II 式、Bd、Be 型 I 式、Be 型 II 式、Ca 型 I 式、Ca 型 II 式、Cb 型 II 式、Da、Db 型小平底罐，Aa 型 I 式、Aa 型 II 式、Aa 型 III 式、Ab 型 I 式、B、C 型 II 式、D、Fa 型 I 式、Fa 型 II 式、Fb 型 I 式、Fb 型 II 式、Fc 型高领罐，Ab、Ac、Ba、Bb 型壶，Aa、Ab、Ac、Ba、Cb 型 II 式、Cd 型 I 式、Ce 型瓮，Ab、Ac、Ae、Bb、Ca、Cb、Cc、Cd、D、Ec、F 型盆，Ba 型桶形器，B、Ca、Cb、Ea 型缸，Ac、Ca、Da、Db、Ea、Eb 型瓮形器，Aa、Ab 型 I 式、Ab 型 II 式、Ac 型 II 式、Ad 型 II 式、Ae 型 I 式、Af、Ba、Bb、Bc 型 I 式、Bc 型 II 式、Bd 型 II 式、Ca 型 I 式、Ca 型 II 式、Cb、E、F 型束颈罐，Ba、Cb、Da、Db 型豆盘，Aa、Ab、Ad 型豆柄，Aa 型 I 式、Aa 型 II 式、Ab、Ac、Ad、Bb、Bc、Bd、Ca 型 I 式、Cb 型 I 式、Db 型敛口罐，A 型 I 式、A 型 II 式、B 型 I 式、B 型 II 式、D 型 I 式、D 型 II 式矮领罐，Aa 型 I 式、Aa 型 II 式、Ba 型 I 式、Ba 型 II 式、Bb 型 II 式尖底盏，Aa 型 I 式、Aa 型 II 式、Ab、Ac、Ad 型尖底杯，C 型瓶，A 型瓠形器，Aa、Ab、B 型 I 式尖底罐等。该段出现大量标准尖底盏和不带凸棱的标准尖底杯，从 17 层开始几乎不见 A 型小平底罐，新见 D 型小平底罐、C 型束颈罐、尖底罐、A 型器座。从 16 层出现压印网格纹瓮。

第三期遗存包括 13～15 层及开口于 12 层下、13 层下、14 层下的灰坑和祭祀遗迹，依据器物发展演变关系可分早、晚两段。

早段遗存包括第 14、15 层和 H2302、H2303、H2304、H2314、H2315、H2316、H2317、L29、L60。陶器有 Ab 型 II 式、Bb、Bc 型 I 式、Be 型 I 式、Ca 型 II 式小平底罐，Aa 型 I 式、Aa 型 II 式、Aa 型 III 式、Ab 型 II 式、B、D、E、Fa 型 I 式、Fa 型 II 式、Fb 型 I 式、Fb 型 II 式、Fc 型高领罐，Ab、Ac、Ad、Ae、Ba、Bc、Bd、Be、Ca、Cb 型壶，Aa、Ab、Ba、Bb、Ca、Cc 型 I 式、Cc 型 II 式、Cd 型 I 式、Cd 型 II 式瓮，Ac、Bb、Ca、Cb、Cc、Cd、D、Ea 型 I 式、Ea 型 II 式、

表四〇　西区典型陶器分期表

期	段	单位	\ 小平底罐 Aa	Ab	Ad	Ba	Bc	Be	Ca	Cb	高领罐 Ab	Fa	Fb	尖底罐 Aa	Ab	B	瓮 Cb	Cc	Cd	Da	Dc
一期	早段	34层		I																	
一期	中段	L58	I	I	I			I													
一期	中段	29层		I																	
一期	中段	25层		I																	
一期	中段	23层		I																	
一期	中段	21层		I	I																
一期	中段	L32			II																
一期	晚段	20层		I	I																
一期	晚段	L31				I															
一期	晚段	19层		I/II		I/II	I					I					I				
二期	早段	18b层					I	I	I			I/II									
二期	早段	H2311				I	I					I					I				
二期	早段	H2312					II														
二期	早段	18a层	I/II		I		I/II	I		I	I	I/II	I/II				I				
二期	晚段	17层			II	II	I/II	I		II	I	I/II	I/II	√		I	II				
二期	晚段	H2299						I	I/II			I									
二期	晚段	H2306							I/II												
二期	晚段	H2318													√	I			I		
二期	晚段	16层		I	I		I/II		II			I/II	I					I	I		
三期	早段	15层		II			I		II		II	I/II	II	√				I/II	I		
三期	早段	H2302										II	II								
三期	早段	H2303										I									
三期	早段	H2314																			
三期	早段	H2317																			
三期	早段	14层						I				I/II	√	√	II			II	II		
三期	早段	H2304																			
三期	早段	H2315																			
三期	早段	H2316																			
三期	早段	L29																			
三期	早段	L60					I					II				II					
三期	晚段	13层					II				II	I/II	II	√	√	II		II	II	I/II/III	
三期	晚段	L27										II		√							
四期	早段	12层																	II	II	
四期	早段	H2309																			
四期	早段	11层					III													I/II/III	
四期	早段	10层										I/II							II	I/II	I
四期	早段	H2298																	II		
四期	早段	L28														II					
四期	晚段	9层							II				II						II	II	II
四期	晚段	8层												√					II	II	
四期	晚段	7层										II			√				II		II
四期	晚段	6层																	II	I/II	
五期		H2296																			
五期		5层																	II	II	

期段		单位	束颈罐					敛口罐						矮领罐				盘口罐	釜	
			Ad	Ae	Bc	Bd	Ca	Aa	Ca	Cb	Cc	Da	Db	A	B	C	D	A	A	B
一期	早段	34层																		
	中段	L58																		
		29层	I/II																	
		25层																		
		23层						I												
		21层																		
		L32																		
	晚段	20层	II																	
		L31																		
		19层	I/II																	
二期	早段	18b层																		
		H2311	II																	
		H2312																		
		18a层	II				I	I	I					I	I		I			
		17层	II	I	I/II	II	I/II	I	I	I			√	I/II	I/II					
	晚段	H2299																		
		H2306						II												
		H2318					II	II						I/II			I/II			
		16层	I/II		II	II	I/II	I/II						I/II	I/II					
三期	早段	15层		I	II		I/II	I/II	I	I		√	√	I/II	I/II	I	I/II			
		H2302					I/II	I												
		H2303																		
		H2314															I			
		H2317															I/II			
		14层					I/II	I	I/II	II	I		√	I/II	I/II		I/II	I		
		H2304															II			
		H2315					II									II	I/II			
		H2316					I					√		I/II			I/II			
		L29																		
		L60						II								II	II			
	晚段	13层			II		I/II	I/II	I/II	I/II	II	√		I/II	I/II		II			
		L27							I	I	II	√					II			
四期	早段	12层					II	I/II	II	II	II	√	√	II	II		II	I/II		
		H2309									I									
		11层						I/II	I/II	II	II	√			II					√
		10层			I			I/II	I/II	I/II		√	√	II	II	I/II	II	II	√	
		H2298																		
		L28						I							II					
	晚段	9层			II			II	II	II		√		II		II				
		8层						II	II					II						
		7层						II						II				√		
		6层						II						II						
五期		H2296						II						II			I	√		
		5层																	II	II

期	段	单位	绳纹圜底罐					簋形器						尖底盏									
			Aa	Ab	B	Ca	Cb	Aa	Ab	Ac	Ba	Bb	C	Aa	Ab	Ac	Ba	Bc	Bd	Be	Ca	Cb	Cc
一期	早段	34层																					
一期	早段	L58																					
一期	中段	29层																					
一期	中段	25层																					
一期	中段	23层																					
一期	中段	21层																					
一期	中段	L32																					
一期	晚段	20层																					
一期	晚段	L31																					
一期	晚段	19层																					
二期	早段	18b层																					
二期	早段	H2311																					
二期	早段	H2312																					
二期	早段	18a层												I/II	I								
二期	晚段	17层												I/II			I						
二期	晚段	H2299															I						
二期	晚段	H2306												II									
二期	晚段	H2318															II						
二期	晚段	16层												II	II	I/II	I						
三期	早段	15层						I			I		I	I	I/II	I/II	I/II						
三期	早段	H2302												I/II									
三期	早段	H2303																					
三期	早段	H2314																					
三期	早段	H2317																					
三期	早段	14层							I	I			II			II	I/II		I/II				
三期	早段	H2304																					
三期	早段	H2315						II															
三期	早段	H2316																					
三期	早段	L29															I						
三期	早段	L60															II						
三期	晚段	13层						I	I/II	II	I/II		I	I			II	I	I			I	
三期	晚段	L27						I/II		II													
四期	早段	12层		√				II	I	I	I/II		I				II	II	II	√			
四期	早段	H2309											II										
四期	早段	11层	√			√	√	II	II		I/II	I/II	I/II				II/III		I/II		I/II	I/II	
四期	早段	10层	√	√	√	√	√	I	I/II		I/II	I	I/II	I/II/III	I/II				I/II		I/II	I/II	I/II
四期	早段	H2298																					
四期	早段	L28															II						
四期	晚段	9层						II	II		II		I/II				III					II	
四期	晚段	8层						II			II	II	I/II						I/II				
四期	晚段	7层	√						II				II										
四期	晚段	6层		√							II	II	II										II
五期		H2296																					II
五期		5层	√																				II

期段	段	单位	长颈罐						尖底杯											瓶	
			A	B	Ca	Cb	Cc	D	Aa	Ab	Ac	Ad	Ba	Bb	Ca	Cb	Da	Db	Dc	Aa	Ab
一期	早段	34层																			
	中段	L58																			
		29层																			
		25层																			
		23层																			
		21层																			
		L32																			
	晚段	20层																			
		L31																			
		19层																			
二期	早段	18b层																			
		H2311																			I	
		H2312																			
		18a层							I II			I									
	晚段	17层							I II	√		√									
		H2299																			
		H2306																			
		H2318																			
		16层							II	√	√		I II	I							
三期	早段	15层							I	√	√	√	I II III							I II	I
		H2302							II				II	II							
		H2303																			
		H2314																			
		H2317																			
		14层								√			II III		I						II
		H2304																			
		H2315																			
		H2316																			
		L29																			I II	II
		L60											II III	I						
	晚段	13层	I							√			II III	I II	II			I		
		L27				I										I				
四期	早段	12层													I		I			
		H2309																			
		11层													II						
		10层	I	√	√	√	√					√			I II		II	II		
		H2298																			
		L28		II				I II							I II	I II	II			
	晚段	9层						I						II						
		8层													II					
		7层																		
		6层																		
五期		H2296																		
		5层													II					

Eb、Ec、Ed、F 型盆，B、Ca、Ea、Eb、Ec 型缸，Ac、B、Ca、Cb、Da、Db、Eb 型瓮形器，Aa、Ab 型Ⅰ式、Ac 型Ⅰ式、Ac 型Ⅱ式、Ae 型Ⅰ式、Af、Ba、Bb、Bc 型Ⅰ式、Bc 型Ⅱ式、Ca 型Ⅰ式、Ca 型Ⅱ式、Cb、Cc、Cd、Ce、Db、F 型束颈罐，Ba、Da、Db 型豆盘，Aa、Ab、Ac、Ad、Bc 型豆柄，Aa 型Ⅰ式、Aa 型Ⅱ式、Ab、Ac、Ae、Ba、Bb、Bc、Bd、Ca 型Ⅰ式、Ca 型Ⅱ式、Cb 型Ⅰ式、Cb 型Ⅱ式、Cc 型Ⅰ式、Cd、Da、Db 型敛口罐，A 型Ⅰ式、A 型Ⅱ式、B 型Ⅰ式、B 型Ⅱ式、C 型Ⅰ式、C 型Ⅱ式、D 型Ⅰ式、D 型Ⅱ式、G 型矮领罐，Aa 型Ⅰ式、Aa 型Ⅱ式、Ab 型Ⅰ式、Ab 型Ⅱ式、Ac 型Ⅰ式、Ac 型Ⅱ式、Ad、Ba 型Ⅰ式、Ba 型Ⅱ式、Ba 型Ⅲ式、Bb 型Ⅰ式、Bb 型Ⅱ式、Bb 型Ⅲ式、Bd 型Ⅰ式、Bd 型Ⅱ式尖底盏，Aa 型Ⅰ式、Aa 型Ⅱ式、Ab、Ac、Ad、Ba 型Ⅰ式、Ba 型Ⅱ式、Ba 型Ⅲ式、Bb 型Ⅰ式、Bb 型Ⅱ式、Ca 型Ⅰ式尖底杯，Aa 型Ⅰ式、Aa 型Ⅱ式、Ab 型Ⅰ式、Ab 型Ⅱ式瓶，A、B 型觚形器，Ca、Cb 型桶形器，Aa、Ab、B 型Ⅱ式、Ca 型Ⅱ式尖底罐，Aa 型Ⅰ式、Aa 型Ⅱ式、Ac 型Ⅰ式、Ba 型Ⅰ式、C 型Ⅰ式篦形器，A、B 型盘等。小平底罐急剧减少，A 型尖底杯和尖底盏仍然占有较多比重，但 B 型尖底杯和尖底盏急剧增加，觚形器和桶形器逐渐消失，绳纹装饰传统式微。同时从 15 层出现帽形器（尖底盂），菱形纹敛口罐批量出现，新出现篦形器，但数量相对较少。绳纹瓮形器少见。罐形尖底盏和 A 型束颈罐、D 型豆盘亦少见，高柄豆逐渐消失。

晚段遗存包括第 13 层和 L27。陶器有 Bc 型Ⅱ式小平底罐，Aa 型Ⅱ式、Aa 型Ⅲ式、Ab 型Ⅱ式、B、C 型Ⅰ式、D、Fa 型Ⅰ式、Fa 型Ⅱ式、Fb 型Ⅱ式高领罐，Ab、Ad、Bd 型壶，Aa、Ac、Ba、Ca、Cc 型Ⅱ式、Cd 型Ⅱ式、Da 型Ⅰ式、Da 型Ⅱ式、Da 型Ⅲ式、Db 型Ⅱ式、Dd、De 型Ⅱ式瓮，Ac、Bb、Cb、Cc、Cd、D、Ea 型Ⅱ式、Eb、Ec、F 型盆，Cb、Da、Db、Dc、Ea、Eb、Ec 型缸，Ab 型Ⅱ式、Ac、Ba、Bb、Bc 型Ⅱ式、Ca 型Ⅰ式、Ca 型Ⅱ式、Cb、Cd 型束颈罐，Ba、Db 型豆盘，Aa、Ad 型豆柄，Aa 型Ⅰ式、Aa 型Ⅱ式、Ab、Ad、Ba、Bb、Bc、Bd、Ca 型Ⅰ式、Ca 型Ⅱ式、Cb 型Ⅰ式、Cb 型Ⅱ式、Cc 型Ⅱ式、Cd、Da 型敛口罐，A 型Ⅰ式、A 型Ⅱ式、B 型Ⅰ式、B 型Ⅱ式、D 型Ⅱ式、F 型矮领罐，Ab 型Ⅰ式、Ba 型Ⅱ式、Bb 型Ⅰ式、Bb 型Ⅱ式、Bb 型Ⅲ式、Bc 型Ⅰ式、Bd 型Ⅰ式、Cb 型Ⅰ式尖底盏，Ab、Ba 型Ⅱ式、Ba 型Ⅲ式、Bb 型Ⅰ式、Bb 型Ⅱ式、Ca 型Ⅱ式、Da 型Ⅰ式、Dc 型Ⅰ式尖底杯，Aa、Ab、B 型Ⅱ式、Ca 型Ⅱ式、Cb 型Ⅱ式尖底罐，Aa 型Ⅰ式、Aa 型Ⅱ式、Ab 型Ⅰ式、Ab 型Ⅱ式、Ac 型Ⅱ式、Ba 型Ⅰ式、Ba 型Ⅱ式、C 型Ⅰ式篦形器，A、B 型盘，A 型Ⅰ式、D 型Ⅰ式长颈罐等。A 型小平底罐几乎不见，仅见个别 B 型小平底罐；从 13 层开始小平底的 A 型尖底杯不见或少见，篦形器大量增加，绳纹缸不见，绳纹束颈罐少见，陶盂、A 型尖底盏几乎不见，B 型尖底盏发达，新出现 Bc、Cb 型尖底盏；Ab 型尖底杯少见，B、C 型尖底杯发达，新出现 D 型尖底杯；瓶、觚形器、瓮形器不见，D 型瓮发达；尖底罐不仅数量多，器形也多样；D 型豆盘急剧较少，新出现长颈罐。

第四期遗存第 6~12 层及开口于 6 层下、8~11 层下祭祀遗迹及灰坑，依据器物组合和发展演变关系，可将其分为早、晚两段。

　　早段遗存包括第 10、11、12 层及 H2309、H2319、H2298、H2297、L28、L30，该段陶器特征为 Aa 型Ⅱ式、Aa 型Ⅲ式、B、C 型Ⅱ式、Fa 型Ⅰ式、Fa 型Ⅱ式高领罐，Aa、Ad、Af、Bb、Cb 型壶，Ba、Ca、Cd 型Ⅱ式、Da 型Ⅰ式、Da 型Ⅱ式、Da 型Ⅲ式、Db 型Ⅰ式、Db 型Ⅱ式、Dc 型Ⅰ式、Dd、De 型Ⅰ式、De 型Ⅱ式瓮，Bb、Ca、Cb、Cc、Cd、D、Ea 型Ⅰ式、Ea 型Ⅱ式、Eb、Ec、F 型盆，Cb、Ea 型缸，Bb、Bc 型Ⅰ式、Ca 型Ⅰ式、Ca 型Ⅱ式、Cb、Cd、Da 型束颈罐，Aa 型Ⅰ式、Aa 型Ⅱ式、Ab、Ac、Ad、Ae、Ba、Bb、Bc、Bd、Ca 型Ⅰ式、Ca 型Ⅱ式、Cb 型Ⅰ式、Cb 型Ⅱ式、Cc 型Ⅰ式、Cc 型Ⅱ式、Cd、Da、Db 型敛口罐，A 型Ⅱ式、B 型Ⅱ式、C 型Ⅰ式、C 型Ⅱ式、D 型Ⅱ式、E、F 型矮领罐，Ba 型Ⅰ式、Ba 型Ⅱ式、Ba 型Ⅲ式、Bb 型Ⅱ式、Bb 型Ⅲ式、Bc 型Ⅰ式、Bc 型Ⅱ式、Bd 型Ⅰ式、Bd 型Ⅱ式、Be、Ca 型Ⅰ式、Ca 型Ⅱ式、Cb 型Ⅰ式、Cb 型Ⅱ式、Cc 型Ⅰ式、Cc 型Ⅱ式尖底盏，Ad、Ca 型Ⅰ式、Ca 型Ⅱ式、Cb 型Ⅰ式、Cb 型Ⅱ式、Da 型Ⅱ式、Db 型Ⅰ式、Db 型Ⅱ式、Dc 型Ⅱ式、Dd、Ea、Eb 型尖底杯，B 型Ⅱ式、Ca 型Ⅱ式、Cb 型Ⅰ式尖底罐，Aa 型Ⅰ式、Aa 型Ⅱ式、Ab 型Ⅰ式、Ab 型Ⅱ式、Ac 型Ⅰ式、Ac 型Ⅱ式、Ba 型Ⅰ式、Ba 型Ⅱ式、Bb 型Ⅰ式、Bb 型Ⅱ式、C 型Ⅰ式、C 型Ⅱ式簋形器，A 型盘，A 型Ⅰ式、A 型Ⅱ式、B、Ca、Cb、Cc、D 型Ⅰ式、D 型Ⅱ式长颈罐，Aa、Ab、B、Ca、Cb 型绳纹圜底罐，A、B 型釜，A 型Ⅰ式、A 型Ⅱ式、B 型盘口罐，Aa、Ab、Ac 型豆柄等。该段最大特征是出现盘口罐、绳纹圜底罐及釜，不见瓮形器、E 型器底、豆盘，瓮均为厚唇高领宽沿瓮，小平底罐极少；高领罐数量和器形均减少，尤其是 A 型最为突出；敛口罐发达，特别是 C、D 型敛口罐数量和种类非常丰富，尤其以 C 型最为突出；尖底盏数量较多，A 型尖底盏不见，B、C 型尖底盏非常盛行，尖底盏腹部普遍变浅；尖底杯 C、D 型发达，新出现 E 型尖底杯，A 型尖底杯几乎不见；从 10 层开始不见 E 型尖底；簋形器、尖底罐依然发达，新出现圜底罐；A、B 型瓮急剧衰减，特别是 A 型瓮完全不见，D 型瓮更为发达，无论是数量抑或是种类均非常发达；A 型盆不见，E 型盆发达；陶缸数量较少，尤其是不见 A、B 型缸；束颈罐数量呈现骤减趋势，A、B 型少见，C 型相对多见。

　　晚段遗存包括第 6、7、8、9 层及 H2300、L64。陶器有 Aa 型Ⅱ式、C 型Ⅱ式、Fa 型Ⅱ式、Fb 型Ⅱ式高领罐，Ae 型壶，Cd 型Ⅱ式、Da 型Ⅰ式、Da 型Ⅱ式、Db 型Ⅱ式、Dc 型Ⅱ式、Dd 型瓮，Cc、D、Ea 型Ⅱ式、Eb 型盆，Cb 型缸，Ba、Bc 型Ⅱ式、Cd、Ce、Db 型束颈罐，Aa 型Ⅱ式、Ab、Ac、Bb、Bc、Bd、Ca 型Ⅱ式、Cb 型Ⅱ式、Cc 型Ⅱ式、Cd、Da 型敛口罐，A 型Ⅱ式、B 型Ⅱ式、D 型Ⅱ式、F 型矮领罐，Ba 型Ⅲ式、Bb 型Ⅱ式、Bb 型Ⅲ式、Bc 型Ⅱ式、Bd 型Ⅰ式、Bd 型Ⅱ式、Cb 型Ⅱ式、Cc 型Ⅱ式尖底盏，Bb 型Ⅱ式、Ca 型Ⅱ式尖底杯，Aa、Ab、B、Ca 型Ⅰ式尖底罐，Aa 型Ⅱ式、Ab 型Ⅱ式、Ac 型Ⅱ式、Ba 型Ⅱ式、Bb 型Ⅱ式、C 型Ⅰ式、C 型Ⅱ式簋形器，D 型Ⅰ式长颈罐，Aa、Ab 型绳纹圜底罐，A 型釜，Ba 型豆盘，Aa、Ab、Ac 型豆柄等。小平底罐为最晚近形式，可能为扰动，壶和高领罐少见；瓮仅见 C、D 型，以 D 型居多；盆也不见 A、B 型；缸几乎不见，仅见少量 C 型缸；束颈罐骤减；敛口罐依然盛行，以 C、D 型居多；簋形器数量和器形呈减少之趋势；尖底盏仅见 B、C 型，C 型较为多见；尖底杯数量和器形更少见。该段特征为 B、C 型尖底盏数量多和 D 型瓮流行，篦形器衰微。

第五期遗存包括第 5 层及 H2296、H2308，该段陶器特征为 Ba、Cd 型 Ⅱ 式、Da 型 Ⅱ 式、Dd 型瓮，Cc、Ea 型 Ⅱ 式盆，Bb、Bc、Bd、Ca 型 Ⅱ 式敛口罐，B 型 Ⅱ 式、D 型 Ⅱ 式矮领罐，Cc 型 Ⅱ 式尖底盏，Ca 型 Ⅱ 式尖底杯，Aa、Cc 型绳纹圜底罐，A 型釜，A 型 Ⅰ 式、A 型 Ⅱ 式盘口罐等。该段不见高领罐、壶、缸、束颈罐、豆盘、尖底罐、长颈罐、篦形器，瓮和盆少见；敛口罐数量也急剧减少，不见 A 型，仅见少量 B、C 型；尖底器不论数量还是器形均明显减少，仅见 Cc 型 Ⅱ 式尖底盏和 Ca 型 Ⅱ 式尖底杯，尖底杯可能为混入。总体而言，该期尖底器数量骤减少；瓮多为厚唇矮领同绳纹圜底罐相近，瓮可能已经消失，此类器极大可能为圜底绳纹罐。

第三节 中区商周时期遗存及分期

一 地层、遗迹及出土遗物

中区共计发现 5 个商周时期灰坑及 3 处商周时期祭祀遗迹（图五七七；附表二）。出土遗物极为丰富，以陶器为主，另有玉器、铜器、石器，数量相对较少。共计出土陶片 23923 片，陶质分为夹砂陶和泥质陶，以夹砂陶为多，占 88.97%。夹砂陶陶色以灰黑陶为多，占 65.24%，灰黄陶占 13.89%，灰褐陶占 11.13%，红褐陶占 3.59%，灰陶占 3.46%，黄褐陶占 2.69%。以素面居多，饰纹饰者仅占 22.56%，以细线纹、粗绳纹、凹弦纹、压印纹为主，分别占 68.38%、17.16%、11.87%、0.21%。泥质陶中以灰黑陶为多，占 32.36%，灰黄陶占 22.70%，灰陶占 4.74%，灰褐陶占 34.03%，黄褐陶占 4.51%，青灰陶占 0.15%，红陶占 1.51%。以素面为主，饰纹饰者仅占 23.30%，以细线纹、粗绳纹、凹弦纹为主，分别占 68.93%、15.17%、12.19%，另有极少量刻划纹、圆圈纹、镂孔、戳印纹、细绳纹、附加堆纹、重菱纹、压印纹、网格纹等（表四一）。陶器可辨器形

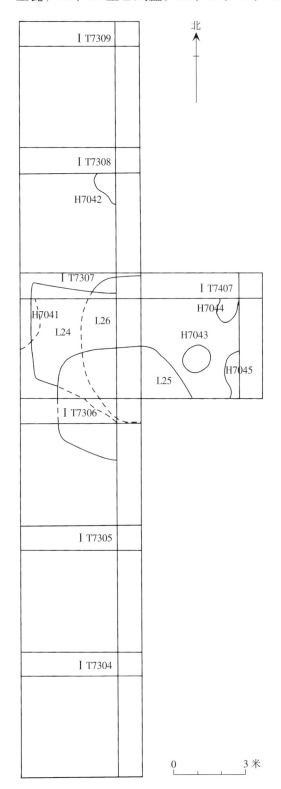

北

图五七七 中区遗迹分布图

I T7309

I T7308

H7042

I T7307

I T7407

H7041 L26 H7044

L24 H7043

L25 H7045

I T7306

I T7305

I T7304

0 3 米

表四一　中区商周时期地层陶片统计表

纹饰＼陶质陶色	夹砂陶						小计	百分比（%）	泥质陶							小计	百分比（%）
	灰黑	灰	红褐	灰褐	黄褐	灰黄			灰黑	灰	灰黄	灰褐	青灰	红	黄褐		
素面	10180	692	614	1816	496	2685	16483	77.44	617	89	464	639	4	31	93	1937	73.40
细绳纹	18			7	1	1	27	0.13	4	7	1				1	13	0.49
粗绳纹	585	13	17	114	21	74	824	3.87		1		9		1		11	0.42
重菱纹	4						4	0.02	1							1	0.04
凹弦纹	392	9	30	52	29	58	570	2.68	45	4	19	27		2	4	101	3.83
凸棱纹	8	2		2		4	16	0.08	9		6	4			1	20	0.76
刻划纹	16	1					17	0.08	2		1	1		1		5	0.19
镂孔	12	3	2	2		1	20	0.09	1		4	2				7	0.26
细线纹	2644	16	100	368	23	132	3283	15.42	157	24	99	214		5	11	510	19.32
压印纹	3		1	4	1	1	10	0.05						1		1	0.04
网格纹	3						3	0.01									
戳印纹	14		1	1	1		17	0.08	15		2					17	0.64
瓦棱纹	2						2	0.01			1				7	9	0.34
乳丁纹	2	1		2		1	6	0.03							1	1	0.04
附加堆纹	2						2	0.01	1							1	0.04
圆圈纹									1		2	2				5	0.19
小计	13885	737	765	2368	572	2957	21284		854	125	599	898	4	40	119	2639	
百分比（%）	65.24	3.46	3.59	11.13	2.69	13.89		100.00	32.36	4.74	22.70	34.03	0.15	1.51	4.51		100.00
合计	23923																

主要有尖底杯、尖底盏、尖底罐、小平底罐、高领罐、壶、束颈罐、瓮形器、敛口罐、瓮、盆、缸等。玉器种类有斧、锛。铜器种类有削、镞。石器种类有石璋、石璋半成品、斧、锛、柱形器、石璧、石璧半成品及石璧坯料等。为了全面反映材料，我们按单位介绍遗物。

（一）第29层出土遗物

该层出土遗物仅有陶器，数量较少，共计出土陶片311片。陶器除1件为泥质陶外均为夹砂陶。夹砂陶中灰黑陶占93.55%，灰陶占2.26%，灰黄陶占3.22%，灰褐陶占0.97%。夹砂陶中纹饰陶片

表四二　中区第 29 层陶片统计表

纹饰 \ 陶质陶色	夹砂陶				小计	百分比（%）	泥质陶 灰	小计	百分比（%）
	灰黑	灰	灰褐	灰黄					
素面	271	7	3	8	289	93.23	1	1	100.00
粗绳纹	7			2	9	2.90			
凹弦纹	1				1	0.32			
细线纹	11				11	3.55			
小计	290	7	3	10	310			1	1
百分比（%）	93.55	2.26	0.97	3.22		100.00	100.00		100.00
合计	311								

仅占 6.77%，以细线纹、粗绳纹为多，分别占 52.38% 和 42.86%，另有极少量凹弦纹（表四二）。可辨器形有瓮形器、盆、器底、豆盘、豆柄等。

陶器

12 件。

瓮形器　2 件。

Da 型　1 件。

标本ⅠT7307㉙：17，夹砂灰黑陶。方唇，唇面微凹。唇部及肩部压印绳纹。口径 32、残高 5.4 厘米（图五七八，1）。

Ea 型　1 件。

标本ⅠT7307㉙：22，夹砂灰黑陶。方唇。唇部及肩部压印绳纹。口径 28、残高 5 厘米（图五七八，2）。

盆　1 件。Cd 型。

标本ⅠT7307㉙：12，夹砂灰褐陶。卷沿，圆唇。残高 5.3 厘米（图五七八，8）。

豆盘　2 件。Cc 型。

标本ⅠT7307㉙：14，夹砂灰黑陶。方唇。口径 50、残高 2 厘米（图五七八，3）。

豆柄　4 件。Aa 型。

标本ⅠT7309㉙：1，夹砂灰黑陶。残高 25.6 厘米（图五七八，4）。

标本ⅠT7307㉙：4，夹砂灰黑陶。圈足径 14.5、残高 13 厘米（图五七八，5）。

标本ⅠT7307㉙：21，夹砂灰黑陶。近柄处饰三周凹弦纹，圈足处饰竖向绳纹。圈足径 16、残高 12 厘米（图五七八，6）。

器底　3 件。

Ab 型　2 件。

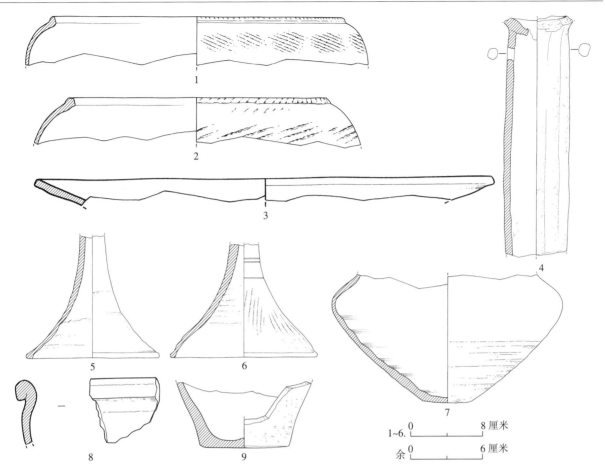

图五七八　中区第 29 层出土陶器

1. Da 型瓮形器（ⅠT7307㉙：17）　2. Ea 型瓮形器（ⅠT7307㉙：22）　3. Cc 型豆盘（ⅠT7307㉙：14）　4～6. Aa 型豆柄（ⅠT7309㉙：1、ⅠT7307㉙：4、ⅠT7307㉙：21）　7. Ac 型器底（ⅠT7309㉙：6）　8. Cd 型盆（ⅠT7307㉙：12）　9. Ab 型器底（ⅠT7307㉙：5）

标本ⅠT7307㉙：5，夹砂灰黄陶。底径 7.3、残高 5.3 厘米（图五七八，9）。

Ac 型　1 件。

标本ⅠT7309㉙：6，夹砂灰黑陶。腹径 18.9、底径 4、残高 10.2 厘米（图五七八，7）。可能属于 Aa 型Ⅰ式小平底罐器底。

（二）第 24 层出土遗物

该层出土遗物有陶器和石器，数量和种类均较少，出土陶片 500 片和 1 件石器。陶器以夹砂陶为大宗，占 93.20%。夹砂陶中灰黑陶占 73.60%，灰黄陶占 12.88%，灰褐陶占 8.37%，灰陶占 4.29%，红褐陶和黄褐陶各占 0.43%；泥质陶中灰黑陶占 44.12%，灰褐陶占 38.24%，灰黄陶和青灰陶各占 8.82%。夹砂陶中纹饰陶片占 27.04%，以细线纹和粗绳纹为多，分别占 70.63% 和 24.60%，另有极少量凹弦纹、云雷纹、凸棱纹和刻划纹；泥质陶中纹饰陶片仅有 2 片刻划纹和 1 片附加堆压印纹（表四三）。陶器可辨器形有小平底罐、高领罐、束颈罐、壶、盆、瓮、桶形器、

表四三　中区第 24 层陶片统计表

纹饰 ＼ 陶色 ＼ 陶质	夹砂陶						小计	百分比（%）	泥质陶				小计	百分比（%）
	灰黑	灰	红褐	灰褐	黄褐	灰黄			灰黑	灰黄	灰褐	青灰		
素面	234	19	2	28	2	55	340	72.96	12	3	13	3	31	91.18
粗绳纹	26	1		3		1	31	6.66						
云雷纹	1						1	0.21						
凹弦纹	1			1		1	3	0.65						
凸棱纹	1						1	0.21						
刻划纹	1						1	0.21	2				2	5.88
细线纹	79			7		3	89	19.10						
附加堆纹										1			1	2.94
小计	343	20	2	39	2	60	466		15	3	13	3	34	
百分比（%）	73.60	4.29	0.43	8.37	0.43	12.88		100.00	44.12	8.82	38.24	8.82		100.00
合计	500													

袋足、豆盘、豆柄等。石器种类仅有石璧坯料。

（1）陶器

37 件。

小平底罐　2 件。

Ad 型 I 式　1 件。

标本 I T7307㉔：80，夹砂灰黑陶。方唇。口径 17、肩径 20、残高 3.8 厘米（图五七九，1）。

Ad 型 II 式　1 件。

标本 I T7307㉔：122，夹砂灰黑陶。方唇。口径 15、肩径 17.8、残高 5 厘米（图五七九，2）。

高领罐　2 件。

Aa 型 I 式　1 件。

标本 I T7307㉔：119，夹砂灰黑陶。卷沿，尖圆唇。领部饰两周凹弦纹。口径 19、残高 12.1 厘米（图五七九，3）。

Fa 型 I 式　1 件。

标本 I T7307㉔：120，夹砂灰黑陶。卷沿，圆唇。领部饰两周凹弦纹。口径 18、残高 11.5 厘米（图五七九，4）。

束颈罐　3 件。

Ab 型 I 式　2 件。

标本 I T7307㉔：105，夹砂灰黑陶。圆唇。肩部饰斜向绳纹。口径 22、肩径 26、残高 6.7 厘米（图五七九，5）。

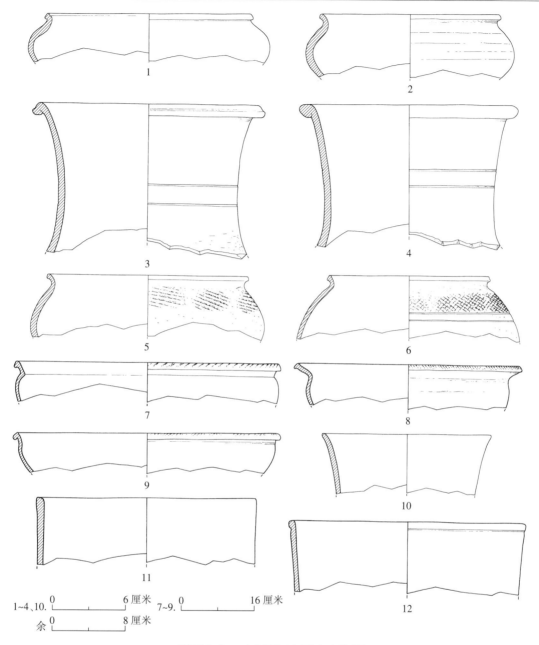

图五七九　中区第 24 层出土陶器

1. Ad 型 I 式小平底罐（I T7307㉔：80）　2. Ad 型 II 式小平底罐（I T7307㉔：122）　3. Aa 型 I 式高领罐（I T7307㉔：119）　4. Fa 型 I 式高领罐（I T7307㉔：120）　5. Ab 型 I 式束颈罐（I T7307㉔：105）　6. Ac 型 II 式束颈罐（I T7307㉔：9）　7～9. Ac 型盆（I T7307㉔：27、I T7307㉔：115、I T7309㉔：26）　10. Aa 型壶（I T7307㉔：28）　11. A 型桶形器（I T7307㉔：31）　12. Ba 型桶形器（I T7307㉔：32）

Ac 型 II 式　1 件。

标本 I T7307㉔：9，夹砂灰黑陶。方唇。肩部饰交错绳纹和两周凹弦纹。口径 18、肩径 25、残高 6.8 厘米（图五七九，6）。

壶　1 件。Aa 型。

标本 I T7307㉔：28，夹砂灰陶。圆唇。口径 14、残高 4.8 厘米（图五七九，10）。

盆 4件。Ac 型。

标本ⅠT7307㉔：115，夹砂灰黑陶。方唇。唇部压印绳纹。口径50、残高9.7厘米（图五七九，8）。

标本ⅠT7307㉔：27，夹砂灰陶。方唇。唇部压印绳纹。口径58、残高8.5厘米（图五七九，7）。

标本ⅠT7309㉔：26，夹砂灰黄陶。方唇。唇部压印绳纹。口径58、残高8.2厘米（图五七九，9）。

瓮 6件。

Aa 型 4件。

标本ⅠT7307㉔：33，夹砂灰黄陶。圆唇。口径68、残高10.2厘米（图五八〇，1）。

标本ⅠT7309㉔：29，夹砂灰黄陶。圆唇。口径46、残高9厘米（图五八〇，2）。

Ab 型 2件。

标本ⅠT7307㉔：7，夹砂灰黑陶。圆唇。口径60、残高6.6厘米（图五八〇，3）。

桶形器 3件。

A 型 1件。

标本ⅠT7307㉔：31，夹砂灰黑陶。方唇。口径24、残高7.3厘米（图五七九，11）。

Ba 型 2件。

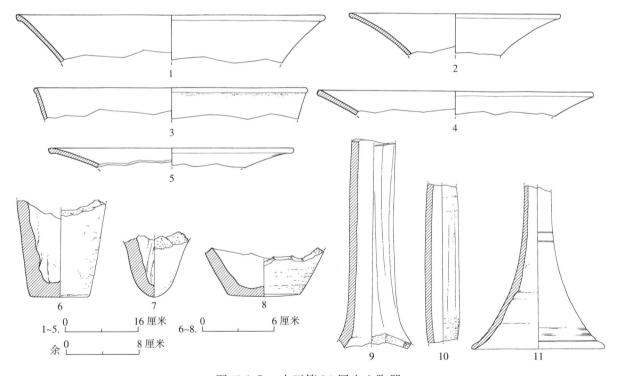

图五八〇 中区第24层出土陶器

1、2. Aa 型瓮（ⅠT7307㉔：33、ⅠT7309㉔：29） 3. Ab 型瓮（ⅠT7307㉔：7） 4、5. Da 型豆盘（ⅠT7307㉔：93、ⅠT7307㉔：103） 6. Ac 型器底（ⅠT7307㉔：68） 7. B 型袋足（ⅠT7307㉔：47） 8. Ab 型器底（ⅠT7307㉔：38） 9、11. Aa 型豆柄（ⅠT7307㉔：71、ⅠT7307㉔：114） 10. Ab 型豆柄（ⅠT7307㉔：16）

标本 I T7307㉔：32，夹砂灰陶。方唇。口径 26、残高 7.5 厘米（图五七九，12）。

豆盘 4 件。Da 型。

标本 I T7307㉔：93，夹砂灰黑陶。方唇。口径 60、残高 5.2 厘米（图五八〇，4）。

标本 I T7307㉔：103，夹砂灰黑陶。方唇。口径 54、残高 3 厘米（图五八〇，5）。

豆柄 8 件。

Aa 型 6 件。

标本 I T7307㉔：71，夹砂灰黑陶。残高 22 厘米（图五八〇，9）。

标本 I T7307㉔：114，泥质灰黄陶。近柄处饰两周凹弦纹。圈足径 14.5、残高 17.5 厘米（图五八〇，11）。

Ab 型 2 件。

标本 I T7307㉔：16，夹砂灰褐陶。残高 17 厘米（图五八〇，10）。

器底 3 件。

Ab 型 2 件。

标本 I T7307㉔：38，夹砂灰黑陶。底径 6、残高 3.9 厘米（图五八〇，8）。

Ac 型 1 件。

标本 I T7307㉔：68，夹砂灰黑陶。底径 5、残高 7.7 厘米（图五八〇，6）。

袋足 1 件。B 型。

标本 I T7307㉔：47，夹砂灰黑陶。残高 5.2 厘米（图五八〇，7）。

（2）石器

1 件。

石璧坯料 1 件。A 型。

标本 I T7309㉔：1，灰黑色。破裂面及轮边未经打磨，周缘较薄、中部略厚。直径 9.8、厚 1.3 厘米（图五八一）。

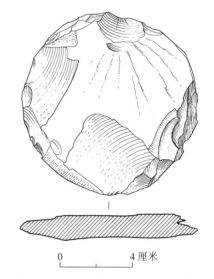

图五八一 中区第 24 层出土 A 型
石璧坯料（I T7309㉔：1）

（三）第 23 层下遗迹及出土遗物

开口于该层下有 1 个祭祀遗迹 L26（见附表二），简述如下。

L26

位于 I T7307 东部，部分叠压于 I T7306 及 I T7307 北隔梁下，开口于第 23 层下，堆积置于第 24 层层表，东部未发掘。该地面有大量遗物密集分布，该堆积平面呈椭圆形，南北长 5.8、东西残宽 2.1 米。共计出土遗物 120 件，有石璧坯料 95 件（其中可辨型式 76 件）、石璋半成品 9 件、石芯 1 件，还伴出有 15 件陶器（图五八二；彩版一三五）。

（1）陶器

15 件。

小平底罐　2 件。

Ab 型 I 式　2 件。

标本 L26∶149，夹砂灰黑陶。方唇。肩部饰粗绳纹。口径 13.8、肩径 18、底径 4.8、高 12.9 厘米（图五八三，1）。

标本 L26∶61，夹砂灰黑陶。肩部饰一周凹弦纹。口径 15.8、肩径 19、底径 4.5、高 10.9 厘米（彩版一三六，1）。

瓮形器　1 件。Ea 型。

标本 L26∶130，夹砂灰陶。方唇。唇部压印绳纹。口径 22、残高 3 厘米（图五八三，2）。

束颈罐　2 件。

Aa 型　1 件。

标本 L26∶131，夹砂灰陶。方唇。肩部饰竖向绳纹。口径 24、残高 4.2 厘米（图五八三，3）。

Ca 型 II 式　1 件。

标本 L26∶126，夹砂灰黑陶。方唇。口径 16、肩径 19.6、残高 5.7 厘米（图五八三，4）。

瓮　2 件。Cd 型 I 式。

标本 L26∶129，夹砂灰褐陶。平折沿，方唇。沿面饰两周凹弦纹。口径 50、残高 3.2 厘米（图五八三，5）。

桶形器　1 件。Ba 型。

标本 L26∶138，夹砂灰黑陶。圆唇。口径 24、残高 18.6 厘米（图五八三，7）。

豆柄　4 件。

Aa 型　1 件。

标本 L26∶134，夹砂灰陶。直径 3.9、残高 21.4 厘米（图五八三，10）。

Ab 型　1 件。

标本 L26∶135，夹砂灰陶。圈足径 15.5、残高 17.9 厘米（图五八三，6）。

Ac 型　1 件。

标本 L26∶144，泥质灰黑陶。近圈足处饰三周凸棱。直径 3.5、残高 8.9 厘米（图五八三，11）。

Ba 型　1 件。

标本 L26∶68，夹砂灰黄陶。柄部饰一圆形镂孔。直径 22.5、残高 17.5 厘米（图五八三，12）。

器底　2 件。Aa 型。

标本 L26∶136，夹砂灰黑陶。底径 10、残高 3.3 厘米（图五八三，9）。

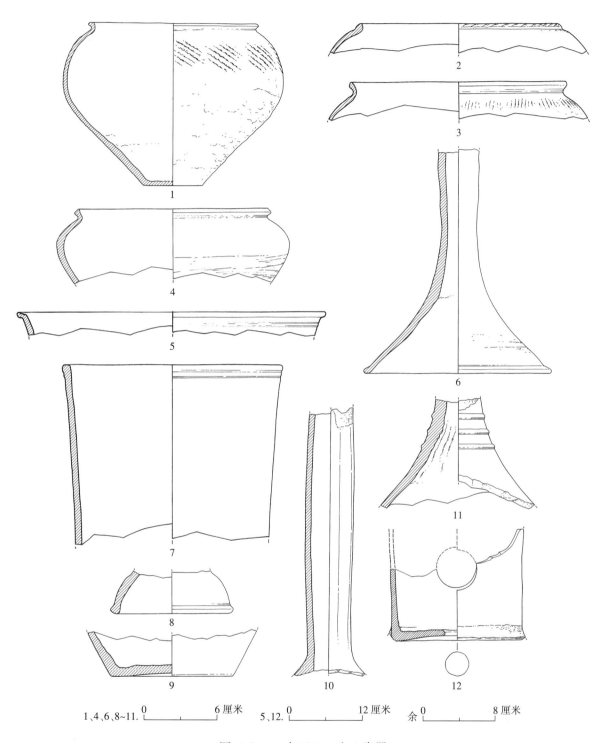

图五八三　中区 L26 出土陶器

1. Ab 型 I 式小平底罐（L26∶149）　2. Ea 型瓮形器（L26∶130）　3. Aa 型束颈罐（L26∶131）　4. Ca 型 II 式束颈罐（L26∶126）　5. Cd 型 I 式瓮（L26∶129）　6. Ab 型豆柄（L26∶135）　7. Ba 型桶形器（L26∶138）　8. Ca 型圈足（L26∶127）　9. Aa 型器底（L26∶136）　10. Aa 型豆柄（L26∶134）　11. Ac 型豆柄（L26∶144）　12. Ba 型豆柄（L26∶68）

圈足 1件。Ca型。

标本L26：127，夹砂灰黄陶。圈足径10、残高3.3厘米（图五八三，8）。

（2）石器

98件。器形可辨识有86件。

石璋半成品 9件。

Ba型 6件。

标本L26：51，青色。器体宽大，整器打磨平整。残长19、宽6.8、厚0.6厘米（图五八四，1）。

标本L26：49，青色。器体宽大。器表、两侧、刃部均打磨光滑，阑部残。残长15.4、宽8.2、

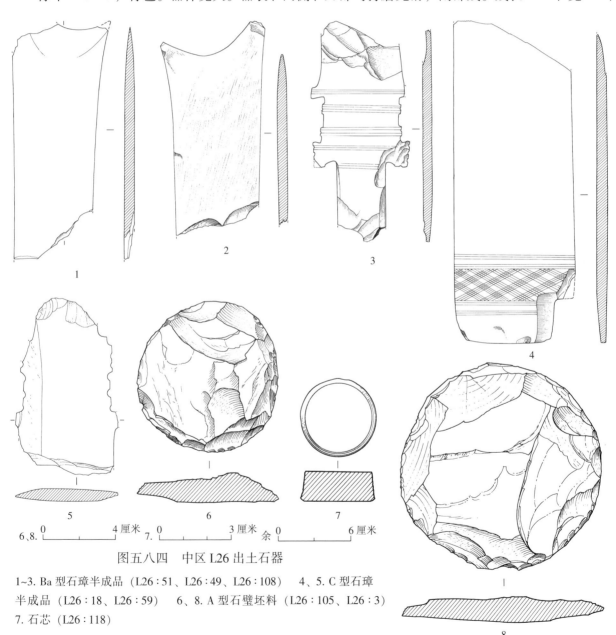

图五八四 中区L26出土石器

1~3. Ba型石璋半成品（L26：51、L26：49、L26：108） 4、5. C型石璋
半成品（L26：18、L26：59） 6、8. A型石璧坯料（L26：105、L26：3）
7. 石芯（L26：118）

厚 0.9 厘米（图五八四，2）。

标本 L26∶108，青色。柄残长 5.8、宽 7.6 厘米，整器残长 17.5、宽 7.6、厚 0.8 厘米（图五八四，3）。

C 型　3 件。

标本 L26∶18，青色。器体宽大，平面呈长方形，整器制作规整，阑部有四组平行直线纹，每组三条线，中间两组间有斜向交错细线纹。残长 21.4~25.1、宽 9.8、厚 1 厘米（图五八四，4）。

标本 L26∶59，青色。器体较宽大。器表、两侧均打磨平整，刃部残。阑部有凸出器身的齿状饰。柄部呈"倒三角"状。残长 14、宽 8、厚 1 厘米（图五八四，5）。

石璧坯料　76 件。A 型。

标本 L26∶105，灰黑色。破裂面及轮边未经打磨。直径 7.8~8、厚 1.5 厘米（图五八四，6）。

标本 L26∶3，灰黑色。破裂面及轮边未经打磨。周缘较薄，中部略厚。直径 11、厚 1.4 厘米（图五八四，8）。

石芯　1 件。

标本 L26∶118，灰黑色。边缘留有管钻痕迹。环面及轮边打磨精细。直径 3、厚 1.2 厘米（图五八四，7）。

（四）第 23 层出土遗物

该层出土遗物仅有陶器，数量较少。共计出土陶片 193 片，以夹砂陶为大宗，占 97.41%。夹砂陶中灰黑陶占 86.17%，灰褐陶占 7.45%，灰黄陶占 5.32%，灰陶占 1.06%；泥质陶中灰黑陶占 80.00%，灰黄陶占 20.00%。纹饰极少见，夹砂陶中纹饰陶片仅占 4.26%，包括 6 片细线纹和 2 片粗绳纹；泥质陶中仅有 2 片云雷纹（表四四）。可辨器形有瓮形器、瓮、桶形器、器底、豆柄等。

表四四　中区第 23 层陶片统计表

陶质 陶色 纹饰	夹砂陶				小计	百分比（%）	泥质陶		小计	百分比（%）
	灰黑	灰	灰褐	灰黄			灰黑	灰黄		
素面	154	2	14	10	180	95.75	2	1	3	60.00
粗绳纹	2				2	1.06				
云雷纹							2		2	40.00
细线纹	6				6	3.19				
小计	162	2	14	10	188		4	1	5	
百分比（%）	86.17	1.06	7.45	5.32		100.00	80.00	20.00		100.00
合计	193									

陶器

16 件。

瓮形器　1 件。Eb 型。

标本Ⅰ T7307㉓：12，夹砂灰黑陶。方唇。唇部压印绳纹。口径 30、残高 2.5 厘米（图五八五，1）。

瓮　3 件。

Ab 型　2 件。

标本Ⅰ T7306㉓：4，夹砂灰黑陶。方唇。口径 58、残高 11.1 厘米（图五八五，3）。

标本Ⅰ T7306㉓：9，夹砂灰黑陶。方唇。口径 36、残高 5.9 厘米（图五八五，4）。

Cd 型Ⅰ式　1 件。

标本Ⅰ T7306㉓：26，夹砂灰黑陶。方唇。口径 44、残高 13.8 厘米（图五八五，2）。

桶形器　1 件。Ba 型。

标本Ⅰ T7306㉓：18，夹砂灰黑陶。方唇。口径 30、残高 16 厘米（图五八五，5）。

豆盘　6 件。Da 型。

标本Ⅰ T7307㉓：23，夹砂灰黑陶。方唇。口径 60、残高 5.2 厘米（图五八五，6）。

标本Ⅰ T7307㉓：24，夹砂灰黄陶。方唇。口径 54、残高 4.2 厘米（图五八五，7）。

豆柄　4 件。

Aa 型　2 件。

标本Ⅰ T7307㉓：8，泥质灰黑陶。近圈足处饰两周凹弦纹。残高 15 厘米（图五八五，10）。

Ab 型　1 件。

标本Ⅰ T7307㉓：7，泥质灰黑陶。近圈足处饰两周凹弦纹。残高 18.2 厘米（图五八五，11）。

Bb 型　1 件。

标本Ⅰ T7306㉓：19，泥质灰黄陶。足壁外撇。残高 7.6 厘米（图五八五，8）。

器底　1 件。Ab 型。

标本Ⅰ T7306㉓：3，夹砂灰黑陶。底径 8.9、残高 10.5 厘米（图五八五，9）。

（五）第 22 层出土遗物

该层出土遗物有陶器和石器，计有陶片 1771 片和 1 件石器。陶器中以夹砂陶为大宗，占 95.03%。夹砂陶中灰黑陶占 71.24%，灰褐陶占 10.34%，灰黄陶占 8.20%，灰陶占 7.43%，黄褐陶占 2.38%，红褐陶占 0.41%；泥质陶中灰褐陶占 43.18%，灰黑陶占 18.18%，黄褐陶占 14.78%，灰陶占 11.36%，灰黄陶占 9.09%，红陶占 3.41%。夹砂陶中纹饰陶片占 19.90%，以细线纹、粗绳纹、细绳纹、凹弦纹为多，分别占 66.27%、22.99%、5.37% 和 4.48%，另有极少量镂孔、压印纹和凸棱纹；泥质陶中纹饰陶片占 37.50%，包括细线纹、粗绳纹、瓦棱纹和凹弦纹，

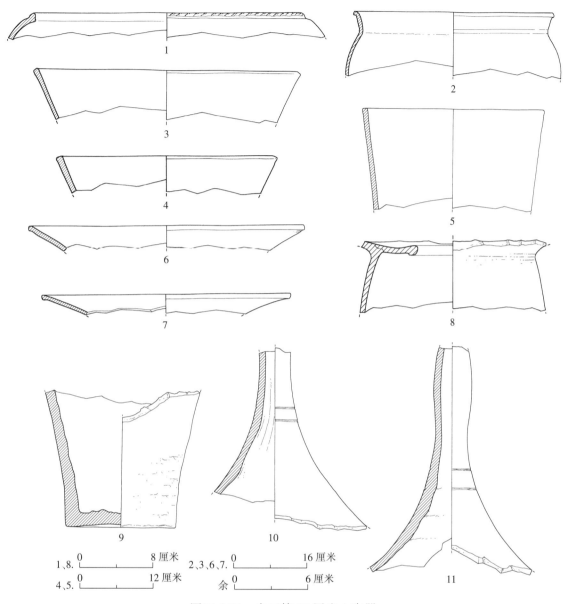

图五八五 中区第 23 层出土陶器

1. Eb 型瓮形器（ⅠT7307㉓：12） 2. Cd 型Ⅰ式瓮（ⅠT7306㉓：26） 3、4. Ab 型瓮（ⅠT7306㉓：4、ⅠT7306㉓：9） 5. Ba 型桶形器（ⅠT7306㉓：18） 6、7. Da 型豆盘（ⅠT7307㉓：23、ⅠT7307㉓：24） 8. Bb 型豆柄（ⅠT7306㉓：19） 9. Ab 型器底（ⅠT7306㉓：3） 10. Aa 型豆柄（ⅠT7307㉓：8） 11. Ab 型豆柄（ⅠT7307㉓：7）

各占 36.36%、30.30%、21.21% 和 12.12%（表四五）。陶器可辨器形有小平底罐、瓮形器、束颈罐、盆、瓮、桶形器、器底、豆盘、豆柄等。石器仅有 1 件石璋半成品。

（1）陶器

36 件。

小平底罐 1 件。Ad 型Ⅰ式。

标本ⅠT7307㉒：1，夹砂灰黑陶。圆唇。口径 14.3、肩径 17.7、残高 10.3 厘米（图五八六，

表四五　中区第 22 层陶片统计表

陶质陶色纹饰	夹砂陶						小计	百分比（%）	泥质陶						小计	百分比（%）
	灰黑	灰	红褐	灰褐	黄褐	灰黄			灰黑	灰	灰黄	灰褐	红	黄褐		
素面	923	117	7	134	40	127	1348	80.09	9	8	5	26	1	6	55	62.50
细绳纹	12			6			18	1.07								
粗绳纹	56	4		16		1	77	4.58		1		9			10	11.36
凹弦纹	11	1		1		2	15	0.89		1		1	2		4	4.55
凸棱纹		1					1	0.06								
镂孔	1						1	0.06								
细线纹	195	2		17		8	222	13.19	7		3	2			12	13.64
压印纹	1						1	0.06								
瓦棱纹														7	7	7.95
小计	1199	125	7	174	40	138	1683		16	10	8	38	3	13	88	
百分比（%）	71.24	7.43	0.41	10.34	2.38	8.20		100.00	18.18	11.36	9.09	43.18	3.41	14.78		100.00
合计	1771															

1；彩版一三六，2）。

瓮形器　1 件。Eb 型。

标本Ⅰ T7308㉒：50，夹砂灰黑陶。方唇。唇部及肩部压印绳纹。残高 5.7 厘米（图五八六，10）。

束颈罐　2 件。Ac 型Ⅰ式。

标本Ⅰ T7308㉒：39，夹砂灰黑陶。圆唇。肩部饰斜向绳纹。口径 22、残高 5 厘米（图五八六，2）。

盆　2 件。

Ec 型　1 件。

标本Ⅰ T7308㉒：48，夹砂灰黑陶。方唇。口径 32、残高 6.3 厘米（图五八六，3）。

F 型　1 件。

标本Ⅰ T7308㉒：28，夹砂灰陶。方唇。口径 56、残高 8.4 厘米（图五八六，4）。

瓮　3 件。Ab 型。

标本Ⅰ T7305㉒：77，夹砂灰黑陶。方唇。口径 56、残高 9.5 厘米（图五八六，5）。

标本Ⅰ T7305㉒：155，夹砂灰黑陶。方唇。口径 46、残高 8.9 厘米（图五八六，6）。

桶形器　7 件。

A 型　1 件。

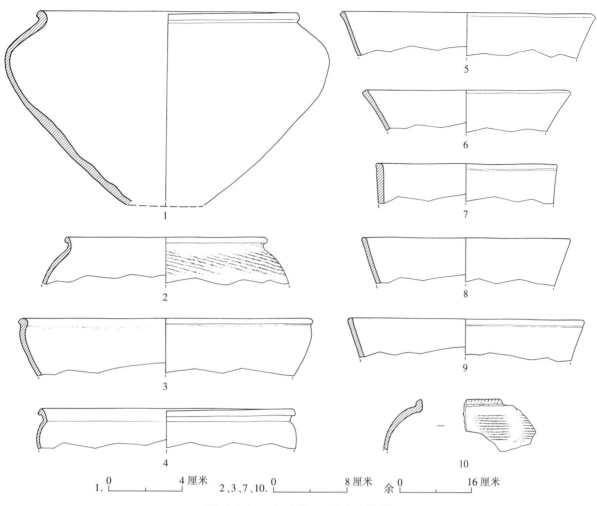

1.　0 ———— 4厘米　　2、3、7、10.　0 ———— 8厘米　　余 0 ———— 16厘米

图五八六　中区第22层出土陶器

1. Ad 型Ⅰ式小平底罐（ⅠT7307㉒：1）　2. Ac 型Ⅰ式束颈罐（ⅠT7308㉒：39）　3. Ec 型盆（ⅠT7308㉒：48）
4. F 型盆（ⅠT7308㉒：28）　5、6. Ab 型瓮（ⅠT7305㉒：77、ⅠT7305㉒：155）　7. A 型桶形器（ⅠT7305㉒：25）
8、9. Ba 型桶形器（ⅠT7305㉒：159、ⅠT7305㉒：145）　10. Eb 型瓮形器（ⅠT7308㉒：50）

标本ⅠT7305㉒：25，夹砂灰黑陶。方唇。口径20、残高4.2厘米（图五八六，7）。

Ba 型　6件。

标本ⅠT7305㉒：159，夹砂灰黑陶。方唇。口径46、残高9.8厘米（图五八六，8）。

标本ⅠT7305㉒：145，夹砂灰黑陶。方唇。口径52、残高8.6厘米（图五八六，9）。

豆盘　6件。

Cc 型　2件。

标本ⅠT7305㉒：150，夹砂灰黑陶。方唇。口径46、残高3.5厘米（图五八七，1）。

标本ⅠT7305㉒：149，夹砂灰黑陶。方唇。口径54、残高3.2厘米（图五八七，2）。

Da 型　4件。

标本ⅠT7305㉒：151，夹砂灰黑陶。方唇。口径56.1、残高5.3厘米（图五八七，3）。

标本ⅠT7308㉒：33，夹砂灰陶。圆唇。口径56、残高6厘米（图五八七，4）。

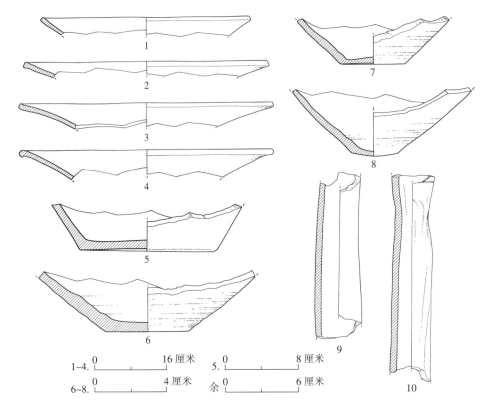

图五八七　中区第 22 层出土陶器

1、2. Cc 型豆盘（Ⅰ T7305㉒：150、Ⅰ T7305㉒：149）　3、4. Da 型豆盘（Ⅰ T7305㉒：151、Ⅰ T7308㉒：33）
5. Aa 型器底（Ⅰ T7305㉒：29）　6、7. Ac 型器底（Ⅰ T7308㉒：35、Ⅰ T7308㉒：20）　8. Ed 型Ⅰ式器底
（Ⅰ T7308㉒：26）　9、10. Aa 型豆柄（Ⅰ T7307㉒：20、Ⅰ T7308㉒：46）

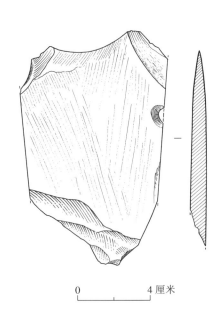

图五八八　中区第 22 层出土 Ba 型
石璋半成品（Ⅰ T7306㉒：1）

豆柄　5 件。Aa 型。

标本Ⅰ T7307㉒：20，泥质灰黑陶。残高 13.4 厘米（图五八七，9）。

标本Ⅰ T7308㉒：46，泥质灰黑陶。残高 16.5 厘米（图五八七，10）。

器底　9 件。

Aa 型　4 件。

标本Ⅰ T7305㉒：29，夹砂灰黑陶。底径 15、残高 5 厘米（图五八七，5）。

Ac 型　4 件。

标本Ⅰ T7308㉒：35，夹砂灰黑陶。底径 4.6、残高 3.3 厘米（图五八七，6）。

标本Ⅰ T7308㉒：20，泥质灰黑陶。底径 3.5、残高 2.6 厘米（图五八七，7）。

Ed 型 I 式　1 件。

标本 I T7308㉒：26，夹砂灰黑陶。底径 2.5、残高 3.5 厘米（图五八七，8）。

（2）石器

1 件。

石璋半成品　1 件。Ba 型。

标本 I T7306㉒：1，黑色。仅存牙部一段，牙部、两侧及器表打磨平整，底端保留自然断面。残长 12.4、宽 8.1、厚 0.9 厘米（图五八八）。

（六）第 21 层下遗迹及出土遗物

开口于该层下有 1 处祭祀遗迹 L24（见附表二），简述如下。

L24

位于 I T7307 东部，部分叠压于 I T7307 北隔梁及 I T7306 北隔梁下，东部未做发掘。开口于第 21 层下，打破第 24 层。平面形状不规则，直壁，平底。南北长 5.1、东西残宽 3.5、深 0.5 米。坑内填土为灰色黏砂土，湿度重，内含少量夹砂陶片和个别卵石；另外还出土有石器 37 件、象牙 26 件、大象骨头 5 件、大象臼齿 1 件、木构件 5 件、陶器 21 件（图五八九；彩版一三六，3；彩版一三七、一三八）。

（1）陶器

21 件。

小平底罐　1 件。Ad 型 I 式。

标本 L24：214，夹砂灰黄陶。方唇。口径 16、肩径 18.8、残高 6 厘米（图五九〇，1）。

高领罐　1 件。Fa 型 II 式。

标本 L24：144，夹砂灰黄陶。仰卷沿，圆唇。领部饰三周凹弦纹。口径 13、残高 7.7 厘米（图五九〇，7）。

束颈罐　5 件。

Aa 型　1 件。

标本 L24：113，夹砂灰黑陶。卷沿，方唇。肩部饰交错绳纹。口径 22、残高 4.4 厘米（图五九〇，4）。

Ac 型 I 式　1 件。

标本 L24：112，夹砂灰黑陶。卷沿，方唇。肩部饰斜向绳纹。口径 28、残高 6.7 厘米（图五九〇，3）。

Ac 型 II 式　3 件。

标本 L24：154，夹砂灰黑陶。方唇。肩部饰粗绳纹。口径 16、残高 3.8 厘米（图五九〇，2）。

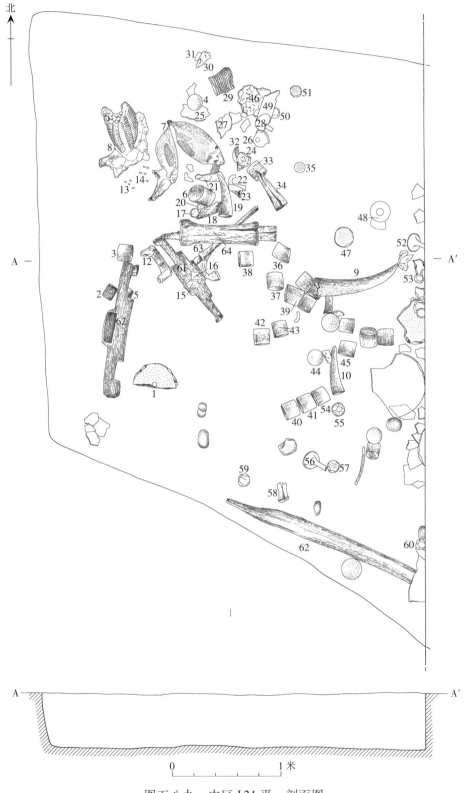

图五八九　中区 L24 平、剖面图

1、22. 石璧　2~6、9、10、18、19、21、23、24、27、30、33、36~45、54. 象牙　7、8、12、46、58. 大象骨头
11. 陶豆盘　13、14. 骨串珠　15、16、32、49. 石璋半成品　17、20、35、47、50、51、53、55、57、59、60. 石璧
坯料　25. 陶片　26. 陶小平底罐　28、48、52、56. 陶豆柄　29. 象牙臼齿　31. 石料　34、61~64. 木构件（11 在
填土中）

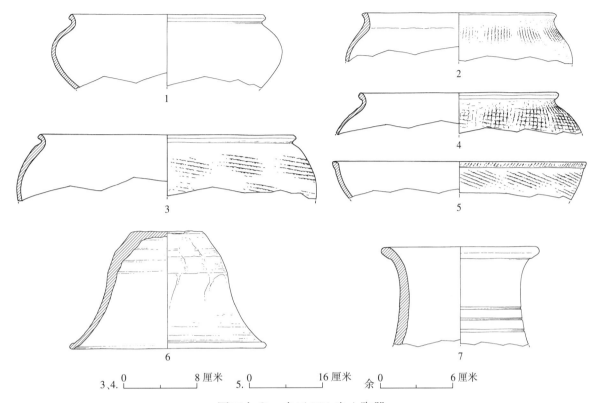

图五九〇　中区 L24 出土陶器

1. Ad 型 I 式小平底罐（L24∶214）　2. Ac 型 II 式束颈罐（L24∶154）　3. Ac 型 I 式束颈罐（L24∶112）　4. Aa 型束颈罐（L24∶113）　5. Aa 型盆（L24∶167）　6. 盔形器（L24∶117）　7. Fa 型 II 式高领罐（L24∶144）

盆　1 件。Aa 型。

标本 L24∶167，夹砂灰黑陶。方唇。唇部及腹部拍印绳纹。口径 56、残高 8 厘米（图五九〇，5）。

盔形器　1 件。

标本 L24∶117，夹砂灰黑陶。圆唇。口径 16、底径 5.5、高 9.4 厘米（图五九〇，6）。

豆盘　5 件。

Ba 型　3 件。

标本 L24∶213，泥质灰黑陶。残高 7 厘米（图五九一，6）。

标本 L24∶217，夹砂灰黑陶。口径 13.8、残高 11.2 厘米（图五九一，1）。

标本 L24∶218，夹砂灰黑陶。口径 13.5、残高 10.9 厘米（图五九一，2）。

Da 型　2 件。

标本 L24∶111，夹砂灰黑陶。方唇。内壁饰云雷纹。口径 60、残高 3 厘米（图五九一，5）。

豆柄　4 件。Aa 型。

标本 L24∶219，泥质灰黑陶。近圈足处饰两周凹弦纹。圈足径 15.7、残高 13 厘米（图五九一，3）。

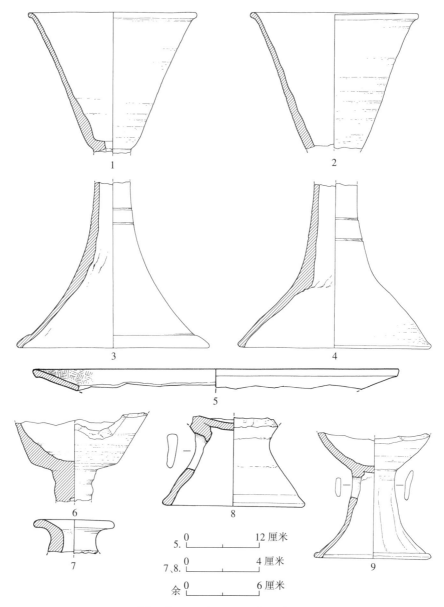

图五九一　中区 L24 出土陶器

1、2、6. Ba 型豆盘（L24：217、L24：218、L24：213）　　3、4. Aa 型豆柄（L24：219、L24：83）　　5. Da 型豆盘
（L24：111）　7. Ba 型器纽（L24：131）　　8. Ba 型圈足（L24：166）　　9. Aa 型圈足（L24：82）

　　标本 L24：83，夹砂灰黑陶。近圈足处饰两周凹弦纹。圈足径 15.7、残高 13.1 厘米（图五九一，4）。

　　器纽　1件。Ba 型。

　　标本 L24：131，夹砂灰黄陶。纽径 4.5、残高 1.9 厘米（图五九一，7）。

　　圈足　2件。

　　Aa 型　1件。

　　标本 L24：82，夹砂灰黑陶。饰两个条形镂孔。圈足径9.5、残高10厘米（图五九一，9）。

Ba 型　1 件。

标本 L24：166，夹砂灰黑陶。饰一个条形镂孔。圈足径 7.8、残高 4.8 厘米（图五九一，8）。

（2）石器

37 件。

石璋半成品　3 件。C 型。

标本 L24：80，青色，器表有大量锈斑。器体较宽大，无阑，器表、两侧均打磨平整，刃部打磨粗糙。器表刻划有四组平行直线纹，每组四条线，两组间刻划交错细线纹。残长 9.5、宽 8.6、厚 1 厘米（图五九二，1）。

璧　2 件。Aa 型。

标本 L24：1，灰黑色。孔壁留有管钻痕迹。环面及轮边粗磨。直径 20.6、孔径 2.6、厚 1.9 厘米（图五九二，2）。

石璧坯料　32 件。

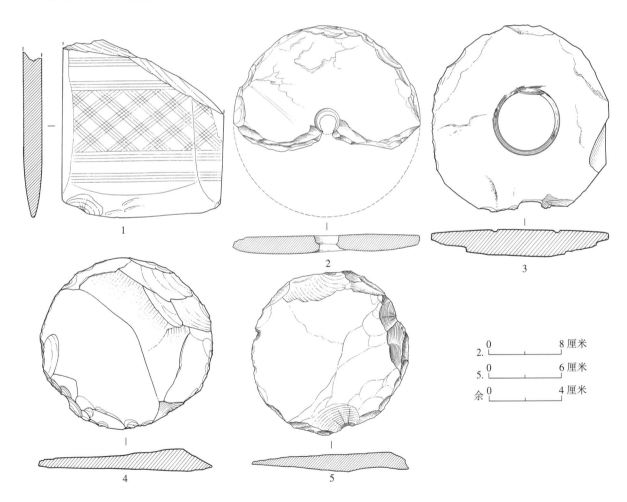

图五九二　中区 L24 出土石器

1. C 型石璋半成品（L24：80）　2. Aa 型石璧（L24：1）　3. B 型石璧坯料（L24：51－1）　4、5. A 型石璧坯料（L24：72、L24：17）

A 型　31 件。

标本 L24：72，黑色。破裂面及轮边未经打磨。周缘较薄，中部略厚。直径 9.4、厚 0.6 ~ 1.2 厘米（图五九二，4）。

标本 L24：17，灰黑色。破裂面及轮边未经打磨。周缘较薄，中部略厚。直径 12.8、厚 1.5 厘米（图五九二，5）。

B 型　1 件。

标本 L24：51 - 1，灰黑色。破裂面及轮边未经打磨。周缘较薄，中部略厚。直径 9.8、孔径 3.1、厚 1.4 厘米（图五九二，3）。

（3）木器

5 件。均为建筑木构件，多榫卯构件。

木兽面构件　1 件。

标本 L24：61，两端展开，中间区域饰浅浮雕式的兽面，方颐、方脸，兽面的眼、鼻等部位仅具轮廓，但与商时期兽面纹的构图、布局等接近。长 94.2、宽 20、厚 8.4 厘米（图五九三，1；彩版一四〇；彩版一四一，1）。

木榫卯构件　3 件。

标本 L24：62，构件一端呈曲尺状，另一端为榫头，可插入其他构件中。素面。长 113.7、宽 19.7、厚 12.5 厘米（图五九三，2；彩版一三九，1）。

标本 L24：63，构件中间空心，呈槽状，一端有榫头。表面似有朱砂痕迹。长 94.5、宽 11.3、厚 6.5 厘米（图五九三，3；彩版一三九，2、3）。

标本 L24：64，构件两端均为榫头，可双向链接物体，其中一端残断。素面。长 94.9、宽 12.5、厚 10.7 厘米（图五九三，4；彩版一四一，2、3）。

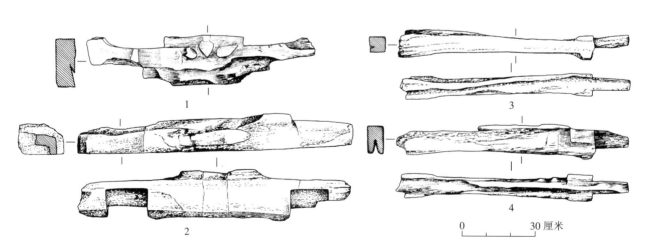

图五九三　中区 L24 出土木构件
1. 木兽面构件（L24：61）　2~4. 木榫卯构件（L24：62、L24：63、L24：64）

（七）第 21 层出土遗物

该层出土遗物有陶器和石器，数量和种类均少，计有陶片 121 片和石器 1 件。陶器均为夹砂陶，其中灰黑陶占 88.43%，灰黄陶占 7.44%，灰陶占 3.31%，红褐陶占 0.82%。纹饰陶片仅占 7.44%，包括 4 片粗绳纹、3 片戳印纹和 2 片细线纹（表四六）。陶片可辨器形有瓮、桶形器、器底、豆盘等。石器种类仅有石璧半成品。

表四六　中区第 21 层陶片统计表

陶质 陶色 纹饰	夹砂陶				小计	百分比 （%）
	灰黑	灰	红褐	灰黄		
素面	98	4	1	9	112	92.56
粗绳纹	4				4	3.31
细线纹	2				2	1.65
戳印纹	3				3	2.48
小计	107	4	1	9	121	
百分比（%）	88.43	3.31	0.82	7.44		100.00
合计	121					

（1）陶器

6 件。

瓮　1 件。Ab 型。

标本 I T7306㉑：18，夹砂灰黑陶。方唇。口径 40、残高 6.2 厘米（图五九四，3）。

桶形器　2 件。

A 型　1 件。

标本 I T7306㉑：25，夹砂灰黑陶。方唇。口径 22、残高 8.7 厘米（图五九四，4）。

Bb 型　1 件。

标本 I T7306㉑：21，夹砂灰黑陶。方唇。口径 18、残高 4.5 厘米（图五九四，5）。

豆盘　2 件。Da 型。

标本 I T7306㉑：26，夹砂灰黑陶。方唇。口径 56、残高 5.5 厘米（图五九四，2）。

器底　1 件。Ac 型。

标本 I T7306㉑：27，夹砂灰黄陶。底径 5.6、残高 5.5 厘米（图五九四，9）。

（2）石器

1 件。

石璧半成品　1 件。C 型。

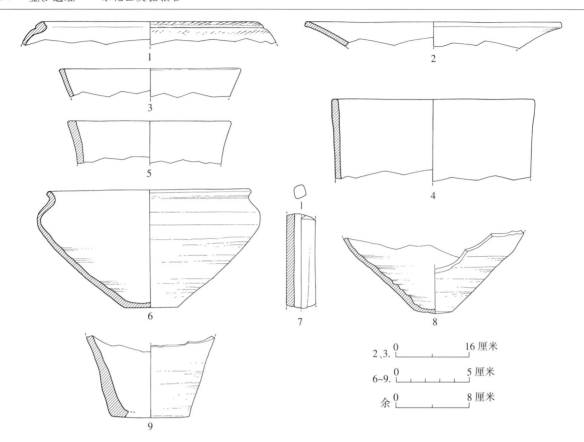

图五九四　中区第 19~21 层出土陶器

1. Db 型瓮形器（Ⅰ T7308⑳：2）　2. Da 型豆盘（Ⅰ T7306㉑：26）　3. Ab 型瓮（Ⅰ T7306㉑：18）　4. A 型桶形器（Ⅰ T7306㉑：25）　5. Bb 型桶形器（Ⅰ T7306㉑：21）　6. Ad 型Ⅱ式小平底罐（Ⅰ T7309⑲：2）　7. Aa 型豆柄（Ⅰ T7308⑳：3）　8. Ec 型器底（Ⅰ T7309⑲：3）　9. Ac 型器底（Ⅰ T7306㉑：27）

标本Ⅰ T7306㉑：1，灰黑色。边缘留有管钻痕迹，环面及轮边打磨精细；周缘有多处崩疤痕迹。直径 5.1、孔径 0.7、厚 1 厘米（图五九五，2）。

（八）第 20 层出土遗物

该层出土遗物仅有陶器，数量少。共计出土陶片 83 片，以夹砂陶为大宗，占 96.39%。夹砂陶中灰黑陶占 70.00%，灰褐陶占 28.75%，红褐陶占 1.25%。夹砂陶中纹饰陶片占 26.25%，纹饰仅有细线纹和粗绳纹，分别占 71.43% 和 28.57%。泥质陶仅 3 片，包括 2 片灰黑陶和 1 片灰黄陶，其中 1 片饰凹弦纹（表四七）。可辨器形有瓮形器、豆柄。

陶器

2 件。

瓮形器　1 件。Db 型。

标本Ⅰ T7308⑳：2，夹砂灰黑陶。方唇。口径 25、残高 2.3 厘米（图五九四，1）。

豆柄　1 件。Aa 型。

表四七　中区第 20 层陶片统计表

陶色/纹饰 陶质	夹砂陶			小计	百分比（%）	泥质陶		小计	百分比（%）
	灰黑	红褐	灰褐			灰黑	灰黄		
素面	42	1	16	59	73.75	2		2	66.67
粗绳纹	2		4	6	7.50				
凹弦纹							1	1	33.33
细线纹	12		3	15	18.75				
小计	56	1	23	80		2	1	3	
百分比（%）	70.00	1.25	28.75		100	66.67	33.33		100
合计	83								

标本 I T7308⑳：3，泥质灰黑陶。残高 6.2 厘米（图五九四，7）。

（九）第 19 层出土遗物

该层出土遗物有陶器和石器，数量、种类均极少，计有陶片 29 片和石器 1 件。陶片均为夹砂陶，素面，其中灰黄陶占 58.62%，灰黑陶占 37.93%，灰陶占 3.45%（表四八）。可辨器形有小平底罐、器底。石器种类仅有石璋半成品。

表四八　中区第 19 层陶片统计表

陶色/纹饰 陶质	夹砂陶			小计	百分比（%）
	灰黑	灰	灰黄		
素面	11	1	17	29	100.00
小计	11	1	17	29	
百分比（%）	37.93	3.45	58.62		100.00
合计	29				

（1）陶器

2 件。

小平底罐　1 件。Ad 型 II 式。

标本 I T7309⑲：2，夹砂灰黑陶。方唇。口径 14、肩径 15.5、底径 3.6、高 7.8 厘米（图五九四，6；彩版一四二，1）。

器底　1 件。Ec 型。

标本 I T7309⑲：3，夹砂灰黑陶。底径 2.6、残高 5.8 厘米（图五九四，8）。

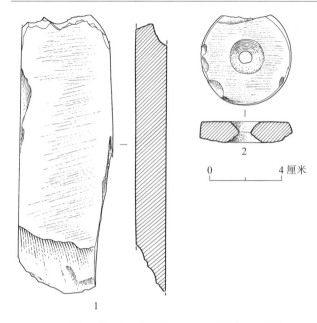

图五九五　中区第 19、21 层出土石器
1. Ba 型石璋半成品（ⅠT7309⑲：1）
2. C 型石璧半成品（ⅠT7306㉑：1）

（2）石器

1 件。

石璋半成品　1 件。Ba 型。

标本ⅠT7309⑲：1，灰色。半成品，牙部戈柄部残断，牙刃部、两侧及器表打磨平整，底端保留自然断面。残长 14.7、宽 5.1、厚 1.7 厘米（图五九五，1）。

（一〇）第 18 层出土遗物

该层出土遗物有石器和陶器，数量较少，共计有陶片 819 片和石器 3 件。陶片以夹砂陶为主，占 83.02%。夹砂陶中灰黑陶占 73.53%，灰褐陶占 11.47%，灰陶占 6.18%，灰黄陶占 5.29%，黄褐陶占 2.06%，红褐陶占 1.47%；泥质陶中灰黄陶占 35.97%，灰黑陶占 33.09%，灰褐陶占 15.11%，灰陶占 8.63%，黄褐陶占 7.20%。夹砂陶中纹饰陶片达 40.15%，以细线纹、凹弦纹和粗绳纹为多，分别占 80.22%、9.89% 和 6.23%，另有少量细绳纹、凸棱纹、刻划纹等；泥质陶中纹饰陶片占 33.09%，以细线纹和凹弦纹为主，分别占 82.61% 和 10.87%，另有极少量凸棱纹和镂孔（表四九）。陶片可辨器形有尖底杯、小平底罐、瓮形器、敛口罐、高领罐、束颈罐、壶、盆、瓮、缸、桶形器、器纽、器底、豆盘、豆柄、器座等。石器种类有石璧半成品和石璧坯料。

表四九　中区第 18 层陶片统计表

陶质 陶色 纹饰	夹砂陶						小计	百分比 （%）	泥质陶					小计	百分比 （%）
	灰黑	灰	红褐	灰褐	黄褐	灰黄			灰黑	灰	灰黄	灰褐	黄褐		
素面	301	27	7	32	11	29	407	59.85	34	7	37	12	3	93	66.90
细绳纹	3			1			4	0.59							
粗绳纹	11	3			1	2	17	2.50							
凹弦纹	20	3		3		1	27	3.97	1		1	3		5	3.60
凸棱纹	3						3	0.44	1		1			2	1.44
刻划纹	2						2	0.29							
镂孔	1						1	0.15			1			1	0.72
细线纹	159	9	3	42	2	4	219	32.21	10	5	10	6	7	38	27.34
小计	500	42	10	78	14	36	680		46	12	50	21	10	139	
百分比（%）	73.53	6.18	1.47	11.47	2.06	5.29		100.00	33.09	8.63	35.97	15.11	7.20		100.00
合计	819														

（1）陶器

50 件。

尖底杯　1 件。Ab 型。

标本ⅠT7309⑱：48，泥质灰黑陶。口径 12、残高 3.5 厘米（图五九六，1）。

小平底罐　3 件。

Aa 型Ⅰ式　1 件。

标本ⅠT7306⑱：45，夹砂灰黑陶。方唇。口径 13、肩径 14.8、残高 5.2 厘米（图五九六，2）。

Bc 型Ⅱ式　1 件。

标本ⅠT7307⑱：12，夹砂灰黑陶。尖圆唇。残高 5.7 厘米（图五九六，3）。

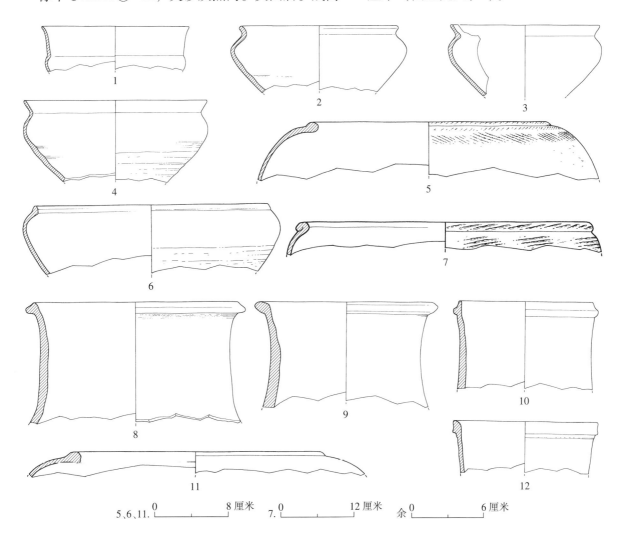

图五九六　中区第 18 层出土陶器

1. Ab 型尖底杯（ⅠT7309⑱：48）　2. Aa 型Ⅰ式小平底罐（ⅠT7306⑱：45）　3. Bc 型Ⅱ式小平底罐（ⅠT7307⑱：12）　4. Be 型Ⅰ式小平底罐（ⅠT7309⑱：53）　5. Ea 型瓮形器（ⅠT7309⑱：33）　6. Db 型敛口罐（ⅠT7309⑱：78）　7. Aa 型瓮形器（ⅠT7307⑱：24）　8. Aa 型Ⅰ式高领罐（ⅠT7309⑱：24）　9. Fa 型Ⅰ式高领罐（ⅠT7309⑱：80）　10. Ab 型壶（ⅠT7309⑱：20）　11. Bb 型敛口罐（ⅠT7309⑱：79）　12. Ad 型壶（ⅠT7309⑱：55）

Be 型 I 式　1 件。

标本 I T7309⑱：53，夹砂灰黑陶。尖唇。口径 15、残高 6.5 厘米（图五九六，4）。

瓮形器　2 件。

Aa 型　1 件。

标本 I T7307⑱：24，夹砂灰黑陶。圆唇。口径 46.6、残高 5.5 厘米（图五九六，7）。

Ea 型　1 件。

标本 I T7309⑱：33，夹砂灰黑陶。圆唇。唇部及肩部压印绳纹。口径 26、残高 6.3 厘米（图五九六，5）。

敛口罐　2 件。

Bb 型　1 件。

标本 I T7309⑱：79，夹砂灰黑陶。圆唇。口径 28、残高 2.1 厘米（图五九六，11）。

Db 型　1 件。

标本 I T7309⑱：78，夹砂灰黑陶。尖圆唇。口径 26、残高 7.3 厘米（图五九六，6）。

高领罐　4 件。

Aa 型 I 式　3 件。

标本 I T7309⑱：24，夹砂灰黑陶。折沿，尖圆唇。口径 18、残高 9.5 厘米（图五九六，8）。

Fa 型 I 式　1 件。

标本 I T7309⑱：80，夹砂灰黑陶。平卷沿，圆唇。口径 15、残高 8.3 厘米（图五九六，9）。

束颈罐　5 件

Ac 型 I 式　4 件。

标本 I T7307⑱：25，夹砂灰黑陶。方唇。肩部饰交错粗绳纹和一周凹弦纹。口径 36、肩径 42.4、残高 7.7 厘米（图五九七，1）。

标本 I T7306⑱：29，夹砂灰黑陶。方唇。肩部饰交错粗绳纹和一周凹弦纹。口径 18.5、残高 5.7 厘米（图五九七，2）。

Be 型　1 件。

标本 I T7309⑱：81，夹砂灰黑陶。圆唇。口径 12.5、残高 3.1 厘米（图五九七，6）。

壶　2 件。

Ab 型　1 件。

标本 I T7309⑱：20，夹砂灰黑陶。尖圆唇。口径 12、残高 7 厘米（图五九六，10）。

Ad 型　1 件。

标本 I T7309⑱：55，夹砂灰黑陶。尖圆唇。口径 12、残高 4.1 厘米（图五九六，12）。

盆　1 件。Bb 型。

标本 I T7306⑱：50，夹砂灰黑陶。卷沿，圆唇。腹部饰两周凹弦纹。口径 40、残高 10.2 厘米（图五九七，8）。

　　瓮　1件。Ab 型。

　　标本ⅠT7306⑱：51，夹砂灰黑陶。方唇。口径40、残高5.6厘米（图五九七，4）。

　　缸　3件。

　　Ca 型　1件。

　　标本ⅠT7309⑱：34，夹砂灰黑陶。卷沿。腹部饰两周凹弦纹。口径62、残高8.6厘米（图
五九七，3）。

　　Ea 型　1件。

　　标本ⅠT7309⑱：75，夹砂灰黑陶。平折沿，圆唇。沿面饰绳纹。口径60、残高7.1厘米（图
五九七，5）。

　　Ec 型　1件。

　　标本ⅠT7309⑱：74，夹砂灰黑陶。卷沿。腹部饰两周凹弦纹和一乳丁。口径54、残高10.3
厘米（图五九七，7）。

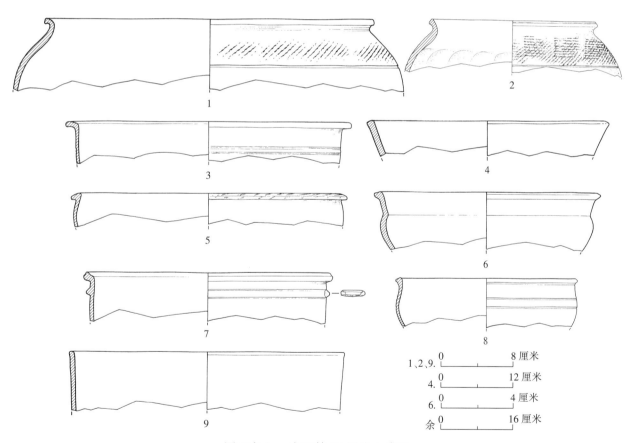

图五九七　中区第18层出土陶器

1、2. Ac 型Ⅰ式束颈罐（ⅠT7307⑱：25、ⅠT7306⑱：29）　3. Ca 型缸（ⅠT7309⑱：34）　4. Ab 型瓮（ⅠT7306⑱：51）
5. Ea 型缸（ⅠT7309⑱：75）　6. Be 型束颈罐（ⅠT7309⑱：81）　7. Ec 型缸（ⅠT7309⑱：74）　8. Bb 型盆（ⅠT7306
⑱：50）　9. A 型桶形器（ⅠT7306⑱：57）

桶形器　1 件。A 型。

标本 I T7306⑱：57，夹砂灰黑陶。圆唇。口径 30、残高 6.4 厘米（图五九七，9）。

豆盘　2 件。Da 型。

标本 I T7306⑱：27，夹砂灰黑陶。方唇。残高 5.7 厘米（图五九八，6）。

豆柄　5 件。Aa 型。

标本 I T7309⑱：30，夹砂灰黑陶。残高 11.3 厘米（图五九八，4）。

标本 I T7306⑱：28，泥质灰黑陶。残高 21.9 厘米（图五九八，5）。

器纽　3 件。

A 型　1 件。

标本 I T7309⑱：22，夹砂灰黑陶。纽径 3.2、残高 1.8 厘米（图五九八，2）。

Ba 型　2 件。

标本 I T7309⑱：23，夹砂灰黑陶。纽径 3.2、残高 3.9 厘米（图五九八，1）。

器底　14 件。

Ab 型　6 件。

标本 I T7309⑱：62，夹砂灰黑陶。底径 9、残高 4.4 厘米（图五九八，7）。

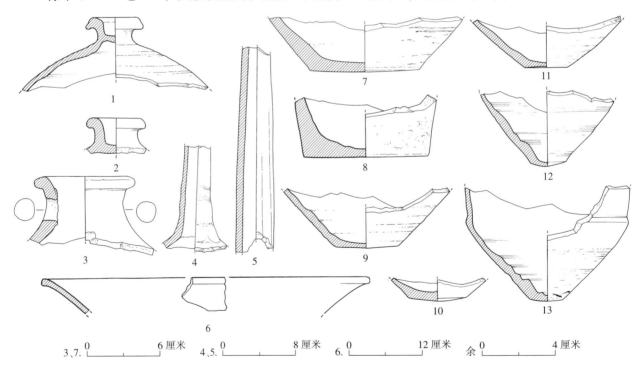

图五九八　中区第 18 层出土陶器

1. Ba 型器纽（I T7309⑱：23）　2. A 型器纽（I T7309⑱：22）　3. B 型器座（I T7308⑱：26）　4、5. Aa 型豆柄（I T7309⑱：30、I T7306⑱：28）　6. Da 型豆盘（I T7306⑱：27）　7、8. Ab 型器底（I T7309⑱：62、I T7306⑱：65）　9、10. Ac 型器底（I T7306⑱：38、I T7309⑱：47）　11. Eb 型器底（I T7309⑱：44）　12. Ed 型 I 式器底（I T7309⑱：43）　13. Ec 型器底（I T7309⑱：77）

标本ⅠT7306⑱：65，夹砂灰黄陶。底径6.8、残高3.3厘米（图五九八，8）。

Ac型 3件。

标本ⅠT7306⑱：38，夹砂灰黑陶。底径3.5、残高3.2厘米（图五九八，9）。

标本ⅠT7309⑱：47，泥质灰黑陶。底径3.3、残高1.2厘米（图五九八，10）。

Eb型 1件。

标本ⅠT7309⑱：44，泥质灰黑陶。底径2.3、残高3厘米（图五九八，11）。

Ec型 3件。

标本ⅠT7309⑱：77，泥质灰黑陶。下腹部有细旋痕。底径1.6、残高6.1厘米（图五九八，13）。

Ed型Ⅰ式 1件。

标本ⅠT7309⑱：43，泥质灰黑陶。下腹部有细旋痕。底径2、残高4厘米（图五九八，12）。

器座 1件。B型。

标本ⅠT7308⑱：26，夹砂灰黑陶。饰两个镂孔。上径8.2、残高6.1厘米（图五九八，3）。

（2）石器

3件。

石璧半成品 2件。B型。

标本ⅠT7306⑱：1，黑色。孔壁及边缘留有管钻痕迹。环面及轮边打磨精细。直径3.4、孔径1.5、厚1.5厘米（图五九九，2）。

石璧坯料 1件。B型。

标本ⅠT7306⑱：2，黑色。从卵石上打下的一块，破裂面粗磨，另一面保持自然光面。顶部留有明显管钻痕迹，但尚未钻通。周缘较薄，中部略厚。直径7.7、孔径2.4、厚1厘米（图五九九，1）。

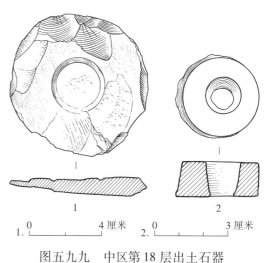

图五九九 中区第18层出土石器
1. B型石璧坯料（ⅠT7306⑱：2）
2. B型石璧半成品（ⅠT7306⑱：1）

（一一）第17层出土遗物

该层出土遗物有陶器和石器，计有陶片1240片和石器2件。陶器以夹砂陶为主，占82.50%。夹砂陶中灰黑陶占76.44%，灰黄陶占12.42%，灰褐陶占8.99%，灰陶占1.37%，红褐陶占0.68%，黄褐陶占0.10%；泥质陶中灰黄陶占36.41%，灰黑陶占35.02%，灰褐陶占22.12%，黄褐陶占5.53%，灰陶占0.46%。夹砂陶中纹饰陶片占10.17%，以细线纹、凹弦纹和粗绳纹为多，分别占49.04%、33.65%和13.46%，另有极少量压印纹和凸棱纹；泥质陶中纹饰陶片占14.29%，以细线纹和凹弦纹为主，分别占48.39%和45.16%，另有极少量云雷纹和凸棱纹（表五〇）。陶片可辨器形有尖底杯、尖底盏、小平底罐、瓮形器、高领罐、矮领罐、束颈罐、壶、

表五〇　中区第17层陶片统计表

陶质 陶色 纹饰	夹砂陶						小计	百分比（%）	泥质陶						小计	百分比（%）
	灰黑	灰	红褐	灰褐	黄褐	灰黄			灰黑	灰	灰黄	灰褐	红	黄褐		
素面	686	12	7	89	1	124	919	89.83	54		72	48		12	186	85.72
粗绳纹	12			1		1	14	1.37								
云雷纹									1						1	0.46
凹弦纹	33	2					35	3.42	12	1	1				14	6.45
凸棱纹	1						1	0.10			1				1	0.46
细线纹	49		1			1	51	4.99	9		5		1		15	6.91
压印纹	1			1		1	3	0.29								
小计	782	14	7	92	1	127	1023		76	1	79	48	1	12	217	
百分比（%）	76.44	1.37	0.68	8.99	0.10	12.42		100.00	35.02	0.46	36.41	22.12	0.46	5.53		100.00
合计	1240															

盆、瓮、器纽、器底、豆盘、豆柄等。石器种类有石璋半成品、石璧坯料。

（1）陶器

56件。

尖底杯　1件。Ba型Ⅱ式。

标本ⅠT7309⑰：17，泥质灰黑陶。口径8.5、残高4厘米（图六〇〇，9）。

尖底盏　1件。Aa型Ⅲ式。

标本ⅠT7309⑰：114，夹砂灰黑陶。圆唇。口径13、残高3厘米（图六〇〇，8）。

小平底罐　5件。

Ab型Ⅰ式　4件。

标本ⅠT7306⑰：70，夹砂灰陶。圆唇。肩部饰附加堆纹。口径14、肩径16.7、残高3.3厘米（图六〇〇，1）。

标本ⅠT7306⑰：82，夹砂灰黑陶。圆唇。口径16、肩径18.4、残高4厘米（图六〇〇，2）。

Be型Ⅰ式　1件。

标本ⅠT7309⑰：83，夹砂灰黑陶。尖唇。口径16、残高2.5厘米（图六〇〇，3）。

瓮形器　5件。Db型。

标本ⅠT7309⑰：155，夹砂灰黑陶。方唇。口径28、残高8厘米（图六〇〇，4）。

标本ⅠT7309⑰：156，夹砂灰黑陶。方唇。口径26、残高7.5厘米（图六〇〇，5）。

标本ⅠT7306⑰：95，夹砂灰黑陶。方唇。口径24、残高6厘米（图六〇〇，6）。

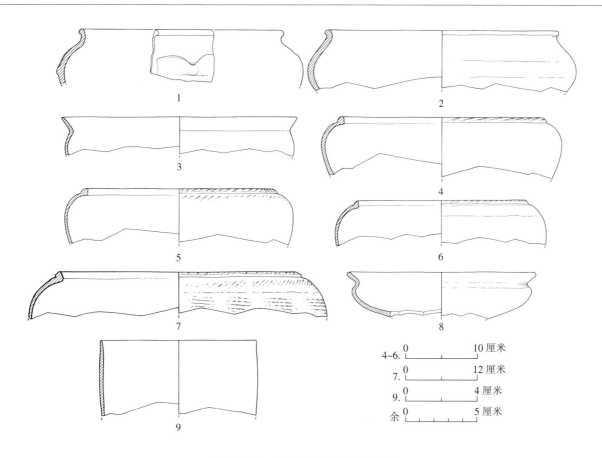

图六〇〇　中区第 17 层出土陶器

1、2. Ab 型 I 式小平底罐（Ⅰ T7306⑰：70、Ⅰ T7306⑰：82）　3. Be 型 I 式小平底罐（Ⅰ T7309⑰：83）
4 ~ 7. Db 型瓮形器（Ⅰ T7309⑰：155、Ⅰ T7309⑰：156、Ⅰ T7306⑰：95、Ⅰ T7306⑰：19）　8. Aa 型Ⅲ式
尖底盏（Ⅰ T7309⑰：114）　9. Ba 型Ⅱ式尖底杯（Ⅰ T7309⑰：17）

标本Ⅰ T7306⑰：19，夹砂灰黑陶。方唇。口径 40、残高 6.7 厘米（图六〇〇，7）。

高领罐　6 件。

Aa 型 I 式　2 件。

标本Ⅰ T7309⑰：115，夹砂灰黑陶。折沿，圆唇。口径 16、残高 10.5 厘米（图六〇一，1）。

标本Ⅰ T7309⑰：164，夹砂灰黑陶。折沿，尖圆唇。口径 16、残高 8.1 厘米（图六〇一，2）。

E 型　1 件。

标本Ⅰ T7309⑰：97，夹砂灰黄陶。卷沿，圆唇。口径 13、残高 4.5 厘米（图六〇一，3）。

Fa 型 I 式　1 件。

标本Ⅰ T7309⑰：113，夹砂灰黑陶。卷沿，尖圆唇。口径 15、残高 5.8 厘米（图六〇一，4）。

Fb 型 I 式　1 件。

标本Ⅰ T7306⑰：97，夹砂灰黑陶。卷沿，圆唇。领部饰两周凹弦纹。口径 19、残高 9.5 厘米
（图六〇一，6）。

Fb 型Ⅱ式　1 件。

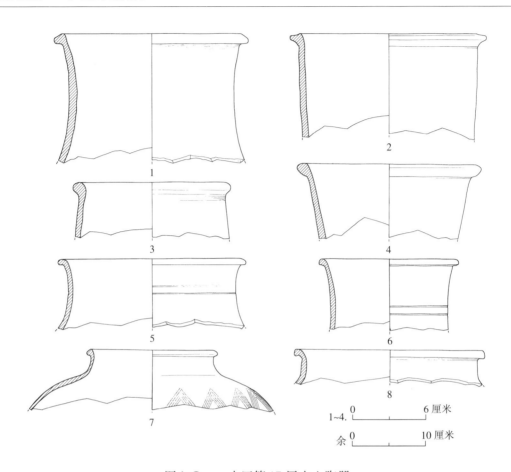

图六〇一　中区第17层出土陶器

1、2. Aa 型 Ⅰ 式高领罐（ⅠT7309⑰：115、ⅠT7309⑰：164）　3. E 型高领罐（ⅠT7309⑰：97）　4. Fa 型 Ⅰ 式高领罐（ⅠT7309⑰：113）　5. Fb 型 Ⅱ 式高领罐（ⅠT7309⑰：90）　6. Fb 型 Ⅰ 式高领罐（ⅠT7306⑰：97）　7、8. B 型 Ⅱ 式矮领罐（ⅠT7309⑰：31、ⅠT7309⑰：152）

标本 ⅠT7309⑰：90，夹砂灰黑陶。卷沿，圆唇。领部饰两周凹弦纹。口径26、残高9.2厘米（图六〇一，5）。

矮领罐　3件。B 型 Ⅱ 式。

标本 ⅠT7309⑰：152，夹砂灰黑陶。卷沿，圆唇。口径26、残高4.6厘米（图六〇一，8）。

标本 ⅠT7309⑰：31，泥质灰黑陶。折沿，圆唇。肩部饰一圈三角形纹饰带。口径18、残高8厘米（图六〇一，7）。

束颈罐　4件。

Aa 型　2件。

标本 ⅠT7309⑰：35，夹砂灰黑陶。方唇。肩部饰粗绳纹和一周凹弦纹。口径30、残高6.7厘米（图六〇二，1）。

标本 ⅠT7306⑰：48，夹砂灰黑陶。方唇。唇部和肩部压印绳纹。口径28、残高6厘米（图六〇二，2）。

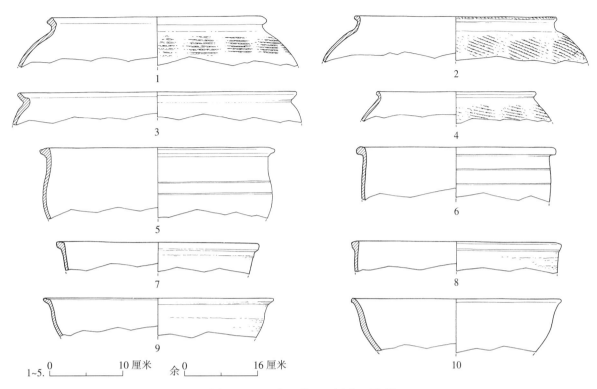

图六〇二　中区第 17 层出土陶器

1、2. Aa 型束颈罐（Ⅰ T7309⑰：35、Ⅰ T7306⑰：48）　3. Db 型束颈罐（Ⅰ T7309⑰：159）　4. Ad 型 Ⅰ 式束颈罐
（Ⅰ T7306⑰：42）　5. Ba 型盆（Ⅰ T7306⑰：51）　6. Bb 型盆（Ⅰ T7309⑰：41）　7. Cb 型盆（Ⅰ T7309⑰：157）
8. Ea 型 Ⅱ 式盆（Ⅰ T7309⑰：158）　9、10. F 型盆（Ⅰ T7306⑰：102、Ⅰ T7306⑰：100）

Ad 型 Ⅰ 式　1 件。

标本 Ⅰ T7306⑰：42，夹砂灰陶。圆唇。肩部饰成组斜向绳纹。口径 22、残高 4.2 厘米（图六〇二，4）。

Db 型　1 件。

标本 Ⅰ T7309⑰：159，夹砂灰黑陶。折沿，圆唇。口径 38、残高 4.1 厘米（图六〇二，3）。

壶　4 件。

Ab 型　1 件。

标本 Ⅰ T7309⑰：100，夹砂灰黑陶。尖圆唇。口径 14、残高 4.6 厘米（图六〇三，1）。

Ac 型　1 件。

标本 Ⅰ T7309⑰：95，夹砂灰黑陶。尖圆唇。口径 13、残高 5.5 厘米（图六〇三，2）。

Ad 型　1 件。

标本 Ⅰ T7309⑰：109，夹砂灰黄陶。折沿，尖圆唇。口径 16、残高 5.7 厘米（图六〇三，3）。

Bb 型　1 件。

标本 Ⅰ T7309⑰：162，夹砂灰陶。圆唇。口径 12、残高 7.4 厘米（图六〇三，4）。

盆　6件。

Ba型　1件。

标本ⅠT7306⑰：51，夹砂灰黑陶。卷沿，圆唇。腹部饰两周凹弦纹。口径32、残高9.3厘米（图六〇二，5）。

Bb型　1件。

标本ⅠT7309⑰：41，夹砂灰黑陶。卷沿。腹部饰两周凹弦纹。口径44、残高11厘米（图六〇二，6）。

Cb型　1件。

标本ⅠT7309⑰：157，夹砂灰黄陶。折沿。口径44、残高6.3厘米（图六〇二，7）。

Ea型Ⅱ式　1件。

标本ⅠT7309⑰：158，夹砂灰黑陶。折沿。口径46、残高6.5厘米（图六〇二，8）。

F型　2件。

标本ⅠT7306⑰：102，夹砂灰黑陶。折沿，沿面微凹，圆唇。口径50、残高8.2厘米（图六〇二，9）。

标本ⅠT7306⑰：100，夹砂灰黄陶。方唇。口径46、残高11.5厘米（图六〇二，10）。

瓮　2件。

Ba型　1件。

标本ⅠT7309⑰：163，夹砂灰黑陶。圆唇。口径58、残高5.5厘米（图六〇三，5）。

Cb型Ⅰ式　1件。

标本ⅠT7306⑰：50，夹砂灰黄陶。方唇。唇部压印绳纹。口径34、残高6.2厘米（图六〇三，6）。

豆盘　6件。Da型。

标本ⅠT7306⑰：99，夹砂灰黑陶。圆唇。口径60、残高4厘米（图六〇三，7）。

豆柄　2件。

Ab型　1件。

标本ⅠT7306⑰：101，泥质灰黑陶。残高20.3厘米（图六〇四，3）。

Ba型　1件。

标本ⅠT7306⑰：31，泥质灰黑陶，器壁极厚，质地坚硬。柄部饰两个对称圆形镂孔。残高9.2厘米（图六〇四，4）。

器纽　3件。

A型　2件。

标本ⅠT7309⑰：69，夹砂灰褐陶。纽径3.2、残高1.6厘米（图六〇四，1）。

Da型Ⅱ式　1件。

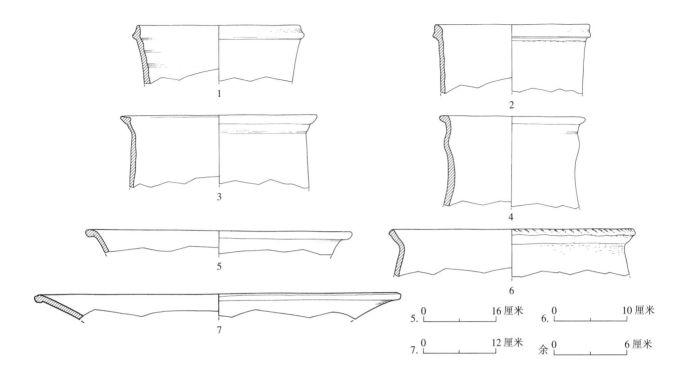

图六〇三 中区第 17 层出土陶器

1. Ab 型壶（ⅠT7309⑰：100） 2. Ac 型壶（ⅠT7309⑰：95） 3. Ad 型壶（ⅠT7309⑰：109） 4. Bb 型壶
（ⅠT7309⑰：162） 5. Ba 型瓮（ⅠT7309⑰：163） 6. Cb 型Ⅰ式瓮（ⅠT7306⑰：50） 7. Da 型豆盘
（ⅠT7306⑰：99）

标本 ⅠT7309⑰：160，夹砂灰黑陶。尖圆唇。残高 4.8 厘米（图六〇四，2）。

器底 8 件。

Aa 型 2 件。

标本 ⅠT7306⑰：103，夹砂灰黄陶。底径 11.5、残高 10.4 厘米（图六〇四，5）。

Ab 型 1 件。

标本 ⅠT7309⑰：122，夹砂灰黑陶。底径 8.4、残高 3.4 厘米（图六〇四，8）。

Ac 型 1 件。

标本 ⅠT7306⑰：84，夹砂灰黑陶。底径 4、残高 2.9 厘米（图六〇四，9）。

Db 型 2 件。

标本 ⅠT7307⑰：1，泥质灰黑陶。底部有四道戳痕。残高 2.6 厘米（图六〇四，6）。

Ea 型 2 件。

标本 ⅠT7309⑰：26，泥质灰黑陶。底径 2.2、残高 3.4 厘米（图六〇四，7）。

（2）石器

2 件。

石璋半成品 1 件。Ba 型。

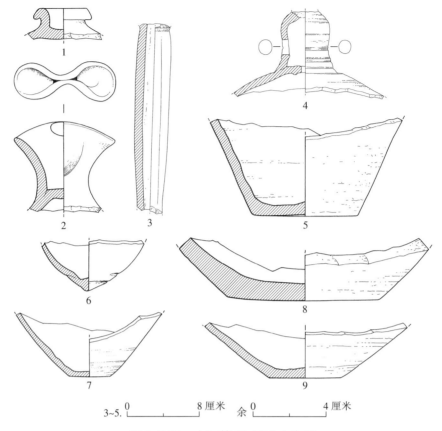

图六〇四　中区第 17 层出土陶器

1. A 型器纽 （ⅠT7309⑰：69）　2. Da 型Ⅱ式器纽 （ⅠT7309⑰：160）　3. Ab 型豆柄 （ⅠT7306⑰：101）
4. Ba 型豆柄 （ⅠT7306⑰：31）　5. Aa 型器底 （ⅠT7306⑰：103）　6. Db 型器底 （ⅠT7307⑰：1）
7. Ea 型器底 （ⅠT7309⑰：26）　8. Ab 型器底 （ⅠT7309⑰：122）　9. Ac 型器底 （ⅠT7306⑰：84）

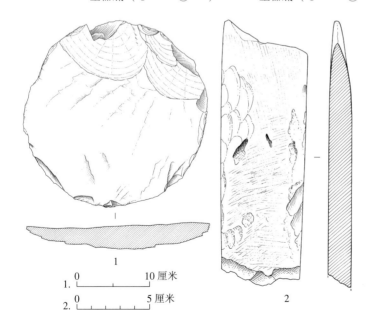

图六〇五　中区第 17 层出土石器
1. A 型石璧坯料 （ⅠT7306⑰：3）
2. Ba 型石璋半成品 （ⅠT7306⑰：24）

标本ⅠT7306⑰：24，灰色石质。半成品，柄部残断，牙刃部、器表及两侧均打磨光滑，底端保留自然断面。残长 17.7、宽 6、厚 1.6 厘米（图六〇五，2）。

石璧坯料　1 件。A 型。

标本ⅠT7306⑰：3，灰黑色。环面及轮边粗磨，周缘较薄，中部略厚。直径 25、厚 3.1 厘米（图六〇五，1）。

（一二）第 16 层出土遗物

该层出土遗物有陶器和石器，计有陶片 398 片和石器 1 件。陶器以夹砂陶为主，占 88.94%。夹砂陶中灰黑陶占 69.77%，灰黄陶占 18.36%，灰褐陶占 5.37%，灰陶占 3.96%，黄褐陶占 1.98%，红褐陶占 0.56%；泥质陶中灰黑陶占 54.55%，灰陶占 22.73%，灰黄陶占 15.91%，红陶占 4.54%，灰褐陶占 2.27%。夹砂陶中纹饰陶片占 13.28%，包括细线纹、细绳纹和凹弦纹，分别占 51.06%、36.17% 和 12.16%；泥质陶中纹饰陶片占 29.55%，以细线纹为主，占 84.62%，另有极少量凸棱纹和凹弦纹（表五一）。陶片可辨器形有尖底盏、小平底罐、瓮形器、敛口罐、高领罐、束颈罐、盆、瓮、桶形器、器盖、器底、豆柄等。石器种类仅有石璧坯料。

表五一　中区第 16 层陶片统计表

陶质 陶色 纹饰	夹砂陶						小计	百分比（%）	泥质陶					小计	百分比（%）
	灰黑	灰	红褐	灰褐	黄褐	灰黄			灰黑	灰	灰黄	灰褐	红		
素面	209	14	2	16	4	62	307	86.72	18	4	6	1	2	31	70.46
细绳纹	13			1	3		17	4.80							
凹弦纹	6						6	1.70	1					1	2.27
凸棱纹									1					1	2.27
细线纹	19			2		3	24	6.78	4	6	1			11	25.00
小计	247	14	2	19	7	65	354		24	10	7	1	2	44	
百分比（%）	69.77	3.96	0.56	5.37	1.98	18.36		100.00	54.55	22.73	15.91	2.27	4.54		100.00
合计	398														

（1）陶器

34 件。

尖底盏　1 件。Bb 型Ⅱ式。

标本ⅠT7309⑯：27，夹砂灰黑陶。圆唇。口径 13、高 4.5 厘米（图六〇六，1）。

小平底罐　2 件。Aa 型Ⅱ式。

标本ⅠT7307⑯：48，夹砂灰黑陶。方唇。口径 13、残高 5 厘米（图六〇六，2）。

瓮形器　3 件。Eb 型。

标本ⅠT7307⑯：14，夹砂灰黑陶。方唇。口径 26、残高 7.6 厘米（图六〇六，3）。

标本ⅠT7307⑯：38，夹砂灰黄陶。方唇。口径 26、残高 3.2 厘米（图六〇六，4）。

标本ⅠT7307⑯：18，夹砂灰黑陶。方唇。残高 5 厘米（图六〇六，11）。

敛口罐　1 件。Db 型。

标本ⅠT7309⑯：28，夹砂灰黑陶。沿面凹，方唇。口径 46、残高 5 厘米（图六〇六，5）。

高领罐　1 件。D 型。

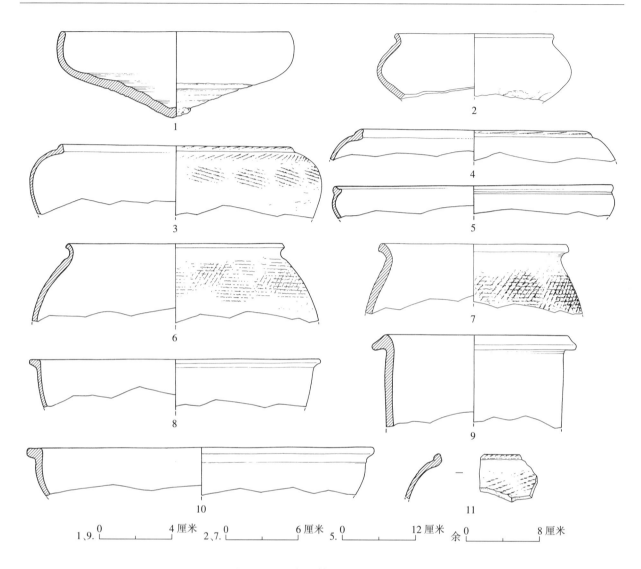

图六〇六　中区第16层出土陶器

1. Bb 型 Ⅱ 式尖底盏（ⅠT7309⑯：27）　　2. Aa 型 Ⅱ 式小平底罐（ⅠT7307⑯：48）　　3、4、11. Eb 型瓮形器（ⅠT7307⑯：14、ⅠT7307⑯：38、ⅠT7307⑯：18）　　5. Db 型敛口罐（ⅠT7309⑯：28）　　6. Ac 型 Ⅰ 式束颈罐（ⅠT7307⑯：15）　　7. Ad 型 Ⅱ 式束颈罐（ⅠT7307⑯：17）　　8. Cb 型盆（ⅠT7309⑯：24）　　9. D 型高领罐（ⅠT7309⑯：10）　　10. Cd 型盆（ⅠT7309⑯：25）

标本 ⅠT7309⑯：10，泥质灰黑陶。折沿，尖圆唇。口径11.1、残高4.9厘米（图六〇六，9）。

束颈罐　2件。

Ac 型 Ⅰ 式　1件。

标本 ⅠT7307⑯：15，夹砂灰黑陶。方唇。肩部饰交错粗绳纹。口径24、残高8.7厘米（图六〇六，6）。

Ad 型 Ⅱ 式　1件。

标本 ⅠT7307⑯：17，夹砂灰黑陶。方唇。肩部饰交错粗绳纹。口径15.6、残高5.5厘米（图六〇六，7）。

盆　2 件。

Cb 型　1 件。

标本ⅠT7309⑯：24，夹砂灰黑陶。平卷沿，圆唇。口径 32、残高 5.3 厘米（图六〇六，8）。

Cd 型　1 件。

标本ⅠT7309⑯：25，夹砂灰黑陶。平卷沿，圆唇。腹部饰一周凹弦纹。口径 38、残高 5 厘米（图六〇六，10）。

瓮　5 件。

Ab 型　3 件。

标本ⅠT7307⑯：49，夹砂灰黑陶。圆唇。口径 52、残高 7 厘米（图六〇七，1）。

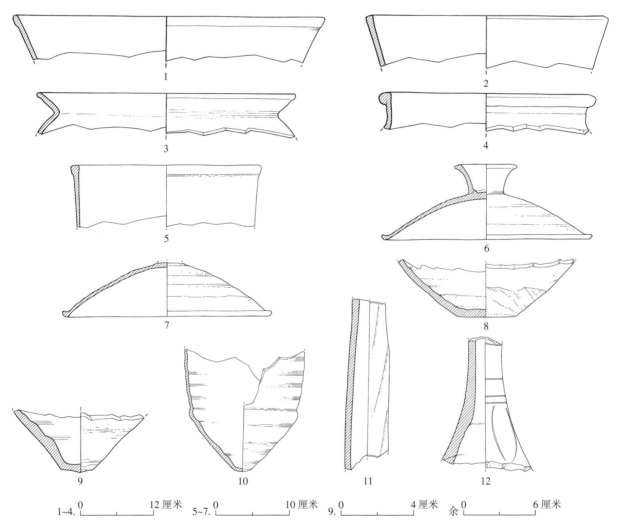

图六〇七　中区第 16 层出土陶器

1、2. Ab 型瓮（ⅠT7307⑯：49、ⅠT7306⑯：20）　3. Cd 型Ⅰ式瓮（ⅠT7307⑯：19）　4. Ca 型瓮（ⅠT7309⑯：29）
5. A 型桶形器（ⅠT7307⑯：20）　6、7. Ab 型器盖（ⅠT7307⑯：57、ⅠT7307⑯：59）　8. Ac 型器底（ⅠT7307⑯：55）　9. Ed 型Ⅱ式器底（ⅠT7309⑯：2）　10. Ec 型器底（ⅠT7309⑯：26）　11. Ab 型豆柄（ⅠT7307⑯：10）
12. Aa 型豆柄（ⅠT7307⑯：12）

标本ⅠT7306⑯：20，夹砂灰黑陶。方唇。口径40、残高8.5厘米（图六〇七，2）。

Ca型　1件。

标本ⅠT7309⑯：29，夹砂灰黑陶。圆唇。口径36、残高6.1厘米（图六〇七，4）。

Cd型Ⅰ式　1件。

标本ⅠT7307⑯：19，夹砂灰黑陶。圆唇。口径42、残高6.5厘米（图六〇七，3）。

桶形器　2件。A型。

标本ⅠT7307⑯：20，夹砂灰陶。方唇。口径26、残高8.3厘米（图六〇七，5）。

豆柄　5件。

Aa型　2件。

标本ⅠT7307⑯：12，泥质灰黑陶。柄部饰三周凹弦纹。残高10.8厘米（图六〇七，12）。

Ab型　3件。

标本ⅠT7307⑯：10，泥质灰黑陶。残高13.6厘米（图六〇七，11）。

器盖　2件。Ab型。

标本ⅠT7307⑯：57，夹砂灰黑陶。方唇。口径29、纽径8.8、高10厘米（图六〇七，6）。

标本ⅠT7307⑯：59，夹砂灰黑陶。方唇。口径28.5、高7.2厘米（图六〇七，7；彩版一四二，2）。

器底　8件。

Ac型　2件。

标本ⅠT7307⑯：55，夹砂灰黑陶。底径4.8、残高4.6厘米（图六〇七，8）。

Ec型　4件。

标本ⅠT7309⑯：26，泥质灰黑陶。上腹有制作时留下的轮制痕迹，下腹部有细旋痕。底径1.2、残高9.7厘米（图六〇七，10）。

Ed型Ⅱ式　2件。

标本ⅠT7309⑯：2，泥质灰黑陶。下腹部有细旋痕。底径1.6、残高3.2厘米（图六〇七，9）。

（2）石器

1件。

石璧坯料　1件。B型。

标本ⅠT7306⑯：2，黑色。破裂面及轮边打磨精细。周缘较薄，中部略厚。直径9.7、孔径1.8、厚2.2厘米（图六〇八）。

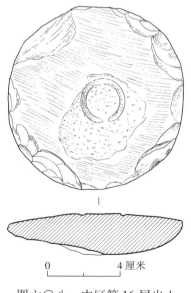

0　　　　4厘米

图六〇八　中区第16层出土
B型石璧坯料
（ⅠT7306⑯：2）